Einführung in das Kulturmanagement

Bernhard M. Hoppe · Thomas Heinze

Einführung in das Kulturmanagement

Themen – Kooperationen – Gesellschaftliche Bezüge

Bernhard M. Hoppe
Hochschule Mittweida
Mittweida
Deutschland

Thomas Heinze
FernUniversität in Hagen
Hagen
Deutschland

ISBN 978-3-658-09656-4 ISBN 978-3-658-09657-1 (eBook)
DOI 10.1007/978-3-658-09657-1

Die Deutsche Nationalbibliothek verzeichnet diese Publikation in der Deutschen Nationalbibliografie; detaillierte bibliografische Daten sind im Internet über http://dnb.d-nb.de abrufbar.

Springer VS
© Springer Fachmedien Wiesbaden 2016
Das Werk einschließlich aller seiner Teile ist urheberrechtlich geschützt. Jede Verwertung, die nicht ausdrücklich vom Urheberrechtsgesetz zugelassen ist, bedarf der vorherigen Zustimmung des Verlags. Das gilt insbesondere für Vervielfältigungen, Bearbeitungen, Übersetzungen, Mikroverfilmungen und die Einspeicherung und Verarbeitung in elektronischen Systemen.
Die Wiedergabe von Gebrauchsnamen, Handelsnamen, Warenbezeichnungen usw. in diesem Werk berechtigt auch ohne besondere Kennzeichnung nicht zu der Annahme, dass solche Namen im Sinne der Warenzeichen- und Markenschutz-Gesetzgebung als frei zu betrachten wären und daher von jedermann benutzt werden dürften.
Der Verlag, die Autoren und die Herausgeber gehen davon aus, dass die Angaben und Informationen in diesem Werk zum Zeitpunkt der Veröffentlichung vollständig und korrekt sind. Weder der Verlag noch die Autoren oder die Herausgeber übernehmen, ausdrücklich oder implizit, Gewähr für den Inhalt des Werkes, etwaige Fehler oder Äußerungen.

Lektorat: Cori Antonia Mackrodt

Gedruckt auf säurefreiem und chlorfrei gebleichtem Papier

Springer Fachmedien Wiesbaden ist Teil der Fachverlagsgruppe Springer Science+Business Media
(www.springer.com)

Vorwort

Mit diesem Band wird sowohl Studierenden als auch beruflich Tätigen in kulturellen Institutionen und Projekten sowie in der Kulturverwaltung und anderen zum Kulturmanagement in Beziehung stehenden Arbeitsfeldern eine Einführung in alle wesentlichen Bereiche des Kulturmanagements zur Verfügung gestellt. Angesprochen werden in den dargestellten Themenbereichen sowohl die Situation der Praxis als auch die Aspekte ihrer wissenschaftlichen Reflexion.

Grundlage dieser Publikation ist die langjährige verantwortliche Mitarbeit der beiden Autoren im Master-Fernstudiengang „Management von Kultur- und Non-Profit-Organisationen" am Distance & Independent Studies Center der Technischen Universität Kaiserslautern.

Aus Gründen der besseren Lesbarkeit wird in diesem Buch ausschließlich die männliche Sprachform verwendet. Es sind damit jedoch immer beide Geschlechter gemeint.

Wir danken unseren Studierenden an der FernUniversität in Hagen, der Technischen Universität Kaiserslautern und der Hochschule Mittweida (FH). Ohne die engagierten Diskussionsbeiträge wäre diese Einführung nicht entstanden.

Bernhard M. Hoppe
Thomas Heinze

Inhaltsverzeichnis

1	**Kulturbegriffe**	1
1.1	Alltagssprache	1
1.2	Historische Entwicklungen	4
1.3	Wissenschaftliche Definitionen	6
1.4	Manifestationen von Kultur	13
1.5	Cultural studies und cultural turn	17
1.6	Kultur als Wirtschaftsfaktor	19
	Literatur	28
2	**Management in kulturellen Institutionen und Projekten**	31
2.1	Die Fragestellung des Kulturmanagements	31
2.2	Der Begriff des Managements	41
2.3	Anwendung von Instrumenten der Betriebswirtschaftslehre im Kulturmanagement	44
2.4	Spezifische Managementaufgaben in kulturellen Institutionen und Projekten	52
2.5	Plädoyer für eine selbstständige Disziplin Kulturmanagement	60
2.6	Von der Hilfsfunktion des Kulturmanagements zur Kernaufgabe	65
	Literatur	68
3	**Kulturpolitische Rahmenbedingungen des Kulturmanagements**	71
3.1	Vertrag von Lissabon, Grundgesetz für die Bundesrepublik Deutschland und Verfassungen der Länder	71
3.2	Besondere Landesgesetze und Kulturfachgesetze	78
3.3	Freiwillige Aufgabe vs. Pflichtaufgabe	89
3.4	Schuldenbremse und Haushaltskonsolidierung	93

3.5	Kulturentwicklungsplanung	96
Literatur		100

4 Partner des Kulturmanagements 103
    4.1 Modelle und Strategien der Kulturfinanzierung 103
    4.2 Die öffentliche Hand: Bund, Länder, Kommunen, Europäische Union 107
    4.3 Kultur und Wirtschaft aus systemtheoretischer Perspektive 111
    4.4 Mäzenatentum 115
    4.5 Fundraising 119
    4.6 Merchandising 122
    4.7 Sponsoring 123
    4.8 Stiftungen 130
    4.9 Private Public Partnership 134
    4.10 Fördervereine 138
    4.11 Ehrenamtliches Engagement 139
    Literatur 143

5 Strukturen des Kulturmanagements 147
    5.1 Entwicklung des Kulturmanagements in der Praxis und des Kulturmanagements als wissenschaftliche Disziplin 147
    5.2 Kulturmanagement als Schnittstellen-, Querschnitts- und Leitungsaufgabe 151
    5.3 Rechtsformen 156
    5.4 Inputgesteuerter vs. outputgesteuerter Haushalt 163
    Literatur 172

6 Kulturtourismus 173
    6.1 Klassischer Kulturtourismus 173
    6.2 Erlebnisorientierter Kulturtourismus 175
    6.3 Zielgruppe 177
    6.4 Voraussetzungen und Vorteile eines regionalen Kulturtourismus 179
    6.5 Strategische Überlegungen zu einem regionalen Kulturtourismus-Marketingkonzept 181
    6.6 Kulturtourismus-Marketing im Zeichen des Erlebnismarktes 185
    Literatur 194

7 Kulturmanagement in der pluralen Gesellschaft des 21. Jahrhunderts ... 197
7.1 Kritische Theorie als Bezugsrahmen für ein reflexives Kulturmanagement ... 197
7.2 Postmoderne Vielfalt und Risikogesellschaft ... 203
7.3 Informationsgesellschaft ... 210
7.4 Migrationsgesellschaft ... 216
7.5 Globalisierung ... 222
7.6 Erinnerungsgemeinschaft an die Zeit der nationalsozialistischen Herrschaft und des Zweiten Weltkriegs ... 227
Literatur ... 232

8 Kultur und Publikum ... 235
8.1 Audience Development ... 236
8.2 Demographischer Wandel ... 244
8.3 Kulturelle Bildung und lebenslanges Lernen ... 250
8.4 Story telling und Aura ... 256
Literatur ... 261

Hinweise auf weitere Literatur ... 263

Über die Autoren

Prof. Dr. Bernhard M. Hoppe Jahrgang 1959
Studium der Germanistik, Theologie, Philosophie und Erziehungswissenschaften an der Ludwig-Maximilians-Universität in München
Referatsleiter für Museen und Gedenkstätten, Wartburg-Stiftung, Bildende Kunst und Ausstellungen in der Thüringer Staatskanzlei
Honorarprofessor mit dem Berufungsgebiet Ästhetik und Kommunikation am Fachbereich Soziale Arbeit der Hochschule Mittweida (FH)
Dozent des Master-Fernstudiengangs „Management von Kultur- und Nonprofit-Organisationen" an der TU Kaiserslautern.

Prof. Dr. Thomas Heinze Jahrgang 1942
Studium der Soziologie, Psychologie und Betriebswirtschaftslehre an der TU Berlin. Universitätsprofessor a.D. an der FernUniversität in Hagen und ehemaliger Direktor des dortigen, inzwischen aufgelösten Instituts für Kulturmanagement.
Lehraufträge und Gastprofessuren an deutschen, österreichischen und italienischen Universitäten, Professore Ordinario a.D. an der FU Bozen.
Initiator und Leiter des Master-Fernstudiengangs „Management von Kultur- und Non-Profit-Organisationen" an der TU Kaiserslautern, seit 2013 Honorarprofessor an der TU Kaiserslautern.

Kulturbegriffe

Die Frage „Was ist Kultur?" wurde nicht zu Unrecht als „Gretchenfrage der Moderne" (Baecker 2011, S. 237) bezeichnet. Dennoch ist der Kulturbegriff im öffentlichen Diskurs, insbesondere in den Medien und in den politischen Debatten, allgegenwärtig und zu einem viel strapazierten Modewort geworden. Am Beginn dieser Einführung in das Kulturmanagement steht deshalb eine Reflexion über die Implikationen dieses Begriffs und seine verschiedenen Anwendungen im Kulturmanagement und in verwandten Themengebieten.

1.1 Alltagssprache

In der Alltagssprache wird der Kulturbegriff zunehmend inflationär gebraucht. Von der Unternehmenskultur über die Aktienkultur bis zur Spielkultur wird kein Thema von einer begrifflichen kulturellen Überhöhung ausgenommen. In einer Sendung des Hessischen Rundfunks am 13.5.2010, die der Bedeutung der Pause gewidmet war, wurde darauf hingewiesen, dass mit der Verkürzung der Mittagspause bzw. deren vollständigem Ausfall der Verlust von gleich drei Kulturen verbunden sei: der Zeitkultur, der Gesprächskultur und der Geschmackskultur. „Ohne Kultur geht nichts mehr. Nicht die Organisation des eigenen Lebens und die Repräsentation der Gesellschaft, nicht die Vermittlung von Politik und der Verkauf von Waren. Alles scheint auf jenes diffuse Medium Kultur verwiesen, das in den theoretischen Konstrukten von gestern noch als relativ autonomer Bereich der Gesellschaft gegenübergestellt werden konnte. Heute sieht es so aus, als hätten wir es mit einer ungeheuren Expansion des Kulturellen zu tun, die bald alle Lebensbereiche und Lebenstätigkeiten zu umgreifen scheint" (Knödler-Bunte 1987, S. 21).

© Springer Fachmedien Wiesbaden 2016
B. M. Hoppe, T. Heinze, *Einführung in das Kulturmanagement*,
DOI 10.1007/978-3-658-09657-1_1

Dieser weitgehend unreflektierte Gebrauch führt zu einer Beliebigkeit des Kulturbegriffs, die bis zu dessen Sinnentleerung reicht. Gleichzeitig zeigt dieses Phänomen aber auch, wie sehr eine scheinbare Nähe zur Kultur die Erwartung impliziert, nahezu jedes Phänomen der Gewöhnlichkeit entheben zu können. „Daß sich mit dem Wort Kultur alles Benennbare benennen läßt, gilt der Kultursoziologie als Allgemeinplatz und als Hinweis darauf, daß es mit seinen begrifflichen Qualitäten nicht weit her ist. Wenn man sich Abhilfe von einem Algorithmus verspricht, mit dessen Hilfe man genauer eingrenzen kann, was als Kultur gelten soll und was nicht, entsteht die wenig überzeugende Situation einer Definition, die nicht weiß, wovon sie sich abgrenzt" (Saake und Nassehi 2004, S. 102).

Die wichtigsten alltagssprachlichen Verwendungen und die damit zum Ausdruck gebrachten Facetten des Kulturbegriffs sind die folgenden (Hansen 2000):

- „Meier macht ständig einen auf Kultur" – Kultur als Teil der Hochkultur der Künste und des Kulturbetriebs
- „Die Müllers haben keine Kultur", der Kulturbeutel im Reisegepäck – Kultur als besonderer Lebensstil, Kultiviertheit des sozialen Umgangs, feine Lebensart, Erziehung und Bildung; Kultur hat insbesondere in diesem Zusammenhang auch einen wertenden Aspekt: Sie gilt in einer diffusen Weise als etwas Höheres und Besseres. Wer nicht über Kultur verfügt, sollte sich dies möglichst nicht anmerken lassen.
- „Frau Schulz reist gerne, weil sie sich für andere Kulturen und Länder interessiert", die Subkultur der Grufties – Kultur als unterscheidende Lebensformen in Gemeinschaften und Ländern; Kultur hat unter diesem Aspekt zwangsläufig auch eine ausgrenzende Konnotation: Wer über die betreffende Kultur nicht verfügt, steht außerhalb dieser Gemeinschaft.
- „Der neue Jogurt von XY – jetzt mit probiotischen Kulturen" – Kultur als domestiziertes Naturphänomen (Landwirtschaft, Kulturlandschaft)
- Das Kulturamt der Stadt N. N. – Kultur als Gesamtheit der geistigen und künstlerischen Lebensäußerungen

Den in den ersten beiden alltagssprachlichen Verwendungen zum Ausdruck gebrachten Begriff von Kultur nennt Thomas Bargatzky die „herkömmliche Auffassung des Mitteleuropäers" (Bargatzky 1989, S. 60). Den empirischen Nachweis, dass es sich dabei um den gängigen Kulturbegriff der deutschen Bevölkerung handelt, erbringt eine Repräsentativumfrage des Instituts für Demoskopie Allensbach, die im Oktober 1991 unter dem Titel „Kulturelles Interesse und Kulturpolitik" veröffentlicht wurde (alle folgenden Zahlen aus Institut für Demoskopie Allensbach 1991).

1.1 Alltagssprache

Das Umfrageergebnis offenbart ein sehr traditionelles Kulturverständnis: Kunst, Sprache, Tradition, Tischsitten und Erziehung sind in dieser Reihenfolge die Assoziationen, die von mehr als der Hälfte der Bevölkerung auf die Frage nach dem Kulturbegriff genannt werden. Nur vier Prozent der Bevölkerung bringen Kultur mit der Assoziation „überflüssig" in Verbindung. Zu einer früheren Umfrage aus dem Jahr 1982 haben sich dabei keine signifikanten Veränderungen ergeben, und auch eine Aufschlüsselung der Antworten auf Bevölkerungskreise mit großem, mäßigem oder geringem Interesse für kulturelle Themen führt nicht zu einer Verschiebung der meistgenannten Begriffe.

Auf die Frage nach Themenbereichen der Kultur werden von mehr als der Hälfte der befragten Menschen folgende Bereiche in dieser Reihenfolge benannt: Theater (90%), Malerei (88%), Geschichte (84%), Bücher (83%), Religion (57%) und Reisen (54%). Auch hier zeigen sich keine grundsätzlichen Veränderungen zu einer Befragung aus dem Jahr 1981.

Dass für die Bevölkerung primär das seit Langem Anerkannte zur Kultur zählt und wesentliche Elemente der modernen Kultur ausgegrenzt werden, zeigen noch deutlicher die Antworten auf die Frage nach kulturellen Einzelthemen. Mehr als die Hälfte der Bevölkerung benennt die folgenden Themen in dieser Reihenfolge: Goethes gesammelte Werke (79%), Musik von Mozart (76%), Musik von Johann Sebastian Bach (74%), Bilder von Rembrandt (74%), als einzigen Beitrag aus dem 20. Jahrhundert die Bilder Picassos (63%), das Werk Luthers (58%) und Volkslieder (56%). Auch hier hat sich während eines Jahrzehnts keine Veränderung der Reihenfolge ergeben.

Dieser Bevorzugung traditioneller kultureller Hervorbringungen entspricht auch die Beantwortung der Frage „Würden Sie sagen, dass die deutsche Kultur heute in einer Blütezeit steht, oder würden Sie das nicht sagen?" Über die Hälfte der Befragten (51% im Westen, 55% im Osten) antwortet mit „Würde ich nicht sagen".

1982 wurde bei der UNESCO-Weltkulturkonferenz MONDIACULT in Mexiko Stadt ein so genannter erweiterter Kulturbegriff als Arbeitsdefinition der UNESCO formuliert. Wie bereits im Rahmen mehrerer Konferenzen, die in der Zwischenzeit stattgefunden hatten, griff die 31. UNESCO-Generalkonferenz im November 2001 in Paris die Thematik nochmals auf und bestätigte in wörtlicher Übereinstimmung mit dem Beschluss von 1982, „dass Kultur als Gesamtheit der unverwechselbaren geistigen, materiellen, intellektuellen und emotionalen Eigenschaften angesehen werden sollte, die eine Gesellschaft oder eine soziale Gruppe kennzeichnen, und dass sie über Kunst und Literatur hinaus auch Lebensformen, Formen des Zusammenlebens, Wertesysteme, Traditionen und Überzeugungen umfasst".

Auf diese Definition des Kulturbegriffs durch die UNESCO wird in Deutschland wie in allen anderen Mitgliedsstaaten der Vereinten Nationen bei allen verbindlichen Äußerungen der Legislative und der Exekutive zurückgegriffen.

1.2 Historische Entwicklungen

Die Wortbedeutung des Kulturbegriffs geht auf das Lehnwort des lateinischen Substantivs „cultura", das vom Verb „colere" abgeleitet ist. Seine Bedeutung „pflegen, bestellen, bebauen" bezog sich ursprünglich auf den Ackerbau. „Cultura" ist deshalb umgestaltete Natur. Damit impliziert der Begriff der Kultur schon etymologisch sowohl den Aspekt der Aktivität als auch ein Spannungsfeld zwischen Pflegen und Bewahren einerseits und dem Hervorbringen von neuem andererseits.

Der Aufbau einer so verstandenen Kultur bedeutet eine Emanzipation von der Natur und umfasst im weitesten Sinne alles, was der Mensch selbst gestaltend hervorbringt. Kultur ist damit der Gegensatz zu der vom Menschen nicht geprägten, sondern vorgefundenen Natur. Die Welt kann in diesem System mit zwei Begriffen vollständig beschrieben werden: Natur (alles, was an Materie vorhanden ist und was in dieser geschieht) und Kultur (alles menschliche Wissen und alle Haltungen und alle Produkte menschlichen Handelns).

Zur Beschreibung dieses Gegensatzes zur Natur wird der Kulturbegriff auch in der Gegenwartssprache noch explizit gebraucht, wenn von geplanten Anpflanzungen (z. B. Monokulturen) im Gegensatz zu Pflanzen die Rede ist, die sich ohne Zutun des Menschen entwickeln.

Im ersten Jahrhundert v. Chr. wurde der Begriff „cultura" zum ersten Mal in einer analogen Anwendung von der äußeren auf die innere Natur übertragen. Cicero verwendete den Terminus „cultura animi" (Pflege des Geistes) als Bezeichnung für die philosophische Erziehung eines Individuums und erweiterte ihn damit um eine abstraktere Bedeutung. Kultur wird damit zur Veränderung der äußeren und inneren Natur durch menschliche Arbeit sowohl an Objekten als auch an Subjekten.

Erst im 17. Jahrhundert wurde der Kulturbegriff auf Gemeinschaften bezogen. Als Ergebnis der Wandlung der Vorstellung von der Natur von einem Zustand des christlichen Paradieses zu einem außerhalb der geordneten Welt befindlichen unwirtlichen Raum setzte Samuel Freiherr von Pufendorf (1632–1694) dem trostlosen „status naturalis" den anzustrebenden „status culturalis" entgegen. Der Begriff der Kultur näherte sich damit dem Begriff der Zivilisation, zu dem er seit dem Ende des 18. Jahrhunderts in Deutschland nahezu als Synonym verwendet wurde.

Dass „Kultur" ein relativ neuer Begriff des deutschen Sprachgebrauchs ist, zeigt auch die Tatsache, dass es dazu im Wörterbuch der Gebrüder Grimm noch

1.2 Historische Entwicklungen

kein Stichwort gibt. „Kultur" kommt dort nur in seiner traditionellen Bedeutung als Abgrenzung zur Natur im Zusammenhang mit der Landbestellung, dem Treibhaus, den Fichten, dem Wein, den Tulpen und Wiesen vor.

Johann Gottfried Herder (1744–1803) ergänzte den Kulturbegriff um die Annahme einer kontinuierlichen Entwicklung zu einem immer höheren Niveau, indem er davon ausging, dass im Laufe der Menschheitsgeschichte in allen Ländern der jeweilige Stand der Kultur allmählich zunehme. „Die Kultur eines Volkes ist die Blüte seines Daseins, mit welcher es sich zwar angenehm, aber hinfällig offenbaret. Wie der Mensch, der auf die Welt kommt, nichts weiß – er muß, was er wissen will, lernen –, so lernt ein rohes Volk durch Übung für sich oder durch Umgang mit anderen" (Herder 1903, S. 157).

Im Zuge dieser Entwicklung steht die Kultur nicht mehr nur in Opposition zur Natur. Mittels der Kultur seiner Persönlichkeit unterscheidet sich der Mensch auch vom Tier und von weniger entwickelten Gemeinschaften. Die Kultur ordnet eine in dieser Zeit komplexer werdende Gesellschaft mit einsetzenden Differenzierungsprozessen und kann sich dabei mit der Naturwissenschaft und der Technik zusätzlicher Argumente bedienen.

Durch menschliches Handeln werden Naturordnungen zu Kulturordnungen. Diese fallen in verschiedenen Gruppen (z. B. Regionen, Epochen, Klassen) unterschiedlich aus. Dadurch entstehen im Prozess der kulturellen Entwicklung nach bestimmten Kriterien unterscheidbare kulturelle Identitäten. Erst diese Entwicklung einer nicht gleichförmigen kulturellen Dynamik in verschiedenen Gruppen und Zeitabschnitten begründet die Unterscheidung zwischen einer eigenen Kultur und den fremden Kulturen und damit die Idee einer kulturellen Pluralität und Interkulturalität.

Die Basis für die aktuelle wissenschaftlich reflektierte Verwendung des Kulturbegriffs legten die Anthropologen und die Ethnologen. Sie plädierten für einen sehr weiten Kulturbegriff, um ihn auf eine Vielzahl von verschiedenen Gesellschaften und Phänomenen anwenden zu können. „Man kann gut erkennen, daß mit der Einführung dieses Begriffs in die europäische Diskussion in der zweiten Hälfte des 18. Jahrhunderts auf eine immense Ausdehnung der bekannten Welt reagiert wurde, Ausdehnung sowohl in historischer als auch in territorialer Hinsicht. Für die damit gegebenen Vergleichsmöglichkeiten brauchte man eine gleichsam neutrale Grundlage – mochte es sich um Töpferei handeln oder um Religion, um politische Ordnungen oder um Formen der Familienbildung. Dafür wurde zunächst der Begriff der Kultur zur Verfügung gestellt" (Luhmann 2008, S. 428). Kultur wird sie deshalb als die Gesamtheit aller Phänomene verstanden, die ihre Wurzeln in der menschlichen Fähigkeit haben, die eigenen Versuche einer Problemlösung systematisch auszuwerten und deren Ergebnisse in Schrift und Sprache festzuhalten und damit weitergeben zu können. Kultur ist dann ein komplexes Ganzes, das Wissen, Glaube, Kunst, Moral, Gesetze, Gewohnheiten und alle anderen Phänomene umfasst, die sich der Mensch als Mitglied der Gesellschaft aneignet.

Der Kulturbegriff unterliegt somit seit der Antike einer fortdauernden semantischen Erweiterung, die bis in die Gegenwart anhält.

1.3 Wissenschaftliche Definitionen

Die Publikationen über den Kulturbegriff und die Versuche, ihn wissenschaftlich zu beschreiben und seine unterschiedlichen Aspekte zu systematisieren, sind sehr zahlreich.

Dies hat seinen Grund vor allem darin, dass der Kulturbegriff zur Terminologie und zu den Forschungsgegenständen zahlreicher wissenschaftlicher Disziplinen wie beispielsweise der Anthropologie, der Ethnologie, der Philosophie, der Soziologie, der Psychologie und der Pädagogik gehört. Sie befassen sich aus ihrem jeweils spezifischen Blickwinkel und Interesse mit dem Kulturbegriff. Daraus resultieren eine Vielzahl von zumindest teilweise divergierenden Ergebnissen und eine große Bandbreite von Versuchen der Beschreibung des Kulturbegriffs. Diese Divergenzen in der Definition führen nicht selten sowohl zwischen einzelnen als auch innerhalb einzelner wissenschaftlicher Disziplinen zu nicht unerheblichen Verständigungsschwierigkeiten.

Grundsätzlich hat sich der von den Anthropologen und Ethnologen des 19. Jahrhunderts entwickelte breite Kulturbegriff durchgesetzt, der alle Fähigkeiten und Gewohnheiten wie Wissen, Glaube, Kunst, Ethik, Gesetze und Bräuche, die der Mensch als Mitglied der Gesellschaft vorfindet, einschließt. Die zahlreichen verschiedenen Definitionen des Kulturbegriffs differieren deshalb hauptsächlich darin, dass sie unterschiedliche Aspekte von Kultur in den Vordergrund rücken. Dies erschwert zwar ihre Vergleichbarkeit, gleichzeitig wird dadurch aber auch nachvollziehbar, dass in der wissenschaftlichen Diskussion nur sehr selten ein Kulturbegriff einem anderen, als falsch angesehenen Kulturbegriff entgegengestellt wird. Ein wirklicher Widerspruch entsteht auch deshalb selten, weil nahezu jedes Kulturverständnis mehrere ambivalente Konstituenten von Kultur integriert oder zumindest nicht ausschließt.

Die aus der Anwendung unterschiedlicher Paradigmen resultierende Begriffs- und Theorievielfalt macht eine allgemeingültige Kulturtheorie unmöglich. Ein solcher Versuch wäre aber auch sinnlos, weil eine diesem Anspruch genügende Theorie jeden Bezug zu den faktischen Gegebenheiten weitestgehend verlieren müsste.

1.3 Wissenschaftliche Definitionen

Die US-amerikanischen Anthropologen Alfred Louis Kroeber und Clyde Kluckhohn haben schon 1952 auf der Grundlage von rund 160 gesammelten Kultur-Definitionen ein inzwischen zum Klassiker gewordenes Ordnungsschema aufgestellt. Kroeber und Kluckhohn unterscheiden sechs verschiedene Definitions-Typen des Kulturbegriffs:

- aufzählend-beschreibende: Definitionen, die einzelne Merkmale von Kultur aufzählen, aber nicht versuchen, sie zu einem abstrakten Prinzip zusammenzufassen
- historische: Definitionen, die die Tatsache betonen, dass Kultur tradiert wird und von jedem Individuum in der sozialen Gemeinschaft neu erlernt werden muss
- normative: Definitionen, die sich darauf konzentrieren, dass sich die Menschen einer kulturellen Gruppe an gemeinsamen Regeln orientieren und ihre Lebensweise danach ausrichten
- psychologische: Definitionen, die den Aspekt des Lernens und der Anpassung in den Mittelpunkt stellen
- strukturelle: Definitionen, die die Aufgabe von Kultur vor allem darin sehen, aus einzelnen Merkmalen einer Gesellschaft einen Zusammenhang herzustellen und diese dadurch zu organisieren
- genetische: Definitionen, die den Aspekt der Entstehung von Kulturen in den Vordergrund stellen

Das System von Kroeber und Kluckhohn wurde seither von zahlreichen Autoren (vor allem Bargatzky 1989; Beer und Fischer 2003; Reckwitz 2004) explizit oder zumindest implizit aufgegriffen und weiterentwickelt.

Vor allem die folgenden Elemente wurden dabei als für den Kulturbegriff wesentlich herausgearbeitet:

- Kultur wird sozial vermittelt und kommt erst durch Interaktion zum Tragen. Kultur ist eine gemeinsame erlernte Verhaltensweise, die von einer Generation zur nächsten weitergegeben wird und dem Ziel des individuellen und gesellschaftlichen Überlebens, der Anpassung, des Wachstums und der Entwicklung dient.
- Kultur wirkt kollektiv und identitätsstiftend. Kulturträger sind die Mitglieder sozialer Gruppen, Gemeinschaften oder Gesellschaften. Kultur umfasst die Gewohnheiten, die Werte und das Wissen, die durch Sozialisation weitergegeben werden und damit das gesellschaftliche Leben strukturieren.

- Kultur manifestiert sich symbolisch und beinhaltet Symbole, die durch die Mitglieder einer Kultur geschaffen, eingesetzt und verstanden werden. Kultur besteht nicht aus Gegenständen, Menschen, Verhaltensweisen oder Gefühlen, sie ist vielmehr deren Organisation und Struktur, die die Menschen kennen und anwenden, das Modell, wie sie sie wahrnehmen, in Beziehung zueinander setzen und interpretieren.
- Kultur reduziert Unsicherheit: Als Orientierungssystem bietet Kultur eine gewisse Verhaltenssicherheit und damit für das Individuum eine Entlastung, Kultur ist das, was man braucht, um in einer Gesellschaft in akzeptierter Weise zu agieren.
- Kultur wirkt handlungsleitend, indem sie explizit oder implizit das soziale Handeln steuert oder zumindest beeinflusst. Kultur umfasst Abstimmungen, Kompromissleistungen und Regelungen, die das soziale Handeln strukturieren.
- Kultur sichert durch die Möglichkeit, Vergangenheit als Geschichtlichkeit der Kultur zu verstehen, Kontinuität. Diachron betrachtet schließt Kultur damit immer sowohl die Möglichkeit des Erinnerns und Lernens als auch die des Vergessens ein.
- Kultur wandelt sich dynamisch und verändert sich durch kontinuierlichen oder phasenweisen Kulturwandel.

Kultur kann mit diesen Parametern einen umgrenzten und mehr oder weniger präzise definierten Aspekt der Gesellschaft beschreiben. Es entsteht damit ein soziales Feld oder ein postulierter Raum, der mit konkreten Projekten wie beispielsweise Veranstaltungen oder einer bestimmten Denk- und Verhaltensweise auf einen zuvor definierten – zumeist genuin exklusiven und geschlossenen – Kulturbegriff zurückgreift. Dieser Ansatz kommt vor allem in der traditionellen Hochkultur zum Tragen.

Die Öffnung des Kulturbegriffs für alle in der Wirklichkeit relevanten Symbole und Praktiken führt zur Betonung einer gesellschaftlichen Bedeutungsebene der Kultur. Kultur schließt dann das praktische Handeln, die sozialen Beziehungen und alle Bereiche der Bildung und der Sozialisation ein.

Kultur ist in diesem Verständnis ein Orientierungssystem, das aus spezifischen Symbolen gebildet und in der jeweiligen Gesellschaft erlernt und weitergegeben wird. Es beeinflusst das Wahrnehmen, Denken, Werten und Handeln aller ihrer Mitglieder, die sich damit als zur Gesellschaft zugehörig offenbaren. Kultur als Orientierungssystem strukturiert für diejenigen Individuen, die sich der Gesellschaft zugehörig fühlen, ein spezifisches Handlungsfeld und schafft damit die Voraussetzung zur Entwicklung eigenständiger Formen des Umgangs mit der Außenwelt.

1.3 Wissenschaftliche Definitionen

Kultur ist dann „eine Anzahl klar unterscheidender, beständiger und relativ statischer Merkmale von Menschen gemeinsamer Abstammung", Kulturen sind „Gemeinschaften mit gemeinsamen Merkmalen" (Beer und Fischer 2003, S. 60–61). Wenn evident ist, dass der Kulturbegriff eine wichtige gesellschaftliche Funktion hat und der Tradierung und der Sozialisation der Individuen in allen Lebensphänomenen dient, ist Kultur auch ein Phänomen, das die Gesellschaft zusammenführt, das eine Gruppe von Individuen erst zur Gesellschaft macht. Kultur hat in diesem Sinne den gegenteiligen Effekt der immer noch populären Definition von Kultur, die etwas signifikant Elitäres oder zumindest Abgrenzendes impliziert.

Aufgrund der großen Zahl der unterschiedlichen Disziplinen, die den Kulturbegriff diskutieren, und des breiten Spektrums der jeweils unter Fokussierung der spezifischen Interessen abgeleiteten Beschreibungen ist für eine weiterführende und zielgerichtete Befassung mit dem Kulturbegriff eine fachbezogene Differenzierung unerlässlich. Die folgenden Ausführungen werden ihren Schwerpunkt deshalb auf eine Reflexion derjenigen Aspekte des Kulturbegriffs setzen, die für die öffentliche Wahrnehmung der Kultur und deren Vermittlung und damit für das Kulturmanagement von besonderer Bedeutung sind.

Unter den aktuellen gesellschaftlichen Rahmenbedingungen des Kulturmanagements hat ein Diskurs über den Kulturbegriff hohe Relevanz. „Erlebnis, Ökonomie, Management: Mit diesen Stichwörtern ist in knappen Strichen ein aktueller Bezugsrahmen umrissen, der Erscheinungsform und Entfaltungsmöglichkeiten von Kultur in der Gegenwart kennzeichnet. Gleichsam im Hintergrund dieser teilweise als Moden oder Konjunkturen zu betrachtenden Entwicklungen laufen langfristigere Prozesse, die deutlich machen, warum Kultur heute von derart überragender Relevanz ist. Diese Prozesse sind: erstens das Ende der Ideologien, zweitens die Globalisierung mit ihren multiplen Kulturkontakten und drittens das zunehmende Bewusstsein von der Konstruktivität moderner Lebens- und Gesellschaftsentwürfe. Diese Tendenzen sind nicht in einem zeitlichen Nacheinander angeordnet, sondern greifen ineinander. (…) Globalisierung und Konstruktivität, Kontakt und Übersetzung, optionale Identität und erschwerte Orientierung: In diesen Stichwörtern liegt der eigentliche Grund für ein neues Interesse an Kultur, das zugleich als Diskursverstärker wirkt. So ist es nicht verwunderlich, dass die Zahl der Wortmeldungen und Definitionen zur Kultur dramatisch ansteigt. Kultur ist nicht länger selbstverständlich, sondern verlangt nach intensiverer Gestaltung" (Lüddemann 2010, S. 9 f.).

Die für die Anwendung auf ein Kulturmanagement, das die Gesellschaft vor diesem Hintergrund reflektiert, relevanteste Möglichkeit der Beschreibung des Kulturbegriffs ist die von Stefan Lüddemann entwickelte Option des Verständnisses von Kultur als sinnstiftender Bedeutungsproduktion.

Kultur ist in diesem Modell „ein Gefüge aus Bedeutungskomplexen, das Kohärenten Sinn erzeugt". Dieser Sinn ist allerdings ein zumindest zunächst nur temporäres Konstrukt, das seine eigene Revidierbarkeit einschließt und deshalb die Möglichkeit impliziert, nicht nur das Gewohnte widerzuspiegeln, sondern auch Innovationen zu verarbeiten. Kultur greift dabei auf einen historisch angesammelten Themenvorrat zurück, entwickelt dafür eine aktuelle Form der Präsentation und unterwirft diese wiederum auf der Grundlage fortlaufender Reflexion einem permanenten Revisionsprozess. Kultur verschränkt damit auf den ihr zur Verfügung stehenden Arbeitsfeldern Inhalte, Darstellungsweisen und praktische sowie reflexive Prozesse. Kultur ist damit in gleicher Weise die Produktion von abstrakten Symbolen wie auch die Manifestation praktischer Arbeit und von Denkprozessen der Gesellschaft.

Aus dem Aufgreifen von Themen, deren Darstellung und deren Evaluierung entsteht keine starre Struktur oder hierarchische Ordnung, sondern eine sich ständig im Fluss befindliche und auf verschiedenen Ebenen zu verstehende Vernetzung von wechselnden Präferenzen. Kultur präsentiert ihr Wissen und ihre Meinungsäußerungen nicht wie die Wissenschaft als nachvollziehbar erklärte Tatsache, sondern als eine abstrakte Bedeutung tragende Konstruktion, die der individuellen Adaption bedarf. Kultur als Bedeutungsproduktion muss ihre Themen, Entwürfe, Beobachtungen, Beschreibungen und Lösungsvorschläge zwar rezipierbar präsentieren, gleichzeitig aber auch die ständige Möglichkeit zur Revision nicht nur einräumen, sondern auch dazu einladen. „Kultur verbindet den Rückgriff auf Bestände kollektiver Erinnerung mit dem Vorgriff auf Areale innovativer Entwicklung – und zwar dergestalt, dass sie in der Lage ist, Stabilität und Flexibilität von Bedeutungskomplexen in gleicher Weise zu gewährleisten" (Lüddemann 2010, S. 11).

Gesellschaftlich relevante Manifestationen der Kultur können deshalb schon aufgrund des Zeitablaufs keine Imitationen und Nachahmungen früherer Stellungnahmen sein. Dieser diachronen Weiterentwicklung entspricht eine Offenheit in der Breite des Kulturbegriffs. Er kann niemals abgeschlossen sein, sondern muss alle Möglichkeiten seiner Evolution offen halten und neben der Erneuerung aus der eigenen Identität auch die Wirksamkeit von Einflüssen von außen zulassen. Aktuelle Grenzen der Kultur sind deshalb keine Abschottungen, sondern eher Räume, die Möglichkeiten zu künftigen Innovationen und Perspektiven zu Veränderungen des von der gerade aktuellen Kultur erzeugten Bedeutungszusammenhanges eröffnen. Daraus erschließt sich die besondere Fähigkeit der Kultur, gerade auch Phänomene zu integrieren, die von der bisherigen Erfahrung abweichen.

Die spezifische Leistung der Kultur besteht darin, dass sie mit ästhetischen Mitteln auf Ideen hinweisen, Gedanken vermitteln und Alternativen aufzeigen kann, die ohne Kultur nicht oder zumindest nicht in dieser Weise wahrnehmbar wären. „Kultur entfaltet ihre Relevanz und Kraft nur als ein Vorstellungsgebilde,

1.3 Wissenschaftliche Definitionen

als Struktur aus Metaphern. Das eigentliche Geschäft der Kultur, ihre zentrale Leistung ist der Aufbau von Verweisungen, die etwas sicht- und handhabbar machen, was sich niemals direkt anschauen lässt: Werte, Themen, Prozeduren. (…) Dies schließt Formen ihrer lernenden Aneignung mit ein. Ein solches kompaktes Format erzeugt Sinn insofern, als es Menschen ermöglicht, zentrale Lebensfragen zu bearbeiten und darüber auch mit anderen in Kontakt zu treten. Kultur besitzt als steuernde Instanz eine nicht zu ersetzende Orientierungsfunktion, weil sie mit Rezeption und Erfahrung die Teilhabe von Individuen an Kultur anleitet" (Lüddemann 2010, S. 12 f.).

Die insbesondere für Bildungsprozesse relevante spezifische Qualität der Kultur besteht darin, dass sie ihre Themen nicht nur benennt und erklärt, sondern sie – zum Beispiel in Erzählungen und Bildern, Plastiken und Installationen, Aufführungen der Musik und der darstellenden Kunst – auch sinnlich erfahrbar und in vielfältiger Weise erlebbar macht. Allerdings ist diese Realisierung mittels spezifischer Medien nicht nur eine Unterstützung der Kommunikation, sondern auch eine Prägung der Inhalte, die die Rezeption des Publikums in eine bestimmte Richtung lenken kann. Mittels kultureller Manifestationen werden nicht nur Themen, sondern auch deren ästhetische Vermittlungswege und Erfahrungsformen kommuniziert. Kultur ermöglicht, „dass Themen so aufbewahrt werden, dass ihre jeweiligen Aneignungsweisen die kulturelle Erinnerung prägen. Kultur hält auf diese Weise Themen bereit: als geformte Erfahrungswerte, die unmittelbar Bestandteil von Praxis werden können und zugleich geeignet sind, sinnlich erfahren, diskursiv bearbeitet und damit weiter kommuniziert zu werden. Kultur stellt Themen für Kommunikation bereit. (…) Da Kultur selbst kein einfacher Container von Inhalten ist, müssen Themen immer in ihrer Verbindung mit Bewertungen gedacht werden. Kultur setzt insofern Standards. Das bedeutet nichts anderes, als dass sie bestimmte Themen fokussiert, Wege der Überlieferung vorzeichnet und ein begrenztes Set kommunikativer Anschlüsse favorisiert" (Lüddemann 2010, S. 13).

Kultur vermittelt sowohl thematische Diskussionen als auch Praktiken der Weitergabe und ist damit ihrem Wesen nach ein kommunikativer und gesellschaftlicher Prozess. Kultur kann sich deshalb nur dann entfalten und Wirkung zeigen, wenn sie von einem Publikum wahrgenommen wird. Die Sorge um eine öffentliche Resonanz der Arbeit kultureller Projekte und Institutionen im Kulturmanagement ist deshalb nicht nur ein ökonomisches Erfordernis, sondern auch aus immanenten Gründen eine unverzichtbare Voraussetzung für das Gelingen kultureller Aktivitäten. Allerdings ist auch diese Widerspiegelung von Kultur in der öffentlichen Aufmerksamkeit kein kontinuierlicher, sondern in vielen Fällen ein zyklischer Prozess. „Was keine Fortsetzung erfährt, muss damit nicht einfach absterben. Meist wird es in ein stabiles Gedächtnis wie in einen Fundus eingelagert, aus dem es dann durch Anschlüsse praktischer oder kommunikativer Art wieder herausgeholt werden kann. Solche Dynamik macht klar, dass Kultur niemals die Wahl hat, nur wiederholend oder nur innovativ zu sein. Kultur ist unvermeidlich immer beides. Sie benötigt soziale, also kommunikative Praxis, um weiter bestehen zu können, wird in solch wiederholender Aufnahme aber auch sofort wieder umgeformt und so unweigerlich verändert. Wiederholung und Innovation hängen zusammen – als Garant für die Vitalität einer Kultur, einer Vitalität, die nichts anderes meint, als die Fähigkeit, einmal aufgerufene Bedeutungen in immer neue Anwendungskontexte zu überführen und sie damit sowohl zu verändern als sie auch für künftige Anwendungen zu erhalten. Das meint nichts anderes als die Wahrscheinlichkeit, neue kommunikative Anschlüsse anregen zu können" (Lüddemann 2010, S. 14).

Diese Dualität der Kultur zwischen der Weiterführung tradierter Phänomene und ständiger Innovation ist nur ein Beispiel für die Möglichkeit, in der kulturellen Arbeit Ambivalenzen offenlegen, diskutieren und überwinden zu können. Ebenso können die eigene Identität und von außen kommende Elemente in der Kultur vereinbart werden. Nicht nur unter diesem Aspekt haben die befriedenden und scheinbare Widersprüche integrierenden Kräfte der Kultur eine erneuernde und Zukunftsperspektiven eröffnende Kraft, die für das Kulturmanagement in hohem Maße relevant ist. Kulturelle Prozesse „sind immer beides – Garanten einer über Wiederholungen von thematischen Beständen und sozialen Praktiken sichergestellten Tradition und zugleich Motoren eines nie abzuschließenden Umbaus der gleichen Bestände und Praktiken. Komplexe Kultur verwirklicht diese doppelte Operation durch ihre Reflexivität, also einer auf sich selbst gerichteten Interpretationsarbeit, die das Eigene fortwährend als das potenziell Fremde in den Blick nimmt" (Lüddemann 2010, S. 15).

Kulturelle Institutionen und Projekte greifen auf einen zumeist mehr oder minder konsensualen, aber selten explizit thematisierten Kulturbegriff zurück. Andernfalls könnten sie in der Öffentlichkeit nicht als solche auftreten. Gleichzeitig sind sie aber vor allem insofern Kultureinrichtungen, als sie Foren sind, auf denen der Diskurs stattfindet, der den Kulturbegriff prägt und ständig aktualisiert.

Diese Erfahrung hat dazu geführt, dass Kultur nicht mehr statisch, geschlossen und dauerhaft gesehen, sondern ihre stetige Veränderung und Entwicklungsoffenheit betont wird. Kultur ist nichts Starres, Hierarchisches und in einem Kanon zu Fassendes, sondern ein Prozess, der sich nur im Handeln und in der Interaktion vollzieht. Alles, was in kulturellen Institutionen und Projekten getan und in der wissenschaftlichen Reflexion des Kulturmanagements diskutiert wird, ist insofern ein Beitrag zur Weiterentwicklung oder zumindest zur Diskussion des Kulturbegriffs.

Der Kulturbegriff ist kein Begriff, der ein Phänomen allumfassend zu beschreiben vermag, sondern ein Begriff, der Fragen stellt, auf die je nach der intendierten

1.4 Manifestationen von Kultur

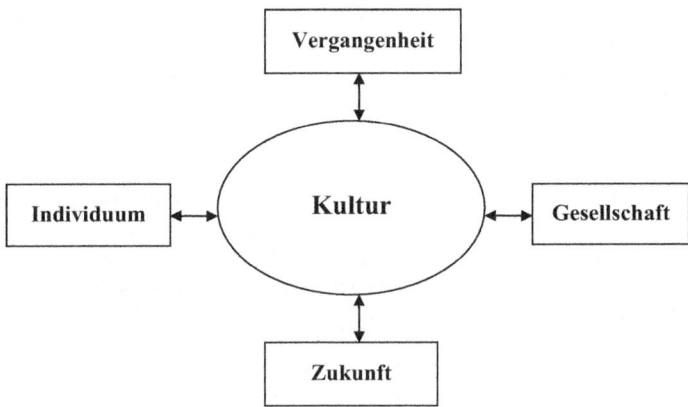

Abb. 1.1 Spannungsfeld Kultur. (© Eigene Graphik)

Anwendung des Begriffs unterschiedliche Antworten gegeben werden können und müssen.

Für die Fragen des Kulturmanagements ist dabei von besonderer Bedeutung, dass sich der Kulturbegriff in einem permanenten Diskurs manifestiert, der insbesondere in einem Spannungsfeld von Erinnerungen aus der Vergangenheit, von der Suche nach Innovationen für die Bewältigung der Zukunft, der kollektiven Prägung durch eine – allerdings heterogene und oft ambivalente – Gesellschaft und dem Konsens oder Dissens der individuellen Ausgestaltung durch das Individuum stattfindet (vgl. Abb. 1.1).

Ein für die aktuellen Fragen des Kulturmanagements besonders wichtiger Diskurs des Kulturbegriffs manifestiert sich im Spannungsfeld zwischen einem statischen und einem prozesshaften Kulturbegriff. Diese Überlegungen wirken sich unmittelbar auf das Agieren des Kulturmanagements in einer von Inter- und Multikulturalität geprägten Gesellschaft aus. Sie werden deshalb im Abschnitt zur Migrationsgesellschaft explizit diskutiert.

1.4 Manifestationen von Kultur

Im alltäglichen Gebrauch des Kulturbegriffs wird zumindest implizit davon ausgegangen, dass sich Kultur in einem sichtbaren Produkt wie zum Beispiel einem Kunstwerk oder einer Aufführung manifestiert.

In Korrelation zu einem wissenschaftlichen Kulturbegriff kann sich Kultur jedoch in verschiedenen Formen manifestieren (vgl. Tab. 1.1).

Tab. 1.1 Manifestationen von Kultur. (Terminologie nach Posner 1991 und Holzmüller 1995)

Kultur manifestiert sich als		
Materiale Kultur	*Mentale Kultur*	*Soziale Kultur*
und manifestiert sich in		
Artefakten	*Mentefakten*	*Soziofakten*
Beobachtbare Phänomene	Nicht beobachtbare Gründe	Beobachtbare Akte
Dabei entstehen		
Gegenstände ästhetischer Art (zum Beispiel Gemälde, Plastiken) und instrumenteller Art (zum Beispiel Werkzeuge) sowie *Texte* ästhetischer Art (zum Beispiel Belletristik) und instrumenteller Art (zum Beispiel Sachbücher)	*Kodes* (zum Beispiel Meinungen, Überzeugungen, Kanones von Wissen, Werte, Normen), die gesellschaftliches Zusammenleben ermöglichen oder erleichtern	*Institutionen* (zum Beispiel Bildungseinrichtungen und Parlamente), die Verhaltensweisen und Handlungen einüben, steuern und realisieren

Dabei haben alle Manifestationen von Kultur eine zeichenhafte Bedeutung, die auch im Vergleich mit anderen Objekten erkannt wird. Nicht zuletzt deshalb ist es evident, dass sich die ersten Definitionen des Kulturbegriffs auf die Opposition der Kultur zur Natur bezogen und sich ein differenzierterer Kulturbegriff erst im 18. Jahrhundert herausbilden konnte, als sich mit der zunehmenden Zahl von Entdeckungsreisen und dem sich ausweitenden Interesse an der Archäologie und an den Weltreligionen das Wissen über Kulturen vermehrte, die von der abendländischen Kultur abweichen. Nicht zufällig waren die ersten Wissenschaftler, die den Kulturbegriff in einem umfassenden Sinn reflektierten, Anthropologen und Ethnologen.

Auf der Reflexion der Manifestationen von Kultur beruht auch das Modell der Kultur als „Zweite Wirklichkeit" (Fleischer 1997). Dieses Modell geht davon aus, dass es eine erste Wirklichkeit gibt, die physisch existiert und objektiv gegeben ist. Diese und deren Gesetze interessieren den Diskurs zur Kultur aber nur insofern, als sie die Grundlage einer zweiten Wirklichkeit bilden und für sie die allgemeinen Funktionsregeln liefern. Diese zweite Wirklichkeit wird durch die Kultur gebildet, jedoch nicht im Sinne eines abstrakten kulturellen Systems, sondern durch konkrete Manifestationen der Kultur. Mit den Phänomenen dieser zweiten Wirklichkeit, die als Realisationen allgemeiner Systemgesetze in verschiedenen Ausprägungen existieren, beschäftigen sich alle kulturellen Debatten. Kultur als System wird als Bestandteil der ersten Wirklichkeit verstanden, während die konkreten Ausprägungen dieses Systems Varianten der zweiten Wirklichkeit darstellen, die in verschiedenen Semantisierungen manifest und wahrnehmbar sind.

1.4 Manifestationen von Kultur

Damit verbunden ist die Annahme, dass die Realität zwar als ein System von bestimmten realen Entitäten existiert, die erste Wirklichkeit aber niemandem unmittelbar und unverfälscht zugänglich ist. Die zweite Wirklichkeit hat damit, indem sie deutende Hypothesen über Realität konstruiert und kommuniziert, sowohl eine Vermittlungs- und Erklärungsfunktion als auch eine interpretierende und filternde Wirkung.

Insofern dieses Modell eine Brückenfunktion der Kultur zwischen der objektiven Welt und dem System der kulturellen Manifestationen postuliert, ist es auch eine adäquate Beschreibung der spezifischen Situation des Kulturmanagements, zu dessen Aufgabe wesentlich sowohl die Vermittlung zwischen den beiden Wirklichkeiten als auch die Verdeutlichung der erforderlichen Differenzierungen gehören.

Dass nicht ausschließlich Artefakte einen Beitrag zum kulturellen Leben leisten können, wird am Entstehungsprozess des „Denkmals für die ermordeten Juden Europas" in Berlin beispielhaft deutlich. Im August 1988 wurde zum ersten Mal in der Öffentlichkeit der Vorschlag geäußert, in Berlin ein „Mahnmal als sichtbares Bekenntnis zur Tat" zu errichten. Im Januar 1989 erfolgte der erste öffentliche Aufruf für die Errichtung eines Denkmals für die ermordeten Juden Europas. Im April 1992 signalisierte die Bundesregierung Unterstützung und erklärte sich bereit, dafür ein Grundstück zur Verfügung zu stellen. Im Frühjahr 1995 kam ein erster Wettbewerb zu einem Ergebnis, das später wieder verworfen wurde. Um die Jahreswende 1997/1998 profilierte sich dann nach einem erneuten Wettbewerbsverfahren der Entwurf von Peter Eisenman als Favorit. Die nach der Bundestagswahl von 1998 neu konstituierte Bundesregierung bekannte sich ebenfalls zu dem Projekt, plädierte aber für eine Erweiterung um einen „Ort der Information". Am 25. Juni 1999 beschloss schließlich der Deutsche Bundestag nach mehrstündiger Debatte mit großer Mehrheit die Errichtung des Denkmals. Im Januar 2000 erfolgt ein symbolischer Baubeginn, gut ein Jahr später wurden die ersten Probestelen aufgestellt. Am 12. Juli 2004 wurde das Richtfest, am 10. Mai 2005 die feierliche Eröffnung des Denkmals gefeiert, am 12. Mai 2005 wurde das Denkmal schließlich der Öffentlichkeit übergeben.

An diesem siebzehn Jahre dauernden Diskussionsprozess beteiligten sich nicht nur die Fachleute und die involvierten Gremien der Legislative und der Exekutive. Er wurde auch in einer breiten Öffentlichkeit wahrgenommen und kommentiert und hat damit als kulturelle Manifestation sicher mehr Argumentationsprozesse in Gang gebracht als das Denkmal selbst je anregen wird. Wäre das Denkmal schlussendlich nicht gebaut worden – was in vielen Situationen seiner Entstehungsgeschichte eine sehr wahrscheinliche Variante war –, hätten die die damit verbundenen Auseinandersetzungen dennoch zu einem kulturellen Mehrwert in Deutschland und Europa – nämlich einem „Ergebnis in den Köpfen" – geführt.

Praktische Auswirkungen hat das Phänomen der kulturellen Manifestationen, die keine Artefakte sind, auch in den Fragen der Sicherung der Überlieferung dieses Teils des kulturellen Erbes. Erst in den letzten Jahren rückt die Sammlung, Bewahrung und Vermittlung des so genannten *intangible heritage*, das besonders in vorschriftlichen Kulturen von Bedeutung ist, aber auch im europäischen Kulturkreis beispielsweise schriftlich nicht fixierte Mythen und Traditionen umfasst, in den Blickpunkt der musealen Arbeit.

Wichtige Merkmale des kulturspezifischen Orientierungssystems lassen sich als so genannte Kulturstandards definieren (Thomas 2003). Unter Kulturstandards werden alle Arten des Wahrnehmens, Denkens, Wertens und Handelns verstanden, die von der Mehrzahl der Mitglieder einer bestimmten Kultur für sich persönlich und für andere als normal, selbstverständlich, typisch und verbindlich angesehen werden. Eigenes und fremdes Verhalten wird auf der Grundlage dieser Kulturstandards beurteilt und reguliert.

Als zentrale Kulturstandards sind solche zu bezeichnen, die in sehr unterschiedlichen Situationen wirksam werden und weite Bereiche der Wahrnehmung, des Denkens, Wertens und Handelns regulieren und insbesondere für die Steuerung der Wahrnehmungs-, Beurteilungs- und Handlungsprozesse zwischen Personen bedeutsam sind, wie beispielsweise die Harmonieorientierung in asiatischen Kulturen.

Daneben lassen sich bereichsspezifische Kulturstandards definieren, die nur in einem sehr speziellen Handlungsfeld (einer so genannten Domäne) wirksam werden, z. B. in Begrüßungssituationen, sowie kontextuelle Kulturstandards, die von den Mitgliedern der jeweiligen Kultur unter bestimmten situativen Bedingungen ein spezifisches Verhalten fordern, z. B. das Senioritätsprinzip.

Die individuelle und gruppenspezifische Ausprägung dieser Kulturstandards kann innerhalb eines gewissen Toleranzbereiches variieren, Verhalten und Einstellungen außerhalb der bereichsspezifischen Grenzen werden von der sozialen Umwelt jedoch abgelehnt und sanktioniert. Zentrale Kulturstandards einer Kultur können in einer anderen Kultur fehlen oder nur von peripherer Bedeutung sein. Verschiedene Kulturen können ähnliche Kulturstandards aufweisen, die aber von unterschiedlicher Bedeutung sind und unterschiedlich weite Toleranzbereiche aufweisen. Kulturstandards und ihre handlungsregulierende Funktion werden nach erfolgreicher Sozialisation von einem Individuum innerhalb der eigenen Kultur nicht mehr bewusst erfahren. Erst im Kontakt mit fremdkulturell sozialisierten Personen werden die Kulturstandards und ihre Wirkungen im Vergleich wieder wahrgenommen.

Für das Kulturmanagement besonders relevant ist in diesem Zusammenhang vor allem die Frage der Breite akzeptierter Abweichungen von einem Kulturstandard. Gerade innovative Projekte müssen reflektieren, inwieweit sie diese überschreiten und dennoch das für die gesellschaftliche Wirksamkeit ihres Vorhabens erforderliche Interesse des Publikums gewährleisten können.

1.5 Cultural studies und cultural turn

Die so genannten cultural studies und der cultural turn (grundlegend Bachmann-Medick 2004 und Bachmann-Medick 2009) führten in der zweiten Hälfte des 20. Jahrhunderts in der Theoriebildung und in der akademischen Arbeit der verschiedenen Geistes- und Sozialwissenschaften zu einer signifikanten Aufwertung der Kulturforschung. Nahezu alle denkbaren menschlichen Lebens- und Handlungszusammenhänge wurden in einen kulturellen Bezugsrahmen integriert. Im Umkehrschluss führte dies aber auch zu einer nicht selten unkritischen Ausweitung des Kulturbegriffs und zu dessen in der Alltagssprache zu beobachtendem inflationärem Gebrauch.

Auf die Forscher des Centre of Contemporary Cultural Studies (CCCS) in Birmingham geht seit Mitte der 1960er Jahre der Ansatz zurück, die jugendlichen Subkulturen in den Mittelpunkt der Kulturanalyse zu stellen. Sie definieren Kultur als „die Art, wie die Beziehungen einer Gruppe strukturiert und geformt sind; aber sie ist auch die Art, wie diese Formen erfahren, verstanden und interpretiert werden" (Clarke 1979, S. 14–15). Ihr Kulturbegriff greift damit zunächst den traditionellen Aspekt der eine Gemeinschaft konstituierenden Rolle der Kultur auf. Die Innovation besteht jedoch darin, dass sie ihrer Kulturanalyse einen den ganzen Alltag – „whole way of life" (Williams 1977, S. 50) – umfassenden Kulturbegriff zugrunde legen und subkulturelle Milieus zu ihrem bevorzugten Forschungsgegenstand machen. Anders als im Konzept der Massenkultur, das die Jugendlichen als bloße Rezipienten versteht, werden diese als Subjekte interpretiert, die sich ihre Umwelt anhand von kultureller Symbolik aktiv erschließen (Müller-Bachmann 2002; Vogt 2005). Im Mittelpunkt der Untersuchung stehen dabei nicht die kulturellen Phänomene, sondern deren Beziehung zu der sozialen Gruppe, deren Leben sich in diesen Objekten widerspiegelt.

Im Verständnis der cultural studies werden diese Subkulturen als Untersysteme der Kultur der Arbeiterschicht verstanden. Sie grenzen sich damit einerseits gegen die Stammkultur – vor allem der Eltern – ab, andererseits bemühen sie sich mit dieser gemeinsam um eine Abgrenzung zu der Kultur der gesamtgesellschaftlichen Konvention. Es entsteht somit eine Rangordnung von Kulturen, für die – das Gesellschaftsmodell von Karl Marx (1818–1883) aufgreifend – „die Reproduktionsbedingungen, materieller Reichtum und Macht" (Müller-Bachmann 2002, S. 31) verantwortlich gemacht werden.

Das Aufkommen der cultural studies und der wachsenden Einfluss der Kultursoziologie in der zweiten Hälfte des 20. Jahrhunderts führten zunächst in den Geistes- und Sozialwissenschaften und danach in der Gesellschaft insgesamt zu Entwicklungen, die mit dem Begriff „cultural turn" beschrieben werden. Im Mittelpunkt steht dabei ein erweitertes Kulturverständnis, das eine Hierarchie und Weiterentwicklung kultureller Werte – wie sie beispielsweise Herder postuliert hat – infrage stellt. Die Populärkultur und die Alltagskultur werden der Hochkultur als in der Wertung zumindest ebenbürtig und in der gesellschaftlichen Relevanz höher stehend gegenübergestellt. Der cultural turn beinhaltet im Wesentlichen eine Abkehr des Kulturbegriffs von der Kultur der Eliten und des Außergewöhnlichen hin zu einer Populärkultur der Durchschnittlichen und des Alltags.

Vor allem initiiert durch die Arbeiten Ludwig Wittgensteins (1889–1951), in deren Mittelpunkt die Auffassung steht, dass sich das menschliche Denken vor allem durch die Sprache definiere und dass jede Philosophie deshalb vor allem Sprachkritik sein müsse („All philosophy is ‚Critique of language'" – Wittgenstein 1922, 4.0031), gab es im frühen 20. Jahrhundert bereits einen „linguistic turn". Der cultural turn kann als dessen Weiterentwicklung verstanden werden, weil er das Interesse an dem Alltagsphänomen Sprache auf alle Arten der Kommunikation ausweitet.

Der cultural turn verschob in allen Geistes- und Sozialwissenschaften den Akzent von historischen Ereignissen sowie gewichtigen politischen und wirtschaftlichen Fragen auf bisher eher als belanglos eingeschätzte Alltagserscheinungen und Manifestationen des Lebensstils als Vermittler eines kulturellen Systems. Für die Arbeit kultureller Institutionen und Projekte bedeutete dies eine Integration von Alltagsphänomenen in den Ausstellungs- und Aufführungsbetrieb. Gleichzeitig kamen neben ausstellbaren oder aufführbaren künstlerischen Produkten zunehmend Handlungen und Prozesse in den Blick. Die Unterscheidung zwischen Hochkultur und Massenkultur verlor dabei an Bedeutung. Phänomene der Populärkultur wie die Popart und die Massenmedien unterstützten und beschleunigten diesen Prozess.

Der cultural turn ist damit auch ein Gegenentwurf zu der Vereinzelung und Unübersichtlichkeit der kulturellen Manifestationen, von der die Moderne geprägt ist. Mit ihrem umfassenden und interdisziplinären Ansatz versucht die Kulturwissenschaft Beschreibungsmodelle zu entwickeln, die sehr verschiedene Aspekte des gesellschaftlichen Lebens integrieren können. Da dabei nicht selten auch stark unterschiedliche und sogar widersprüchliche Phänomene zusammengefasst werden, wird häufig mit „cultural turns" auch der Plural als die der Vielfältigkeit der

Neuorientierungen in den Kulturwissenschaften angemessene Terminologie verwendet.

Konkrete Auswirkungen auf das Kulturmanagement hatte der cultural turn vor allem im Bereich der Museen und Ausstellungen, in dem sich sowohl das Spektrum der Objekte des Sammelns als auch deren Präsentation unter seinem Einfluss wesentlich wandelten.

Während beispielsweise Technikmuseen traditionell Verkehrsmittel gegliedert nach ihrem Einsatzbereich zu Luft, zu Wasser, auf der Straße und auf der Schiene jeweils in ihrer chronologischen Entwicklung darstellten, werden sie in neueren Ausstellungskonzepten in ihren jeweiligen kulturellen Kontext eingebunden. So ist die rasante Entwicklung der Eisenbahn untrennbar mit der Industrialisierung des 19. Jahrhunderts verbunden, die Geschichte der Seefahrt eng mit dem Sklavenhandel verknüpft.

Einen besonderen Stellenwert hat die Einbeziehung des zeitgeschichtlichen Kontextes für die Zeit der nationalsozialistischen Herrschaft. So hat das Museum in Peenemünde, wo Wernher von Braun (1912–1977) die erste funktionsfähige Rakete entwickelte und erprobte, die Geschichte der dortigen Ereignisse zunächst als „Geburtsort der Raumfahrt" dargestellt, während die aktuelle Ausstellung die Ambivalenz von bahnbrechender Ingenieurleistung und unkritischer Verstrickung in das nationalsozialistische Rüstungsprogramm in den Vordergrund stellt. Dieselben Strukturen gelten für das US-amerikanische Projekt der Mondlandung und dessen Bedeutung für den Kalten Krieg zwischen Ost und West (Hoppe 2004).

Während diese Kontextualisierung in den großen Technikmuseen inzwischen weitestgehend abgeschlossen ist, haben die Kunstmuseen diesen Schritt in weiten Bereichen noch nicht vollzogen. Dort steht vielfach immer noch ein vermeintlich autonomes Kunstwerk im Mittelpunkt, über das nicht viel mehr als Titel, Entstehungsjahr und Lebenszeit des Künstlers mitgeteilt werden. Die durch den so genannten Schwabinger Kunstfund aus dem Besitz Cornelius Gurlitts im Jahr 2012 ausgelöste Debatte (Koldehoff 2014) hat allerdings einer breiteren Öffentlichkeit verdeutlicht, dass auch Kunstwerke und deren Provenienzgeschichte von komplexen gesellschaftlichen Einflüssen geprägt sind.

1.6 Kultur als Wirtschaftsfaktor

Dass Kultur auch ein bedeutender Wirtschaftsfaktor ist, wird in erster Linie auf dem Wege der Umwegrentabilität insbesondere im Zusammenhang mit kulturtouristischen Angeboten und kulturellen Großereignissen evident: Die Besucher nehmen am Veranstaltungsort vor allem Verpflegungs- und Übernachtungsleistungen in Anspruch und kaufen in den örtlichen Geschäften ein.

Für die als eines der Hauptprojekte der Kulturhauptstadt Europas 2007, Luxemburg und Großregion, in Trier gezeigte Landesausstellung „Konstantin der Große" des Landes Rheinland-Pfalz, der Stadt Trier und des Bistums Trier hat die Universität Trier diese ökonomischen Effekte systematisch untersucht (Universität Trier 2008).

An den 156 Öffnungstagen vom 2. Juni bis zum 4. November 2007 besuchten an den drei Standorten (Rheinisches Landesmuseum Trier, Bischöfliches Dom- und Diözesanmuseum Trier, Stadtmuseum Simeonstift) insgesamt 799.034 Besucher die Ausstellung. Aus deren Tagesausgaben wurde ein zusätzliches volkswirtschaftliches Einkommen in der Region Trier in Höhe von rund 28,4 Mio. € erwirtschaftet. Der von den drei Partnern Land, Stadt und Bistum zur Verfügung gestellte Ausstellungsetat von 6,6 Mio. € wurde bezüglich der volkswirtschaftlichen Auswirkungen also mehr als vervierfacht. Es ist damit gelungen, mit einem wissenschaftlich anspruchsvollen Projekt von hoher fachlicher Qualität eine namhafte materielle Rendite für die Stadt und für die Region zu erwirtschaften.

Dieses Ergebnis resultierte vor allem daraus, dass 83 % der Besucher von außerhalb der Region anreisten, zwei Drittel sogar von außerhalb des Landes Rheinland-Pfalz. Jeder zehnte Besucher kam aus dem Ausland. Aufgrund dieser Publikumsstruktur konnte ein besonders hoher Anteil von Übernachtungsgästen gewonnen werden. Mehr als die Hälfte der für die Studie befragten Besucher hatte wegen des Ausstellungsbesuchs mindestens eine Übernachtung in Trier gebucht.

Auf die Ausgaben dieser Übernachtungsgäste war mit rund 23 Mio. € der größte Teil des Gesamtumsatzes zurückzuführen, und zwar nicht nur wegen der eigentlichen Übernachtung, sondern auch wegen der erhöhten Tagesausgaben dieser Besucherschicht. Die durchschnittlichen Tagesausgaben pro Person inklusive Eintritt lagen bei 58,63 €. Differenziert nach den verschiedenen Gästearten zeigen die Übernachtungsgäste mit Durchschnittsausgaben in Höhe von 88 € den höchsten Ausgabewert. Die Ausstellungsbesucher waren damit auch konsumfreudiger als der Durchschnitt der Übernachtungsgäste in der Fremdenverkehrsregion Mosel-Saar, die ca. 80 € pro Kopf und Tag ausgeben. Tagesgäste aus der Region Trier wendeten im Schnitt ca. 19 € auf, Tagesgäste mit Wohnsitz außerhalb der Region Trier 30 €.

Rund 43 % der Gesamtausgaben entfielen auf den Bereich Beherbergung und rund 27 % auf den Bereich der Gastronomie. Damit konnten vor allem diese beiden Sektoren von den Ausstellungsbesuchern profitieren. Immerhin 5,5 % der Ausgaben kamen den Kultureinrichtungen durch Eintrittsgebühren unmittelbar zugute. Gleichzeitig gelang es, in einer namhaften Größenordnung Neukunden für einen

1.6 Kultur als Wirtschaftsfaktor

Aufenthalt in der Stadt Trier zu gewinnen: Ein Viertel der Kurzurlauber besuchte Trier zum ersten Mal (Universität Trier 2008, S. 50).

Die Berechnung der regionalwirtschaftlichen Effekte der Konstantin-Ausstellung für die Region Trier bestätigte damit auch Zahlen, die für die alle fünf Jahre in Kassel stattfindende „documenta" als einer der weltweit bedeutendsten Ausstellungen für zeitgenössische Kunst vorliegen. Die direkten Wirkungen der documenta IX (1992) auf die Stadt Kassel wurden auf 8,4 Mio. DM beziffert. Zusammen mit den indirekten ökonomischen Wirkungen entstanden nachfragewirksame Effekte auf die Kasseler Wirtschaft in Höhe von 40,9 Mio. DM. Auch hier entfiel der überwiegende Teil auf das Gastgewerbe (Hellstern und Oehmcke 2008, S. 5).

Darüber hinaus kann belegt werden, dass kulturelle Veranstaltungen deutlich höhere wirtschaftliche Effekte erzielen können als Sportereignisse.

Die inhaltlich wie geographisch benachbarte Studie „Ökonomische Auswirkungen des 1. FC Kaiserslautern für Kaiserslautern und Rheinland-Pfalz", die der 1. FC Kaiserslautern für einen zur Landesausstellung „Konstantin der Große" fast parallelen Zeitraum in Auftrag gegeben hat, um festzustellen, welche zusätzlichen Mittel durch die Teilnahme des 1.) FC Kaiserslautern am Spielbetrieb der 2.) Fußball-Bundesliga im Verlauf einer Saison in die beiden Betrachtungsregionen Kaiserslautern und Rheinland-Pfalz fließen (Johannes Gutenberg-Universität Mainz 2010), ermöglicht den direkten Vergleich mit dem Sportsektor. Demnach entstand durch die Konsumausgaben der insgesamt fast 600.000 Zuschauer von Spielen der Bundesliga-Mannschaft des 1. FC Kaiserslautern in der Saison 2008/09 ein wirtschaftlicher Primärimpuls für Kaiserslautern in Höhe von 5,8 Mio. €.

Neben der Umwegrentabilität wird die Rolle der Kultur als so genannter weicher Standortfaktor als weiterer wirtschaftlicher Aspekt der Kultur in der Öffentlichkeit wahrgenommen. Bei der Standortwahl von Unternehmen sind neben den „harten" Faktoren wie beispielsweise einer guten Infrastruktur vor allem vor dem Hintergrund der Aussichten auf Gewinnung der erforderlichen Fachkräfte und der langfristigen Sicherung des Fachkräftebedarfs in zunehmendem Maße „weiche" Faktoren relevant. Dazu zählt neben der Umweltsituation, dem Image der Region, der Verfügbarkeit von Wohnraum, von sozialen Einrichtungen und guten Freizeitmöglichkeiten wesentlich auch ein gutes Kulturangebot.

Im Zusammenhang mit der für die nächsten Jahre und Jahrzehnte zu erwartenden zunehmenden Konkurrenz um qualifizierte Mitarbeiter wird dieser Aspekt nachhaltig an Bedeutung gewinnen. Derzeit ist ein ausreichendes Angebot an qualifizierten Arbeitskräften noch das wichtigste Kriterium bei Standortentscheidungen von Unternehmen. Der weiche Standortfaktor des Kulturangebots wird demgegenüber als nachrangig eingestuft. Im Branchenvergleich zeigt sich aber, dass die Kultur bei den Dienstleistungsunternehmen einen deutlich höheren Stellenwert bei der Standortentscheidung genießt als bei der Industrie. Da die Dienstleistungen bereits in den letzten Jahren und zukünftig in noch stärkerem Maße die Wachstumsträger waren und sein werden, wird damit auch die Bedeutung der Kultur als standortförderndes Argument in der Wirtschaft insgesamt ein höheres Gewicht erhalten, zumal sie zum Hauptargument der Fachkräfterekrutierung nicht nur nicht im Gegensatz steht, sondern ein Teil dieser Strategie ist. „Insbesondere Manager und Führungskräfte machen ihre Entscheidung für eine berufliche Mobilität von der Qualität des örtlichen Kulturangebots abhängig. Eine vielseitige Kulturlandschaft muss in erreichbarer Nähe sein. Kultur- und Freizeitwerte einer Stadt oder Region entscheiden über die Attraktivität für Arbeitskräfte. Die traditionelle Leistungs-Lohn-Beziehung wird in Zukunft nicht mehr allein das Arbeitsverhältnis bestimmen. In einem sind sich beinahe alle Berufsgruppen einig: Wenn die Lebensqualität vor Ort nicht stimmt, ist auch die Neigung gering, einen Wohnortwechsel dorthin vorzunehmen. Für fast ein Drittel der Arbeitnehmer gehört ein vielseitiges Kulturangebot zu den wichtigsten Anreizen für einen solchen Wechsel" (Opaschowski 2006, S. 251).

Neben den weiterhin bestehenden Argumentationen der Umwegrentabilität und der Kultur als Standortfaktor hat sich seit den 1990er Jahren in den kulturpolitischen und in den volkswirtschaftlichen Debatten die Erkenntnis durchgesetzt, dass die Kultur auch auf direktem Weg einen wesentlichen Beitrag zum Wirtschaftsleben leistet. Für dieses Phänomen haben sich die Termini „Kulturwirtschaft" und „Kreativwirtschaft" (mit dem synonymen Begriff „Creative Industries") etabliert.

Die Kultur- und Kreativwirtschaft ist der marktwirtschaftliche Teil des Kultursektors. Ihm werden – in Abgrenzung von expliziten Non-Profit-Einrichtungen und allen sonstigen Betrieben, die nicht auf kommerzielle Ziele ausgerichtet sind – alle Unternehmen und wirtschaftlichen Aktivitäten zugeordnet, die gewinnorientiert arbeiten.

Die Wirtschaftsministerkonferenz definiert die Kultur- und Kreativwirtschaft folgendermaßen:

Unter Kultur- und Kreativwirtschaft werden diejenigen Kultur- und Kreativunternehmen erfasst, welche überwiegend erwerbswirtschaftlich orientiert sind und sich mit der Schaffung, Produktion, Verteilung und/oder medialen Verbreitung von kulturellen bzw. kreativen Gütern und Dienstleistungen befassen.

Das wesentliche Kriterium der Definition der Kultur- und Kreativwirtschaft ist damit der erwerbswirtschaftliche Charakter der Unternehmen. Zu diesem Kreis der Unternehmen gehören demnach alle Unternehmen, die sich über den Markt finanzieren, die zumindest grundsätzlich mehrwertsteuerpflichtig sind und mit Kunst, Kultur und Kreativität Geld verdienen wollen. Nicht zu diesem Kreis zählen unabhängig von ihrer Rechts- und Betriebsform alle Unternehmen, Einrichtungen

1.6 Kultur als Wirtschaftsfaktor

oder vereinsbasierten Konstrukte, die sich weitgehend nicht durch den Markt finanzieren, sondern durch öffentliche Finanzierung getragen, durch Gebührenfinanzierung unterhalten oder durch gemeinnützige Gelder bzw. private Geldgeber gefördert werden.

Die klare Bezugnahme auf den erwerbswirtschaftlichen Unternehmenstypus ist damit von zentraler Bedeutung für das Grundverständnis des kultur- und kreativwirtschaftlichen Bereiches.

Auch die Kernbranchen, die zur Kultur- und Kreativwirtschaft gezählt werden, werden von der Wirtschaftsministerkonferenz identifiziert:
Die neun Teilmärkte Musikwirtschaft, Buchmarkt, Kunstmarkt, Filmwirtschaft, Rundfunkwirtschaft, darstellende Kunst, Designwirtschaft, Architekturmarkt und Pressemarkt werden unter dem Begriff „Kulturwirtschaft" zusammengefasst. Zusätzlich werden die beiden Teilmärkte Werbemarkt sowie Software bzw. Games-Industrie als so genannte Kreativbranchen mit einbezogen. Mit diesen elf Teilbranchen ist das Wirtschaftsfeld Kultur- und Kreativwirtschaft insgesamt abgegrenzt.

Die Wirtschaftsministerkonferenz hat sich damit für eine branchengegliederte oder teilmarktbezogene Gliederung der Kultur- und Kreativwirtschaft ausgesprochen, alle anderen bisherigen deutschen Kulturwirtschaftsberichte sind ihr darin gefolgt (vgl. Tab. 1.2). Die Branchengliederung stellt die in der Kultur- und Kreativwirtschaftsforschung damit am weitesten verbreitete Form der Erfassung dieses Wirtschaftsfeldes dar.

Es bestehen jedoch auch alternative Vorschläge zur Strukturierung des Wirtschaftsfeldes der Kultur- und Kreativwirtschaft wie der britisch-australischen Ansatz, der nicht nach Branchen, sondern nach Berufsgruppen gliedert. Diese Gliederungsstruktur geht von der Unterscheidung nach Kunst-, Kultur- und Kreativberufen aus, da die Forscher der Auffassung sind, dass der „kreative Kern" durch die beruflichen Aktivitäten und Tätigkeiten besser erfasst werde als in der Darstellung nach wirtschaftlichen Aktivitäten bzw. nach wirtschaftlichen Branchen.

Ein anderer prominenter Ansatz wird von der UN-Konferenz für Handel und Entwicklung (UNCTAD) im Creative Economy Report 2008 vertreten. Die Autoren des UNCTAD-Reports stellen in der internationalen Debatte zu den Creative Industries eine starke Heterogenität der Zuordnung von Teilbranchen fest und plädieren deshalb für die grundsätzliche Orientierung des Wirtschaftsfeldes nach Gütern und Dienstleistungen.

Für alle Teilbranchen der Kultur- und Kreativwirtschaft lassen sich in der Gestalt unterschiedlicher Unternehmenstypen verschiedenartige Akteure identifizieren. Die Binnensegmentierung nach Unternehmenstypologien unterscheidet dabei in idealtypischer Form drei Unternehmenstypen: selbständige Künstler und

Tab. 1.2 Kultur- und Kreativwirtschaft nach Teilmärkten: Unternehmen, Umsätze, Erwerbstätige (jeweils bezogen auf das Jahr 2012). (Quelle: Bundesministerium für Wirtschaft und Energie 2014, S. 18 f.)

Teilmarkt	Erwerbstätige Anzahl	Unternehmen Anzahl	Umsatz in Mio. Euro
Musikwirtschaft	46.606	13.858	6931
Buchmarkt	79.290	16.942	14.148
Kunstmarkt	18.958	13.208	2468
Filmwirtschaft	60.348	18.043	9334
Rundfunkwirtschaft	40.433	18.186	7341
Markt für darstellende Künste	35.438	16.448	3938
Designwirtschaft	132.829	54.401	18.767
Architekturmarkt	108.151	41.018	9092
Pressemarkt	160.035	32.974	31.315
Werbemarkt	140.665	33.158	24.855
Software-/Games-Industrie	299.933	32.048	30.124
Sonstige	15.579	7915	1718
Summe	1.138.265 Entspricht einem Anteil von 3,17 % an der Gesamtwirtschaft	298.199 Entspricht einem Anteil von 7,58 % an der Gesamtwirtschaft	160.031 Entspricht einem Anteil von 2,36 % an der Gesamtwirtschaft

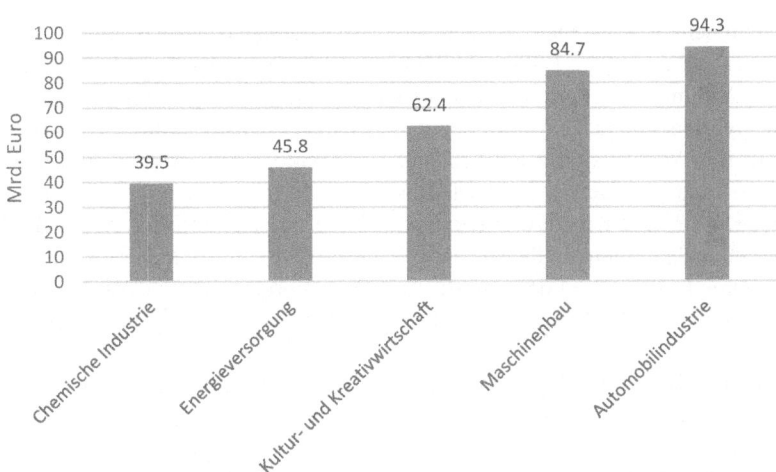

Abb. 1.2 Beitrag der Kultur- und Kreativwirtschaft zur Bruttowertschöpfung im Branchenvergleich 2011. (© Eigene Graphik, Daten: Bundesministerium für Wirtschaft und Energie 2014, S. 5)

Kleinstunternehmen, die klein- und mittelständischen Unternehmen sowie die Großunternehmen.

Die Bedeutung der Kultur- und Kreativwirtschaft wird insbesondere anschaulich in ihrem Beitrag zum Bruttosozialprodukt (vgl. Abb. 1.2). Im Vergleich mit anderen Branchen nimmt die Kultur- und Kreativwirtschaft insgesamt den dritten Platz zwischen dem Maschinenbau und der Energieversorgung ein. Auffallend ist, dass die Kultur- und Kreativwirtschaft in der öffentlichen Aufmerksamkeit jedoch weit hinter den in der Bedeutung vergleichbaren Branchen liegt. Einer der Gründe dafür ist mutmaßlich die Heterogenität der Produkte der Kultur- und Kreativwirtschaft. Die Autoindustrie kann sich beispielsweise trotz ihrer hohen Komplexität mit dem Auto auf ein gemeinsames Produkt beziehen. Der Kulturwirtschaft steht ein derartiger generalisierender Begriff für ihre Produkte zumindest jenseits der Fachterminologie nicht zur Verfügung.

Mit der üblichen Betrachtung der direkten Bruttowertschöpfung und der generierten Beschäftigung wird lediglich der so genannte primäre Effekt der Kultur- und Kreativwirtschaft auf die Gesamtwirtschaft in den Blick genommen. Dazu kommen sekundäre Effekte wie alle positiven Auswirkungen in Form von indirekten Beiträgen zur Gesamtwirtschaft. Diese bestehen bei der Kultur- und Kreativwirtschaft insbesondere in ihrer Nachfrage nach Gütern aus den ihr vorgelagerten Branchen, insbesondere der Informations- und Kommunikationstechnik (IKT), der

Materialwirtschaft, aber auch aus den wissensintensiven Dienstleistungen. Des Weiteren entstehen tertiäre Effekte der Kultur- und Kreativwirtschaft, die sich aus positiven Wirkungen in Form der Entwicklung und Einführung neuer Geschäftsmodelle, hybrider und neuer Märkte sowie so genannter Kreativspillovers beispielweise auf die Wertschöpfung bei Kunden, Kooperationspartnern und Zulieferer zusammensetzen. Auf gesamtgesellschaftlicher Ebene entstehen durch die Aktivitäten der Kultur- und Kreativwirtschaft schließlich quartäre Effekte, die wiederum als Rahmenbedingungen für alle anderen drei Arten von Effekten rückwirken. Dazu gehören Einflüsse auf das Sozialgefüge, neue Formen der Arbeitsgestaltung oder Paradigmenwechsel in der Problemanalyse (Prognos und Fraunhofer 2012, S. 30 f.).

In Erkenntnis der gesellschaftlichen Relevanz der Kultur- und Kreativwirtschaft haben neben dem Bund inzwischen auch alle Länder Berichte zur Kultur- und Kreativwirtschaft veröffentlicht, die zumeist auch fortgeschrieben werden. Die Federführung liegt dabei teils bei dem für Wirtschaft, teils bei dem für Kultur zuständigen Ressort. Darüber hinaus haben zahlreiche Metropolregionen und Städte wie beispielsweise Aachen, Bochum, Dortmund, Frankfurt, Karlsruhe, Köln, Offenbach und Stuttgart Kulturwirtschaftsberichte erarbeitet.

Die zunehmende öffentliche Wahrnehmung der Kultur- und Kreativwirtschaft stellt die kulturellen Institutionen und Projekte auch vor besondere Herausforderungen im Spannungsfeld von Kooperation und Abgrenzung. Einerseits kann und soll die öffentliche Ausstrahlung der Kultur- und Kreativwirtschaft für den Kultursektor insgesamt genutzt werden, andererseits müssen Non-Profit-Organisationen ihr spezifisches Profil wahren und verdeutlichen, dass viele Bereiche kultureller Arbeit in einem marktwirtschaftlichen Umfeld nicht wahrgenommen werden können. Auf lange Sicht sollte sich daraus ein Verhältnis kooperativer Koexistenz entwickeln, das Zusammenarbeit und Eigenständigkeit ermöglicht. Dabei kann es vielleicht hilfreich sein, dass die Strukturen und die Bedingungen der Akteure durchaus nicht so unterschiedlich sind, wie beispielsweise mit Blick auf die großen Medienkonzerne vermutet werden könnte. Auch im Bereich des gewinnorientierten Kultursektors wird äußerst kleinteilig und in vielfach prekären sozialen Situationen gearbeitet. Beispielsweise erwirtschaften über die Hälfte aller selbstständigen Künstler einen Jahresumsatz zwischen 17.500 und 50.000 €.

Eine Perspektive, die für viele Städte noch zukunftsweisend ist, liegt in der Entwicklung eines partnerschaftlichen Konzepts zwischen Kulturförderung und Kulturwirtschaft, das nicht nur darüber befindet, welche Kunst- und Kulturbereiche unter Umständen privatisiert werden können, sondern auch weitergehende Angebote entwickelt, die es den betroffenen Kultureinrichtungen und Kulturschaffenden ermöglichen, bessere Chancen am Markt zu erhalten.

1.6 Kultur als Wirtschaftsfaktor

Diese Angebote können zum einen in einer besseren Beratung für Kulturschaffende liegen, die sich selbständig machen wollen. Eine weitergehende Möglichkeit liegt jedoch darin, bestimmte Kunst- oder Kulturprojekte durch (kultur-)wirtschaftliche Maßnahmen zu flankieren. Wenn zum Beispiel eine Stadt ein Künstlerhaus einrichtet, das ortsansässigen jungen Künstlern Arbeits- und Ausstellungsgelegenheit bietet, so ist dies eine sinnvolle und wichtige Maßnahme der Kunst- und Künstlerförderung. Wenn diese Stadt jedoch nicht über einen starken Kunstmarkt verfügt, der den Künstlern genügend Marktchancen bietet, müsste in einem zweiten Schritt überlegt werden, wie gemeinsam mit Partnern aus der Wirtschaft, der regionalen Wirtschaftsförderung, von ortsansässigen Galerien, Kunstvereinen und Museen usw. Impulse für die Entwicklung eines Kunstmarktes gegeben werden können.

In diesem Zusammenhang ist zu bedenken (Kunzmann 1995, S. 331), dass kulturwirtschaftliche Betriebe und Unternehmen an einem Ort ein wesentliches Element des lokalen Kulturlebens sind. Sie zeigen sich in der Regel an lokalen bzw. regionalen Kulturaktivitäten stark interessiert, die auf entsprechende kulturwirtschaftliche Produkte und Dienstleistungen angewiesen sind. Ein vielfältiges, innovatives kulturelles Milieu am Ort und in der Region ist daher für kulturwirtschaftliche Betriebe und Unternehmen wichtig. Es schafft ihnen einen aufnahmebereiten regionalen Markt und es garantiert die Verfügbarkeit von vorgebildeten, interessierten und qualifizierten Arbeitskräften. Das kulturelle Image der Region ist gleichzeitig auch ein nicht zu unterschätzender und vor allem kostenloser Marketingfaktor, und je besser dieses kulturelle Image ist, umso mehr profitieren kulturwirtschaftliche Unternehmen davon. Doch weil sie dies tun, sind sie in der Regel auch eher bereit, im Rahmen ihrer Möglichkeiten oder Marketingstrategien das kulturelle Leben am Ort oder zumindest einzelne kulturelle Projekte zu unterstützen.

Daraus ergibt sich eine gegenseitige Abhängigkeit von lokaler Kultur und lokaler Kulturwirtschaft, die in vielerlei personellen Netzwerken ihren Ausdruck findet, in Netzwerken, aus denen beide Seiten ihre Vorteile ziehen.

Im Sinne einer moderierenden Kulturpolitik (Hippe 1995) ist es dann auch denkbar, Überlegungen darüber anzustellen, ob die öffentliche Kulturförderung (unter Umständen gemeinsam mit der Wirtschaftsförderung) über einen begrenzten Zeitraum kommerziell ausgerichtete Kulturangebote fördert, wenn es in einem größeren Zusammenhang sinnvoll erscheint.

Ebenso würden sich unter dieser Maßgabe auch neue Anforderungen an Kulturentwicklungspläne und an Konzepte eines kommunalen Marketings stellen, die unter dem Aspekt der ressortübergreifenden Zusammenarbeit flankierende Maßnahmen, die in die Kulturwirtschaft hineinwirken, für bestimmte kulturelle oder künstlerische Vorhaben entwerfen (Heinze et al. 1994).

Literatur

Bachmann-Medick, Doris: Kultur als Text. Die anthropologische Wende in der Literaturwissenschaft, Francke, Tübingen, 2. Aufl. 2004

Bachmann-Medick, Doris: Cultural turns. Neuorientierungen in den Kulturwissenschaften, Rowohlt, Reinbek bei Hamburg, 3. Aufl. 2009

Baecker, Dirk: Organisation und Störung. Aufsätze, Suhrkamp, Berlin, 2011

Bargatzky, Thomas: Einführung in die Ethnologie. Eine Kultur- und Sozialanthropologie, Buske, Hamburg, 1989

Beer, Bettina/Fischer, Hans (Hrsg.): Ethnologie. Einführung und Überblick, Reimer, Berlin, 2003

Bundesministerium für Wirtschaft und Energie (Hrsg.): Monitoring zu ausgewählten wirtschaftlichen Eckdaten der Kultur- und Kreativwirtschaft 2012. Kurzfassung, Berlin, 2014

Clarke, John: Jugendkulturen als Widerstand. Milieus, Rituale, Provokationen, Syndikat, Frankfurt am Main, 1979

Fleischer, Michael: Weltbildgesteuerte Wirklichkeitskonstruktion, Band 2: Aspekte russischer und polnischer Kultur (= Specimina philologiae Slavicae, Supplementband 57), Sagner, München, 1997

Hansen, Klaus P.: Kultur und Kulturwissenschaft, Francke, Tübingen, 2. Aufl. 2000

Heinze, Thomas/Krambrock, Ursula/Liebald, Christiane/Pliquett, Heike: Professionalisierung kommunaler Kulturarbeit. Bilanz einer Expertenbefragung. In: Heinze, Thomas (Hrsg.): Kulturmanagement. Professionalisierung kommunaler Kulturarbeit, Westdeutscher Verlag, Opladen, 1994, Seite 175–231

Hellstern, Gerd-Michael/Oehmcke, Nora: Documenta-Abstracts. Zusammenfassung der Diplomarbeiten am Lehrstuhl 1991–2008, Kassel, 2008, Elektronische Ressource: https://kobra.bibliothek.uni-kassel.de/handle/urn:nbn:de:hebis:34-2008111725121 – Zugriff 18.02.2015

Herder, Johann Gottfried: Ideen zur Philosophie der Geschichte der Menschheit, Reclam, Leipzig, 1903

Hippe, Wolfgang: Geld – Macht – Sinn. Oder „Der Zeitgeist weht überall". In: Kulturpolitische Mitteilungen, Heft 71, (IV/1995), Seite 45–46

Holzmüller, Hartmut H.: Konzeptionelle und methodische Probleme in der interkulturellen Management- und Marketingforschung, Schäffer-Poeschel, Stuttgart, 1995

Hoppe, Bernhard M.: Peenemünde. Ein Beitrag zur deutschen Erinnerungskultur. In: Erichsen, Johannes/Hoppe, Bernhard M. (Hrsg.): Peenemünde. Mythos und Geschichte der Rakete 1923–1989, Nicolai, Berlin, 2004, Seite 11–22

Institut für Demoskopie Allensbach: Kulturelles Interesse und Kulturpolitik. Eine Repräsentativumfrage über die kulturelle Partizipation, den Kulturbegriff der deutschen Bevölkerung und die Bewertung der Kulturpolitik (IfD-Bericht 4081), Allensbach, 1991

Johannes Gutenberg-Universität Mainz: Ökonomische Auswirkungen des 1. FC Kaiserslautern für Kaiserslautern und Rheinland-Pfalz. Ergebniszusammenfassung der Studie im Auftrag des 1. FC Kaiserslautern e. V., Mainz, 2010

Knödler-Bunte, Eberhard: Editorial Kulturgesellschaft. In: Ästhetik und Kommunikation, Heft 67/68: Kulturgesellschaft. Inszenierte Ereignisse, Berlin 1987, Seite 21 f.

Koldehoff, Stefan: Die Bilder sind unter uns. Das Geschäft mit der NS-Raubkunst und der Fall Gurlitt, Galiani, Berlin, 2014

Kroeber, Alfred Louis/Kluckhohn, Clyde: Culture. A Critical Review of Concepts and Definitions, Random House, New York, 1952

Kunzmann, Klaus R.: Strategien zur Förderung regionaler Kulturwirtschaft. In: Heinze, Thomas (Hrsg.): Kultur und Wirtschaft. Perspektiven gemeinsamer Innovation, Westdeutscher Verlag, Opladen, 1995, Seite 324–342

Lüddemann Stefan: Kultur. Eine Einführung, Verlag für Sozialwissenschaften, Wiesbaden, 2010

Luhmann, Niklas: Schriften zu Kunst und Literatur, hrsg. von Niels Werber, Suhrkamp, Frankfurt am Main, 2008

Müller-Bachmann, Eckart: Jugendkulturen revisited. Musik- und stilbezogene Vergemeinschaftungsformen (Post-)Adoleszenter im Modernisierungskontext (= Jugendsoziologie, Band 3), Lit Verl., Münster, 2002

Opaschowski, Horst W.: Freizeitwirtschaft. Die Leitökonomie der Zukunft, LIT Verlag, Hamburg, 2006

Posner, Roland: Kultur als Zeichensystem. Zur semiotischen Explikation kulturwissenschaftlicher Grundbegriffe. In: Assmann, Aleida/Harth, Dietrich (Hrsg.): Kultur als Lebenswelt und Monument, Fischer, Frankfurt am Main, 1991, Seite 37–74

Prognos AG/Fraunhofer ISI: Die Kultur- und Kreativwirtschaft in der gesamtwirtschaftlichen Wertschöpfungskette. Wirkungsketten, Innovationskraft, Potenziale. Auftraggeber Bundesministerium für Wirtschaft und Technologie (BMWi), ohne Ort, 2012

Reckwitz, Andreas: Die Kontingenzperspektive der „Kultur". Kulturbegriffe, Kulturtheorien und das kulturwissenschaftliche Forschungsprogramm. In: Jaeger, Friedrich/Rüsen, Jörn (Hrsg.): Handbuch der Kulturwissenschaften, Band 3. Themen und Tendenzen, Metzler, Stuttgart, 2004, Seite 1–20

Saake, Irmhild/Nassehi, Armin: Die Kulturalisierung der Ethik. Eine zeitdiagnostische Anwendung des Luhmannschen Kulturbegriffs. In: Burkart, Günter/Runkel, Gunter (Hrsg.): Luhmann und die Kulturtheorie, Suhrkamp, Frankfurt am Main, 2004, Seite 102–135

Thomas, Alexander (Hrsg.): Handbuch Interkulturelle Kommunikation und Kooperation, 2 Bände, Vandenhoeck & Ruprecht, Göttingen, 2003

Universität Trier: Wirtschaftliche Effekte der Konstantin-Ausstellung 2007 für die Region Trier, Endbericht für das Ministerium für Bildung, Wissenschaft, Jugend und Kultur Rheinland-Pfalz sowie die Initiative Region Trier e. V. (IRT) erstellt durch die Arbeitsgemeinschaft Europäisches Tourismus Institut an der Universität Trier GmbH (ETI) und Freizeit- und Tourismusgeographie der Universität Trier (FTG), Trier, 2008

Vogt, Sabine: Clubräume – Freiräume. Musikalische Lebensentwürfe in den Jugendkulturen Berlins, Bärenreiter, Kassel, 2005

Williams, Raymond: Innovationen. Über den Prozesscharakter von Literatur und Kultur, Syndikat, Frankfurt am Main, 1977

Wittgenstein, Ludwig: Tractatus Logico-Philosophicus. With an Introduction by Bertrand Russell, Egan Paul, Trench, Trubner & Co., London, 1922

Management in kulturellen Institutionen und Projekten 2

Bodo Kirchhoff beschreibt in seinem Roman „Erinnerungen an meinen Porsche" ein Bankhaus, in dessen einer Etage die Investmentbanker ihren Sitz haben, während darüber die Kulturstiftung derselben Bank untergebracht ist. Die obere pflegt die darunter liegende Abteilung als die „Schweineabteilung" zu bezeichnen, während die untere die darüber liegende als „Kosmetikabteilung" tituliert (Kirchhoff 2009, S. 28–30).

Ist das Verhältnis von wirtschaftlichem Denken und kulturellen Sphären damit adäquat beschrieben und der zumindest scheinbar bestehende Widerspruch zwischen Geld und Geist tatsächlich unüberbrückbar? Dieses Spannungsfeld soll im folgenden Abschnitt reflektiert werden.

2.1 Die Fragestellung des Kulturmanagements

Kulturbetriebe leben als künstlerische und wirtschaftliche Einrichtungen in einem ständigen Zielkonflikt zwischen Kunst und Geld. Als Spielstätte der Kunst und Produktionsstätte für Kunst sind z. B. die Theater Wirtschaftsunternehmen, die Kunst produzieren. Der Zielkonflikt bezieht sich auf die Überschneidung zweier Wertesysteme, des ökonomischen und des künstlerischen, d. h. nicht ökonomischen. Durch den Anschluss an die Geld- und Güterströme der Wirtschaft unterliegen auch die Kulturbetriebe dem formalen ökonomischen Prinzip wirtschaftlicher Mittelverwendung (Maximal-/Minimalprinzip). Im Gegensatz zu rein marktwirtschaftlich orientierten Betrieben gilt für Kultureinrichtungen (Non-Profit-Organisationen) als Primärziel die künstlerische Leistung, der künstlerische Erfolg. Der wirtschaftliche Erfolg wird gleichermaßen angestrebt. Allerdings sind beide Erfolgsziele nicht immer deckungsgleich. Die Balance zwischen beiden Zielen erweist sich insbesondere in finanziellen Krisenzeiten als schwierig.

Aus diesem Beispiel lässt sich die Notwendigkeit der Institutionalisierung von Kulturmanagement in zumindest dreifacher Hinsicht begründen:

- Die Notwendigkeit von Kulturmanagement ergibt sich einerseits aus dem Gebot einer Professionalisierung und Ökonomisierung der Kulturarbeit vor dem Hintergrund begrenzter oder sich verringernder staatlich-öffentlicher Finanzierungsmöglichkeiten.
- Die Notwendigkeit von Kulturmanagement entsteht andererseits aus den steigenden Qualifikationsanforderungen an Bildung und Kultur und damit höheren Anforderungen an das dafür zuständige Personal
- und schließlich ist Kulturmanagement als Kulturvermittlung erforderlich, um zu gewährleisten, dass auch schwierige kulturelle Angebote (Experimente) ein Publikum finden.

Aufgrund der Komplexität in der Organisation kultureller Produktion und Kommunikation muss eine Theorie des Kulturmanagements interdisziplinär konzipiert werden, d. h. kultur- und wirtschaftswissenschaftliche sowie verwaltungsrechtliche Aspekte gleichermaßen berücksichtigen.

Mit der Verknüpfung von Kulturmanagement und Kultur-/Sozialwissenschaften ist beabsichtigt, die gesellschaftlichen Dimensionen und Wirkungen kulturellen Handelns ins Zentrum der Zielstellungen von Managementaktivitäten zu rücken.

Aus kultur-/sozialwissenschaftlicher Perspektive meint Kultur bzw. kulturelles Handeln „sowohl eine spezifische Zugangsweise und Aktivität des Menschen auf sich selbst, seine Mitmenschen und seine Umwelt hin (einschließlich der von ihm geschaffenen) als auch die Produkte dieser Aktivität – wobei jene dieser erneut zum Gegenstand werden können ... Von der Auffälligkeit der sog. ‚Hohen Kulturleistungen' bis zur auffälligen Unauffälligkeit der Ubiquität kultureller Akzente in allen menschlichen Lebensbereichen spannt sich der große Bedeutungshorizont all dessen, was mit ‚Kultur' oder ‚kulturell' bezeichnet wird" (Soeffner 1990, S. 2 f.).

> Kultur ist ... weder bloße Instanz oder unveränderlich vorgegebene Symbolwelt noch frei schwebende, ästhetisch reflexive Einstellung, sondern jener Bedeutungsrahmen, in dem Ereignisse, Dinge, Handlungen, Motive, Institutionen und gesellschaftliche Prozesse dem Verstehen zugänglich, verständlich beschreibbar und darstellbar werden. (Soeffner 1990, S. 33)

Daraus folgt, dass alles wirtschaftliche Handeln kulturell verfasst ist. Das, was wir heute die Wirtschaftspraxis nennen, „ist aus unserer kulturgeschichtlichen Entwicklung hervorgegangen und kann eigentlich auch nur so begriffen werden. Die Praktiken, die innerhalb der Wirtschaft üblich sind, sind ein Ergebnis unseres

2.1 Die Fragestellung des Kulturmanagements

kulturgeschichtlichen Werdegangs mit z. T. selbst innerhalb eines Kulturkreises erheblichen regionalen Unterschieden" (Bendixen 1993b, S. 74).

Wenn wir Kultur also als die dem Menschen gemäße Existenzweise, Kultur mithin gleichsam als die Natur des Menschen verstehen, dann erhalten wir einen besonderen Zugang zur Praxis des Wirtschaftens. „Die Art und Weise, wie eine Gesellschaft oder Gruppe sich mit Dingen des materiellen Bedarfs versorgt, wie sie also wirtschaftet, ist in der Wertestruktur der Kultur chiffriert" (Bendixen 1993b, S. 82). Es gibt wohl kaum eine einzige reale Wirtschaftshandlung, die nicht in die Wertestruktur der Kultur eingebettet ist. Diese Sichtweise hat Konsequenzen für die Beschäftigung mit dem Begriff und der Praxis von Management im Allgemeinen und von Kulturmanagement im Besonderen. „Praktiken des Management sind ... als von allgemeinen sowie vom speziellen Handlungsfeld Wirtschaft inspirierten Kulturwerten beeinflusst zu deuten" (Bendixen 1993b, S. 82).

„Wirtschaften" wird – traditionell – definiert als Abbau des Spannungsverhältnisses zwischen knappen Mitteln einerseits und Bedürfnissen andererseits. Die Forderung nach „Wirtschaftlichkeit", mit der auch Kulturbetriebe in zunehmendem Maße konfrontiert werden, wird zumeist nur formal-juristisch formuliert. Praktisch liefert eine „derartige Rechtsnorm, wie sie etwa im Haushaltsrecht definiert ist, keine Anhaltspunkte für eine operationale Handlungsmaxime. Es fehlt an einem praktikablen Wertmaßstab zur Beurteilung dessen, was wirtschaftliches Handeln ausmacht" (Budäus 1994, S. 41).

Die Forderung nach wirtschaftlichem Handeln bzw. nach Wirtschaftlichkeit bedarf insofern einer Differenzierung, als sich „der Begriff der Wirtschaftlichkeit – ebenso wie im privatwirtschaftlichem Bereich – zunächst lediglich auf eine formale Relation von Output- und Inputgrößen bzw. Soll- zu Ist-Größen eines Leistungsprozesses bezieht. Die inhaltliche Konkretisierung von Wirtschaftlichkeit, d. h. welche Input- bzw. Outputgrößen mit welchen Wertansätzen erfasst und zugrunde gelegt werden sollen, ergibt sich erst aus der Zielsetzung der zu beurteilenden Leistungsprozesse. Aus unterschiedlichen Zielsetzungen resultieren zwangsläufig unterschiedliche ‚Wirtschaftlichkeiten'" (Budäus 1994, S. 41 f.).

Den Zielen von Kulturbetrieben kommt somit bei der Bewertung und Gestaltung von Leistungsprozessen entscheidende Bedeutung zu. Ohne die Einbeziehung einer Zielanalyse und Berücksichtigung der „Handlungsrestriktionen", die in öffentlichen Kulturbetrieben ein anderes Ausmaß annehmen als in privatwirtschaftlichen Erwerbsbetrieben, ist eine Wirtschaftlichkeitsanalyse bzw. die Forderung nach Wirtschaftlichkeit unsinnig und auch faktisch nicht möglich.

Die Forderung nach Implementierung von Managementkonzepten in öffentliche Kulturbetriebe basiert auf der Vorstellung, dass dort, „wo Problemisomorphie von privaten Unternehmen und öffentlichen Organisationen gegeben ist, auch gleiche Steuerungsinstrumente, Verfahren und Strukturen zur Anwendung kommen" (Budäus 1994, S. 46). Sofern diese Konzepte problembezogen Verwendung finden, ist dies sicherlich wünschenswert. Als unzulässig erweist sich eine solche Vorgehensweise dann, wenn Probleme von öffentlichen Kulturbetrieben „losgelöst von deren praktischer Relevanz so definiert und strukturiert werden, dass verfügbare Methoden, Instrumente, Strukturen und Qualifikationsmuster aus dem privatwirtschaftlichen Unternehmenssektor zur Anwendung empfohlen werden können" (Budäus 1994, S. 46). Insbesondere aus diesem Missverständnis entwickelte sich die zuweilen fast ideologische Kritik, die Kulturmanagement als „McDonaldisierung" oder „Disneylandisierung" der Kultur bewertet und den Verlust inhaltlicher Substanz aufgrund des Diktats des Mainstreams befürchtet, weshalb sich den „Quatsch des Kulturmarketings" grundsätzlich ablehnt (Schmidt-Ott 2009, S. 67).

Wie eine problembezogene Implementierung und Anwendung moderner, der Betriebswirtschaftslehre entlehnter Konzepte des Managements im Hinblick auf öffentliche Kulturbetriebe begründet und realisiert werden kann, haben Allmann (1998), Beutling (1993) und Müller-Hagedorn (1993) überzeugend dargestellt. So stellen Allmann (1998) und Beutling (1993) fest, dass sich z. B. die öffentlichen Theater zur Ausschöpfung aller Potenziale der Wirtschaftlichkeit auch der Erkenntnisse moderner Unternehmensführung wie des Controlling oder des Marketing bedienen müssen.

Beim Controlling „also der betriebswirtschaftlichen Steuerung von Theaterbetrieben, geht es nicht darum, das Theater zu ‚kontrollieren' und im Sinne ökonomischer Zielsetzung zu ‚instrumentalisieren', sondern es ganz einfach bei seinen Steuerungsaufgaben zu unterstützen – und zwar wohlgemerkt im Interesse der Kunst!" (Beutling 1993, S. 15 f.).

Gleichwohl weist Beutling an anderer Stelle im Kontext der Verhältnisbestimmung von „Kunst und Geld" bzw. der „Doppelrolle des Theaters in der Marktwirtschaft" darauf hin, dass „Kunst und Geld … ein ewiger Konflikt (sei), der so alt ist, wie das Theater selbst und der seine wechselhafte Geschichte geprägt hat und bis heute mitbestimmt" (Beutling 1993, S. 16 f.). Das grundlegende Dilemma sei hier „der Grad der Anpassung der künstlerischen Leistungen an den allgemeinen Marktprozess, d. h. an die Angebots- und Nachfragebeziehungen und damit die schwierige Doppelfunktion, die Theater als Vermittler von Kunst mittels Geld in der Gesellschaft spielen" (Beutling 1993, S. 18). Umstritten sei zurzeit in zunehmendem Maße „das unaufhaltsame Ansteigen des Finanzbedarfs der öffentlichen Theater bei sinkender Produktivität, zumindest im ökonomischen Sinne" (Beutling 1993, S. 18). In gleicher Weise argumentiert Müller-Hagedorn dort, wo er die „Bedeutung marketingorientierten Handelns für kulturelle Institutionen" (Müller-Hagedorn 1993, S. 25) thematisiert. Auf dem Hintergrund seiner Definition von

2.1 Die Fragestellung des Kulturmanagements

Marketing „Marketing will erklären, wie Austauschprozesse zwischen Organisationen oder zwischen Organisationen und privaten Haushalten zustande kommen und Hinweise zur Ausgestaltung dieser Austauschbeziehungen ableiten" (Müller-Hagedorn 1993, S. 17), begründet Müller-Hagedorn die Forderung nach problembezogener Anwendung moderner Management-Konzeptionen in Kulturbetrieben im Allgemeinen sowie von Marketingstrategien im Besonderen wie folgt: „Um die finanzielle Situation aus eigener Kraft zu verbessern, können die Betriebe versuchen, ihre Kostenstrukturen zu verbessern und/oder die Einnahmen zu erhöhen. Die Kostenseite ist sicherlich von großer Bedeutung. Die Einnahmen erhöhen sich, wenn die Umsätze steigen, d. h. entweder müssten die Preise erhöht werden oder die Besucherzahlen steigen ... Die Auseinandersetzung mit Marketingstrategien und deren instrumenteller Umsetzung wird hier als eine Möglichkeit vorgestellt, die Situation des Kulturbetriebes bzw. seine Austauschprozesse entsprechend anzupassen.

Die Erforschung des Kunden- bzw. Besucherverhaltens, die einen wesentlichen Teil marketingtheoretischer Überlegungen darstellt, dient dazu, den Markt in seiner Struktur und seiner Entwicklung zu erkennen, um Informationen für die Gestaltung der Beziehungen zu erhalten" (Müller-Hagedorn 1993, S. 27).

Als Resümee der Auseinandersetzung mit „kritischen Positionen gegenüber Marketing" (Müller-Hagedorn 1993, S. 27) konstatiert Müller-Hagedorn: „Insgesamt erscheint also keines der Argumente stichhaltig genug, um das Marketing-Konzept zu verwerfen. Vielmehr weisen eine Reihe von Einwänden darauf hin, dass eine Auseinandersetzung mit der Marketingtheorie und ihrer praktischen Umsetzung angezeigt ist, um die zweifellos vorhandenen Potentiale zu entwickeln und die in der konzeptionellen Neuartigkeit gründenden Schwächen abzubauen" (Müller-Hagedorn 1993, S. 31).

Insgesamt kann den hier zitierten Autoren bescheinigt werden, dass sowohl ihre konzeptionellen Modelle (Schreyögg 1993; Budäus 1994) als auch die vorgelegten Beispiele der Kombination von Modell und anwendungsbezogener Operationalisierung (Allmann 1998; Beutling 1993; Müller-Hagedorn 1993) den wissenschaftlichen Diskurs über Kulturmanagement in paradigmatischer Weise beeinflusst haben bzw. beeinflussen werden.

Dies scheint dringend geboten, zumal der Begriff „Kulturmanagement" in den letzten Jahren vor allem durch die Veröffentlichung von zumeist rezeptologischen Handbüchern eine inflationäre Bedeutung erhalten hat, die den wissenschaftlichen Diskurs über Kulturmanagement zunehmend erschwert.

Kulturmanagement bezieht sich nicht auf den Gesamtbereich der Kultur, wie er z. B. von der Kultursoziologie (Soeffner 1990) theoretisch konzipiert worden ist, sondern auf einen engeren Sektor von Kultur, auf „Institutionen, Initiativen und

Projekte, in denen Kunst entsteht, Kunstergebnisse gefeiert oder ritualisiert werden, kunstnahe Unterhaltung feilgeboten oder ästhetische Praxis angeregt wird" (Bendixen 1993b, S. 76).

Für ein von der Ökonomie herkommendes Verständnis von Kulturmanagement werden u. a. folgende Gesichtspunkte herangezogen: „Wo ... in größerem Umfang materielle Ressourcen also Finanzkräfte, Arbeitskräfte, Maschinen und zu entgeltende geistige Potentiale, namentlich die der Künstler (kulturell sinnvoll) einzusetzen und zu lenken sind, haben wir es – wohl unbestritten – mit einem Metier zu tun, das Managementfähigkeiten verlangt" (Bendixen 1993b, S. 86).

In diesem Zusammenhang stellt das von Schreyögg (Schreyögg 1993) vorgestellte Konzept „Normensysteme der Managementpraxis" einen wichtigen Beitrag für eine Theorie des Kulturmanagements dar. Aufgrund des hohen Abstraktionsgrades der Managementlehre sieht Schreyögg keine Probleme, sie auch auf Kulturbetriebe anzuwenden.

Konstitutiv für die betriebswirtschaftliche Managementlehre ist die Unterscheidung von Management als Institution und Management als komplexes Aufgabenbündel zur Steuerung des Systems, d. h. der institutionelle und funktionale Ansatz von Management.

„Mit Management als ‚Institution' meint man alle Positionen einer Organisation, die mit Anweisungsbefugnis betraut sind, also alle die Stellen, die sich die Führungsaufgabe teilen. Manager sind demnach alle Organisationsmitglieder, die Vorgesetztenfunktionen wahrnehmen, angefangen vom Gruppenleiter bis zum Vorstand" (Schreyögg 1993, S. 24 f.). „Der Funktionsansatz knüpft dagegen an diejenigen Handlungen an, die der Steuerung des Leistungsprozesses einer Organisation dienen; solche ‚Steuerungshandlungen' können ganz unterschiedlicher Art sein, z. B. planende, organisierende oder kontrollierende Tätigkeiten" (Schreyögg 1993, S. 25).

Beim funktionalen Management geht es um einen „Kranz von Aufgaben, die erfüllt werden müssen, wenn die Organisation ihre Ziele erreichen will" (Schreyögg 1993, S. 25). „Das funktionale Managementkonzept sieht das Management ... als eine Art Querschnittsfunktion, die den Einsatz der Ressourcen und die Koordination der Sachfunktionen steuert" (Schreyögg 1993, S. 26). Managementfunktionen fallen somit in jedem Bereich eines Betriebes an.

Art, Anzahl und Umfang der Sachfunktionen sind abhängig vom jeweiligen Betriebstyp. Ein Kulturbetrieb hat andere Sachfunktionsbereiche als z. B. ein Industriebetrieb oder ein städtischer Regiebetrieb im öffentlichen Verkehrswesen. Die Kulturbetriebe unterscheiden sich darüber hinaus in ihren Sachfunktionsbereichen, je nachdem, ob es sich um ein Theater, ein Museum, eine Galerie etc. handelt.

2.1 Die Fragestellung des Kulturmanagements

Im Unterschied dazu sind – so Schreyögg – „die Managementfunktionen (weitgehend) betriebstypunabhängig, d. h. sie gelten generell als zu erfüllende Erfordernisse für die Steuerung einer Leistungsorganisation" (Schreyögg 1993, S. 27). Daraus zieht Schreyögg die Konsequenz, dass der „funktionale Managementbegriff" auch das Kulturmanagement umfasse, es somit einer „besonderen Kulturmanagementlehre" nicht bedürfe, wohl aber einer „Kulturbetriebslehre", die „die Besonderheiten der dort virulenten Sachfunktionen behandelt" (Schreyögg 1993, S. 27).

Zusammenfassend kann man daher präzisieren: Kulturmanagement ist ein Komplex von Steuerungsaufgaben, die bei der Leistungserstellung und -sicherung in Kulturorganisationen erbracht werden müssen. Diese Aufgaben stellen sich ihrer Natur nach als immer wiederkehrende Probleme dar, die im Prinzip in jeder Leitungsposition zu lösen sind und zwar unabhängig davon, in welchem Ressort, auf welcher Hierarchieebene und gleichgültig auch, in welchem Betriebstyp sie anfallen. Obwohl die Situationen erheblich unterschiedlich, die Probleme gänzlich different, die zu erstellenden Leistungen usw. völlig anderer Art sein können, gibt es trotzdem einen generellen Katalog von Systemsteuerungsaufgaben. Sie werden in der Regel von speziell dazu bestellten Personen erfüllt, den Führungskräften, die das Management im institutionalen Sinne bilden. (Schreyögg 1993, S. 27)

Um die funktionale Komplexität des Managements verstehbar zu machen, sind von der Managementlehre der Betriebswirtschaft „Basis-Funktionen" konzeptualisiert worden, die – so Schreyögg – „auch von einer Kulturmanagementlehre übernommen werden (können):

- Planung
- Organisation
- Personaleinsatz
- Führung
- Kontrolle" (Schreyögg 1993, S. 27 f.).

Für den „Managementprozess" bedeutet dies, dass es keine „lineare Abfolge" der skizzierten Managementfunktionen gibt, weil die „Interdependenzen" zwischen den Funktionen zu stark ausgeprägt sind, und zwar sowohl in „sachlicher" als auch in „zeitlicher" Hinsicht: „Die Aufgaben überlappen sich zu stark und lassen sich im praktischen Arbeitsprozess nicht in dem Maße isolieren und zeitlich strecken, dass eine sequentielle Abarbeitung im Sinne eines linearen Prozesses möglich würde" (Schreyögg 1993, S. 29). In jedem Managementprozess sind somit „mehrere Funktionen gleichzeitig" zu bedenken, eine „A priori-Dominanz der Planungsfunktion" kann z. B. nicht anerkannt werden.

Aus der Praxis des Managements liegen „empirische Beschreibungen" vor, nach denen Manager sowohl „Initiatoren" und „Impulsgeber" als auch „Reagierer" und „Anpasser" sind (Schreyögg 1993, S. 30).

Die Verhältnisbestimmung von Reaktion und Aktion als Aufgabe des (Kultur-) Managers lässt sich durch drei Komponenten charakterisieren:

- „Handlungszwänge (demands); das sind alle Aktivitäten, die zu den fest umrissenen Pflichten eines Stelleninhabers gehören (Berichterstattung, Budgeterstellung, Gegenzeichnung von Briefen usw.).
- Restriktionen (constraints); das sind Begrenzungen, die der Manager in seiner Tätigkeit erfährt. Sie können von innen oder von außen kommen. Begrenzungen der gemeinten Art stellen z. B. dar: Budgetlimits, Satzungen, Betriebsvereinbarungen, eingesetzte Technologien usw.
- Eigengestaltung (choices); damit soll der Aktivitätsraum umrissen sein, der frei gestaltet werden kann. Erst hier kann der Manager seiner Arbeit und seinem Umfeld einen eigensinnigen Stempel aufprägen (z. B. Führungsverhalten, Arbeitsstil, Konfliktlösung)" (Schreyögg 1993, S. 30).

Die Zusammensetzung und Verknüpfung der einzelnen Komponenten variiert in der Praxis „erheblich von Ebene zu Ebene und von Organisation zu Organisation" (Schreyögg 1993, S. 30).

Als „Kernkompetenzen" oder „Schlüsselkompetenzen" zur Erfüllung der skizzierten Managementaufgaben und -funktionen werden vorgeschlagen:

- „Technische Kompetenz; d. h. Sachkenntnis und die Fähigkeit, theoretisches Wissen und Methoden auf den konkreten Einzelfall anzuwenden.
- Soziale Kompetenz; d. h. die Fähigkeit, mit anderen Menschen effektiv zusammenzuarbeiten, sowohl als Mitglied als auch als Leiter einer Gruppe. Dazu gehört nicht nur grundsätzliche Kooperationsbereitschaft, sondern auch die Fähigkeit, das Handeln anderer Menschen zu verstehen und sich in sie hineinzuversetzen" (Schreyögg 1993, S. 31). Letzteres meint – im soziologischen Sinne – die Fähigkeit der Empathie.
- Und schließlich wird vom (Kultur-)Manager „Konzeptionelle Kompetenz" erwartet, „d. h. die Fähigkeit, Probleme und Chancen im Zusammenhang zu erkennen ... Konzeptionelle Kompetenz verlangt aber auch ... die Fähigkeit, ein Problem aus verschiedenen Perspektiven betrachten zu können oder allgemeiner in verschiedenen Kategorien zu denken. Darüber hinaus – und das ist für einen Manager fast noch wichtiger – verlangt konzeptionelle Kompetenz das Vermögen, trotz unterschiedlicher Sichtweisen einen koordinierten Handlungsvollzug innerhalb und zwischen den Abteilungen sicherzustellen" (Schreyögg 1993, S. 31 f.).

2.1 Die Fragestellung des Kulturmanagements

Kulturmanagement stellt – so Schreyögg – einen Sonderfall der allgemeinen Managementlehre dar; gleichzeitig schränkt er aber ein, dass eine „Kulturmanagementlehre ... gewiss sorgfältig zu prüfen (hätte), welche Instrumente transferiert werden können und welche sich dafür weniger eignen" (Schreyögg 1993, S. 32). Kritisch zu fragen ist, ob mit der Beschränkung auf die der Betriebswirtschaft entlehnte Managementlehre „ein systematisch durchdachtes und auf den Kulturbetrieb angepasstes Management" (Schreyögg 1993, S. 33) vorgelegt werden kann.

Die Logik des Wirtschaftsmanagements basiert bekanntlich darauf mit einem sehr reduzierenden und vereinfachenden Medium, dem Medium des Geldes, Umwelt zu beobachten. Die Umwelt erscheint unter diesem Blickwinkel in der Form von Märkten. Aus der Beobachtung von Umwelt in der Sprache (Beschreibung) des Geldes ist zu lernen, dass man flexibel und innovativ handeln muss, sei es, dass man neue Produkte auf dem Markt anbieten, sei es, dass die Organisation den Anforderungen der Umwelt gemäß verändert werden muss. In diesem Sinne kann von managerialem Denken in der Wirtschaft gesprochen werden.

Für ein reflexives Kulturmanagement sind vor allem die konzeptionellen Überlegungen der modernen Organisations- und Verwaltungssoziologie (Pankoke 1994) zu strategischem Denken von zentraler Bedeutung. Strategisches Denken stellt eine Herausforderung in dem Sinne dar, dass man nicht nur – z. B. durch Veränderung des Angebotes – auf sich verändernde Umwelten z. B. der „Erlebnisgesellschaft" reagiert, sondern mit dem Anspruch auftritt, in diese turbulente Umwelt Entwicklungsperspektiven einzubringen und diese Perspektiven, d. h. kulturellen Impulse, Investitionen und Innovationen, einer Bewertung (Evaluation) hinsichtlich ihrer Wirkungen in der (Kultur-)Gesellschaft zu unterziehen.

Modernes Wirtschafts- und Kulturmanagement wird sich an Paradigmen des ganzheitlichen, vernetzten und nach der Methode von Versuch und Irrtum sich voran tastendem Handeln orientieren müssen (Bendixen 1993a, S. 17). Nach diesem Verständnis sind Manager „rationale Systemlenker und konstruktive Unruhestifter. Sie versuchen auf der einen Seite, Prozesse beherrschbar zu machen und sie zielorientiert zu formen. Auf der anderen Seite aber streben sie nach Innovationen nicht zuletzt deshalb, weil die durch Rationalität erzeugten Stetigkeiten und Gleichförmigkeiten einen Grad an Routine erreichen können, der unflexibel macht und ästhetisch gesehen eine Monotonie hervorbringt, von der sich der Markt abwenden könnte wie von einem abgeleierten Schlager" (Bendixen 1993c, S. 112).

Das heißt: Managementpraxis ist auch in Wirtschaftsunternehmen eine Gestaltungskunst und erschöpft sich nicht in Funktionen und Tätigkeiten, die der Steuerung und Rationalisierung des Betriebes dienen. Neben zweckrationalem Handeln ist also gleichgewichtig innovatives Handeln gefragt. „Die Durchsetzung einer Innovation am Markt ist ein vielschichtiger Prozess, der u. a. auch auf die von

(Alltags-)kulturellen Wertorientierungen der Gesellschaft gesetzten Grenzen stößt. Dies zwingt jeden wirtschaftenden Innovator zu einer Kulturwahrnehmung und macht ihn in vielen Fällen zu einem Agenten der Kulturveränderung. Auch derjenige, der in seinen Produkten nur vordergründigen Geschmack, ästhetische Moden oder unreflektierte Lebensgewohnheiten aufgreift und in angepassten Produkten spiegelt, festigt damit eine ausgewählte Wertestruktur" (Bendixen 1993b, S. 79 f.). Ästhetische Wahrnehmung spielt also nicht nur im Kultur-, sondern auch im Wirtschaftsmanagement eine wichtige Rolle. Neben dieser Sichtweise beinhaltet Kulturmanagement eine weitere Dimension, die sich aus der besonderen Anwendung der Managementkultur auf kulturelle Einrichtungen und Projekte bestimmen lässt.

In dem Begriff „Kulturmanagement" kommt es zu einer Begegnung zweier Bereiche der Kulturpraxis: „Der Kulturbereich des Wirtschaftens trifft auf jenen Teil des öffentlichen, teils privaten Bereich des Kulturlebens, der der Unterhaltung, dem feierlichen Ritual, dem ästhetischen Genuss, der spielerischen Erbauung oder der Gestaltungslust dient" (Bendixen 1993b, S. 75). Kulturmanagement erweist sich damit als spannungsgeladener Begriff. Die in der Praxis beobachtbaren Spannungen zwischen den beiden im „Begriff Kulturmanagement einbezogenen Feldern von Kulturpraxis und den jeweils darin geltenden Werten und wirkenden Mentalitäten, nämlich der Kultur und der Mentalität des von der Wirtschaft her konzipierten Managements und der Kultur des sozialen Alltags bis hin zu den Institutionen der Kunst" (Bendixen 1993b, S. 87) sind als tendenzielle Unvereinbarkeiten zwischen diesen beiden Feldern zu deuten.

Aus diesem Dilemma folgt für die Praxis des Kulturmanagements die Forderung, eine den Bedingungen und Bedürfnissen der Kultur kompatible Form des Managements zu entwickeln, die sich in „manchen Hinsichten von den Praktiken und Mentalitäten des Wirtschaftsmanagements entfernt" (Bendixen 1993b, S. 87 f.). Die Aufgaben- und Zielstrukturen für kulturelle Einrichtungen weisen einen erheblich „höheren Grad an Komplexität auf als in der Wirtschaft. Im Unterschied zu dieser lassen sie sich nämlich nicht auf die Maßstäbe Geld und auf monetäre Zielgrößen, etwa Gewinn, reduzieren" (Bendixen 1993c, S. 113 f.). Wenn wir sowohl modernes Wirtschafts- als auch Kulturmanagement als eine Tätigkeit definieren, „die im Spannungsfeld zwischen systemstabilisierenden und innovierenden … Kräften angesiedelt ist", dann werden sie auch den Herausforderungen „relativ instabiler, überkomplexer und in ihren Zukunftsperspektiven eher ungewisser Umgebungsbedingungen unserer gesellschaftlichen Existenz" (Bendixen 1993c, S. 127) Rechnung tragen können. Dies bedeutet, die Vorstellung von der prinzipiellen Planbarkeit der Welt aufzugeben und sich auf diese Entwicklungen einzustellen. Einem reflexiven, innovativen Kulturmanagement bieten „die relative Offenheit und Unstrukturiertheit (besser vielleicht: Komplexität) der Handlungsspielräume einer kulturellen Einrichtung ... (für) Experimentiermöglichkeiten und Gestaltungsvielfalt viel Raum, wie er in der gewerblichen Wirtschaft wohl kaum anzutreffen ist. Der Gestaltungsaspekt des Management erhält hier also ein besonderes Gewicht, wenn nicht Übergewicht, und der Vorgang des Gestaltens bedarf daher für die wissenschaftliche Arbeit am Thema Kulturmanagement besonderer Aufmerksamkeit" (Bendixen 1993c, S. 114).

Aufgabe eines – so verstandenen – Kulturmanagements ist es, „dem Kulturleben Bedingungen für Vielfalt zu schaffen, den Beteiligten die freie Assoziation für kulturelle Experimente zu erwirken und den Entwicklungen Raum und Zeit zu bieten, sich in der Praxis zu bewähren. Kulturmanagement ist eine Gestaltungskunst, die die Fähigkeit zur Zurückhaltung kennt, aber auch Anstöße vermittelt und die Geduld aufbringt, nicht gleich einzugreifen, wenn das kulturelle Leben sich anders entwickelt als alle gut durchdachten und gut gemeinten Konzepte es ursprünglich vorsahen" (Bendixen 1993c, S. 129).

Die Kompetenz des professionellen Kulturmanagers lässt sich mit der eines „Grenzgängers" beschreiben; er muss fähig sein, in unterschiedlichen Kontexten zu denken, durch inkongruente Perspektiven Felder unter Spannung und in Bewegung zu setzen. Sein Vorbild ist der „Magier", der über die Fähigkeit zu indirekter Steuerung, zur Intervention, zum Eingriff in autonome Systeme verfügt, ohne Autonomie zu zerstören. Darüber hinaus sollte er imstande sein, strategische Visionen kommunizierbar zu machen. Diese kommunikativen Kompetenzen werden von einem professionellen Kulturmanager in einer komplexen, erlebnisdynamischen Gesellschaft, in der die Konsense nicht mehr stabil und die Orientierungslinien diffus sind, erwartet. Der moderne Kulturmanager hat somit strategisches Denken und kommunikative Kompetenzen zu verbinden und als Grenzgänger zwischen unterschiedlichen Sprach- und Sinnwelten zu vermitteln.

2.2 Der Begriff des Managements

„Management" ist ein sehr unscharfer Begriff. Nicht zuletzt wegen dieser Unschärfe und der großen Bandbreite damit verbundener Intentionen und Assoziationen wird er jedoch sehr häufig verwendet. Spätestens seit der Finanz- und Wirtschaftskrise sind mit den Begriffen des Managements und des Managers auch deutlich negative Konnotationen verbunden. Manager sind seither „im Stresstest", denn dem „Mann auf der Straße gelten Manager jeder Couleur als abgehoben, überbezahlt, gefühllos und mutmaßliche Steuerbetrüger" (Frankfurter Allgemeine Zeitung, Netzausgabe vom 30. Mai 2010).

Als Pionier der modernen Managementlehre gilt der Wiener Peter Ferdinand Drucker (1909–2005), der – nachdem eines seiner Werke von den Nationalsozialisten verbrannt worden war – 1933 zunächst nach Großbritannien und später in die USA emigrierte. Dort veröffentlichte er seit den 1940er Jahren zahlreiche einflussreiche Werke, die für die Theorie und die Praxis des Managements grundlegend wurden (Weber 2009).

Der Begriff des Managements umschreibt sowohl den Prozess des Führens und Leitens einer ganzen oder eines Teils einer Organisation durch den Einsatz und die Beeinflussung der menschlichen, finanziellen, materiellen, geistigen und ideellen Ressourcen als auch die Personen, die diese Funktionen ausüben. In der Alltagssprache ist „Management" weitestgehend ein Synonym zu „Leitung" und „Entscheidung" und der Manager damit eine Person, die Planungs- und Führungsaufgaben übernimmt.

Vor allem im Bereich der Kunst und des Sports gibt es eine spezifische Verwendung des Begriffs des Managers als Bezeichnung für eine Person, die sich als rechtsgeschäftlicher Vertreter von Künstlern oder Sportlern mit deren organisatorischen, geschäftlichen und rechtlichen Belangen (z. B. Vertragsangelegenheiten) befasst und es diesen damit ermöglicht, sich ganz auf ihre individuellen Fähigkeiten und die damit verbundenen Tätigkeiten zu konzentrieren.

Obwohl der Terminus aus dem englischen „to manage" in den deutschen Sprachgebrauch gekommen ist, geht die Etymologie des „Managements" auf das lateinische „manu agere – Führen mit der Hand" zurück.

Die Herleitung des Begriffes aus den lateinischen Wurzeln des Führens mit der Hand verdeutlicht verschiedene wichtige Implikationen des Managements: Das Führen mit der Hand lässt die nachdrücklichere Vorgabe einer Richtung assoziieren, als dies bei verbalen Vorschlägen der Fall ist. Mit der Hand zu führen bedeutet aber auch, dass die führende Person dorthin vorausgeht oder zumindest mitgeht, wohin die geführte Person gebracht werden soll. Dadurch verlangt der Führende von dem, der ihm folgen soll, nicht mehr, als er selbst zu vollbringen imstande und willens ist. Als Führen mit der Hand sollte Management eine Verhaltensbeeinflussung im Sinne der Interessen des Geführten und nicht einer Herrschaft im Sinne des Führenden ohne Rücksicht auf den Geführten sein. Management ist dann kein Selbstzweck, sondern eine der zu bewältigenden Aufgabe dienende Maßnahme.

Dieser sprachliche Aspekt macht aber auch deutlich, dass sich Management auf Aktivitäten bezieht, die mit der Hilfe anderer Menschen und sonstiger Hilfsmittel realisiert werden. Management setzt deshalb das Bewusstsein voraus, dass die gemanagten Prozesse in einer Gruppe stattfinden und durch die gemanagte Arbeit mehrerer Menschen mehr erreicht werden kann, als eine Person mit eigener Anstrengung alleine bewältigen kann. Management ist damit wesentlich auch ein

2.2 Der Begriff des Managements

interpersonelles Phänomen vor dem Hintergrund von Macht und formaler (z. B. Hierarchiepositionen), fachlicher (z. B. bestimmte relevante fachliche Qualifikation) oder persönlicher (rationale – wie Intelligenz – oder emotionale – wie Charisma – Argumente) Autorität.

Management ist ein Kommunikationsprozess, der als direkte oder indirekte Kommunikation stattfinden kann. Direkte Kommunikation bedeutet dabei eine Kommunikation unter Anwesenden. Sie kann verbal oder nonverbal ablaufen, sie kann bewusst ausgeführt werden oder – z. B. im Fall der Körpersprache – unbewusst erfolgen. Indirekte Kommunikation bedient sich technischer Mittel wie beispielsweise Telefon, Internet oder Videokonferenzen, wobei teilweise auch die Grenzen zwischen interpersonellem Management und Sachmittelmanagement fließend werden.

Management setzt definierte Ziele und einen Plan zu deren Erreichung voraus. Der Prozess des Managements besteht dann vor allem darin, dieses Programm zu realisieren und andere dabei anzuleiten, diesem Programm zu folgen und ihren jeweiligen Beitrag dazu zu leisten. Wo kein Plan vorhanden ist, sind Erfolge wie Misserfolge lediglich Ergebnisse des Zufalls, der als Gegenteil des Managements vielleicht dessen prägnanteste Begriffsbestimmung liefern kann. Von besonderer Wichtigkeit ist aber auch, Mitarbeitern das zugrundeliegende Programm transparent zu machen, weil ihnen nur dann ein umfassendes Bild von ihrem eigenen Beitrag und dem Beitrag anderer zu diesem Prozess vermittelt werden kann und sie nur unter dieser Voraussetzung imstande sind, ihr eigenes Handeln adäquat einzuschätzen.

Management ist über das Aufstellen eines Programms hinaus auch ein planerischer und organisatorischer Prozess, der definiert, welche menschlichen und finanziellen Mittel zur Erfüllung des Programms erforderlich sind und wie deren Einsatz angemessen realisiert werden kann. Management stellt damit einen Ablaufplan (eine so genannte „road map") auf, mit dessen Hilfe objektive und messbare Erfolge erreicht werden sollen. Nicht zuletzt ist es Aufgabe des Managements zu überprüfen, ob die intendierten Ziele erreicht wurden. Management besteht damit vor allem aus drei aufeinander aufbauenden Komponenten: Planen, Ausführen, Erfolg messen.

Management schließt darüber hinaus auch das Sammeln von Fakten und Informationen ein, die zwar für die aktuellen Aufgaben zumindest nicht unmittelbar benötigt werden, für die spätere Anwendung in dem gemanagten System, zum Beispiel bei der Aufstellung künftiger Programme, aber hilfreich sein können. Gerade deshalb ist der Prozess des Managements nicht auf Führungskräfte beschränkt. Insofern sie ihr Wissen und ihre Erfahrungen anderen innerhalb eines Organisationssystems Arbeitenden zur Verfügung stellen können, sind alle Mitarbeiter Teil des

Managements und Aspekte des Managements Teil ihrer Aufgaben. Management ist somit auch ein ständiger Kreislauf: Das Management stellt einen Plan auf, führt ihn aus und sammelt Erfahrungen. Aus diesen Erfahrungen entsteht wiederum der nächste Planungsstand.

Management kümmert sich aber nicht nur um die effektive Erreichung objektiver Ziele durch den Gebrauch und die Koordination von Ressourcen wie Kapital, Hilfsmittel, Material und Arbeit. Eine wesentliche Aufgabe des Managements ist es auch sicherzustellen, dass dies möglichst effizient erfolgt. Management muss nicht nur dafür sorgen, dass die geleitete Organisation ein Ziel erreicht, sondern auch unter Berücksichtigung eines möglichst breiten Umfeldes die Entscheidungen fällen, die dafür erforderlich sind, dass sie dabei den bestmöglichen (z. B. den ökonomischsten) Weg beschreitet und keine Widersprüche zu dem eigentlichen Ziel produziert werden.

2.3 Anwendung von Instrumenten der Betriebswirtschaftslehre im Kulturmanagement

Die meisten Kultureinrichtungen stehen auch vor Aufgaben, die sich mit denen der Marktteilnehmer des gewerblichen Sektors decken. Beispielsweise müssen sich auch kulturelle Institutionen und Projekte darum bemühen, ihre Kunden zu erreichen, neue Kundenschichten zu erschließen und sie zufrieden zu stellen und damit an sich zu binden.

Die steigende Anzahl von Kulturbetrieben und die Intensivierung des Wettbewerbs zwischen Kultureinrichtungen um Publikum, öffentliche und private Einnahmen, Subventionen und öffentliche Aufmerksamkeit erfordern auch eine zunehmende Professionalisierung der Institutionen und Projekte unter wirtschaftlichen Gesichtspunkten. Zeitgemäßes Kulturmanagement setzt daher die Kenntnis und den Einsatz von betriebswirtschaftlichen Methoden und Instrumenten voraus. Mit ihrer Hilfe lassen sich planvolle und gezielte Arbeitsprozesse organisieren, die auch den Anforderungen der Wirtschaftlichkeit Genüge leisten.

> Wirtschaft ist der Inbegriff aller planvollen menschlichen Tätigkeit, die unter Beachtung des ökonomischen Prinzips mit dem Zweck erfolgen (sic!), die an den Bedürfnissen der Menschen gemessene, bestehende Knappheit der Güter zu verringern. (Schneidewind 2006, S. 12)

Das ökonomische Prinzip, auf das diese Definition zurückgreift, kann von zwei verschiedenen Seiten beschrieben werden: Es ist einerseits ein Maximalprinzip, das versucht, mit einem vorgegebenen Aufwand an Produktionsfaktoren (z. B.

2.3 Anwendung von Instrumenten der Betriebswirtschaftslehre ...

Arbeit, Kapital, Grund und Boden, Informationen) den größten möglichen Erfolg zu erzielen, also den Ertrag zu maximieren. Gleichzeitig ist es ein Minimalprinzip, das versucht, einen gegebenen Ertrag mit dem geringsten möglichen Einsatz dieser Produktionsfaktoren zu erwirtschaften, also den Mitteleinsatz zu minimieren.

Im Gegensatz zur Volkswirtschaftslehre als der zweiten wirtschaftswissenschaftlichen Teildisziplin stellt die Betriebswirtschaftslehre den Betrieb als Erkenntnisobjekt in den Mittelpunkt ihres Interesses. „Ein Betrieb ist eine planvoll organisierte Einheit, in der Sachgüter oder Dienstleistungen erstellt und abgesetzt werden" (Schneidewind 2006, S. 12). Sofern man ihnen nicht grundsätzlich rationales Denken und Handeln absprechen will, sind demnach auch kulturelle Institutionen und Projekte zumindest grundsätzlich Betriebe und damit potenzielle Objekte der Anwendung der Betriebswirtschaftslehre.

Der Begriff „Unternehmen" wird dagegen nur für Betriebe verwendet, die gewinnorientiert arbeiten. Im Kulturbereich sind Unternehmen somit Einrichtungen, die der Kultur- und Kreativwirtschaft zuzurechnen sind.

Insofern es ihre Absicht ist, kulturelle Manifestationen hervorzubringen, sind auch Kulturbetriebe produzierende Systeme, die nicht in einem Schonraum jenseits von Ökonomie, Markt und Wettbewerb agieren, sondern vielmehr innerhalb dieses Beziehungsgefüges operieren. Um ihre Ziele auf optimalem Weg erreichen zu können, müssen sie deshalb alle relevanten Rahmenbedingungen kennen und auf deren Basis strategische Entscheidungen treffen. Das Vorhandensein von Informationen über sämtliche Einflussfaktoren und deren Relevanz in der bestmöglichen Quantität und Qualität ist daher gerade angesichts immer enger werdender Spielräume und zunehmenden Wettbewerbsdrucks von entscheidender Bedeutung.

Die Werkzeuge der Betriebswirtschaftslehre erfüllen in diesem Zusammenhang eine Servicefunktion: Der optimale Einsatz von betriebswirtschaftlichen Instrumentarien führt zu einer besseren Informationsversorgung derjenigen, die Entscheidungen zu treffen haben. Betriebswirtschaftliche Instrumentarien beschreiben den aktuellen Zustand einer Organisation, sie liefern Informationen über Erfolge und Misserfolge und über die Erfordernisse und Möglichkeiten von Eingriffen in den laufenden und den zukünftigen Betrieb.

Die Verfügbarkeit quantifizierbarer Informationen hat aber nicht nur für die Evaluierung und Professionalisierung der Arbeit der Kulturbetriebe selbst große Bedeutung, sondern auch für deren Außendarstellung und deren Wahrnehmung von außen. Während beispielsweise der ökonomische Beitrag der Unternehmen der Kultur- und Kreativwirtschaft zur Wertschöpfung des deutschen Wirtschaftslebens zumindest bezüglich der primären Effekte detailliert vorliegt (Bundesministerium für Wirtschaft und Energie 2014), werden die etwa acht Mrd. Euro, die in jedem Jahr aus Steuermitteln in die Kultur fließen, bisher für die volkswirtschaftliche Rechnung nicht berücksichtigt. Gemeinnützige Kultureinrichtungen sind weitgehend von der Umsatzsteuer befreit und werden damit auch umsatzstatistisch nicht erfasst. Bilanzen und vergleichbare Evaluierungen der Geldströme liegen in den seltensten Fällen vor. Schon zur Hebung des gesellschaftlichen Ansehens des Kultursektors wäre es deshalb sinnvoll, die mit den Quantifizierungen der Kulturwirtschaftsberichte gewonnenen ökonomischen Erkenntnisse auf die Verankerung der kulturwirtschaftlichen Teilbranchen in allen drei Gesellschaftssektoren anzuwenden. Nur wenn ein verbindliches betriebswirtschaftliches Berichtswesen auf für den nichtgewerblichen Sektor des Kulturwesens vorläge, wäre es möglich nachzuweisen, welche Wertschöpfungen aus Bibliotheken, Theatern, Volkshochschulen und Musikschulen, Archiven, Museen und anderen Kultureinrichtungen hervorgehen.

Wie in allen Betrieben müssen auch bei der Führung eines Kulturbetriebes ständig Entscheidungen gefällt werden. Diese können sowohl weit reichender und strategischer Natur sein (z. B. Standortwahl, Rechtsform, anzusprechende Zielgruppen) als auch spontan und aufgrund alltäglicher Anforderungen erforderlich werden (z. B. für eine erkrankte Personen einen Ersatz finden, einen technischen Schaden kurzfristig beheben). Um derartige Entscheidungen schnell und sachgerecht treffen zu können, ist neben einer möglichst breiten Informationsbasis die Möglichkeit des Rückgriffs auf definierte Ziele eine wichtige Voraussetzung.

Obwohl das Handeln kultureller Institutionen und Projekte ohne Zielvorgabe beliebig bleibt und ausschließlich von den jeweiligen kurzfristigen Erfordernissen bestimmt wird, sind die Ziele der Kulturbetriebe oft gar nicht, zu vage oder auf einem veralteten Stand formuliert. Kulturbetriebe sollten deshalb klare Ziele als einen für die Zukunft angestrebten Zustand ihrer Einrichtung formulieren. Deren Erreichung und die Steuerung des dorthin zurückzulegenden Weges sind die Hauptaufgaben des Kulturmanagements. Bei der Beschreibung von Zielen muss zwischen einem Zweck allgemeiner Art und detaillierten Zielen unterschieden werden (vgl. Tab. 2.1).

Um für die Entwicklung eines Kulturbetriebes wirksam werden zu können, müssen die beschriebenen Ziele nach innen und nach außen kommunizierbar und akzeptiert sein. Es ist deshalb sinnvoll, sowohl die Mitarbeiter als auch die wichtigsten Partner (beispielsweise Träger und Zuschussgeber) bereits in den Prozess der Zielfindung einzubeziehen. Außerdem muss die Erfüllung der Ziele nach dem Ablauf des vorgegebenen Zeitrahmens überprüfbar sein. Gegebenenfalls müssen die Ziele revidiert, modifiziert und an geänderte Rahmenbedingungen angepasst werden können. Diese Kriterien setzen voraus, dass die Ziele sehr konkret formuliert werden. Dazu muss eine Zieldefinition insbesondere die folgenden Parameter beinhalten:

2.3 Anwendung von Instrumenten der Betriebswirtschaftslehre ...

Tab. 2.1 Zwecke und Zielobjekte am Beispiel einer Kunstausstellung. (Terminologie nach Heinrichs 1999, S. 134)

Zweck bzw. Zielart	Zielobjekt
Zweck	Kultur ermöglichen
Outputziel	Kunstausstellung in einem Museum oder einer Galerie
Systemziel	Kontinuierliche Förderung der Bildenden Kunst
	Profilierung des Museums oder der Galerie als Zentrum des regionalen Kunstgeschehens
Produktziele	Ausstellung einer bestimmten Anzahl konkreter Objekte
	Hohe Qualität der Exponate
	Profilierung eines eigenen Stils
Abgeleitete Ziele	Alle Bereiche außerhalb des primären Zweckes der Einrichtung, z. B. ökonomische, gesellschaftliche, politische, soziale Zwecke

- Zielinhalt, z. B. die Besucherzahlen sollen gesteigert werden
- Zielausmaß, z. B. die Besucherzahlen sollen um zehn Prozent gesteigert werden
- Zielzeitpunkt, z. B. die Besucherzahlen sollen bis zum Ende des nächsten Jahres gesteigert werden
- Zielbereich, z. B. die Besucherzahl der Gruppe der unter Dreißigjährigen soll gesteigert werden.

Kulturbetriebe verfolgen in der Regel mehrere Ziele, die sich gegenseitig fördern (z. B. Erhöhung der selbst erwirtschafteten Einnahmen und Verbreiterung der Publikumsschichten), aber auch behindern (z. B. Einsparung von Personalkosten und Verlängerung der Öffnungszeiten) oder sogar ausschließen können. Es ist deshalb wichtig, eine Hierarchie der Ziele aufzustellen und die Ziele in Haupt- und Nebenziele zu unterteilen.

Ein übliches Verfahren ist darüber hinaus, zwischen strategischen und operativen Zielen zu unterscheiden. Strategische Ziele sind weiter in die Zukunft gerichtet (z. B. ein Erweiterungsbau), sie nehmen zukünftige Erfolgspotenziale in den Blick und versuchen, diese für die eigene Einrichtung sicherzustellen. In den Bereich der strategischen Ziele fallen auch die langfristige Ausrichtung der Einrichtung und die Beschreibung ihrer Kernaufgaben. Diese langfristigen Konzepte sollten alle fünf bis sieben Jahre überprüft und gegebenenfalls an neue Entwicklungen und Trends angepasst werden. Die operativen Ziele bestimmen dagegen den aktuellen Betriebsprozess (z. B. Steigerung der Besucherzahlen) und können damit auch Einzelschritte zur Erreichung eines strategischen Ziels sein.

Ein im Zusammenhang mit der Beschreibung, Verfolgung und Aktualisierung von Zielen nicht selten auftretendes Problem staatlicher Strukturen ist die Komplexität ihrer Entscheidungsprozesse und damit deren hoher Zeitbedarf. Auch außerhalb eines Gesetzgebungsverfahrens sind häufig mehrere Gremien zu beteiligen. Dies führt dazu, dass schnelle Reaktionen auf neue Rahmenbedingungen, die zum Beispiel ein Sponsor verlangt, oder aktuelle Entwicklungen, beispielsweise auf dem Kunstmarkt, oft nicht möglich sind. Ausgehend von dieser Erfahrung können eigenständige, von ihren Finanziers strukturell unabhängige Rechtsformen wie Stiftungen für Kultureinrichtungen grundsätzlich von Vorteil sein. Sie ermöglichen in den meisten Fällen eine höhere Flexibilität, können allerdings nur dann erfolgreich arbeiten, wenn sie auch personell und finanziell so ausgestattet werden, dass sie ihre Aufgaben in der erwarteten Selbständigkeit angemessen erfüllen können.

Die rechtliche Verselbstständigung von Kultureinrichtungen (wie auch von anderen kommunalen Bereichen wie etwa städtischen Energieversorgungsunternehmen) wurde vor allem in den 1990er Jahren als optimales Mittel zur Bewältigung der anstehenden Probleme angesehen. Die damit verbundenen Hoffnungen haben sich nicht erfüllt. Als wichtig hat sich vielmehr erwiesen, dass in solchen Diskussionen in erster Linie die konkreten Aufgaben einer Institution und deren Rahmenbedingungen in den Blick genommen werden und daraus die Entscheidung abgeleitet wird, in welcher Rechtsform diese Aufgaben mutmaßlich optimal zu bewältigen sind. Die rechtliche Form folgt aus der Funktion, die eine Einrichtung erfüllen soll.

Marketing wurde in einer frühen Definition der American Marketing Association (AMA) von 1935 umschrieben als „Durchführung von Unternehmensaktivitäten, die den Strom von Gütern und Dienstleistungen vom Hersteller zum Konsumenten oder Nutzer leiten" (Kuß 2009, S. 5). Daraus entwickelte sich das lange Zeit gültige Marketingkonzept der „4 P product, price, place, promotion" (Kuß 2009, S. 6). Inzwischen wird Marketing als ein Konzept der ganzheitlichen, marktorientierten Unternehmensführung zur Befriedigung der Bedürfnisse und Erwartungen von Kunden verstanden. Die Kommunikation mit den Kunden nimmt dabei eine zentrale Rolle ein. Auch für Kultureinrichtungen sind der zielgerichtete Austausch mit potenziellen und mit tatsächlichen Besuchern und damit die Förderung der Akzeptanz beim Publikum gerade in einer Zeit der Informationsüberflutung ein wichtiger Erfolgsfaktor.

Die Studie zur Landesausstellung „Konstantin der Große" (Universität Trier 2008) hat deutlich gemacht, dass sich zumindest das Publikum von kulturgeschichtlichen Ausstellungen noch weitestgehend auf konventionellen Wegen informiert.

Die klassischen Printmedien Zeitung und Zeitschrift stehen mit großem Abstand an der ersten Stelle. Unter den Zeitungen nimmt wiederum die Frankfurter Allgemeine Zeitung (FAZ) den ersten Rang ein. Mehr als jeder fünfte Besucher, der zu diesem Fragenkomplex Angaben machte, hat sich über die FAZ informiert.

2.3 Anwendung von Instrumenten der Betriebswirtschaftslehre ...

Danach folgen die Angaben „Flyer/Programmheft", „persönliche Empfehlung" und „TV/Radio" mit jeweils zwischen 20 und 30 %. Die Internet-Seite des Veranstalters rangiert mit sehr deutlichem Abstand an der letzten Stelle (Universität Trier 2008, S. 18).

Erfolgreiches Marketing bedeutet in Kulturbetrieben nicht nur, Besucher zu gewinnen. Diese sollten auch als längerfristig regelmäßig wiederkehrende Gäste an das Haus gebunden werden. Im Idealfall kann dann erreicht werden, dass sich diese Personen nicht mehr nur als Nutzer verstehen, sondern als auch Unterstützer auftreten, die ihrerseits für das Haus „Werbung" machen und damit mithelfen, neues Publikum gewinnen. Die wichtigste Voraussetzung, um diesen Prozess in Gang zu bringen und in Gang zu halten, ist, das Publikum nicht mehr als passiven Nutzer zu verstehen, sondern mit seinen Interessen als aktiven Partner beispielsweise in die Programmentwicklung einzubeziehen und so von seinen positiven Rückmeldungen wie von seiner Kritik zu lernen.

Die Überprüfung der Weiterempfehlungsabsicht stellt dabei eine indirekte, aber sehr effektive Methode der Zufriedenheitsmessung dar. Eine Weiterempfehlung wird dann ausgesprochen, wenn zwei Bedingungen erfüllt sind: In erster Linie muss die Zufriedenheit der Besucher ausreichend ausgeprägt sein. Darüber hinaus muss es aber im Umfeld des Publikums auch Personen geben, die für eine solche Empfehlung aufgeschlossen sind.

Für die Studie der Universität Trier (Universität Trier 2008) wurden für die Landesausstellung „Konstantin der Große" auch unter diesem Aspekt Befragungen durchgeführt. Dabei wurde die Ausstellung sehr positiv bewertet. 86,5 % der Gäste waren sich sicher, den Besuch der Ausstellung anderen zu empfehlen. Je älter die befragten Personen waren, desto höher lag ihre Weiterempfehlungsabsicht. Dabei bestätigte sich – analog zur altersspezifischen Beurteilung der Gesamtzufriedenheit –, dass die Ausstellung besonders gut von der Hauptzielgruppe für hochkulturelle Veranstaltungen angekommen wurde. Da die Weiterempfehlungsabsicht auf einem sehr hohen Niveau lag, ist davon auszugehen, dass in Zukunft für vergleichbare Angebote eine zusätzliche Nachfrage durch persönlich geworbene Gäste bestehen wird.

Kultureinrichtungen agieren größtenteils auf dem Freizeitmarkt und werden dort von ihrem Publikum als Dienstleistungsunternehmen wahrgenommen, die dem Vergleich mit anderen Dienstleistungsunternehmen auch aus dem gewerblichen Sektor standhalten müssen. Besucherorientierung und Servicequalität nehmen deshalb für die Publikumsakzeptanz und die Kundenbindung einen hohen Stellenwert ein.

In diesem Zusammenhang ist es eine der zentralen Aufgaben der Kultureinrichtungen, spezifische und attraktive Angebote für einzelne Zielgruppen (z. B.

Kinder, Jugendliche, Senioren, örtliche Bevölkerung, Personen mit Behinderungen) zu entwickeln und zu realisieren. Damit können insbesondere im Rahmen besonderer Aktionen neue Zielgruppen angesprochen und nach Möglichkeit für die Zukunft auch für das allgemeine Programm gewonnen werden.

Dabei haben auch das Branding als Namensprägung und die Erarbeitung der Unterscheidbarkeit der eigenen Organisation von den Wettbewerbern eine hohe Bedeutung. Die vorhandenen Potenziale müssen strategisch genutzt werden, um auch unter längerfristiger Perspektive Wettbewerbsvorteile gegenüber konkurrierenden Anbietern und letztendlich Markterfolge erzielen zu können. Die Schaffung eines klaren inhaltlichen Profils über qualitative hochwertige Veranstaltungen kann dazu ein Erfolg versprechender Weg sein.

Die Studie zur Landesausstellung „Konstantin der Große" (Universität Trier 2008) hat auch bewiesen, dass es sich lohnt, spezifische Themen in der Öffentlichkeit zu besetzen und damit eine unterscheidbare Marke aufzubauen, die Kontinuität in der Wahrnehmung sichert, aber auch einen Rahmen für die eigene künftige Arbeit vorgibt. Mit der Konstantin-Ausstellung haben die kulturellen Einrichtungen der Stadt Trier die Chance genutzt, ihr auf der Römerzeit beruhendes und auf große Nachfrage treffendes Markenbild für die Zukunft weiter zu schärfen. Dies ist besonders vor dem Hintergrund interessant, dass die Absicht, auch in Zukunft Angebote zur Thematik „Römerzeit" wahrzunehmen, bei den überregionalen sowie den ausländischen Besuchern der Ausstellung stärker ausgeprägt ist als im Durchschnitt: Nur 12 % statt der durchschnittlichen knapp 20 % können sich aus dieser Gruppe eher nicht oder gar nicht vorstellen, das Thema „Römer" auch weiterhin zu verfolgen.

Das Markenbild „Römerzeit" verfügt also über das Potenzial, auch über die eigene Region hinaus erkennbar zu bleiben und auch in Zukunft eine Besucherklientel ansprechen zu können, die sonst eher nicht nach Trier reisen würde.

Zur Schärfung des eigenen Profils gehört – soweit sich Kultureinrichtungen wie beispielsweise Museen auch als Forschungseinrichtungen verstehen – auch eine zielgerichtete Forschung. Die Forschung steht in Kultureinrichtungen in einem unmittelbaren Zusammenhang mit den übrigen Arbeitsfeldern und sollte deshalb auch in alle konzeptionellen Überlegungen einbezogen werden. Derzeit sind Forschungskonzepte in Kultureinrichtungen jedoch eher noch die Ausnahme. Weitaus häufiger folgen die ausgewählten Forschungsthemen den persönlichen Interessen der Mitarbeiter. Damit wird die inhaltliche wie die ökonomische Chance zu einer Wertschöpfungskette von der Forschung bis zur öffentlichen Präsentation vergeben. Die vielen Kataloge der Museen, die nach Jahren im Museumsshop oder im Antiquariatsbuchhandel verramscht werden, sind die unter finanziellen wie unter den Aspekten der erstrebenswerten öffentlichen Resonanz wissenschaftlicher Anstrengungen traurigen Belege eines solchen fehlenden Konzeptes.

2.3 Anwendung von Instrumenten der Betriebswirtschaftslehre ...

Kultureinrichtungen sind keineswegs darauf angewiesen, ihre Einnahmen lediglich aus externen Quellen, insbesondere den Finanzierungsanteilen des zumeist öffentlichen Trägers, zu gewinnen. Vielmehr gibt es eine ganze Bandbreite von eigenen Finanzierungsmöglichkeiten, die allerdings oftmals noch zu wenig genutzt und ausgeschöpft werden.

Maßnahmen wie Sponsoring und Fundraising sind zumeist nur ein Instrument, das bei besonderen Projekten wie beispielsweise Sonderausstellungen genutzt werden kann. Auf Langfristigkeit angelegte Kultureinrichtungen benötigen jedoch auch eine längerfristig gesicherte finanzielle Unterstützung zur Absicherung des regulären Betriebs. Ein Beispiel für diesbezügliche Partnerschaften sind Fördervereine oder Freundeskreise, die generell auf unbefristete Zeit eine Einrichtung unterstützen. Darüber hinaus ist mit dem Förderverein neben den zugewendeten Geld- oder Sachmitteln oft auch ein ehrenamtliches Engagement der Mitglieder verbunden, das ein weiteres Standbein der langfristigen Existenzsicherung darstellt. Gleichzeitig tragen Fördervereine die Anliegen der Kultureinrichtung auch in die Öffentlichkeit und in Bereiche der Gesellschaft, die für die Institutionen selbst kaum oder gar nicht erreichbar sind.

Die größte Unabhängigkeit und den größten Spielraum für eigene inhaltliche Akzentsetzungen ermöglichen jedoch eigene wirtschaftliche Aktivitäten, die zur Budgetdeckung beitragen können (vgl. Tab. 2.2). Erst aus der Mischung der möglichen Finanzierungsalternativen ergibt sich für viele kulturelle Institutionen und Projekte die jeweils optimale Haushaltsplanung.

Die spezifischen Potenziale von Kultureinrichtungen korrespondieren in erster Linie mit dem Gebiet ihrer jeweiligen inhaltlichen Arbeit. Daraus ergeben sich wichtige Alleinstellungsmerkmale, die für das Publikum in der Regel für einen Besuch ausschlaggebend sind. Für den Gesamteindruck, den die Besucher gewinnen, sind allerdings die Mitarbeiter, denen sie begegnen, von außerordentlicher Bedeutung. So ist beispielsweise die Realisierung des Service- und Dienstleistungsanspruches nur mit hoch motiviertem Personal in allen Bereichen möglich. Der größte Teil der Vermittlungsarbeit wie beispielsweise Museums- und Theaterpädagogik wird nahezu ausschließlich durch Personen geleistet. Unverzichtbare Voraussetzung für Erfolge auf diesem Gebiet ist deshalb eine auf Zielorientierung, Akzeptanz, Integration und Fairness ausgerichtete Mitarbeiterpolitik. Wichtige Bausteine dafür sind:

- eine gerechte und möglichst auch erfolgsorientierte Entlohnung,
- persönliche Weiterbildungs- und Entwicklungsmöglichkeiten,
- eine detaillierte und offene Planung der Arbeitsabläufe und
- ein funktionierendes internes Kommunikationssystem, das die Möglichkeit eröffnet, an Entscheidungsabläufen mitzuwirken.

Tab. 2.2 Beispiele für Aktivitäten zur Erzielung eigener Einnahmen für Kulturbetriebe. (Terminologie nach Klein 2008, S. 218)

Aktivitäten	Beispiele
Aktivitäten, die auf der Frequenz und den Ausgaben der Besucher basieren	Gastronomische Angebote (z. B. Theatercafé)
	Handels- und Warenangebote (z. B. Museumsshop)
Aktivitäten, die auf dem Kern- bzw. dem erweiterten Angebot des jeweiligen Kulturbetriebes beruhen	Kooperationsaktivitäten, Koproduktionen
	Verkauf von Rechten (z. B. Reproduktionsrechte)
	Veröffentlichungen
	Verleihaktivitäten
	Merchandising
	E-Commerce
Aktivitäten, die auf dem Wissen und Know-how der Mitarbeiter basieren	Dienstleistungen im Beratungs- und Consultingbereich
	Trainings-, Ausbildungs-, Seminarangebote
	Workshops
	Gastspiel
	Wanderausstellungen
Aktivitäten, die auf dem Standort und dem Raumangebot basieren	Raumvermietungen (z. B. für Tagungen, Seminare, Feste)
	Vermietungen von Flächen für Werbung
	Nutzung von Flächen für Catering- und Gastronomieangebote
Aktivitäten, die auf den Werbeträgern und Medien des Kulturbetriebes basieren	Anzeigenverkauf in eigenen Printmedien
	Akquisition von Partnern für Internetwerbung

2.4 Spezifische Managementaufgaben in kulturellen Institutionen und Projekten

Eine ökonomisch geprägte Weltsicht, zusammengefasst in dem populären Motto „money makes the world go round", ist weit verbreitet, „insbesondere auch unter Nicht-Ökonomen" (Bendixen 2002, S. 40). Den akademischen Disziplinen der Ökonomie, der Volkswirtschaftslehre und der Betriebswirtschaftslehre, wird zugetraut, mit ihren theoretischen Ansätzen und ihren praktischen Handlungsmodellen auch unabhängig vom jeweiligen gesellschaftlichen Umfeld objektives Wissen und Lösungsvorschläge anbieten zu können. Dies führte und führt auch in der Kulturlandschaft oft dazu, dass die gebotene Professionalisierung nur als Ökonomisierung vorstellbar war und ist.

Vor allem in Zeiten krisenhafter Entwicklungen geraten kulturelle Institutionen und Projekte in einen Rechtfertigungszwang, der offensichtlich macht, dass

2.4 Spezifische Managementaufgaben in kulturellen Institutionen und Projekten

die Entscheidungsträger der gesellschaftlichen Strukturen mit den Kulturbetrieben und deren Spezifika kaum vertraut sind. In der in solchen Fällen stattfindenden Debatte wird deshalb meistens versucht, die anstehenden Probleme mit unternehmerischen Mitteln, die sich in anderen Bereichen bereits bewährt haben, zu lösen.

Die Kunst- und Ausstellungshalle der Bundesrepublik Deutschland war 2007 aufgrund kritischer Anmerkungen eines für den Haushaltsausschuss des Deutschen Bundestags erstellten Prüfungsberichtes des Bundesrechnungshofs in eine schwierige Situation geraten. Dies führte schließlich dazu, dass die als Träger der Kunst- und Ausstellungshalle fungierende Gesellschaft mit beschränkter Haftung (GmbH) das Vertrauen in leitende Mitarbeiter verlor und sich schließlich von ihnen trennte.

Nach der Bewältigung der akuten Krise, die von Unregelmäßigkeiten einzelner Verantwortlicher und nicht von strukturellen Problemen verursacht worden war, wurden Überlegungen angestellt, wie sichergestellt werden könne, dass derartige problematische Entwicklungen künftig verhindert oder zumindest früher erkannt werden. Diese führten zu der Entscheidung, die Gesellschafterversammlung, der bis dahin ausschließlich inhaltlich zuständige Staatssekretäre der Länder angehörten, um hochkarätige Vorstandsmitglieder namhafter Unternehmen zu ergänzen.

Das strategische Management postuliert die Wichtigkeit von Aussagen über die Arbeit eines Betriebes, die im Abstraktionsniveau noch über dessen formulierten Zielen stehen. Dazu gehören die Visionen als Aussagen über zukünftige Nutzenstiftung (Unternehmensphilosophie) und die Missionen als Ausdruck des eigenen Auftrags zur Realisierung der Visionen. Visionen und Missionen sollen die Fragen „Wohin wollen wir uns entwickeln?" (Vision) und „Warum gibt es uns heute?" (Mission) beantworten.

> Visionen sind in die Zukunft gerichtete, fast träumerische Vorstellungen von der Welt. Für Unternehmen stellen Visionen ihre Bestimmung dar, quasi ihre Existenzberechtigung. Visionen sind oft unklar und müssen daher umformuliert werden, um für das Unternehmen eine Richtschnur des Handelns zu sein.
> Im Rahmen des strategischen Managements wird die unternehmerische Vision in das Leitbild (Mission) überführt, welches wiederum die Basis für Ziele und Strategien darstellt. (Brecht 2005, S. 34) (vgl. Abb. 2.1)
>
> Visionen stellen Richtungen dar, in die sich das Unternehmen entwickeln soll. Die Visionen weisen zwar weit über das Tagesgeschäft hinaus, sollten aber nicht losgelöst von den betrieblichen Realitäten sein. Visionen spiegeln den Wunsch einer zukünftigen Situation wieder (sic!) und erfüllen so den Zweck, Mitarbeiter und Öffentlichkeit für die eigenen Ideen einzustimmen und zu begeistern. (Brecht 2005, S. 34 f.)

Zu den bekanntesten unternehmerischen Missionen zählt die von Bill Gates im Jahr 1975 bei der Gründung von Microsoft formulierte: „A computer on every desk and in every home" – „ein Computer für jeden Schreibtisch und für jedes Haus".

Abb. 2.1 Komponenten des strategischen Managements. (Quelle: Brecht 2005, S. 34)

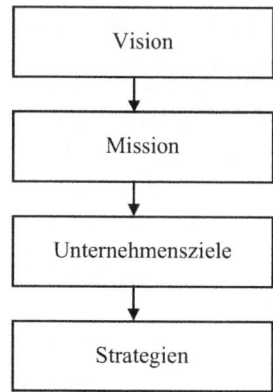

Nach anderen betriebswirtschaftlichen Terminologien werden die über den Zielen liegenden Leitbilder betrieblichen Handelns als Oberziele dargestellt: „Management ist daher grundsätzlich jede oberzielkonforme, interpersonelle Verhaltensbeeinflussung aufgrund von Kommunikationsprozessen oder oberzielkonforme Lenkung von Sachmitteln. Oberzielkonformität bedeutet, dass das Management mindestens in Zielharmonie, besser in Zielidentität zu einem unternehmensweiten Oberziel stehen muss" (Zingel 2000, S. 4).

Überlegungen, wie im Bereich von Kulturbetrieben Visionen, Missionen oder Oberziele zu formulieren sind, machen die Grenzen der Anwendung betriebswirtschaftlicher Terminologien und Instrumente auf das Kulturmanagement deutlich.

Während sich bei den Zielen noch durchaus Übereinstimmungen finden lassen (z. B. mehr Einnahmen, mehr Publikum, mehr öffentliche Wahrnehmung), sind die Visionen und Missionen der Kultureinrichtungen deutlich andere. Die beispielhaft genannten Ziele sollen im unternehmerischen Handeln ausschließlich zu mehr Gewinn, zur Erschließung neuer Märkte, zur Verdrängung von Mitbewerbern vom Markt oder zumindest einem möglichst großen Marktanteil führen. Im kulturellen Bereich wären die entsprechenden Visionen und Missionen etwa als Engagement für Kritikfähigkeit und Demokratie, für die Teilhabe aller Menschen an gesellschaftlichen Entwicklungen oder als Bereitstellen von Bildungschancen zu formulieren.

Zentrale Aufgabe aller Kulturbetriebe ist die Ermöglichung von Kultur. Eine solche Gemeinsamkeit ist den Unternehmen der Marktwirtschaft fremd. Kommerzielle Betriebe müssen sich, um die zum Überleben erforderlichen Gewinne abzuwerfen, ihre jeweils individuelle Aufgabe auf dem Markt suchen. Für kulturelle Non-Profit-Betriebe ist dagegen eine gesellschaftliche Legitimation typisch, die

2.4 Spezifische Managementaufgaben in kulturellen Institutionen und Projekten

sich im kulturpolitischen Auftrag niederschlägt, der die einzelnen Einrichtungen vom Zwang der Gewinnerzielung befreit. Eine unmittelbare Übertragung der Marktlogik auf den Kulturbereich ist aber nicht nur wegen grundsätzlicher Divergenzen unmöglich, sondern auch aufgrund zahlreicher Spezifika der Kulturlandschaft ausgeschlossen.

Gewinnorientierte Unternehmen stehen in der Regel in einem dynamischen Konkurrenzverhältnis zu ihren Wettbewerbern. Eine solche Konkurrenzsituation ist kulturellen Einrichtungen zumindest grundsätzlich – auch wenn es gelegentlich zu Wettbewerbssituationen um Besucher kommen kann – fremd. Die kulturelle Landschaft lebt von ihrer Vielfalt, die auch pragmatisch einen Gegensatz zur – in vielen Innenstädten offensichtlichen – Vereinheitlichung und Konzentration des Marktes bildet. Gleichzeitig ist es für die Produkte der Kultureinrichtungen typisch, dass Anpassungen an den aktuellen Publikumsgeschmack nur längerfristig und in engen Grenzen und zumeist nur in der Vermittlungsform, jedoch nicht im inhaltlichen Kern möglich sind.

Außerdem gelten in der Kulturlandschaft für die Preispolitik gänzlich andere Regeln. Der Hauptunterschied besteht darin, dass im Kulturbereich keine Handelsware hergestellt wird, deren Preis sich auf einem Markt nach dem Angebot und der Nachfrage bestimmt. Die von den Nutzern zu entrichtenden Gebühren sind im Kulturbereich immer nur ein Beitrag zur Deckung der entstandenen Kosten, oft sogar nur ein symbolischer. Dabei geht es nicht nur darum, Kultureinrichtungen möglichst breiten Bevölkerungsschichten zugänglich zu machen. Kostendeckende Preise würden vom größten Teil des Publikums unabhängig von dessen tatsächlichen finanziellen Möglichkeiten nicht akzeptiert werden. Der Zuschuss beträgt bei den Theatern im Durchschnitt rund 100 € pro Besucher. Der Kostendeckungsgrad liegt bei Theatern seit Jahrzehnten konstant bei ca. 15 %, bei den Museen bei rund 7 %. Dabei ist es allerdings kein Spezifikum kultureller Einrichtungen, dass ihre Arbeit von der öffentlichen Hand in hohem Maß subventioniert werden muss. Kindergärten decken ihre Kosten zu rund 12 %, Schwimmbäder zu rund 23 %, und selbst die mit Gebühren hoch belastete Abfallbeseitigung deckt nur knapp 90 % ihrer Kosten (alle Zahlen aus Höhne 2009, S. 177 f.).

Unternehmen und nicht am Gewinn orientierte Kulturbetriebe sind zunächst in derselben Weise wie alle juristischen und natürlichen Personen an Recht und Gesetz gebunden. Die Tatsache, dass sie den größten Teil ihrer Mittel aus öffentlichen Haushalten beziehen, bindet kulturelle Institutionen und Projekte – in einem allerdings von der jeweiligen Rechtsform abhängigen Maße – aber (z. B. bezüglich der Verpflichtung zur öffentlichen Ausschreibung von größeren Auftragsvergaben und im Arbeitsrecht) an die Vorgaben des öffentlichen Haushaltsrechts. Dies führt dazu, dass sie wesentlich umfangreichere Vorgaben durch Gesetze und Verordnungen als die Marktteilnehmer beachten müssen. Kultureinrichtungen weisen außerdem eine besonders hohe Komplexität auf, die vom Zusammenwirken spezialisierter Personen und Institutionen geprägt ist. Daraus resultieren eine hohe Personalintensität und der hohe Grad an Arbeitsteilung in Kulturbetrieben. An einem Theater arbeiten beispielsweise 100 verschiedene Berufe (Schneidewind 2006, S. 18). Derart vielfältige Organisationen zu einer erfolgreichen Kooperation zu bewegen, stellt das Management vor besondere Herausforderungen, die nicht nur finanzielle, organisatorische und technische Aspekte beinhalten, sondern auch ästhetische und soziale.

Die amerikanischen Ökonomen William J. Baumol und William G. Bowen beschrieben bereits Mitte der 1960er Jahre in ihrer Untersuchung der darstellenden Künste (Baumol und Bowen 1966) die Gesetzmäßigkeit, nach der die Produktivität der Arbeit in der gesamten Volkswirtschaft durch den Einsatz neuer Technologien ständig steigt. Da diese Verbesserung der Produktivität durch Lohn- und Gehaltssteigerungen zumindest teilweise an die Mitarbeiter weitergegeben wird, erhöht sich damit auch der Preis der Arbeit fortwährend. Durch fortschreitende Automatisierung lassen sich industrielle Güter aber auch zunehmend schneller und mit immer weniger Personaleinsatz herstellen, sodass die zusätzlichen Personalkosten durch Einsparungen kompensiert werden können. Im Bereich der auf Personen basierenden Dienstleistungen im sozialen, wissenschaftlichen und kulturellen Sektor, die sich nur in geringem Maße technisieren oder automatisieren lassen, können diese Rationalisierungseffekte jedoch nicht oder nur in wesentlich geringerem Maße erzielt werden. Die Betreuung von Kindern in einer Tagesstätte lässt sich so wenig beschleunigen wie die Aufführung eines Theaterstückes und benötigt ebenso viel oder aufgrund gestiegener Qualitäts- und Sicherheitsstandards sogar noch mehr Personal als vor Jahren. Die Personalkosten steigen aber auch in diesen Bereichen im gesamtwirtschaftlichen Maße an, während die Produktivität der Arbeit weitgehend konstant bleibt. Dieses Dilemma wird seither als „Baumol's Disease" beschrieben.

Dieses Phänomen ist vor allem deshalb „eine tickende Zeitbombe" (Klein 2008, S. 28) für die Kultureinrichtungen, weil es dazu führt, dass selbst bei gleichbleibenden Zuwendungen der öffentlichen Hand angesichts der Tarifsteigerungen immer weniger Mitarbeiter beschäftigt werden können oder aufgrund des steigenden Anteils der Personalkosten am selben Gesamtetat ständig geringere Mittel für die Sachausgaben zur Verfügung stehen.

Was dies für einen einzelnen Kulturbetrieb bedeutet, wurde am Beispiel der Deutschen Oper in Berlin öffentlich diskutiert: „Die Schere zwischen Einnahmen (Zuwendungen und Eigenerträge) und Ausgaben öffnet sich immer weiter. Bei

2.4 Spezifische Managementaufgaben in kulturellen Institutionen und Projekten 57

Zuwendungen in Höhe von 41 Mio. € betrug der Jahresetat der Deutschen Oper Berlin im Jahr 2001 50,6 Mio. €. Davon sind Personalkosten: 43,3 Mio., also etwas mehr als 85 %. An ‚freien' Mitteln verbleiben noch 7,3 Mio. Die jüngste Tarifsteigerung von 2,4 % schlägt also – wenn der Etat gleich bleibt – mit 1,04 Mio. zu Buche. Das wären allein im ersten Jahr 14 % des für die Kunst zur Verfügung stehenden Etats! Die Tarifsteigerung (sic!) setzen sich aber jährlich fort, während die öffentliche Förderung eingefroren bleibt. Nach zehn Jahren sind weitere Einsparungen nur noch durch Personalreduzierung zu erreichen. Diese geht aber fast ausschließlich zu Lasten der künstlerischen Potenz der Häuser" (Klein 2008, S. 30).

Darüber hinaus ist es in vielen Fällen ein Spezifikum der Arbeit der Kulturbetriebe, dass die Produktion und der Konsum eines Produktes zusammenfallen. Beispielsweise sind Konzerte, Theateraufführungen und Performances nicht konservierbar und auch nur in einem beschränkten Maße reproduzierbar. Effekte von planvoller Lagerhaltung und Optimierung der Produktionsstandorte und Produktionsabläufe können deshalb nicht realisiert werden. Zudem unterscheidet sich jede Aufführung von der anderen. Im Gegensatz zu den Produkten anderer Märkte werden diese Abweichungen jedoch nicht als möglichst zu eliminierender Qualitätsmangel, sondern als deren spezifische Qualität bewertet.

Im Gegensatz zu den Marktteilnehmern, die in der letzten Verantwortung nur dem eigenen kommerziellen Erfolg verpflichtet sind, tragen kulturelle Institutionen und Projekte aufgrund ihres spezifischen Auftrags immer auch eine Verantwortung zur Mitwirkung an der Gestaltung ihres gesellschaftlichen Umfeldes. Diese bezieht sich einerseits auf den sichtbaren Kontext (z. B. Präsenz im Stadtraum) und gleichzeitig auf das soziale Umfeld (z. B. Ermöglichung gleichberechtigter Teilhabe für alle Menschen). Kultur hat immer auch die Aufgabe, die Weiterentwicklung der Gesellschaft anzustoßen und Debatten zu begleiten.

Während Unternehmen ihre Vorhaben abhängig vom Erfolg auf dem Markt langfristig fortsetzen oder kurzfristig abbrechen können, sind kulturelle Einrichtungen grundsätzlich auf Langfristigkeit angelegt und trennen sich von einem Sektor ihrer Aktivitäten auch dann nicht, wenn dieser gerade nicht im Fokus des öffentlichen Interesses steht. Gerade diese auch von den Interessen einzelner Personen unabhängige Kontinuität macht Kulturbetriebe für die Wirtschaft und die privaten Sammler zu interessanten Partnern. Nicht zufällig gelangen die meisten Kunstwerke von Rang aus privaten Händen früher oder später in eine öffentliche Sammlung. Im Rahmen dieser langfristigen Arbeit begleiten kulturelle Institutionen vor allem auch innovative und kreative Vorgänge, während sich die Unternehmen in der Regel mit verstetigbaren und einschätzbaren Prozessen beschäftigen. Unter diesen Aspekt fällt auch die Nachwuchsförderung als Aufgabe von Kulturbetrieben. Sie müssen zuweilen auch Ermöglicher und Förderer von Experimenten mit ungewissem Ausgang jenseits der Kalkulierbarkeit eines unternehmerischen Risikos sein.

Dass das Kriterium der Langfristigkeit des Agierens für Unternehmen auch oder sogar insbesondere dann nicht gilt, wenn sie als Kunstsammler auftreten, zeigte im Februar 2010 die Versteigerung der Skulptur „L'Homme qui marche" von Alberto Giacometti: Das Werk war seit etwa 1980 im Besitz der Dresdner Bank, stand dort lange im Vorstandsgebäude und ging nach der Übernahme der Bank durch die Commerzbank im Jahr 2009 in deren Sammlung über. Im Zuge des Zusammenschlusses der Banken offensichtlich entbehrlich geworden, erzielte die lebensgroße Bronzeplastik bei einer Versteigerung im Londoner Auktionshaus Sotheby's knapp 75 Mio. €, den damals höchsten je bei einer Auktion für ein Kunstwerk bezahlten Preis. Dieser außerordentliche Verkaufserfolg gab sofort zu Spekulationen Anlass, dass die Banken angesichts der Krise versuchen werden, weitere ihrer Kunstwerke zu Geld zu machen (Süddeutsche Zeitung online vom 04.02.2010).

Es ist ein Spezifikum des Kultursektors, dass dessen Institutionen nicht nur am Markt überleben und am Marktgeschehen möglichst profitabel teilnehmen wollen, sondern auch Ziele jenseits ihrer eigenen Interessen verfolgen: Kultureinrichtungen leisten einen Beitrag zu Forschung, Bildung und Unterhaltung (so beispielsweise für die Museen im „Code of Ethics for Museums" des „International Council of Museums" (ICOM) formuliert), sie erweitern die gesellschaftliche Diskussion und sind Orte der Aufklärung und der Emotionen, und zwar nicht nur um des eigenen Erfolges willen, sondern auch mit dem Ziel der Gestaltung der Gesellschaft.

Dieser Anspruch des Dienstes an der Gesellschaft und ihrer Entwicklung führt unter anderem dazu, dass Kultureinrichtungen – beispielsweise im Bereich der Zeitgeschichte und des Gedenkstättenwesens – dem Publikum auch durchaus schwierige, wenn nicht sogar unerwünschte Themen vermitteln wollen und müssen. Ein Unternehmen würde sich mit solchen Produkten unter Gesichtspunkten des Marketings kaum und unter Gesichtspunkten der Gewinnerzielung überhaupt nicht einlassen.

Ein wesentliches Problem der Übertragbarkeit betriebswirtschaftlicher Methoden liegt auch darin, dass es in einem Kulturbetrieb sehr schwierig ist, angemessene Kennzahlen zu identifizieren. Die Produkte kulturellen Arbeitens sind auch Ergebnisse kultureller Kreativität und nicht nur ökonomischer Überlegungen. Die Betriebswirtschaftslehre repräsentiert jedoch ein Instrumentarium, das den Erfolg einer Unternehmung durch die Messung einer einzigen und einfach quantifizierbaren Größe – des Gewinns – sicherstellen soll.

> Die allgemeine BWL reicht allerdings nicht aus, um das Management von Nonprofit-Organisationen zu erfassen und entsprechende Handlungsempfehlungen zu geben. Sie wird Strukturbesonderheiten, wie der gemeinwohlorientierten Zielsetzung und

2.4 Spezifische Managementaufgaben in kulturellen Institutionen und Projekten

der Nichtausschüttungsrestriktion in Bezug auf erwirtschaftete Gewinne oder auch dem Element des freiwilligen Engagements, nicht gerecht. Die spezifischen Ziele, Handlungsmuster und Managementprobleme von Dritt-Sektor-Organisationen benötigen spezifische Lösungen.

Der Erfolg einer Organisation, deren Existenzzweck nicht die Einkommenserzielung ihrer Eigentümer ist und für die Gewinn oder andere monetäre Größen kein Erfolgsmaßstab sind, muss nach anderen Kriterien beurteilt werden. Daher sind für den Erfolg einer solchen Organisation andere, nämlich wirkungsbezogene Messkonzepte erforderlich. Das Rechnungswesen eines Unternehmens, das primär der Ermittlung des Gewinns dient, der an die Eigentümer ausgeschüttet werden kann, und dem Gläubiger- bzw. Anlegerschutz verpflichtet ist, sieht anders aus als das einer eigentümer- und mitgliederlosen gemeinnützigen Stiftung. Ein Konzern, der Konsumgüter für einen Massenbedarf produziert, hat andere Marketingprobleme als ein Verband, der Blutspenden sammelt. Vergütungssysteme, die mit ihren monetären, ggf. erfolgsabhängigen Anreizen (Prämien, Gewinnbeteiligungen etc.) auf primär extrinsisch motivierte Mitarbeiter zugeschnitten sind, funktionieren nicht bei Mitarbeitern, die einen Großteil ihrer beruflichen Zufriedenheit aus dem Bewusstsein ziehen, Gutes zu tun und anderen Menschen zu helfen. Diese Beispiele zeigen, dass die Instrumente der allgemeinen BWL nicht 1: 1 auf Nonprofit-Organisationen übertragen werden können, sondern an deren Besonderheiten angepasst werden müssen. Manche eignen sich womöglich überhaupt nicht oder für spezifische Probleme müssen ganz neue Instrumente entwickelt werden. (Sandberg 2007, S. 5 f.)

Differenzen zwischen Kulturbetrieben und Unternehmen bestehen auch in der Frage des Qualitätsurteils: Ästhetische Prozesse sind subjektiv geprägt und deshalb nicht vollständig objektivierbar. Obwohl auch kulturelle Manifestationen einem ökonomischen Urteil unterworfen werden können, erfordert der Umgang mit ihnen in erster Linie ein kompetentes Kunsturteil. Im Gegensatz zur objektivierbaren Fachlichkeit, der andere Erzeugnisse unterliegen, verlangen sie auch die Fähigkeit zur Reflexion der Kommunikation mit ästhetischen Mitteln. Diese vollzieht sich in einer schwierigen und sich stets wandelnden Interaktion zwischen Kulturschaffendem, dem Werk und dem Publikum und bedarf häufig auch der Vermittlung.

Unternehmen verfolgen wie auch Non-Profit-Organisationen sowohl monetäre als auch nichtmonetäre Ziele. Der entscheidende Unterschied liegt in der Hierarchie der Inhalte und der inhaltlichen Zielsetzung gegenüber den damit erzielbaren ökonomischen Ergebnissen: Während ein Kulturbetrieb die monetären Ziele verfolgt, um seine eigentlichen nichtmonetären Ziele realisieren zu können, bemühen sich Marktteilnehmer um die Erfüllung ihrer nichtmonetären Ziele, um ihr monetäres Hauptziel sicherstellen zu können.

Eine wesentliche Differenz zwischen Managementprozessen im Rahmen der Marktwirtschaft und dem Kulturmanagement ist schließlich die logische Reihenfolge von Intention und Produkt. Unternehmerische Aktivitäten gehen von dem Wunsch nach Gewinnerzielung aus. Diesem folgt die Entscheidung für ein bestimmtes Produkt oder eine Dienstleistung, mit dem der Gewinn mutmaßlich erzielt werden kann. Kulturmanagement folgt einem umgekehrten Weg: Im Mittelpunkt der Überlegungen steht zunächst eine kulturelle Manifestation, die hervorgebracht werden soll, erst danach fallen Entscheidungen, unter welchen betriebswirtschaftlichen Rahmenbedingungen dieses Ziel erreicht werden kann.

2.5 Plädoyer für eine selbstständige Disziplin Kulturmanagement

Auch die ausschließlich ökonomisch argumentierende Literatur zum Kulturmanagement räumt ein, dass zwischen den klassischen Anwendungsgebieten der Betriebswirtschaftslehre und dem Kulturbereich nicht unerhebliche Unterschiede bestehen, die zumindest eine unkritische Übernahme der betriebswirtschaftlichen Instrumentarien ausschließen.

Diese Erkenntnis hat zu dem Vorschlag geführt, die traditionelle Untergliederung der Betriebswirtschaftslehre in eine allgemeine und eine spezielle aufzugreifen und im Bereich der speziellen Betriebswirtschaftslehre neben den dort üblichen Unterteilungen in einzelne Branchen wie Banken, Versicherungen, Industrie, Handel, Verkehr etc. einen weiteren Zweig einzuführen, der sich mit den Kulturbetrieben befasst. Die allgemeine Betriebswirtschaftslehre mit ihren Teilaspekten wie beispielsweise Produktion, Absatz, Organisation und Planung soll weiterhin uneingeschränkt auch für die Kulturbetriebe gelten, denn wenn „die Themen der allgemeinen Betriebswirtschaftslehre für alle Wirtschaftseinheiten Gültigkeit besitzen, müsste das folglich auch für Kulturbetriebe gelten" (Schneidewind 2006, S. 16).

Das Konzedieren des Konjunktivs drückt dabei ein berechtigtes Unbehagen an der eigenen These aus, weil aus der Sicht der Kulturbetriebe eher die gegenteilige Annahme zutrifft: Die grundsätzlichen Beschreibungen des Marktes sind im Bereich der Kulturbetriebe andere, als die allgemeine Betriebswirtschaftslehre vorgibt, während einzelne Instrumentarien der speziellen Betriebswirtschaftslehre für Kulturbetriebe sehr hilfreich sein können.

An nicht wenigen Stellen ist immer noch die Auffassung anzutreffen, Kultur und Betriebswirtschaft hätten nichts miteinander zu tun und dürften, wenn die Kultur weder ihren genuinen Wert verlieren noch einer gänzlichen Kommerzialisierung anheimfallen wolle, auch nichts miteinander zu tun haben. Diese These ist schon deshalb nicht haltbar, weil die Instrumente der Betriebswirtschaftslehre zwar in erster Linie auf die Erzielung von Gewinnen abzielen, gleichzeitig aber auch die Vermeidung von Verlusten zum Ziel haben und einen verantwortlichen Umgang mit den Ressourcen sicherstellen wollen.

2.5 Plädoyer für eine selbstständige Disziplin Kulturmanagement

Nicht selten ist das einfache antagonistische Weltbild, aus dem die Forderung nach einer strikten Trennung von Wirtschaft und Kultur abgeleitet wird, weniger Ausdruck der Ablehnung der Inhalte des Kulturmanagements als Folge der negativen Konnotationen des Managementbegriffs als eindimensional gewinnfixiert und emotionslos. Management wird dabei in eine Assoziationskette mit Standardisierung, Effizienz und Trivialisierung gebracht, der die Kultur als Gegenwelt von Individualität, schöpferischer Freiheit und spontanen Produktionsformen entgegengesetzt wird.

Dennoch kann das Ziel des Kulturmanagements nicht darin bestehen, die Inhalte, die Methoden, die Terminologien und die Konsequenzen gewinnorientierten Marketings möglichst getreulich abzubilden.

Kultur ist mehr als ein Sonderfall der speziellen Managementlehre und Kulturmanagement mehr als die Anwendung der Betriebswirtschaftslehre auf Kultureinrichtungen. Auch unter sich noch weiter verschärfenden Sparzwängen wird die normative Kraft des Faktischen die aufgrund der Natur der Sache bestehenden Unterschiede zwischen am Marktgeschehen teilnehmenden Unternehmen und kulturellen Institutionen und Projekten nicht aufheben. Die Alternative zu einer einseitigen ökonomischen Ausrichtung des Kulturmanagements besteht jedoch nicht in der gesinnungsethischen Erhabenheit einer ausschließlich ästhetisch fundierten Position. Unternehmerische Produkte und kulturelle Manifestationen entstehen zwar weitgehend aus verschiedenen Motiven, sie schließen einander aber nicht nur nicht aus, sondern können sich auch gegenseitig unterstützen.

Die Konsequenz daraus ist ein Plädoyer für eine selbstständige Disziplin Kulturmanagement, die die im Bereich von Unternehmen erprobten Inhalte und Instrumentarien kritisch hinterfragt und – obwohl sie die in der Betriebswirtschaftslehre entwickelten Methoden, Parameter und Terminologien aufgreift – ein spezifisches zielgruppenorientiertes Profil entwickelt.

Die Notwendigkeit, im Kulturmanagement zwei unterschiedliche und zumindest in Teilbereichen auch gegensätzliche Denk- und Handlungssysteme miteinander in Verbindung zu bringen, bedingt dessen Eigenständigkeit als wissenschaftliche Disziplin und als praktisches Handlungsfeld. Kulturmanagement agiert in einem Kontext, der mit dem ökonomischen und dem auf Ästhetik abzielenden Umfeld von zwei sehr unterschiedlichen Wertesystemen und Modellen des Urteilens geprägt ist. Daraus entsteht nicht selten ein Zielkonflikt. Viele der Anwendungsbereiche des Kulturmanagements bleiben deshalb ein Spannungsfeld zwischen den ökonomischen Anforderungen und der Autonomie der Kultur, auf dem oft nicht grundsätzlich, sondern nur in der abwägenden Betrachtung des Einzelfalls über die Angemessenheit einer Gewichtung entschieden werden kann. Die Verschiedenheit bedingt keinen Ausschluss, sondern bringt eine Debatte in Gang.

Analog zur zunehmenden Komplexität und Eigenständigkeit der wissenschaftlichen Disziplin Kulturmanagement haben sich auch die Versuche, das Kulturmanagement in einer Definition zu umschreiben, erweitert.

Zunächst bestand Konsens, dass Kulturmanagement als die Gesamtheit aller Methoden zu verstehen ist, die daran mitwirken, den wirtschaftlichen und den praktischen Herausforderungen der kulturellen Arbeit möglichst effektiv und Ressourcen schonend gerecht zu werden sowie dafür optimale Rahmenbedingungen zu definieren und diese nach Möglichkeit bereitzustellen.

Darüber hinaus kam mit der Koordinierung komplexer Abläufe eine der klassischen Hauptaufgaben des Managements in den Blick. Kulturmanagement wurde beschrieben als „die Führung und Steuerung von arbeitsteiligen Institutionen und Unternehmungen des Kulturbetriebes" (Siebenhaar 2002, S. 10).

Die Definition „Kulturmanagement ist ein Komplex von Steuerungsaufgaben, die bei der Leistungserstellung und -sicherung in Kulturorganisationen erbracht werden müssen" (Schreyögg 1993, S. 27) weist zusätzlich auf die Planungsprozesse und die Notwendigkeit einer kritischen Reflexion hin.

Diesem Katalog zur Beschreibung der Elemente des Kulturmanagements wurde der explizite Bezug auf die Rezipienten und das Umfeld hinzugefügt: „Als Kulturmanagement bezeichnet man alle Steuerungen zur Erstellung und Sicherung von Leistungen in arbeitsteiligen Kulturbetrieben, die sich in einer komplexen und veränderbaren Umwelt abspielen und die auf Austauschbeziehungen zwischen Anbietern und Nutzern ausgerichtet sind" (Heinrichs und Klein 2001, S. 147).

Dazu wurden die Aspekte der Innovation und des gesellschaftlichen Anspruchs des Kulturmanagements ergänzt: „Unter Kulturmanagement verstehe ich die Schaffung innovativer Milieus und kommunikativer Netzwerke zur Entfaltung kultureller Aktivitäten oder künstlerischer Aktionen in komplexen sozialen, medialen und wirtschaftlichen Zusammenhängen" (Schmidt 1993, S. 32).

Werner Heinrichs beschreibt mit den Elementen „Rahmenbedingungen, Arbeitsprozess und Vermittlung" einen Dreischritt des Kulturmanagements: Kulturmanagement bezieht sich in seiner Definition „auf

- die Erstellung von institutionellen, rechtlichen, ökonomischen und organisatorischen Rahmenbedingungen, um Kultur ermöglichen zu können,
- die Steuerung der Prozesse, die zu konkreten künstlerischen und kulturellen Leistungen (etwa in Form eines Kunstwerks oder eines kulturellen Projekts) führen, sowie
- die Vermittlung künstlerischer und kultureller Leistungen an ein Publikum" (Heinrichs 1999, S. 20).

2.5 Plädoyer für eine selbstständige Disziplin Kulturmanagement

Andere Autoren weisen explizit auf die wachsende Bedeutung des Internets für das Kulturmanagement hin: „Kulturmanagement ist (...) die Aufbereitung von (physischen, kognitiven und ästhetischen) Zugängen für das Publikum. Es ist eine Form der Gestaltung von sozialen Umfeldern, d. h. physischen Ambientes in Veranstaltungsstätten und ihrer lokalen Umgebung, aber auch von gesellschaftlichen Umfeldern in Form von Szenen, Netzen und Milieus sowie von in letzter Zeit immer relevanter werdenden virtuellen Ambientes in den elektronischen Öffentlichkeiten des Internets" (Loock und Scheytt 2006, A 1.1, 4).

Das Kulturmanagement ist von einem spezifischen Verhältnis von praktischer Anwendung und theoretischer Reflexion geprägt. In der bisherigen Geschichte des Faches wurden die Innovationsprozesse zumeist durch Veränderung der Rahmenbedingungen der Praxis (z. B. neue finanzielle Gegebenheiten, veränderte Gewohnheiten des Publikums) initiiert. Die wissenschaftliche Arbeit des Kulturmanagements hat sich dann bemüht, auf die neue Situation neue Antworten zu finden. Der umgekehrte Prozess, bei dem mit wissenschaftlichen Instrumenten der Praxis neue Vorschläge gemacht werden, blieb bisher der Ausnahmefall.

Dieses Phänomen ist auch der Tatsache geschuldet, dass eine selbstständige Disziplin Kulturmanagement nur als dezidiert interdisziplinäres Projekt entwickelt werden kann. Neben der für das jeweilige Handlungsfeld inhaltlich relevanten Wissenschaft wie beispielsweise Kunstgeschichte, Literatur- oder Theaterwissenschaft sind dazu Beiträge mindestens der Wissenschaftsgebiete Wirtschaftswissenschaft, Pädagogik, Rechtswissenschaft, Politikwissenschaft und Verwaltungswissenschaft unverzichtbar. Eine eigenständige Disziplin Kulturmanagement ist damit nur als Dialog wissenschaftlicher Fächer und als Netzwerk ihrer Vertreter vorstellbar.

Die Kooperation von Kultur und Management im Kulturmanagement wurde wiederholt mittels zweier die Kultur und das Management repräsentierender Kreise, die sich mit einem mehr oder minder großen Teil ihrer Fläche überlappen und so die Schnittmenge des Kulturmanagements darstellen, visualisiert.

Dieses Modell der Visualisierung lässt assoziieren, dass es Themenbereiche gäbe, die in beiden Disziplinen identisch wären im Sinne einer homologen Verwendung der Begriffe und Methoden. Dem soll hier ein graphisches Modell gegenübergestellt werden, das auf die analoge Verwendung der Terminologien und Instrumente Rücksicht nimmt und davon ausgeht, dass sich Kultur und Management in verschiedenen Bereichen unterstützen und additiv um verschiedene Aspekte erweitern (vgl. Abb. 2.2).

Wenn der Prozess der Profilierung einer eigenständigen Disziplin Kulturmanagement gelingt, könnte damit im besten Fall auch ein neuer Dialog zwischen Kultur und Ökonomie in Gang kommen, bei dem nicht nur die Kulturbetriebe von der Betriebswirtschaftslehre lernen, sondern auch die Betriebswirtschaftslehre

Abb. 2.2 Kulturmanagement. (© Eigene Graphik)

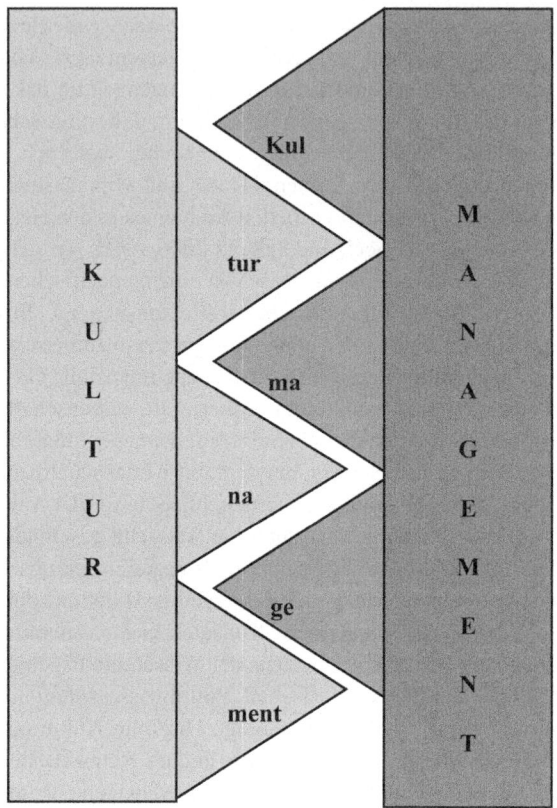

Anregungen aus dem Kulturbereich aufgreift. Eine um eine kulturelle Dimension erweiterte Betriebswirtschaftslehre kann auch viele Bereiche des Wirtschaftslebens im Sinne eines nachhaltigen Managements bereichern.

Nicht übersehen werden darf bei diesen Überlegungen, dass die Betriebswirtschaftslehre selbst als wissenschaftliche Disziplin noch relativ jung ist und einer ständigen Weiterentwicklung unterliegt. Während sie sich lange ausschließlich mit der Frage befasste, wie ökonomische Abläufe intern organisiert werden müssen, um erfolgreich zu sein, richtet sie den Blick seit der zweiten Hälfte des 20. Jahrhunderts auch zunehmend auf die Wirkungen nach außen. Erst 2004 entwickelte die American Marketing Association (AMA) ihre eigenen früheren Definitionen des Marketings mit der Einführung des Terminus des Kundenbeziehungsmanagements unter dem Fokus weiter, dass Marketing keine Einbahnstraße sein darf, sondern ein dialogischer Prozess mit den Kunden in beiden Richtungen werden muss.

Nicht zuletzt als Folge der Finanz- und Wirtschaftskrise wird die in der Betriebswirtschaftslehre lange vernachlässigte Kommunikation mit dem gesellschaftlichen Umfeld eine weitere Aufwertung erfahren. „Ein wirtschaftlich orientierter Betrieb kann nicht einzig und allein das Ziel der Gewinnmaximierung verfolgen, obwohl dieses Ziel und dessen Erreichung letztlich überlebensnotwendig sind. Vielmehr können Gewinne nur dann realisiert werden, wenn vorher andere Teilziele, die mit dem Gewinnziel in Verbindung stehen, also komplementär sind, erreicht werden. Ein Betrieb ist in ein Beziehungsnetz eingebunden, das auch Abhängigkeitsverhältnisse beinhaltet" (Schneidewind 2006, S. 24).

Anregungen könnte die Ökonomie von der Kulturlandschaft darüber hinaus auch auf dem Gebiet des Dialogs mit einer emanzipierten Bürgergesellschaft aufnehmen. „Nicht nur die Theorie und Praxis von Corporate Citizenship bzw. einzelner Bausteine des Corporate Citizenship-Mix sind ein ergiebiges Forschungsfeld, sondern sämtliche Formen der Kooperation zwischen Staat, Wirtschaft und Non-Profit-Organisationen und das damit verbundene Konfliktpotenzial. Die Strukturen und Methoden der Zusammenarbeit von staatlichen und bürgergesellschaftlichen Akteuren sind noch nicht ausgereift. Ungeklärt ist auch, wie in der öffentlichen Verwaltung eine beteiligungsorientierte Kultur entwickelt werden kann. Personalentwicklungskonzepte berücksichtigen solche Aspekte bislang so gut wie gar nicht. Die BWL hat das Leitbild der „Bürgerkommune" noch nicht hinreichend konkretisieren können" (Sandberg 2007, S. 14).

2.6 Von der Hilfsfunktion des Kulturmanagements zur Kernaufgabe

Auch in vielen aktuellen Publikationen wird davon ausgegangen, dass das Kulturmanagement eine Hilfsfunktion habe, die es den kulturellen Institutionen und Projekten ermögliche, ihre eigentliche Mission besser und wirtschaftlicher zu erfüllen.

Eine neuere wissenschaftliche Position versteht das Kulturmanagement als Maßnahme, um eine „möglichst effiziente Erfüllung der Kernaufgaben sicherstellen" (Wiese 2010, Nr. 41, 29). Der in der Netz-Enzyklopädie Wikipedia zum Ausdruck gebrachte *common sense* sieht die Funktion des Kulturmanagements „im öffentlich-rechtlichen und privatrechtlich-gemeinnützigen Kontext" darin, „die Rahmenbedingungen für kulturelle Aktivitäten zu schaffen" (http://de.wikipedia.org/wiki/Kulturmanagement – Zugriff 17.08.2014).

Das Kulturmanagement ist in dieser Vorstellung ein Handlungsfeld, das für die kulturellen Institutionen und Projekte zu ihren sonstigen Aktivitäten und Verpflichtungen hinzukommt und damit eine zusätzliche Herausforderung darstellt. Dass Kulturmanagement in der Zuweisung personeller und sonstiger Ressourcen im Alltag möglichst klein gehalten wird, ist im Zusammenhang dieses Modells nur folgerichtig.

Dem soll hier ein grundsätzliches Verständnis des Kulturmanagements entgegengesetzt werden, das das Kulturmanagement als ein Handlungsfeld der Kernaufgaben kultureller Institutionen und Projekte versteht. Kulturmanagement hat damit nicht mehr nur eine Hilfsfunktion, die zusätzlich bewältigt werden muss, um beispielsweise die erforderlichen finanziellen Ressourcen sicherzustellen. Kulturmanagement ist dann vielmehr ein integraler Bestandteil aller Aspekte der kulturellen Arbeit, der unter anderem die Relevanz der Inhalte für die aktuellen gesellschaftlichen Debatten evaluiert und damit den Zugang zu öffentlichen und privaten Mitteln eröffnet.

In der Sozial- und Bildungspolitik wird derzeit auf der Grundlage eines Grundsatzes und Leitbegriffs der UN-Konvention über die Rechte von Menschen mit Behinderungen vom 26. März 2009 ein Paradigmenwechsel von der Integration zur sozialen Inklusion – beispielsweise von Menschen mit körperlichen oder geistigen Behinderungen – vollzogen: Nicht mehr die Anpassung bestehender Strukturen an die besonderen Bedürfnisse dieser Bevölkerungsgruppen ist das Ziel, sondern eine Gesellschaft, die deren Bedürfnisse durchgängig bei allen Entscheidungen berücksichtigt.

Inklusion ersetzt seit den 1990er Jahren als Ziel und Methode zunehmend die Integration: Statt Menschen Brücken in eine Gesellschaft zu bauen, der sie vermeintlich nicht angehören, bedeutet Inklusion, eine selbstverständlich bestehende Zugehörigkeit aufrechtzuerhalten. An die Stelle der Vorstellung, durch Förderung in geeigneter Form ein Defizit beseitigen zu können, tritt ein Verständnis von Normalität, demzufolge die Lebens-, Wohn- und Konsumformen in der Gesellschaft so zu verändern sind, dass sie Menschen mit und ohne Behinderungen gleichermaßen gerecht werden. Sonderlösungen für behinderte Menschen sind dann nicht mehr erforderlich.

Die analoge Übertragung dieses Konzeptes der Inklusion auf eine neue Theoriebildung zum Verhältnis der Inhalte kultureller Arbeit zum Kulturmanagement ermöglicht dessen Einflussnahme auf alle Prozesse und Entscheidungen der Kultureinrichtungen, die ausnahmslos um den Aspekt der Steuerung der internen und der externen Ressourcen ergänzt werden.

Ein im weiteren Sinne vergleichbarer Prozess hat sich in den letzten Jahren und Jahrzehnten im Bereich des Umweltschutzes abgespielt: Während die Thematik früher ein zusätzlich zu den sonstigen gesellschaftlichen Aufgaben zu berücksichtigendes Handlungsfeld war, gibt es inzwischen kaum mehr Produkte oder eine politische Entscheidungen, bei denen dieser Aspekt nicht als ein Kriterium mit berücksichtigt wird.

2.6 Von der Hilfsfunktion des Kulturmanagements zur Kernaufgabe

Das Modell eines inklusiven Kulturmanagements kann darüber hinaus das Problem lösen, dass komplexe Fragestellungen in verschiedenen Stadien eines Prozesses oder aufgrund verschiedener fachlicher Sichtweisen unvollständig und damit möglicherweise fehlerhaft oder zumindest unvollständig eingeschätzt werden. Beispielsweise haben niedrige Besucherzahlen nicht nur – in der Sichtweise der Verwaltungsleitung oder des Controllers eines Museums – die Folge einer unbefriedigenden Einnahmensituation, sie sind gleichzeitig auch der Ausdruck eines offensichtlich am Publikumsinteresse vorbei geplanten Programms – wie die für die Inhalte zuständigen Abteilungen erkennen sollten.

Ausstellungsprogramme in Museen werden zumeist erstellt, indem die Verantwortlichen darüber nachdenken, welches Thema sich aufgrund der Sammlungsbestände, der Forschungsinteressen, etwaiger Jahrestage oder möglicher Gelegenheiten zur Übernahme von Projekten anderer Häuser anbietet. Wenn die entsprechenden Entscheidungen gefallen sind, werden Überlegungen angestellt, aus welchen eigenen oder möglichen fremden Quellen das Vorhaben finanziert werden kann.

Wenn das Kulturmanagement im Sinne des Modells der Inklusion verstanden wird, werden beispielsweise Fragen der finanziellen Realisierbarkeit von Anfang an als Teil der Argumentation in die Entscheidungsfindung integriert. Dies bezieht sich sowohl auf den Teilaspekt der Aussichten, einen Drittmittelgeber für das Projekt gewinnen zu können, als auch auf den Aspekt der eigenen Einnahmesituation aufgrund der zu erwartenden Resonanz beim Publikum.

Eine schwierig zu beantwortende Frage ist die nach dem aktuellen Stand des Fortschritts der Modernisierung der Kulturlandschaft durch die Einführung des Kulturmanagements. Vor allem im Zusammenhang mit dem Erscheinen der Publikation „Der exzellente Kulturbetrieb" (Klein 2008) gab es in der Fachöffentlichkeit dazu heftige Auseinandersetzungen – unter anderen unter der bezeichnenden Überschrift „Wir sind besser als Armin Klein glaubt" (http://kulturblog.net/2008/11/01/wir-sind-besser-als-armin-klein-glaubt/ – Zugriff 17.08.2014). Eine allgemeingültige Antwort ist dazu sicher nicht möglich, weil einerseits die Kulturlandschaft sehr heterogen ist und andererseits das diesbezügliche Urteil sehr von den jeweiligen individuellen Erwartungen und Sichtweisen geprägt ist.

Nur eine scheinbar einfache Antwort auf die bestehenden Probleme ist der in diesem Zusammenhang immer wieder vorgetragene Hinweis auf den viel weiter fortgeschrittenen Prozess der Realisierung der Inhalte und Methoden des Kulturmanagements in den USA (z. B. Klein 2008, S. 106, S. 126). Aufgrund sehr unterschiedlicher Strukturen und Traditionen vor allem der Verteilung der Pflichten und Erwartungen zwischen dem Staat und der Bürgergesellschaft ist eine Übertragung der dortigen Erfahrungen nur begrenzt und vor allem nur auf dem Wege eines langen Anpassungsprozesses, der allerdings seit Jahren bereits im Gang ist, möglich.

Literatur

Allmann, Uwe: Unternehmensführung in Kulturbetrieben, FernUniversität Hagen, 1998

Baumol, William J./Bowen, William G.: Performing arts. The economic dilemma, Twentieth Century Fund, New York, 1966

Bendixen, Peter: Einführung in die Thematik des Symposiums. In: Fuchs, Max (Hrsg.): Zur Theorie des Kulturmanagements. Ein Blick über Grenzen. Dokumentation des gleichnamigen Symposiums, das am 6. und 7. April 1992 in der Akademie Remscheid stattgefunden hat, Rolland, Remscheid, 1993, Seite 15–17 (1993a)

Bendixen, Peter: Grundfragen des Managements kultureller Einrichtungen. In: Fuchs, Max (Hrsg.): Zur Theorie des Kulturmanagements. Ein Blick über Grenzen. Dokumentation des gleichnamigen Symposiums, das am 6. und 7. April 1992 in der Akademie Remscheid stattgefunden hat, Rolland, Remscheid, 1993, Seite 73–88 (1993b)

Bendixen, Peter: Ästhetische Wahrnehmung in der (Kultur-)Managementpraxis. In: Fuchs, Max (Hrsg.): Zur Theorie des Kulturmanagements. Ein Blick über Grenzen. Dokumentation des gleichnamigen Symposiums, das am 6. und 7. April 1992 in der Akademie Remscheid stattgefunden hat, Rolland, Remscheid, 1993, Seite 111–137 (1993c)

Bendixen, Peter: Einführung in das Kultur- und Kunstmanagement, Westdeutscher Verlag, Wiesbaden, 2. Aufl. 2002

Beutling, Lutz: Controlling in Kulturbetrieben am Beispiel Theater. Studienbrief der FernUniversität Hagen, 1993

Brecht, Ulrich: BWL für Führungskräfte. Was Entscheider im Unternehmen wissen müssen, Gabler, Wiesbaden, 2005

Budäus, Dietrich: Public Management. Konzepte und Verfahren zur Modernisierung öffentlicher Verwaltungen, edition sigma, Berlin, 1994

Bundesministerium für Wirtschaft und Energie (Hrsg.): Monitoring zu ausgewählten wirtschaftlichen Eckdaten der Kultur- und Kreativwirtschaft 2012. Kurzfassung, Berlin, 2014

Heinrichs, Werner: Kulturmanagement. Eine praxisorientierte Einführung, Primus, Darmstadt, 2. Aufl. 1999

Heinrichs, Werner/Klein, Armin: Kulturmanagement von A–Z. 600 Begriffe für Studium und Praxis, dtv, München, 2. Aufl. 2001

Höhne, Steffen: Kunst- und Kulturmanagement. Eine Einführung, Fink, Paderborn, 2009

Kirchhoff, Bodo: Erinnerungen an meinen Porsche. Roman, Hoffmann und Campe, Hamburg, 2009

Klein Armin: Der exzellente Kulturbetrieb, Verlag für Sozialwissenschaften, Wiesbaden, 2. Aufl. 2008

Kuß, Alfred: Marketing-Theorie. Eine Einführung, Gabler, Wiesbaden, 2009

Loock, Friedrich/Scheytt, Oliver (Hrsg): Kulturmanagement & Kulturpolitik. Die Kunst, Kultur zu ermöglichen, Raabe, Berlin, 2006

Müller-Hagedorn, Lothar: Kulturmarketing. Studienbrief der FernUniversität Hagen, 1993

Pankoke, Eckart: Steuerungsmodelle und Lernprozesse aktiver Kulturpolitik und Verwaltung. In: Heinze, Thomas (Hrsg.), Kulturmanagement. Professionalisierung kommunaler Kulturarbeit, Westdeutscher Verlag, Opladen, 1994, Seite 71–87

Sandberg, Berit: Die Bürgergesellschaft – ein blinder Fleck der Betriebswirtschaftslehre?, Friedrich-Ebert-Stiftung, Bonn, 2007

Literatur

Schmidt, Lutz: Vom Verlust der Autonomie. Interessen zwischen Management und Kultur. Veröffentlichungen zu einem Forschungsprojekt, Verlag für Wissenschaft und Bildung, Berlin, 1993

Schmidt-Ott, Thomas: Den Hintern mit Subventionen vergolden.... Audience Development als Kulturmanagementdisziplin im Orchester. In: Siebenhaar, Klaus (Hrsg.): Audience Development oder die Kunst, neues Publikum zu gewinnen, B & S Siebenhaar, Berlin, 2009, Seite 67–92

Schneidewind, Petra: Betriebswirtschaft für das Kulturmanagement. Ein Handbuch, transcript, Bielefeld, 2006

Schreyögg, Georg: Normensysteme der Managementpraxis. In: Fuchs, Max (Hrsg.): Zur Theorie des Kulturmanagements. Ein Blick über Grenzen. Dokumentation des gleichnamigen Symposiums, das am 6. und 7. April 1992 in der Akademie Remscheid stattgefunden hat, Rolland, Remscheid, 1993, Seite 21–38

Siebenhaar Klaus: Karriereziel Kulturmanagement. Studiengänge und Berufsbilder im Profil, Bildung und Wissen, Nürnberg, 2002

Soeffner, Hans-Georg: Kultur und Alltag. Studienbrief der FernUniversität Hagen, 1990

Universität Trier: Wirtschaftliche Effekte der Konstantin-Ausstellung 2007 für die Region Trier, Endbericht für das Ministerium für Bildung, Wissenschaft, Jugend und Kultur Rheinland-Pfalz sowie die Initiative Region Trier e. V. (IRT) erstellt durch die Arbeitsgemeinschaft Europäisches Tourismus Institut an der Universität Trier GmbH (ETI) und Freizeit- und Tourismusgeographie der Universität Trier (FTG), Trier, 2008

Weber, Winfried Walter (Hrsg.): Peter Drucker. Der Mann, der das Management geprägt hat. Erinnerungen und Ausblick zum 100. Geburtstag, Sordon, Göttingen, 2009

Wiese, Rolf: Museen erfolgreich managen. Erfolgsfaktoren für Museen, Teil I. In: KM. Das Monatsmagazin von Kulturmanagement Network Nr. 41, März 2010, Seite 29–35, und Teil II. In: KM. Das Monatsmagazin von Kulturmanagement Network Nr. 42, April 2010, Seite 33–38

Zingel, Harry: Grundzüge des Projektmanagements. Definitionen. Organisation und Steuerung von Projekten. Grundgedanken des betrieblichen Projektmanagements, 2000–2009, elektronischer Artikel, http://www.tqu-group.com/downloads/Projektmanagementnach-Zingel.pdf – Zugriff 27.12.2014

3 Kulturpolitische Rahmenbedingungen des Kulturmanagements

Kultur dient nicht nur der Unterhaltung, der Verschönerung des öffentlichen Raumes und der Befriedigung individueller ästhetischer Bedürfnisse. Sie eröffnet der Gesellschaft auch die Möglichkeit der Orientierung und der Weiterentwicklung und bietet dem Individuum die Chance zur gerechten Teilhabe an den aktuellen Debatten. Kultur ist damit notwendig, um ein funktionsfähiges Gemeinwesen zu organisieren und lebendig zu halten. Daraus kann grundsätzlich die Förderung von Kunst und Kultur als wesentliche Aufgabe staatlichen Handelns abgeleitet werden.

3.1 Vertrag von Lissabon, Grundgesetz für die Bundesrepublik Deutschland und Verfassungen der Länder

Der am 1. Dezember 2009 in Kraft getretene so genannte Vertrag von Lissabon (Vertrag von Lissabon zur Änderung des Vertrags über die Europäische Union und des Vertrags zur Gründung der Europäischen Gemeinschaft) vermeidet wie seine Vorgängerdokumente eine Begriffsdefinition von Kultur. Dadurch soll vor allem sichergestellt werden, dass die europäischen Förderprogramme mit einem weit reichenden Kulturverständnis arbeiten können. Der Vertrag von Lissabon wertet aber die Kultur als Element des europäischen Einigungsprozesses nachhaltig auf. Insbesondere fügt er in die die Werte und Ziele der EU enthaltende Präambel des Vertrags über die Europäische Union folgenden Wortlaut als zweiten so genannten Erwägungsgrund ein: „schöpfend aus dem kulturellen, religiösen und humanistischen Erbe Europas, aus dem sich die unverletzlichen und unveräußerlichen Rechte des Menschen sowie Freiheit, Demokratie, Gleichheit und Rechtsstaatlichkeit als universelle Werte entwickelt haben …". Außerdem werden der Reichtum der

„kulturellen und sprachlichen Vielfalt" und der „Schutz und die Entwicklung des kulturellen Erbes Europas" (Artikel 2) explizit unter die Ziele der Europäischen Union aufgenommen.

Darüber hinaus behält der frühere EG-Vertrag, der mit dem Vertrag von Lissabon in „Vertrag über die Arbeitsweise der Europäischen Union" umbenannt wurde, seine Gültigkeit. Dessen Kulturartikel (Artikel 151) trifft zur europäischen Politik auf dem Kultursektor wesentliche Aussagen:

- Die nationale und regionale Vielfalt und das gemeinsame kulturelle Erbe sind die wichtigsten Grundlagen der europäischen Kulturpolitik. Auf dieser Basis soll sowohl die Vielfalt bewahrt und gefördert als auch die gemeinsame Kultur gestärkt werden. Die Kulturpolitik der Mitgliedsstaaten hat gegenüber gemeinsamen Aktivitäten den Vorrang, weshalb der Text auch die Pluralform „Kulturen" benutzt und die Bemühungen der EU mit der Formulierung „einen Beitrag leisten" umschreibt.
- Die Gemeinschaft fördert die Zusammenarbeit zwischen den Mitgliedsstaaten (vor allem durch Austausch-, Kooperations- und Informationsprogramme) und unterstützt und ergänzt deren Tätigkeit in den Bereichen Verbesserung der Kenntnis und Verbreitung der Kultur und Geschichte der europäischen Völker, Erhaltung und Schutz des kulturellen Erbes von europäischer Bedeutung, nichtkommerzieller Kulturaustausch sowie künstlerisches und literarisches Schaffen, einschließlich des audiovisuellen Bereichs.
- Die Gemeinschaft und die Mitgliedsstaaten fördern die Zusammenarbeit mit dritten Ländern und den für den Kulturbereich zuständigen internationalen Organisationen, insbesondere mit dem Europarat. Damit wird der Europäischen Union die Möglichkeit einer gemeinsamen auswärtigen Kulturpolitik eröffnet.
- Mit der so genannten Kulturverträglichkeitsklausel („Die Gemeinschaft trägt bei ihrer Tätigkeit aufgrund anderer Bestimmungen dieses Vertrages den kulturellen Aspekten Rechnung, insbesondere zur Wahrung und Förderung der Vielfalt der Kulturen") verpflichtet sich die Europäische Union, kulturelle Belange auf allen Feldern ihrer Politik zu berücksichtigen. Praktische Bedeutung erlangt diese explizite Festlegung des Stellenwerts der Kultur als Querschnittsaufgabe vor allem durch die Möglichkeit der Einschränkung des freien Warenverkehrs mit dem Ziel des Schutzes der Vielfalt der Kulturen.
- Kulturpolitische Fördermaßnahmen werden nur nach Anhörung des Ausschusses der Regionen und unter Ausschluss jeglicher Harmonisierung der Rechts- und Verwaltungsvorschriften der Mitgliedsstaaten erlassen. Das Prinzip der Subsidiarität wird damit als verbindlich betont.

Im Grundgesetz für die Bundesrepublik Deutschland (GG) kommt der Begriff der Kultur lediglich an vier Stellen – in den Artikeln 23, 29, 73 und 89 – im Rahmen von Aufzählungen zur Festlegung von Zuständigkeiten vor. Eine inhaltliche Aussage zur Kultur als öffentlicher Aufgabe erfolgt im Grundgesetz nicht.

Allerdings postuliert Artikel 5 Absatz 3 des Grundgesetzes: „Kunst und Wissenschaft, Forschung und Lehre sind frei. Die Freiheit der Lehre entbindet nicht von der Treue zur Verfassung." Dieses Grundrecht sichert unter anderem der Kunst und der Wissenschaft die Freiheit der Entfaltung zu und verpflichtet den Staat zur Abwehr von Freiheitsstörungen. Nach der Rechtsprechung des Bundesverfassungsgerichtes und der allgemeinen Expertenmeinung wird damit jedoch nur das individuelle Freiheitsrecht jedes einzelnen in Kunst und Wissenschaft Tätigen gewährleistet. Eine explizite allgemeine Schutz- und Förderverpflichtung für die Kunst ist damit nicht gegeben.

Vor diesem Hintergrund befasste sich die Enquete-Kommission „Kultur in Deutschland" der 16. Wahlperiode des Deutschen Bundestages (2005–2009) erneut mit der Forderung, Kultur als Staatsziel im Grundgesetz zu verankern. Im Ergebnis wiederholte und bekräftigte sie auf der Grundlage eines wiederum einstimmigen Beschlusses der Fraktionen die Empfehlung ihrer Vorgängerinstitution aus der vorangegangenen Wahlperiode, in das Grundgesetz einen Artikel 20b mit der Formulierung „Der Staat schützt und fördert die Kultur" (Deutscher Bundestag 2007, S. 68) aufzunehmen.

Diesen einstimmigen und wiederholten Appell aller Fraktionen brachte die FDP-Fraktion im Januar 2006 als Gesetzentwurf in den Deutschen Bundestag ein. Dessen Begründung nimmt ausdrücklich auf die Arbeit der Enquete-Kommission „Kultur in Deutschland" und die in diesem Rahmen erfolgte Auswertung der mündlichen und schriftlichen Stellungnahmen namhafter Staatsrechtslehrer Bezug.

Darüber hinaus führte die Begründung des Gesetzentwurfs aus: „Die Kultur in allen ihren Erscheinungsformen bildet die Grundlage für die geistigen und ideellen Dimensionen menschlichen Daseins. Ohne den Schutz und die Förderung des Staates ist es unmöglich, das kulturelle Angebot in Deutschland in seiner ganzen, historisch gewachsenen Breite und Vielfalt zu erhalten. Eine verlässliche staatliche Finanzierung der Kultur bildet zugleich die Grundlage dafür, dass sich die Zivilgesellschaft für eine zusätzliche Förderung von Kunst und Kultur engagieren kann. In zunehmendem Maße gerät die öffentliche Finanzierung der Kultur jedoch unter Druck. Dies schlägt sich nicht zuletzt in zurückgehenden Kulturausgaben insbesondere der Länder und Kommunen nieder. Wurden 2002 noch 8,3 Mrd. € für die Kultur von staatlicher Seite ausgegeben, waren es 2004 nur mehr 8,0 Mrd. €. Die Ergänzung des Grundgesetzes um das Staatsziel Kultur ist ein wichtiges rechtliches und politisches Signal dafür, welchen besonderen Stellenwert der Staat der

Kultur einräumt. Insbesondere auf kommunaler Ebene ist das Staatsziel Kultur bei Ermessens- und Abwägungsentscheidungen ein gewichtiges Argument, angesichts knapper werdender Haushaltsmittel neben den Pflichtaufgaben zu bestehen. Wenngleich sich aus dem Staatsziel Kultur keine unmittelbaren Ansprüche ableiten lassen, ist es doch vom Gesetzgeber zu beachten und bei der Auslegung und Anwendung von Gesetzen, insbesondere bei solchen mit Ermessensspielräumen, zu berücksichtigen. Mit dem Sozialstaatsprinzip des Artikels 20 Absatz 1 GG und dem Schutz der natürlichen Lebensgrundlagen und der Tiere in Artikel 20a enthält das Grundgesetz bereits einige Staatszielbestimmungen. Der Tierschutz wurde erst in der 14. Wahlperiode ergänzt. ... Der Begriff des ‚Staates' bezieht sich in diesem Zusammenhang auf alle Träger öffentlicher Gewalt, sei es auf Bundes-, auf Landes- oder auf kommunaler Ebene. Auf das Kompetenzgefüge von Bund und Ländern ist die Ergänzung des Grundgesetzes ohne Auswirkung. Die Kulturhoheit der Länder wird dadurch nicht berührt und es werden keine ungeschriebenen Gesetzgebungs- oder Verwaltungskompetenzen geschaffen" (Deutscher Bundestag, Drucksache 16/387, S. 3).

Die mit diesem Gesetzentwurf angestoßene Debatte – und nicht zuletzt deren Dauer – spiegeln das gesamte Spektrum der Positionen zu dieser Thematik wider.

Der federführende Rechtsausschuss des Deutschen Bundestages kam nach drei Beratungen über den Gesetzentwurf zwischen April 2006 und April 2009 zu dem Ergebnis, dem Bundestag die Ablehnung vorzuschlagen. Der mitberatende Sportausschuss und der mitberatende Ausschuss für Kultur und Medien empfahlen mehrheitlich ebenfalls eine Ablehnung des Antrages. Während die Fraktion der FDP die Begründung ihres Antrages wiederholte, wies die Fraktion der SPD darauf hin, dass in ihrem Wahlprogramm nicht nur die Förderung des Staatsziels Kultur enthalten sei, sondern auch die Forderung nach dem Staatsziel Sport und nach Kinderrechten. Sie strebe deshalb eine Verankerung der genannten Staatsziele „aus einem Guss" (Deutscher Bundestag, Drucksache 16/12843, S. 3) an. Der Gesetzentwurf sei daher in seiner Reichweite zu begrenzt und werde sich für die Verwirklichung der übrigen Staatsziele eher als hinderlich erweisen, weshalb er abzulehnen sei. Innerhalb der Fraktion von Bündnis 90/Die Grünen sorgte das Thema für eine rege Debatte. Vor allem die Rechtspolitiker äußerten sich zurückhaltend gegenüber jeglicher Benennung neuer Staatsziele. Eine einheitliche Position konnte nicht erreicht werden, weshalb die Fraktion ankündigte, sich im Deutschen Bundestag bei der Abstimmung über den Gesetzentwurf zu enthalten. Die Fraktion der CDU/CSU hob ihre ausgeprägte Skepsis gegenüber jeglichen Staatszielerwägungen hervor. Vor dem Hintergrund des anstehenden 60. Jahrestages der Einführung des Grundgesetzes warnte sie vor einer Verwässerung der Verfassung durch die Aufnahme von weiteren Staatszielen. Selbst bei Anlegung eines differenzierten

Maßstabs und einer individuellen Abwägung in Bezug auf jedes einzelne Staatsziel sprächen keine starken Argumente für die Verankerung des Staatsziels Kultur, da die Verfassungen der Länder dieses formulierten. Bei den Ländern lägen auch die entsprechenden Kompetenzen.

Unter diesen Umständen erwartungsgemäß lehnte der Deutsche Bundestag am 19. Juni 2009 den Gesetzentwurf für eine Verankerung des Schutzes und der Förderung der Kultur als Staatsziel im Grundgesetz mit den Stimmen der die Regierungskoalition bildenden Fraktionen der CDU/CSU und der SPD ab. Die Fraktion der FDP und Die Linke sowie eine Abgeordnete der Grünen stimmten für den Antrag, die überwiegende Mehrheit von Bündnis 90/Die Grünen enthielten sich.

Dr. Jürgen Gehb (CDU) begründete die Ablehnung des Antrags durch seine Fraktion damit, dass das praktische Handeln besser sei als das Aufnehmen symbolischer Formulierungen in Gesetzestexte: „Die Kultur wird auch weiterhin gefördert, es kommt nicht darauf an, ob es im Grundgesetz steht." Zudem warnte der Abgeordnete vor einer Überfrachtung des Grundgesetzes mit Staatszielen: „Finger weg vom Grundgesetz, wenn es nicht zwingend erforderlich ist" (Deutscher Bundestag, Stenografischer Bericht, 228. Sitzung, Berlin, Freitag, den 19. Juni 2009, Plenarprotokoll 16/228, S. 25473).

Die kulturpolitische Sprecherin der Linksfraktion, Dr. Lukrezia Jochimsen, betonte mit Verweis auf andere europäische Staaten die Wichtigkeit des Staatsziels Kultur: „Spanien, Polen und die Schweiz geben der Kultur in der Präambel ihrer Verfassungen einen herausragenden Platz." Aus Krisenzeiten, sagte Jochimsen, könne man zudem lernen, dass es auf einen Wertewandel ankomme: „Mit dem Staatsziel Kultur würde ein solcher existenzieller Wertewandel manifest" (Deutscher Bundestag, Stenografischer Bericht, 228. Sitzung, Berlin, Freitag, den 19. Juni 2009, Plenarprotokoll 16/228, S. 25476).

Im Rahmen der Koalitionsverhandlungen für die 18. Legislaturperiode des Deutschen Bundestages, die im September und Oktober 2013 zwischen CDU, CSU und SPD geführt wurden, wurde die Frage der Verankerung der Kultur als Staatsziel im Grundgesetz seitens der SPD nochmals thematisiert. Allerdings blieb auch diese Initiative ungeachtet von zwischenzeitlich bereits lancierten Erfolgsmeldungen letztlich erfolglos.

Im europäischen Vergleich wird deutlich, dass diejenigen Verfassungen, die jünger sind als das deutsche Grundgesetz, die Kultur von Anfang an in den Kanon der Staatsziele aufgenommen haben. Beispielsweise erwähnen die Verfassung des Königreiches Spanien vom 29. Dezember 1978 und die Verfassung der Republik Polen vom 2. April 1997 die Kultur bereits in der Präambel. In der Bundesverfassung der Schweizerischen Eidgenossenschaft vom 18. April 1999 wird die Kultur zwar erst im Anschluss an die Präambel genannt, wie auch in der spanischen

Verfassung wird dort aber dem Staat ausdrücklich aufgetragen, Kultur zu fördern. Mit der Verfassung des Königreiches Schweden vom 28. Februar 1974 gibt es in Europa auch ein Beispiel für eine Verfassung, in der die Kultur erst durch später eingefügte Normen ihren Platz gefunden hat. Als einzige europäische Verfassung benennt die schwedische auch die Sicherstellung der kulturellen Wohlfahrt des Einzelnen als Aufgabe des Staates.

Dass die Verankerung eines staatlichen Zieles in der Verfassung noch keineswegs dessen angemessene Realisierung im konkreten staatlichen Handeln sicherstellt, zeigt das Beispiel des portugiesischen Gesundheitssystems. Gemäß Artikel 64 der portugiesischen Verfassung wird das Recht auf Schutz der Gesundheit durch einen allgemeinen nationalen Gesundheitsdienst, der zumindest grundsätzlich unentgeltlich und unabhängig vom Sozialversicherungssystem arbeiten soll, erfüllt. Dennoch ist das Gesundheitssystem in Portugal deutlich unterfinanziert und funktioniert so unzureichend, dass alle Bürger, die finanziell dazu in der Lage sind, auf die privaten Arztpraxen und Krankenhäuser ausweichen. „Eigentlich hat jeder Mensch, der auf Dauer in Portugal lebt, das verbriefte Recht auf kostenlose medizinische Versorgung. Tatsächlich herrscht in den staatlichen Gesundheitszentren und Krankenhäusern seit Jahren vor allem eines: der Mangel" (Deutschlandradio Kultur 14.6.2010).

Einen neuen Themenbereich der Fixierung von Grundrechten eröffnete im Juni 2010 Finnland: Als erstes Land der Welt erklärte Finnland eine schnelle Internet-Verbindung zum Grundrecht. Die dortigen Telekommunikations-Unternehmen sind damit verpflichtet, jeden Einwohner mit einem Anschluss mit einer Geschwindigkeit von mindestens einem Megabit pro Sekunde zu versorgen.

In nahezu allen deutschen Ländern sind der Schutz, die Pflege und die Förderung von Kunst und Kultur eine staatliche Aufgabe von Verfassungsrang (Eine Zusammenstellung der einschlägigen Aussagen der Landesverfassungen findet sich in Deutscher Bundestag 2007, S. 80 f.). Allerdings weichen die Formulierungen in den Landesverfassungen erheblich voneinander ab. In manchen Verfassungen ist die Verpflichtung zu Kulturförderung nur knapp und allgemein erwähnt. Andere Landesverfassungen beinhalten genauere Festlegungen. Dies gilt in besonderem Maße für die Verfassungen des Freistaats Sachsen und des Landes Sachsen-Anhalt, die unter anderem auch konkret den Unterhalt von Theatern als staatliche Aufgabe benennen. Als Akteure der Kulturpflege- und Kulturförderpflicht verstehen die Landesverfassungen der meisten Flächenstaaten neben dem „Staat" auch ausdrücklich die kommunalen Gebietskörperschaften.

Allerdings ergeben sich ebenso wenig wie aus dem vom Bundesverfassungsgericht formulierten objektiven Gehalt des Artikels 5 Absatz 3 des Grundgesetzes aus den landesverfassungsrechtlichen Staatszielbestimmungen individuell einklagbare

Rechte auf Kulturförderung. Damit lassen sich aus den Verfassungen grundsätzlich keine Ansprüche auf Erhaltung oder Errichtung bestimmter kultureller Einrichtungen herleiten. Gleichwohl stellen die Staatszielbestimmungen in den Landesverfassungen ein verbindliches Recht dar. Sie verpflichten die Länder und die kommunalen Gebietskörperschaften, die Belange der Kultur zu berücksichtigen. Sie enthalten aber keine Aussagen darüber, wie die Länder und Gemeinden ihre Kulturpolitik im Einzelnen zu gestalten und wie viel Geld sie dafür zur Verfügung zu stellen haben. Auch zum Verhältnis der kulturpolitischen Verantwortung der Länder einerseits und der Gemeinden andererseits enthalten die Länderverfassungen keine Festlegungen.

Nach den Regelungen der Artikel 30, 70–74 und 83–85 des Grundgesetzes liegt die Zuständigkeit für Kultur in der Bundesrepublik Deutschland – die so genannte Kulturhoheit – mit wenigen Ausnahmen bei den Ländern.

Die Zuständigkeiten des Bundes im Kulturbereich konzentrieren sich damit im Wesentlichen auf folgende Aufgaben:

- Gesamtstaatliche Repräsentation
- Ordnungspolitische Rahmensetzung für die Entfaltung von Kunst und Kultur
- Förderung gesamtstaatlich relevanter kultureller Einrichtungen und Projekte (z. B. Villa Massimo in Rom)
- Bewahrung und Schutz des kulturellen Erbes (z. B. Schutz deutschen Kulturgutes gegen Abwanderung ins Ausland)
- Auswärtige Kulturpolitik (z. B. Goethe-Institute)
- Pflege des Geschichtsbewusstseins (z. B. Haus der Geschichte der Bundesrepublik Deutschland in Bonn)
- Förderung der Hauptstadt Berlin und der Bundesstadt Bonn

Aufgrund der Kulturhoheit der Länder gibt es in allen deutschen Ländern in unterschiedlichen Kombinationen mit anderen Zuständigkeitsbereichen – zumeist mit Bildung und/oder Wissenschaft – ein für die Kultur verantwortliches Ministerium.

Für die Bundesrepublik trägt die bzw. der Beauftragte der Bundesregierung für Kultur und Medien (BKM) die Verantwortung für die Kultur- und Medienpolitik. Obwohl für dieses Amt umgangssprachlich auch die Bezeichnung „Kulturstaatsminister" und für dessen Behörde sogar in der Fachliteratur der Terminus „Bundeskulturministerium" (Höhne 2009, S. 271) verwendet wird, handelt es sich nicht um einen Minister im eigentlichen Sinn, sondern um einen Staatsminister beim Bundeskanzler. Diese Hilfskonstruktion, die einerseits auf die Kulturhoheit der Länder Rücksicht nimmt und gleichzeitig die Bedeutung der Kultur auch als Aufgabe des Bundes unterstreicht, wurde mit der Regierungsbildung des Jahres

1998 eingeführt. Bis dahin lagen die Zuständigkeiten des Bundes für Kultur je nach ihrem thematischen Zusammenhang bei verschiedenen Bundesministerien mit einem Schwerpunkt im Innenministerium. Gleichzeitig wurde im Deutschen Bundestag ein eigener Ausschuss für Kultur und Medien zur Kontrolle und Unterstützung der Arbeit der bzw. des Beauftragten der Bundesregierung für Kultur und Medien im Parlament eingerichtet.

Zu den Aufgaben der bzw. des Beauftragten der Bundesregierung für Kultur und Medien, der einer Abteilung des Bundeskanzleramtes mit knapp 200 Mitarbeitern vorsteht, gehören neben der Förderung von kulturellen Einrichtungen und Projekten von überregionaler und nationaler Bedeutung die Weiterentwicklung und Modernisierung der rechtlichen Rahmenbedingungen künstlerischen Arbeitens sowie die Sicherung einer freien und pluralen Medienlandschaft. Darüber hinaus fällt es in die Zuständigkeit der bzw. des Beauftragten der Bundesregierung für Kultur und Medien, die öffentliche Diskussion über Kunst und Kultur anzuregen und dazu aus der Sicht des Bundes einen Beitrag zu leisten. Außerdem haben sich – teilweise in Konkurrenz zu den Bemühungen des jeweils betroffenen Landes – die Förderung von Kulturprojekten in der Hauptstadt Berlin, die Förderung von Gedenkstättenprojekten und die Filmförderung zu Schwerpunkten entwickelt.

3.2 Besondere Landesgesetze und Kulturfachgesetze

Aufgrund der Kulturhoheit der Länder fallen Gesetze, die die kulturellen Institutionen und Projekte unmittelbar betreffen, abgesehen von wenigen Ausnahmen (z. B. die gesetzlichen Grundlagen des Deutschen Historischen Museums und der Deutschen Nationalbibliothek), in die alleinige Gesetzgebungskompetenz der Länder. Daraus ist eine heterogene Landschaft entstanden.

In allen Ländern gesetzlich geregelt sind

- der Denkmalschutz – allerdings mit sehr unterschiedlichen Terminologien und unbestimmten Rechtsbegriffen, was die unter Schutz zu stellenden Objekte („öffentliches Interesse" oder „Interesse der Allgemeinheit") und die Pflichten der Eigentümer („Zumutbarkeit") angeht,
- das Archivwesen – ebenfalls mit Unterschieden insbesondere zur Definition von Archivgut und
- der Bereich der Weiterbildung, der nur unter dem Aspekt der kulturellen Bildung den Kulturbereich direkt betrifft.

3.2 Besondere Landesgesetze und Kulturfachgesetze

In sechs Ländern gibt es gesetzliche Regelungen zu den Musikschulen entweder im Rahmen der Schulgesetze (Bayern, Berlin, Bremen und Sachsen-Anhalt) oder des Jugendbildungsgesetzes (Baden-Württemberg) oder als eigenständiges Gesetz (Brandenburg).

Andere europäische Länder haben im Kulturbereich zum Teil sehr viel weitergehende gesetzliche Grundlagen geschaffen. Neben Regelungen zu den einzelnen Kultureinrichtungen gibt es etwa in den Ländern in Österreich ein Kulturfördergesetz, mit dem auch die Förderung freier Kulturträger auf eine gesetzliche Grundlage gestellt wird. Außerdem verpflichten sich die Länder, durch Kulturförderberichte ihre Förderpraxis transparent zu machen. Auch die Niederlande haben ihr gesamtes Kulturfördersystem auf verbindliche rechtliche Grundlagen gestellt.

Mit fachgesetzlichen Regelungen werden vor allem die folgenden Erwartungen verbunden:

- allgemeine Aufwertung des betreffenden Kulturbereiches in der öffentlichen Wahrnehmung und Wertschätzung
- Namensschutz: Nur diejenigen Einrichtungen, die die gesetzlichen Standards erfüllen, können die entsprechende Fachbezeichnung führen.
- rechtliche Verankerung der betreffenden Aufgabe, die dazu führt, dass es sich nicht mehr um eine so genannte freiwillige Aufgabe handelt
- Festschreibung einer zumindest grundsätzlichen Verpflichtung der öffentlichen Hand zur Förderung, im Idealfall Festlegung der Anteile der jeweiligen Zuwendungsgeber; allerdings lassen sich in keinem Fall konkrete Summen festschreiben, da dadurch das Recht der jeweiligen Gebietskörperschaft, über den jährlich aufzustellenden Haushalt zu beschließen, beschnitten wäre.

Bundesweit einmalig ist das 1993 zunächst angesichts der besonderen Herausforderungen nach der deutschen Wiedervereinigung für zehn Jahre vom Sächsischen Landtag beschlossene und im August 1994 in Kraft getretene „Gesetz über die Kulturräume in Sachsen", das so genannte Sächsische Kulturraumgesetz. Nach einer zwischenzeitlichen Verlängerung erfolgten im Juni 2008 zusammen mit einer Anpassung an die Kreisgebietsreform die Entfristung des Gesetzes und die Ausstattung mit mindestens 86,7 Mio. € jährlich. Zuletzt wurden die Landesbühnen Sachsen, die bis dahin eine alleinige Aufgabe des Freistaates waren, mit dem Haushaltsbegleitgesetz 2011/2012 in das Kulturraumgesetz integriert.

Mit dem Gesetz, das die Finanzierung der nichtstaatlichen Kultureinrichtungen regelt, wurde versucht, das überall in Deutschland bestehende Problem der ungleichen Kostenverteilung zwischen den Gemeinden, die größere Kultureinrichtungen unterhalten, und den Umlandgemeinden, die daran partizipieren, ohne sie mitzufinanzieren, zu lösen. Gleichzeitig sollte die ungleichmäßige Verteilung der kulturellen Angebote zwischen den städtischen und den ländlichen Räumen reduziert werden. Das Sächsische Kulturraumgesetz sieht deshalb vor, dass sich Kommunen und Landkreise zu Kulturräumen zusammenschließen, um kulturelle Einrichtungen gemeinsam zu finanzieren und zu erhalten. Es schafft damit eine generelle Rechtsverpflichtung mit detaillierten Vorgaben für den Kulturbereich.

Die wesentlichen Regelungen des Kulturraumgesetzes sind:

- die Aufteilung Sachsens in fünf ländliche und drei städtische Kulturräume (Dresden, Chemnitz, Leipzig), die als Zweckverbände organisiert sind,
- die gemeinsame Finanzierung regional bedeutsamer Einrichtungen und Maßnahmen durch die jeweilige Sitzgemeinde, den Kulturraum und den Freistaat Sachsen im Rahmen eines Kulturlastenausgleichs,
- die Verankerung von Kulturpflege als kommunale Pflichtaufgabe mit Gesetzesrang und
- die Beteiligung der Fachöffentlichkeit an den kulturpolitischen Förderentscheidungen über die in allen Kulturräumen eingerichteten Kulturbeiräte.

Um die finanzielle Last gleichmäßig zu verteilen, wird in den ländlichen Kulturräumen eine nach Einwohnern bemessene Kulturumlage festgelegt, deren Höhe jeder Kulturraum selbst bestimmt. Dazu kommen die gesetzlich vorgesehenen Zuweisungen des Landes.

Gefördert werden durch die Kulturräume kulturelle Einrichtungen und Maßnahmen aller Sparten von regionaler Bedeutung. Voraussetzung der Förderung ist nach dem Gesetz

- ein für das Selbstverständnis und die Tradition der jeweiligen Region spezifischer, historisch begründeter Wert oder
- ein besonderer Stellenwert für Bewohner und Besucher der jeweiligen Region oder
- ein Modellcharakter für betriebliche Organisationsformen – insbesondere im Hinblick auf die sparsame Wirtschaftsführung – oder
- eine besondere künstlerisch-ästhetische oder wissenschaftliche Innovationskraft.

Trägerschaft und Rechtsform eines Kulturbetriebes sind für die Förderung unerheblich. Voraussetzung ist aber eine angemessene Beteiligung der Sitzgemeinde, da das Kulturraumgesetz auf der Basis einer Komplementärfinanzierung arbeitet.

3.2 Besondere Landesgesetze und Kulturfachgesetze

Die Zuweisungen aus dem Landeshaushalt dürfen nicht mehr als 30 % der Ausgaben aller vom Kulturraum geförderten Einrichtungen und Maßnahmen betragen. Das Gesetz hat sich in der Praxis bewährt und nicht nur wie ursprünglich intendiert zu einer Stabilisierung der kulturellen Angebote für alle Bürger beigetragen, sondern auch „zu einer spürbaren Verbesserung der Qualität der Kulturarbeit sowohl im Bereich der Kulturvermittlung als auch in der künstlerischen Produktion" (Winterfeld 2006, S. 138). Kritik am Kulturraumgesetz wurde vor allem von verfassungsrechtlich argumentierenden Stimmen geübt, die einwandten, dass der Kulturraum das durch das Grundgesetz und die Landesverfassung garantierte Selbstgestaltungsrecht der Kommunen beschneide. Dem wurde entgegengehalten, dass das Selbstgestaltungsrecht durch die Etablierung des aus entsandten Vertretern der beteiligten Kommunen bestehenden Kulturkonventes als entscheidendem Organ jedes ländlichen Kulturraumes gewahrt bleibe. Darüber hinaus ergebe sich sogar ein diesbezüglicher Vorteil des Kulturraumes daraus, dass über die Mittelvergabe nicht ausschließlich auf dem Verwaltungsweg, sondern unter Einschaltung von Fachleuten der beratenden Kulturbeiräte eines jeden Kulturraumes entschieden werde.

Der Entwurf eines Kulturfördergesetzes des Landes Sachsen-Anhalt, den die Fraktion DIE LINKE in das parlamentarische Verfahren eingebracht hat, kam 2013 nicht über eine Beratung im Ausschuss für Bildung und Kultur des Landtages von Sachsen-Anhalt hinaus. Das Gesetzesvorhaben war mit der Schaffung von Kulturregionen als Zweckverbände der Landkreise und kreisfreien Städte eng an das Sächsische Kulturraumgesetz angelehnt, sah aber außerdem vor, dass die Landkreise analog zur Erhebung einer Sondersteuer auf Übernachtungen in Beherbergungsbetrieben auf Eintrittsentgelte für Kultureinrichtungen und -veranstaltungen ab einer Höhe von 5,00 € eine örtliche Aufwandsteuer von 0,25 € erheben.

Die einzige im weiteren Sinn mit dem Sächsischen Kulturraumgesetz vergleichbare geltende gesetzliche Regelung, die den Kulturbereich aber nur neben anderen Handlungsfeldern benennt, ist das „Gesetz zur Stärkung der kommunalen Zusammenarbeit im Ballungsraum Frankfurt/Rhein-Main", das so genannte Hessische Ballungsraumgesetz. Das Gesetz, das am 1. April 2001 in Kraft getreten ist, sieht vor, dass Kommunen des Ballungsraumes Frankfurt/Rhein-Main Zusammenschlüsse zur gemeinsamen Wahrnehmung bestimmter Aufgaben bilden sollen. Dazu zählen neben Bereichen des sozialen Sektors, der Förderung der wirtschaftlichen Entwicklung und regionalen Verkehrsfragen auch Errichtung, Betrieb und Unterhaltung von kulturellen Einrichtungen von überörtlicher Bedeutung. Die ursprünglich bis zum 31. März 2006 befristete Gültigkeit des Gesetzes wurde am 26. Januar 2006 vom Hessischen Landtag bis zum 31. Dezember 2011 verlängert. Zum

1. April 2011 ging dessen Regelungsgehalt im „Gesetz über die Metropolregion Frankfurt/Rhein-Main" auf.

Einen neuen Weg geht das am 17. Dezember 2014 im Parlament verabschiedete „Gesetz zur Förderung und Entwicklung der Kultur, der Kunst und der kulturellen Bildung in Nordrhein-Westfalen", das so genannte Kulturfördergesetz. Das Land schuf damit ein Gesetz für die Kulturförderung, das den Verfassungsauftrag des Artikels 18 der Landesverfassung aufgreift und konkretisiert. Es richtet sich neben einer kulturpolitischen Standortbestimmung, in der die wesentlichen Ziele, Schwerpunkte und Grundsätze der Kulturförderung in Nordrhein-Westfalen definiert werden, in erster Linie an das Land selbst, indem es die Handlungsfelder und Verfahrensweisen der Landeskulturförderung umfassend regelt. Das Gesetz betont zwar das partnerschaftliche Zusammenwirken von Land und Gemeinden in der Kulturförderung, impliziert aber keine konkreten Leistungspflichten für die Kommunen und wahrt damit den Kern der verfassungsrechtlich garantierten kommunalen Selbstverwaltung. Darüber hinaus werden mit dem Kulturförderplan, der künftig für jeweils 5 Jahre die Ziele und Schwerpunkte der Landesförderung festlegt, und dem Landeskulturbericht, der alle 5 Jahre zur Lage der Kultur in Nordrhein-Westfalen Stellung nimmt, zwei neue Instrumente zur Evaluation und Steuerung der Kulturförderung eingeführt. Außerdem benennt das Gesetz die kulturelle Bildung als Auftrag für alle Kulturinstitutionen des Landes und für alle sonstigen Kulturinstitutionen, die eine institutionelle Landesförderung erhalten. Eine im Zusammenhang mit dem Gesetz erarbeitete neue Förderrichtlinie soll für Verbesserungen und Erleichterungen im Zuwendungsverfahren sorgen.

Das Kulturfördergesetz schafft damit mehr Planungssicherheit und mehr Mitwirkungsmöglichkeiten für die Kulturakteure. Allerdings gilt auch in diesem Fall wieder „eine Bedingung: Das neue Kulturfördergesetz NRW darf kein neues Geld kosten. Diese Bedingung haben wir angesichts der verfassungsgemäßen Schuldenbremse ab 2020 und der insgesamt prekären Haushaltslage des Landes NRW akzeptiert" (Keymis 2014, S. 31).

Zum Paradigma einer Diskussion über Kulturfachgesetze entwickelten sich in den letzten Jahren die vor allem durch den Deutschen Bibliotheksverband kontinuierlich aufrechterhaltenen Bemühungen um Bibliotheksgesetze in den deutschen Ländern.

Angestoßen wurde diese Debatte insbesondere durch zwei Initiativen: Der damalige Bundespräsident Horst Köhler gebrauchte in seiner Rede anlässlich des Festaktes zur Wiedereröffnung der Herzogin Anna Amalia Bibliothek am 24. Oktober 2007 in Weimar zwar nicht den Terminus „Bibliotheksgesetz", er machte aber zur Bedeutung der Bibliotheken die vielfach in diesem Sinne interpretierten Ausführungen: „Die deutschen Bibliotheken – und zwar alle, von der hochspezi-

3.2 Besondere Landesgesetze und Kulturfachgesetze

alisierten Forschungsbibliothek bis zur kleinen Stadtteilbibliothek – sind ein unverzichtbares Fundament in unserer Wissens- und Informationsgesellschaft. Die öffentlichen Bibliotheken sind weder ein Luxus, auf den wir verzichten könnten, noch eine Last, die wir aus der Vergangenheit mitschleppen: sie sind ein Pfund, mit dem wir wuchern müssen. ... Trotz des wichtigen Beitrags der Bibliotheken für die Bildung und das selbstständige Lernen fehlt in Deutschland – im Gegensatz zu den erfolgreichen PISA-Ländern – die strategische Verankerung der Bibliotheken als Teil unserer Bildungsinfrastruktur. Durchgängige bildungspolitische Zielsetzungen gemeinsam mit dem Bibliothekswesen sind heute weder auf Länderebene noch in der Politik des Bundes in ausreichendem Maße anzutreffen. Meine Meinung ist: Bibliotheken gehören deshalb in Deutschland auf die politische Tagesordnung" (http://www.bundespraesident.de/SharedDocs/Reden/DE/Horst-Koehler/Reden/2007/10/20071024_Rede.html – Zugriff 02.09.2014).

Kurz darauf forderte der Schlussbericht der Enquete-Kommission „Kultur in Deutschland" des Deutschen Bundestages die Länder auf, „Aufgaben und Finanzierung der öffentlichen Bibliotheken in Bibliotheksgesetzen zu regeln. Öffentliche Bibliotheken sollen keine freiwillige Aufgabe sein, sondern eine Pflichtaufgabe werden" (Deutscher Bundestag 2007, S. 132). Damit waren die Initiativen für Bibliotheksgesetze von Anfang an mit der Vorstellung verbunden, man könne auf diesem Wege die Einrichtung und den Unterhalt von Bibliotheken als kommunale Pflichtaufgabe verbindlich vorschreiben.

Diese Handlungsempfehlung der Enquete-Kommission spiegelt eine kontinuierliche politische Lobbyarbeit wider: Sie ist ein konkretes Ergebnis des Strategiekonzeptes „Bibliothek 2007", das von 2002 bis 2005 von bibliothekarischen Experten des Dachverbandes Bibliothek & Information Deutschland (BID) und der Bertelsmann Stiftung erarbeitet und in den folgenden Jahren in zahlreichen Gesprächen von Verbandsvertretern und Bibliothekaren mit Politikern aller Parlamente kommuniziert wurde.

Allerdings unterstützt auch der Vergleich mit dem Ausland die Bemühungen um eine Bibliotheksgesetzgebung der deutschen Länder: In mehr als der Hälfte der EU-Länder sind die Aufgaben der öffentlichen Bibliotheken durch ein Bibliotheksgesetz rechtlich normiert und in langfristige Entwicklungspläne eingebunden. Fast überall wurden diese Gesetze in den letzten Jahren aktualisiert, um sie den Erfordernissen der Informationsgesellschaft anzupassen.

Eine Betrachtung der internationalen Situation macht deutlich, dass diejenigen Staaten, die über ein Bibliotheksgesetz verfügen, auch ein qualitativ hochwertiges Bibliothekswesen vorhalten. Dabei ist es aber nicht das Gesetz, das die Qualität signifikant anhebt. Ursache und Wirkung stehen im umgekehrten Verhältnis: „Vielmehr ist das Gesetz ein ganz konkreter Ausdruck des politischen Willens eines

Staates, Bibliotheken zu steuern, zu gestalten und zu fördern. Auch mit finanziellen Mitteln" (Schleihagen 2008, S. 9). Ein innovatives und modernes Bibliothekswesen entwickelt sich nicht aus der Gesetzgebung, sondern aus einer politischen Prioritätensetzung, die in einer Vielzahl von Maßnahmen, unter denen der legislative Akt nur einer von vielen ist, ihren Ausdruck findet.

Dementsprechend muss sich jedes Bibliotheksgesetz an die gesellschaftlichen, politischen und rechtlichen Strukturen des jeweiligen Landes anpassen. Dennoch haben sich aus der Diskussion der nationalen und der internationalen Fachöffentlichkeit inzwischen einige Mindestanforderungen an die Regelungen eines Bibliotheksgesetzes herauskristallisiert:

- Darstellung der Bedeutung des Bibliothekswesens für die Sicherstellung der Informations- und Meinungsfreiheit
- Festschreibung der Bibliotheken als Pflichtaufgabe der Kommunen
- Förderung durch staatliche Finanzierung
- Sicherung von kostenfreien Basisleistungen
- Garantie für einen unabhängigen Bestandsaufbau
- Zusammenarbeit mindestens innerhalb des nationalen Bibliotheksnetzwerkes

Ergänzt werden sollte jedes Bibliotheksgesetz durch anerkannte Richtlinien und Standards für Dienstleistungen und eine Regelung über die erforderlichen Qualifikationen des Personals.

Am 4. Juli 2008 beschloss der Landtag des Freistaates Thüringen das erste Bibliotheksgesetz eines deutschen Landes. Trotz vielfacher Kritik wurden in diesem Gesetz die öffentlichen Bibliotheken nicht als kommunale Pflichtaufgabe festgeschrieben. Die diesbezüglichen Bemühungen, die eine wesentliche Motivation der für ein Bibliotheksgesetz engagierten gesellschaftlichen Kräfte waren, waren trotz der Gesetzgebung gescheitert.

Der für die Finanzierung einschlägige § 5 Absatz 1 hält fest: „Die Bibliotheken werden von ihren Trägern finanziert. Die Aufwendungen für den Unterhalt kommunaler Bibliotheken sind durch die Zuweisungen für freiwillige Leistungen im Rahmen des Kommunalen Finanzausgleichs abgegolten. Im Rahmen der verfügbaren Haushaltsmittel fördert das Land die Landesfachstelle für öffentliche Bibliotheken sowie nach den vom zuständigen Ministerium erlassenen Richtlinien und unter Berücksichtigung einer Bibliotheksentwicklungsplanung vor allem innovative Projekte, besondere Dienstleistungen und Maßnahmen der Qualitätssicherung in den Bibliotheken." Eine Zuweisung besonderer Fördermittel des Landes wird damit im Gesetz sogar im Grundsatz ausgeschlossen und auf besondere Projekte beschränkt.

3.2 Besondere Landesgesetze und Kulturfachgesetze

Zu einer Lösung der konkreten Finanzierungsprobleme der Bibliotheken kann das Gesetz damit weder auf der Ebene der kommunalen Träger noch des fördernden Landes beitragen. Unterstützung bietet es dem Bibliothekswesen allenfalls dadurch, dass es ihm jenseits der konkreten juristischen Regelungen aufgrund seiner Existenz mehr Gewicht in der politischen Argumentation verleiht.

Am 17. Juni 2010 verabschiedete der Landtag von Sachsen-Anhalt mit dem Bibliotheksgesetz für das Land Sachsen-Anhalt das zweite Landesbibliotheksgesetz in Deutschland. Die Formulierung zur Finanzierung lautet dort (§ 10 Absatz 1): „Die Träger der Bibliotheken sind für deren Finanzierung zuständig".

Am 9. September 2010 wurde auf der Grundlage einer Vereinbarung des Koalitionsvertrages in Hessen das dritte Bibliotheksgesetz in Deutschland und das erste in einem westdeutschen Land beschlossen. Auch dort ist es nicht gelungen, das Bibliothekswesen als Pflichtaufgabe zu definieren, weshalb dieses Gesetz auch als „Schaufenstergesetz" tituliert wurde (Steinhauer 2010, S. 637).

Wie in den anderen Bibliotheksgesetzen wird die Finanzierung der Bibliotheken auch in Hessen deren Trägern auferlegt (§ 8 Absatz 1). Eine allgemeine Förderung des Landes und eine besondere Landesunterstützung bei der Aktualisierung des Bestandes und dem Ausbau von Dienstleistungen sind nur als Kann-Bestimmung im Rahmen der verfügbaren Haushaltsmittel vorgesehen (§ 8 Absatz 2). Gesetzlich geregelt wird ferner, dass die Benutzung der Bibliotheksbestände am Ort des jeweiligen Bestandes ohne Ausleihe kostenfrei ist. Nur für die Inanspruchnahme darüber hinausgehender Leistungen können die Träger in ihren Benutzungsordnungen angemessene Benutzungsentgelte festsetzen (§ 8 Absatz 3).

Auch in anderen deutschen Ländern wird das Thema derzeit mehr oder minder intensiv und unterschiedlich konkret diskutiert (eine laufend aktualisierte Übersicht findet sich unter: http://www.bibliotheksverband.de/dbv/themen/bibliotheksgesetze/bundeslaender/stand-der-entwicklung.html – Zugriff 02.09.2014). Dabei kommen bei den Beteiligten sehr verschiedene Einschätzungen der Bedeutung eines Bibliotheksgesetzes und der weiteren möglichen Verfahrenswege zum Ausdruck. Während einige Länder weiterhin ein Gesetzgebungsverfahren betreiben, vertreten in anderen selbst die Lobbyisten des Bibliothekswesens die Auffassung, dass unter den derzeitigen und den für die nahe Zukunft absehbaren Rahmenbedingungen, besonders was die Länderfinanzen angeht, keine Chancen bestehen, ein Gesetz im Landtag zu verabschieden, das mehr beinhaltet als eine Beschreibung des Ist-Zustandes. „Wird unter Bibliothekaren von dem möglichen Erlass eines Bibliotheksgesetzes gesprochen, öffnet sich schnell eine Märchentruhe voller Wunder. Auskömmliche Finanzierung, politische Aufwertung und Anerkennung der eigenen Unverzichtbarkeit im Prozess der sich formierenden Wissensgesellschaft sind die gängigen Assoziationen" (Steinhauer 2007, S. 375). Dass diese anfangs mit einem Bibliotheksgesetz verbundenen Erwartungen unrealistisch waren, wurde inzwischen aber allerorten erkannt.

Ein alternativer Weg zum Versuch der Etablierung eines einschlägigen Kulturfachgesetzes wird seit einigen Jahren im Museumswesen beschritten. Die Bezeichnung „Museum" ist kein geschützter Begriff. Dies führt dazu, dass auch kommerzielle Unternehmen versuchen, vor allem den traditionell von den Museen abgedeckten Teil des Freizeitmarktes zu besetzen und dabei den mit positiven Assoziationen verbundenen Museumsbegriff zu verwenden. Das dabei entstandene qualitative Spektrum von Angeboten reicht von Institutionen, die das Museumsangebot sinnvoll ergänzen, bis zu Einrichtungen, die bestenfalls als schlechte Karikatur längst überwundener Vorstellungen eines Museums einzuordnen sind.

Um dieser Konkurrenzsituation adäquat zu begegnen, aber auch um innerhalb der Museumslandschaft auf objektive Kriterien für eine angemessene Vergabe der knapper werdenden Fördermittel zurückgreifen zu können, haben die Museumsverbände Strategien zur Festlegung von Qualitätsstandards in Museen und zur Evaluierung von Museen entwickelt.

Während in den USA und in Großbritannien die Qualifizierung der Museumsarbeit und die Akkreditierung bzw. Registrierung der Museen (die Begriffe werden zumeist synonym gebraucht) längst eingeführt sind und zu positiven Ergebnissen geführt haben, begann die Diskussion auf dem Kontinent deutlich später. Eine Vorbildfunktion übernahmen dabei die Niederlande, die sich am britischen System orientierten. Die Museumsregistrierung in den Niederlanden versteht sich als ein Instrument der Qualitätskontrolle und -verbesserung, das auf der Erfüllung von Standards (wie sie beispielsweise im „Code of Ethics for Museums" des ICOM formuliert sind) basiert. Der Niederländische Museumsverband und die Niederländische Stiftung Museumsberatung haben als Repräsentanten des Museumswesens 1997 eine Reihe grundsätzlicher Forderungen formuliert, die von jedem Museum erfüllt werden müssen, das in ein Museumsregister aufgenommen werden will, das die Niederländische Stiftung für das Museumsregister führt. Im Rahmen einer Selbstevaluierung beurteilen die Museen sich selbst auf freiwilliger Basis mit Hilfe eines differenzierten Fragebogens. Die Registrierung erfolgt jeweils für fünf Jahre, danach erfolgt eine erneute Bewertung. Aus der Eintragung in das Museumsregister und dem damit verbundenen öffentlichen Nachweis, dass die Institution ihrer Verantwortung als Verwalter des kulturellen Erbes gerecht wird, ergeben sich für das Museum selbst, aber auch für dessen Kooperationspartner und für die Besucher vielfältige Vorteile: Beispielsweise können Besucher erwarten, dass in registrierten Museen mindestens grundlegende Serviceangebote vorhanden sind. Für das Museum ist die Eintragung in das Museumsregister eine Bestätigung seiner Qualifikation. Sie fördert aber auch die nationale und die internationale Zusam-

3.2 Besondere Landesgesetze und Kulturfachgesetze 87

menarbeit und vor allem den Leihverkehr. Der Status eines registrierten Museums erleichtert die Gewinnung von Sponsoren und Mäzenen. Museen dürfen mit der erteilten Registrierung werben, die Übergabe der entsprechenden Urkunde wird in einem öffentlichkeitswirksamen Akt vollzogen. In vielen Bereichen ist außerdem festgelegt, dass Museen, die nicht registriert sind, keine oder weniger staatliche Zuwendungen erhalten. Die Selbstevaluation im Rahmen der Akkreditierung wird von den Museen meist auch dazu genutzt, in Erfahrung zu bringen, was am derzeitigen Status noch als unbefriedigend empfunden wird und deshalb geändert werden sollte. Aus diesen Beobachtungen kann auch die Weiterentwicklung der Museumslandschaft durch Fortbildungen und andere Unterstützungsmaßnahmen qualifiziert und somit eine weitere Qualitätssteigerung der Arbeit erreicht werden.

Insgesamt neun Forderungen müssen für die Registrierung erfüllt werden:

- Das Museum muss eine gesicherte institutionelle Basis haben.
- Die Objekte müssen für eine langfristige Nutzbarkeit der Sammlung Eigentum des Museums oder zumindest Dauerleihgaben sein.
- Das Museum muss eine stabile finanzielle Basis für die Gewährleistung einer kontinuierlichen Arbeit aufweisen.
- Leitlinien, in denen die Ziele und das Publikum definiert werden, müssen in schriftlicher Form vorhanden sein; dies gilt auch für die Ankaufspolitik.
- Ein Bestandsverzeichnis muss vorhanden sein.
- Das Verantwortungsbewusstsein für die Bewahrung der Sammlung muss nachgewiesen werden (beispielsweise Vorkehrungen zum Klima, zu den Lichtverhältnissen, zur Sicherheit).
- Das Museum muss selbst Forschung betreiben oder seine Sammlung der Forschung zur Verfügung stellen.
- Die öffentliche Zugänglichkeit muss gewährleistet sein: An mindestens 104 Vor- bzw. Nachmittagen im Jahr muss das Museum geöffnet haben. Je nach Größe der Institution müssen zudem Serviceeinrichtungen für die Besucher vorhanden sein.
- Das Museum muss qualifiziertes Personal beschäftigen.

2006 veröffentlichten ICOM und der Deutsche Museumsbund mit den „Standards für Museen" (Deutscher Museumsbund 2006) Qualitätskriterien für die vier traditionellen Kernaufgaben – Sammeln, Bewahren, Forschen und Vermitteln – der Museen. Diese sind jedoch allgemein formuliert und konnten deshalb nicht zur Grundlage eines deutschlandweiten Registrierungs- oder Akkreditierungsverfahrens werden.

Das Verfahren zur Museumsregistrierung ist in Deutschland in den Ländern Niedersachsen und Bremen am weitesten fortgeschritten. 2006 wurden dort erstmals Qualitätskriterien für Museen formuliert, die eng an das niederländische Vorbild angelehnt sind. Sie umfassen die folgenden Punkte:

- Dauerhafte institutionelle und finanzielle Basis
- Leitbild und Museumskonzept
- Museumsmanagement
- Qualifiziertes Personal
- Sammeln
- Bewahren
- Forschen und Dokumentieren
- Ausstellen und Vermitteln

Diese Standards sind bewusst sehr allgemein formuliert, um verschiedenen Museumssparten gerecht werden zu können. Für den Einzelfall werden sie durch Experten des jeweiligen Fachgebietes im Rahmen des internationalen Konsenses konkretisiert. Auf dieser Basis erfolgt die Zertifizierung mittels einer Selbstevaluation. Die Museumsregistrierung Niedersachsen und Bremen, deren Partner das Niedersächsische Ministerium für Wissenschaft und Kultur, der Museumsverband für Niedersachsen und Bremen e. V. und die Niedersächsische Sparkassenstiftung sind, wird seit 2007 alljährlich mit maximal 30 teilnehmenden Institutionen durchgeführt. Im Ergebnis werden die Museen entweder für sieben Jahre registriert, für maximal drei Jahre vorläufig registriert oder zurückgestellt.

Neben der Museumsregistrierung in Niedersachsen und Bremen arbeiten auch alle anderen Länder in verschiedenen Stadien der Konkretisierung an oder mit einem Qualitätsmanagementsystem für Museen. Eine dabei immer wieder zu bewältigende Herausforderung ist es, nicht nur ein System der Leistungsmessung nach anerkannten professionellen Standards anzuwenden, sondern auch den jeweiligen Spezifika eines Museums gerecht zu werden und zu ermitteln, ob ein Museum nach der Art, der Struktur und der Lage des Hauses ein angemessenes Qualitätsniveau erfüllt.

Das deutsche Bibliothekswesen und die deutsche Museumslandschaft sind in den letzten Jahren unterschiedliche Wege in dem beiden Bereichen gemeinsamen Bemühen gegangen, Qualitätsstandards für die eigene Arbeit zu definieren, die eigenen Einrichtungen mit Hilfe dieser Kriterien zu evaluieren und sich vor allem vor dem Hintergrund eines grundlegenden gesellschaftlichen Wandels um eine Verbesserung des Qualitätsniveaus und der finanziellen Ausstattung zu bemühen. Welcher der beiden Wege langfristig zu den nachhaltigeren Erfolgen führen wird, bleibt abzuwarten. Die aktuelle Situation vermittelt allerdings eher den Eindruck, dass die Entscheidung, den Prozess der Weiterentwicklung mit selbst gesteckten Zielen in Gang zu bringen vielversprechender ist als die Erwartung, dass der Gesetzgeber die Fortschritte initiiert.

3.3 Freiwillige Aufgabe vs. Pflichtaufgabe

In dem Bestreben, einen Gegenpol zum Staat zu bilden, wurde den Gemeinden Anfang des 19. Jahrhunderts das Recht zur Selbstverwaltung eingeräumt. Vor allem mit dem Ziel einer intensiveren Beteiligung der Bürger am öffentlichen Leben wurde auch im Artikel 28 Absatz 2 des Grundgesetzes den Gemeinden das Recht zugesprochen, alle Angelegenheiten der örtlichen Gemeinschaft im Rahmen der geltenden Gesetze in eigener Verantwortung zu regeln.

Der so genannte Grundsatz der Allzuständigkeit oder Universalität der Kommunen bedeutet, dass sie im örtlichen Bereich alle öffentlichen Aufgaben wahrnehmen können, die sie für zweckmäßig halten, um das allgemeine Wohl ihrer Einwohner zu fördern.

Die Aufgaben einer Kommune lassen sich, sofern sie als Selbstverwaltung in ihrem eigenen Wirkungskreis arbeitet – und nicht im Wirkungskreis übertragener staatlicher Aufgaben, die den Kultursektor nicht betreffen –, unterteilen in so genannte Pflichtaufgaben, bei denen die Kommune nur über das Wie der Ausführung entscheiden kann, und in freiwillige Aufgaben, bei denen der Gemeinde eine Entscheidung über das Ob und das Wie der Ausführung zusteht. Ihre gewählten Vertreter entscheiden nach ihrem eigenen Ermessen, ob eine Kommune eine freiwillige Aufgabe übernimmt. Zu beachten haben sie dabei nur, dass die Übernahme der freiwilligen Aufgabe nicht gegen geltende Gesetze verstößt.

Beide Arten von Aufgaben unterliegen aber, sofern sie ausgeführt werden, der Entscheidungsbefugnis der gewählten kommunalen Gremien und der vom Land ausgeübten Rechtsaufsicht.

Die wichtigsten Pflichtaufgaben sind:

- Durchführung von Wahlen
- Wasserversorgung und Abwasserbeseitigung
- Energieversorgung
- Verkehrseinrichtungen
- Soziale Angelegenheiten
- Archivwesen
- Feuerwehr

- Allgemeinbildende Schulen
- Bauleitplanung

Freiwillige Aufgaben sind zum Beispiel:

- Über die Pflichtaufgaben hinausgehende soziale Einrichtungen (Jugendhaus, Altenheim, Sozialstation)
- Sportanlagen (Bäder, Sportplätze)
- Erholungseinrichtungen (Grünanlagen, Wanderwege)
- Öffentlicher Personennahverkehr
- kommunale Wirtschaftsförderung
- Vereinsförderung
- Partnerschaften mit anderen Gemeinden

Sowie alle kulturellen Angelegenheiten wie:

- Bibliothek
- Museum
- Theater
- Volkshochschule
- kommunales Kino

Kommunale Aufgaben sind nicht auf Dauer festgelegt, sondern verändern sich ständig durch sich wandelnde gesellschaftliche und politische Rahmenbedingungen wie beispielsweise steigende Einwohnerzahlen oder zurückgehende Steuereinnahmen. Die Gemeinden haben zur Förderung des gemeinsamen Wohls der Einwohner das Recht und im Bereich der Pflichtaufgaben auch die Pflicht, entsprechend den veränderten öffentlichen Bedürfnissen neue Aufgaben zu übernehmen oder die Art der Wahrnehmung der bereits bestehenden anzupassen.

Im Rahmen dieses so genannten Aufgabenfindungsrechtes entscheiden die Gemeinden auf dem Gebiet der freiwilligen Aufgaben darüber, ob sie ein Vorhaben aufgreifen. Sie müssen sich dabei im Rahmen ihrer finanziellen Leistungsfähigkeit bewegen und die Grundsätze der Sparsamkeit und Wirtschaftlichkeit beachten sowie auf die Belange der Abgabepflichtigen Rücksicht nehmen. Dabei gilt der Vorrang der Pflichtaufgaben. Die Erfüllung der Pflichtaufgaben muss sichergestellt sein, bevor eine Gemeinde sich der Erfüllung freiwilliger Aufgaben zuwendet.

Während Pflichtaufgaben nur auf gesetzlicher Grundlage hinzukommen, wegfallen oder modifiziert werden können und damit faktisch einen zumindest mittelfristigen Bestandsschutz genießen, können freiwillige Aufgaben aus finanziellen

3.3 Freiwillige Aufgabe vs. Pflichtaufgabe

oder inhaltlichen Gründen – beispielsweise im Rahmen einer neuen Schwerpunktsetzung beim touristischen Leitbild einer Gemeinde – kurzfristig abgebrochen, verändert oder neu begonnen werden. Beispiele wie ein plötzlich geschlossenes kommunales Schwimmbad oder ein unvermittelt nur noch an wenigen Tagen geöffnetes städtisches Museum wurden in den letzten Jahren aus mehreren Städten bekannt.

Dieser strukturelle Konflikt zwischen Pflichtaufgaben und freiwilligen Aufgaben verschärft sich in der Praxis durch den finanziellen Aspekt, dass 90 % der Mittel der Kommunen durch Pflichtaufgaben gebunden sind. Um die restlichen 10 % der Mittel, die für die freiwilligen Aufgaben zur Verfügung stehen, konkurrieren mindestens die beiden großen und besonders öffentlichkeitsrelevanten gesellschaftlichen Bereiche Kultur und Sport.

Von den öffentlichen Kulturetats sind wiederum rund 95 % durch Rechtsverpflichtungen insbesondere im Bereich der Personalkosten sowie der Mieten und Pachten gebunden und damit zumindest der kurz- bis mittelfristigen Disposition entzogen. Der faktisch für gestaltende Entscheidungen der Kommunen im Kulturbereich zur Verfügung stehende finanzielle Spielraum ist deshalb sehr gering.

Obwohl es juristisch unstrittig ist, dass es sich bei allen Kultursparten um eine freiwillige Aufgabe handelt, gibt es dennoch einen weit reichenden gesellschaftlichen Konsens darüber, dass Kultureinrichtungen unentbehrlich sind.

Exemplarisch ist dafür eine Äußerung des früheren Staatsministers für Kultur und Medien sowie ehemaligen Herausgebers und Chefredakteurs der Wochenzeitung „Die Zeit" und des Monatsmagazins „Cicero" Michael Naumann: „Deutschlands Freiheit wird in Wahrheit nicht am Hindukusch verteidigt, sondern in den Theatern, Konzertsälen, Opernhäusern, Museen und Buchläden und natürlich in den Schulen" (WirtschaftsWoche, Nr. 8, 22.2.2010, S. 122).

Ähnlich äußerte sich der damalige Bundespräsident Horst Köhler anlässlich des Festaktes zur Wiedereröffnung der Herzogin Anna Amalia Bibliothek in Weimar am 24. Oktober 2007: „In den vergangenen Jahren mussten auch die Bibliotheken, Archive und Museen Sparbeiträge leisten. Die Finanzausstattung vieler Institute liegt heute unter dem Notwendigen, die Personaldecke ist dünn geworden. Viele können ihre Aufgaben der Bewahrung und Erschließung nicht mehr in erforderlichem Umfang erfüllen. Hier hoffe ich auf eine Kurskorrektur. Die kulturelle Überlieferung in Bibliotheken, Archiven und Museen ist eine geistige Heimat für die Nation. Wir brauchen sie, auch und gerade wenn wir nach vorne schauen und unseren Weg in die Zukunft gehen wollen" (http://www.bundespraesident.de/SharedDocs/Reden/DE/Horst-Koehler/Reden/2007/10/20071024_Rede.html – Zugriff 02.09.2014).

Darüber hinaus wird in der Öffentlichkeit von vielen Seiten immer wieder zu Recht betont, dass die spezifische Qualität des Kulturangebotes in Deutschland in seiner Vielfalt besteht, die eine Folge der lokalen und regionalen, historisch gewachsenen Strukturen ist. Im Gegensatz zu zentralstaatlich organisierten Ländern konzentriert sich die deutsche Kulturlandschaft nicht auf eine Hauptstadt oder wenige Metropolen. Sie zeichnet sich vielmehr durch eine große geographische Breite aus, der ein umfassendes thematisches Spektrum mit vielen spezifischen Ausprägungen entspricht.

Diese Ambivalenz zwischen einem labilen juristischen Fundament und einer weit verbreiteten faktischen Hochschätzung kultureller Institutionen und Projekte stellt für die Kulturpolitik und für die Kultureinrichtungen selbst gleichzeitig eine Chance und eine Herausforderung dar: Da der Stellenwert der Kultur von einem großen Teil – auch dem die Kultur aktiv nicht oder kaum nutzenden – der Bevölkerung erkannt und akzeptiert wird, lässt sich einerseits zumindest im Fall von Existenz bedrohenden Sparmaßnahmen relativ leicht eine nicht unerhebliche öffentliche Aufmerksamkeit herstellen. Andererseits stößt deren Wirksamkeit angesichts mangelnder effektiver Durchsetzungs- und vor allem Finanzierungsmöglichkeiten in einer Gesellschaft, die stark durch rechtliche Rahmenbedingungen strukturiert ist, schnell an ihre Grenzen.

Obwohl nur 12 % der Bevölkerung in Westdeutschland einmal oder mehrmals im Monat in ein Konzert gehen und nur 13 % einmal oder mehrmals im Monat ein Theater besuchen, sind 61 % der Bevölkerung der Meinung, dass der Staat die Theater unterstützen müsse, „damit diese Art der Kulturtradition erhalten bleibt" (Institut für Demoskopie Allensbach 1991, S. 58). 80 % der Bevölkerung sagen über sich selbst, dass sie sich „sehr" (25 %) oder „etwas" (55 %) für Kultur interessieren, nur acht Prozent der Bevölkerung in Westdeutschland sind der Auffassung, dass der Staat insgesamt zu viel für die Kultur tue; in Ostdeutschland ist es sogar nur ein Prozent der Bevölkerung (Institut für Demoskopie Allensbach 1991, S. 30, S. 45, S. 57 f.).

Nahezu alle Kulturförderprogramme des Bundes und der Länder machen einen Eigenanteil des Antragstellers an der Finanzierung des zu fördernden Projektes zur Bedingung ihrer Förderung. Dieser Anteil liegt in der Regel – je nach den Bedingungen des betreffenden Förderprogramms – zwischen 50 und 90 %. Diese Forderung eines Eigenanteils ist grundsätzlich sinnvoll, weil die Mittelgeber zu Recht erwarten, dass ihre Programme zur Aufstockung und nicht zur Kompensation eigener Anstrengungen eingesetzt werden. Gleichzeitig soll das Interesse eines Antragstellers an einem Projekt auch durch dessen eigenes finanzielles Engagement zum Ausdruck kommen. Da aber selbst ein moderater Eigenanteil für finanzschwächere Kommunen eine nicht unerhebliche und im Bereich der freiwilligen Aufgaben unter Umständen nicht statthafte Belastung darstellt, führt diese Regelung häufig dazu, dass ärmeren Kommunen, die der Unterstützung in erster Linie bedürften, diese Förderprogramme nicht oder nicht im vollen Umfang in Anspruch nehmen können, während finanzstärkere Kommunen sich in großer Zahl um diese Fördermitteln bewerben. Im Ergebnis führt dies nicht selten zu einem der eigentlichen Intention des Förderprogrammes widersprechenden Effekt.

Eine weitere Problematik bei den Bemühungen des Bundes und der Länder, die kulturelle Arbeit gerade der finanzschwächeren Kommunen zu fördern, ergibt sich aus den Einflussnahmen anderer Fachministerien. Während das für Kultur zuständige Ressort das kulturelle Leben der betreffenden Gemeinden möglichst weitgehend unterstützen und deshalb möglichst großzügige Förderungen gewähren möchte, verfolgt das für die Aufsicht über die Haushalte der Kommunen zuständige Ressort entgegengesetzte Ziele: Um problematische kommunale Haushaltssituationen zu verhindern oder zu sanieren, ist man dort an einer Konzentration der Gemeinden auf ihre Pflichtaufgaben interessiert und will freiwillige kulturelle Aufgaben deshalb zumindest nicht gefördert sehen. Dieser Konflikt, der kein Spezifikum des Kultursektors ist, sondern beispielsweise auch in der Förderung des Städtebaus und der Infrastruktur immer wieder zu Tage tritt, ist im Grundsatz nicht lösbar und kann nur im Einzelfall durch die Findung eines Kompromisses oder die Verabredung eines längerfristigen Entwicklungsziels gelöst werden.

3.4 Schuldenbremse und Haushaltskonsolidierung

In den letzten 40 Jahren ist die Schuldenstandquote der öffentlichen Haushalte (Verhältnis des Schuldenstandes zum nominalen Bruttoinlandsprodukt) von etwa 20 % auf mehr als 60 % gestiegen. Am 31. Dezember 2013 betrugen die Schulden des Bundes (einschließlich Sondervermögen) insgesamt 1.730,8 Mrd. €. Die Ausgaben des Bundes für Zinsen sind im Bundeshaushalt 2014 mit 28,6 Mrd. € und damit mit 9,6 % aller Ausgaben veranschlagt.

Steigende Staatsschulden verursachen dauerhaft erhöhte Zinszahlungen, die in der Regel aus dem laufenden Etat zu leisten sind. Dies führt zwangsläufig dazu, dass die für die Aufgaben des Staates disponiblen Mittel immer geringer werden. In dieser Situation hat die öffentliche Hand grundsätzlich zwei Möglichkeiten: Entweder schränkt sie ihre Ausgaben entsprechend ein oder sie nimmt weitere Kredite auf.

Um diese Spirale zumindest mittelfristig verlassen zu können, wurde 2009 die so genannte Schuldenbremse in das Grundgesetz aufgenommen. Sie sieht vor, dass die Haushalte von Bund und Ländern ab 2016 bzw. 2020 grundsätzlich ohne neue Kredite auskommen müssen.

Der Deutsche Bundestag leitete die Verfassungsänderung mit seinem Beschluss am 29. Mai 2009 in die Wege. Der Bundesrat votierte am 12. Juni 2009 mit der erforderlichen Zwei-Drittel-Mehrheit ebenfalls für die Verfassungsänderung. Die Länder Berlin, Mecklenburg-Vorpommern und Schleswig-Holstein stimmten dabei der Einführung der Schuldenbremse nicht zu.

Ziel der Schuldenbremse ist es, die Leistungsfähigkeit der Haushalte von Bund und Ländern und die finanziellen Handlungsspielräume zur Erfüllung der staatlichen Aufgaben sowohl im Hinblick auf die Lastenverteilung zwischen den Generationen als auch bezüglich der Anforderungen des Europäischen Stabilitäts- und Wachstumspaktes zu sichern.

Auf der Grundlage der Empfehlungen einer gemeinsamen Kommission des Bundestages und des Bundesrates umfasst die Schuldenbremse im Einzelnen folgende Regelungen:

- Im Grundgesetz wird für den Bund und die Länder der Grundsatz eines ohne Einnahmen aus zusätzlichen Krediten ausgeglichenen Haushalts festgeschrieben.
- Der Bund darf sich bei normaler Konjunkturlage (strukturelle Verschuldung) nur noch mit 0,35 % des Bruttoinlandsprodukts (entsprechend etwa acht bis neun Mrd. Euro) neu verschulden. 2010 lag die Neuverschuldung noch bei ungefähr 2,8 % des Bruttoinlandsprodukts. Für die Länder ist eine strukturelle Komponente nicht vorgesehen.
- Eine konjunkturbedingte Erhöhung der Kreditaufnahme in Abschwungphasen muss in Aufschwungphasen ausgeglichen werden. Konjunkturellen Effekten wird damit besser Rechnung getragen.
- Eine Ausnahmeregelung für Naturkatastrophen oder andere außergewöhnliche Situationen – wie schwere Rezessionen – sichert die notwendige Handlungsfähigkeit des Staates zur Krisenbewältigung. Für die Inanspruchnahme der Ausnahmeregelung ist ein Beschluss der Mehrheit des Deutschen Bundestages erforderlich.
- Zur Überwachung der Solidität der Haushalte von Bund und Ländern wird ein gemeinsamer Stabilitätsrat eingesetzt, dem die Finanzminister des Bundes und der Länder sowie der für Wirtschaft zuständige Bundesminister angehören (Artikel 109a Grundgesetz). Er soll insbesondere zur Vermeidung von Haushaltsnotlagen beitragen, indem er diese rechtzeitig erkennt und entsprechende Gegenmaßnahmen einleitet.

3.4 Schuldenbremse und Haushaltskonsolidierung

Die Neuregelungen (Artikel 109 und Artikel 115 Grundgesetz) gelten für Bund und Länder seit dem Jahr 2011. Im Rahmen einer Übergangsregelung (Artikel 143d Absatz 1 Grundgesetz) ist festgelegt, dass für den Bund bis einschließlich 2015 und für die Länder bis einschließlich 2019 Abweichungen möglich sind.

Als Hilfe zur Einhaltung der Schuldenbremse erhalten fünf Länder für den Zeitraum von 2011 bis 2019 finanzielle Konsolidierungshilfen in Höhe von 800 Mio. € jährlich, insgesamt 7,2 Mrd. € (Bremen 300 Mio. €, Saarland 260 Mio. €, Berlin, Sachsen-Anhalt und Schleswig-Holstein jeweils 80 Mio. € jährlich). Die Finanzierung dieser Hilfen tragen Bund und Länder je zur Hälfte. Voraussetzung für die Gewährung der Hilfen ist die Einhaltung eines Konsolidierungsplans, der die betreffenden Länder in die Lage versetzt, ihre Haushalte bis spätestens 2020 auszugleichen.

Im Sommer 2012 einigten sich die damaligen 17 Mitgliedsstaaten des Euroraums auf einen permanenten Europäischen Stabilitätsmechanismus (ESM), der langfristig zur Stabilisierung des Euro-Währungsgebiets beitragen soll. Der ESM verfügt über 700 Mrd. € Stammkapital. Diese Summe teilt sich auf in 80 Mrd. € einzuzahlendes und 620 Mrd. € bei Bedarf abrufbares Kapital.

Die Finanzierungsanteile der einzelnen Mitgliedstaaten ergeben sich aus dem jeweiligen Anteil am Kapital der Europäischen Zentralbank (EZB), mit befristeten Übergangsvorschriften für einige neue Mitgliedsstaaten. Der deutsche Finanzierungsanteil am ESM beträgt nach dem EZB-Schlüssel 27,15 %. Dies entspricht rund 22 Mrd. € einzuzahlendem und rund 168 Mrd. € abrufbarem Kapital.

Die mit der Realisierung der Schuldenbremse und des Europäischen Stabilitätsmechanismus verbundenen Fragen sind nur vordergründig finanzieller Art. Durch die gesetzgeberischen Entscheidungen wurden Eckwerte für künftige Haushalte vorgegeben. Die inhaltliche Frage, wie die damit verbundenen Einsparungen aufgebracht werden sollen, muss jedoch erst noch durch die aktuellen und künftigen gesellschaftlichen Diskussionen beantwortet werden. Der Verlauf und die Ergebnisse dieses Diskurses werden für den gesamten Kultursektor von zukunftsprägender Bedeutung sein.

Komplexe Auseinandersetzungen werden vor allem aus der Debatte entstehen, in welchen Aufgabenbereichen der öffentlichen Hand Einschnitte vorgenommen werden sollen. Dabei sind die Ausgangssituationen und damit auch die möglichen Volumina eines vorstellbaren Einsparpotenzials durchaus unterschiedlich. Am Bundeshaushalt 2014, der insgesamt ein Ausgabevolumen von 296,5 Mrd. € umfasst, hat der Bereich Arbeit und Soziales mit 122 Mrd. € oder 41,1 % den mit Abstand größten Anteil, es folgt mit 32,4 Mrd. € oder 10,9 % der Verteidigungsetat. Für Bildung und Forschung sind 14,1 Mrd. € oder 4,7 % eingeplant.

Unter dem Blickwinkel der kulturellen Institutionen und Projekte wird es für den Erfolg der mit der Schuldenbremse initiierten Haushaltskonsolidierung entscheidend sein, inwieweit es ihnen gelingt darauf hinzuwirken, dass nicht nur der am leichtesten zu erklärende und zu rechtfertigende Weg proportionaler Kürzungen in allen Bereichen – die so genannte Rasenmähermethode – beschritten wird, sondern die unabänderlichen finanziellen Rahmenbedingungen auch zum Anlass einer fälligen inhaltlichen Debatte über die Gestaltung der Gesellschaft und deren Zukunftsfähigkeit werden. Kulturelle Institutionen und Projekte werden eine ihrer Hauptaufgaben darin sehen müssen, diesen Diskurs in Gang zu bringen und sich in dessen Verlauf wahrnehmbar einzubringen. Aspekte des Kulturmanagements bieten zahlreiche Themenfelder, die dazu gute inhaltliche Argumente liefern wie beispielsweise die gesellschaftliche Relevanz der kulturellen Arbeit. Kulturmanagement zeigt aber auch Methoden auf, die die wirtschaftliche Position der Kulturbetriebe beispielsweise durch die Steigerung von Effizienz und Einnahmen verbessern. Wenn deutlich wird, dass die Kulturlandschaft diese Debatte nicht mit einer Rechtfertigungsstrategie und im Bestreben um die Wahrung des Status quo führt, sondern mit dem Selbstbewusstsein eines auf Langfristigkeit und öffentliche Relevanz angelegten Zukunftslaboratoriums, wird die Position der Kultureinrichtungen dabei sogar gestärkt werden können.

Zu berücksichtigen bleibt bei diesen Überlegungen darüber hinaus, dass sich die so genannte Schuldenbremse entgegen den mit ihrer Bezeichnung verbundenen Assoziationen – und im Gegensatz zu ihrem den Namen gebenden Schweizer Vorbild – noch keineswegs mit dem Abbau von Schulden beschäftigt, sondern nur deren weiteres Anwachsen verhindern soll. Insbesondere unter dem Aspekt der Generationengerechtigkeit wird jedoch auch die Tilgung bestehender Staatsschulden in nicht allzu ferner Zeit in den Blick der Gesellschaft kommen müssen.

3.5 Kulturentwicklungsplanung

Zentrale Aufgabe der Kulturentwicklungsplanung (KEP) ist es, die Bestandsaufnahme kultureller Angebote und Einrichtungen mit kulturpolitischen Zieldiskussionen zusammenzuführen und daraus Entwicklungsperspektiven für kulturelle Aktivitäten und die kulturelle Infrastruktur zu planen (Heinze 2004). Im Kontext der Bestandsaufnahme der Kulturszene sind die wichtigsten Daten und Fakten zur Kulturarbeit zusammenzutragen (Kulturnetzanalyse) sowie die Inhalte und Grundstrukturen der öffentlichen und freien Kulturarbeit darzustellen.

Auf dieser Basis kann der Bedarf an inhaltlichen und strukturellen Veränderungen entsprechend der Analyse der Stärken und Schwächen der jeweiligen Kul-

3.5 Kulturentwicklungsplanung

turarbeit aufgezeigt werden. Dabei geht es vor allem darum, das Kulturangebot hinsichtlich seiner Zielsetzungen zu operationalisieren, um auf diesem Weg willkürliche Konsolidierungseingriffe vom Kulturbereich fernzuhalten und alle Beteiligten, insbesondere die finanzpolitisch orientierten Gesprächspartner, zu einer Diskussion auf operationalisierter Basis zu zwingen. In diesem Sinne ermöglicht Kulturentwicklungsplanung gerade auch in Zeiten knapper Haushaltsmittel, kulturpolitische Konzepte entsprechend den finanziellen Bedingungen zu entwickeln und die passenden strukturellen Veränderungen zu ihrer Umsetzung zu diskutieren und in die Wege zu leiten. Sie erleichtert damit eine zielgerichtete Förderung der Kultur.

Kulturentwicklungsplanung ist nur dann erfolgreich, wenn sie als kommunikativer und kooperativer Prozess betrieben wird. Dies bedeutet, dass von Anfang an möglichst viele kulturelle und kulturpolitische Akteure in die Diskussion und Erarbeitung der Kulturentwicklungsplanung einbezogen werden müssen. Neben der Einholung der Expertenmeinungen aus der öffentlichen Kulturverwaltung, den freien, gemeinnützigen Einrichtungen und von den privatwirtschaftlichen Anbietern und der Berücksichtigung des jeweils spezifischen Erfahrungswissens und der Zukunftssicht dieser Kreise sollten auch die Wünsche, Anregungen und Bedürfnisse verschiedener Interessengruppen erhoben und ausgewertet werden, um einen für alle Beteiligten größtmöglichen Konsens zu erzielen. Die einzubeziehenden Interessengruppen können beispielsweise sein:

- Engagierte Bürger einer Kommune: Es soll ein Einblick in die Bürgersicht gewonnen und in Erfahrung gebracht werden, wie das kulturelle Angebot der Stadt aus der Perspektive der Adressaten beurteilt wird.
- Jugendliche und junge Erwachsene: Sie gehören zur wichtigsten Zielgruppe kultureller Angebote im Rahmen ästhetischer Erziehung und kultureller Bildung.
- Lehrer: Sie sind selbst Nutzer von Kulturangeboten, können darüber hinaus aber auch als Multiplikatoren fungieren.
- Nutzer von Museen, Theatern, Bibliotheken oder anderen Kulturangeboten

Eine in diesem Sinne konzipierte Kulturentwicklungsplanung sichert und erhöht die Legitimation der öffentlichen Kulturförderung auch in Zeiten finanzieller Not. Eine gemeinsam von Vielen erarbeitete und getragene Kulturentwicklungsplanung leistet darüber hinaus einen Beitrag zur Sicherung der kulturellen Infrastruktur. Jede Kulturarbeit hat – konzeptionell – eine Balance zwischen historisch gewachsenem kulturellem Schaffen in seiner herkömmlichen, unverwechselbaren Art sowie den jeweiligen zeitlichen Entwicklungen und Erwartungen herzustellen. Dies betrifft sowohl die „Hardware" als auch die „Software" der Kulturarbeit.

Bezogen auf die „Hardware" bedeutet dies, Baulichkeiten und andere Einrichtungen vorzuhalten, die als unverzichtbarer Rahmen für kulturelle Veranstaltungen und das kulturelle Leben erforderlich sind (z. B. Kulturhäuser, Theater, Stadthallen, Museen, Musikschulen, Bibliotheken). Die Kombination von Tradition und zeitgemäßer Ausformung kultureller Angebote („Software") sowie die ständige Bereitschaft, sich neuen Entwicklungen und Perspektiven zuzuwenden, machen den Nährboden, die Vielfalt und Attraktivität des kulturellen Angebots aus. Kultur und kultureller Anspruch sollten ständiger Begleiter und Gradmesser öffentlichen Handelns und öffentlicher Verantwortung sein.

Jede Gemeinde und jede Stadt hat den kulturellen Auftrag, ein Basisangebot vorzuhalten. Dieses umfasst nach derzeitigen Maßstäben Musikschulen, Kunstschulen, Bibliotheken, Volkshochschulen und Weiterbildungseinrichtungen als unmittelbaren Kernbereich. Darüber hinaus gilt es aber auch, im Veranstaltungs- und Unterhaltungssektor zumindest subsidiär tätig zu werden.

Spezifische Schwerpunkte, Aktivitäten, Höhepunkte und Akzente im kulturellen Erscheinungsbild können zumeist nur interkommunal organisiert und finanziert werden. Dies bedeutet, dass zwar einerseits die jeweilige kommunale Selbstverantwortung erhalten und gestärkt werden muss, andererseits aber durch einen Verbund ein zusätzlicher Impuls gesetzt und eine Abrundung der Angebotssituation realisiert werden kann.

Künftig wird die Nachfrage nach öffentlichen und privaten kulturellen Leistungen und Angeboten weiter ansteigen und gleichzeitig die Angebotssituation noch breiter und vielfältiger werden. Für die Kulturpolitik stellt sich deshalb die Frage, wie sie mit einem verantwortbaren Aufwand an öffentlichen Mitteln ein möglichst vielfältiges, ansprechendes und an einen breiten Adressatenkreis gerichtetes Programm anbieten kann.

Jede Kulturarbeit muss einerseits hat auf die historisch gegebenen Bedingungen und Strukturen reagieren und sich andererseits neuen kulturellen Erlebnisformen öffnen, um eine Musealisierung des Kulturlebens zu vermeiden. Kulturpolitik muss daher immer einen Sinn für das Machbare und das Zukünftige bewahren. Die Diskussion entlang dem Bestehenden ist deshalb zu ersetzen durch das schöpferische Vordenken von Entwicklungen, in denen sich Kulturarbeit künftig entfalten kann. Den Rahmen dazu kann die Kulturentwicklungsplanung liefern.

Eine Kulturentwicklungsplanung gliedert sich in einen Analysebereich und einen Ziel- und Maßnahmenbereich (Wagner 1997, S. 63–73). Die Kulturanalyse im Sinne einer Stärken-/Schwächenanalyse teilt sich wiederum in die Betrachtung der öffentlich getragenen Kulturarbeit und die Reflexion der Kulturarbeit von Verei-

3.5 Kulturentwicklungsplanung

nen, Gruppen und nichtöffentlichen Institutionen. Als Folgerung aus der Stärken-/ Schwächenanalyse müssen Ziele für die Kulturarbeit gefunden werden. Das Zielsystem ist als hierarchisches Zielsystem zu verstehen.

Die Entwicklung von Visionen ist eine wichtige Planungsvoraussetzung. Visionen sind Bilder der Varianten der Zukunft. Sie machen vorstellbar, welche Möglichkeiten es zum Beispiel für eine Stadtgesellschaft geben kann. Visionen sind wirtschaftlich relevant, weil sie das Denkspektrum und die Entscheidungsvielfalt für unterschiedliche Zukunftsplanungsmöglichkeiten deutlich machen und helfen können, durch entsprechende Handlungen unerwünschte Folgen zu vermeiden und gewünschte Situationen herbeizuführen.

Zwischen der Ebene der Visionen und der Ebene der strategischen Ziele befindet sich die Planungsebene der Leitbilder. Leitbilder beschreiben bildhaft angestrebte gesellschaftliche Zustände, etwa in einer Stadt, und versuchen, durch ihre Formulierung die Wahrnehmung der Menschen anzusprechen. Sie sind die auf prägnante Aussagen verkürzten, abstrakten strategischen Zielkataloge und stellen eine Kommunikationsbrücke zwischen der strategischen Zielebene und der Visionsebene her. Von wirtschaftlicher Bedeutung sind Leitbilder, weil sie erreichen können, dass auf leicht verständliche Weise eine Entwicklungsgemeinsamkeit möglichst vielen Menschen verständlich gemacht wird. Wenn ein Leitbild gelungen ist, führt es zu einer Bündelung von Ressourcen.

Ein Ziel ist die Beschreibung eines Zustandes, der in Zukunft erhalten oder erreicht werden soll. Unterschieden werden allgemeine kulturpolitische Zielsetzungen und konkrete, auf Einrichtungen und Themen bezogene Teilziele. Die Zielformulierung für eine Kulturentwicklungsplanung findet auf zwei Ebenen statt: Auf der oberen Ebene werden die grundlegenden und wichtigsten Ziele formuliert, auf der unteren Ebene werden die Teilzielsysteme festgehalten. Beide Arten von Zielen können sowohl institutions- und ämterbezogene Ziele (z. B. die Entwicklung der Arbeit der Volkshochschule, des Museums, der Stadtbibliothek) als auch übergreifende Zielsysteme (z. B. Förderung der Musikkultur, Förderung der Partizipation aller gesellschaftlichen Gruppen), die als Querschnittsaufgabe realisiert werden müssen, sein.

Die Formulierung der Ziele muss ergänzt werden um das Beschreiben der Maßnahmen, mit denen die Ziele verwirklicht werden sollen. Da die in den Kulturentwicklungsplänen enthaltenen Maßnahmen immer umfangreicher sind als die gegebenen oder angenommenen finanziellen und personellen Ressourcen, müssen Prioritäten gesetzt werden. Dabei spielen politische und ökonomische Gewichtungen ebenso eine Rolle wie die gesellschaftlichen Rahmenbedingungen.

Die Grenzen jeder Kulturentwicklungsplanung werden durch die Erfahrung bestimmt, dass in komplexen Feldern wie der Kultur eine teleologische Steuerung durch die Politik im Sinne klarer Zielsetzung nicht oder nur sehr eingeschränkt möglich ist, weil eindeutige Ziele und Zielsetzungen die Dynamik komplexer Felder auf eine Linientreue reduzieren würden. Erforderlich ist deshalb eine kontextuelle Steuerung in dem Sinne, dass Rahmen gesetzt werden, in denen Gestaltung möglich ist. Kulturpolitik darf nicht der Versuch sein, über Geldbeziehungen Kultur zu gängeln, sondern sollte sich zum Ziel setzen, als kontextuelle Steuerung einen Rahmen vorzugeben, in dem frei gehandelt werden kann.

Hinsichtlich der Diskussion über ästhetische Qualitätskriterien ist zu berücksichtigen, dass künstlerische Prozesse sehr fragile Prozesse sind, die auf individuelle Erkenntnis gerichtet sind und eine individuelle Bereicherung im Kontext des komplexen Prozesses des Organisierens von Erlebnissen für Individuen anstreben. Als Herausforderung an Kulturpolitik und Kulturmanagement gilt deshalb, sich gemäß dieser Besonderheit künstlerischer Prozesse und kultureller Bedürfnisse zu verhalten.

Die strukturellen Spezifika und die ästhetischen Dimensionen von Empfindungen gegenüber Kunst können parallele Strukturen in der Organisation von Verwaltungs- und Wirtschaftsprozessen stimulieren. In diesem Zusammenhang spricht Ulrich Krempel (1994) von „reinen" und „unreinen" Feldern des Arbeitens mit Kunst. Die „reinen" Felder in der Vermittlung von Kunst sind diejenigen Felder, die z. B. ein Museum in seinen Abteilungen repräsentiert, in denen es um die Aufbereitung von Kunst und die Möglichkeit intensiver ästhetischer Erfahrung geht. Dem stehen die so genannten „unreinen" Felder gegenüber, die von außerkünstlerischen Wertmaßstäben und Parametern geprägt werden. Dazu gehört beispielsweise der Markt, auf dem eine ökonomische Festsetzung, nämlich die Bewertung durch Geld, an die Stelle künstlerischer Wertfestschreibung tritt. In diesem Spannungsverhältnis steht die ästhetisch-moralische Verpflichtung des Kulturmanagers, der entscheiden muss, nach welchen Parametern er seine Arbeit ausrichtet.

Literatur

Deutscher Bundestag: Schlussbericht der Enquete-Kommission „Kultur in Deutschland", Drucksache 16/7000, 16. Wahlperiode, Berlin, 2007
Deutscher Museumsbund (Hrsg.): Standards für Museen, Kassel, 2. Aufl. 2006
Heinze, Thomas (Hrsg.): Neue Ansätze im Kulturmanagement. Theorie und Praxis, Verlag für Sozialwissenschaften, Wiesbaden, 2004
Höhne, Steffen: Kunst- und Kulturmanagement. Eine Einführung, Fink, Paderborn, 2009
Institut für Demoskopie Allensbach: Kulturelles Interesse und Kulturpolitik. Eine Repräsentativumfrage über die kulturelle Partizipation, den Kulturbegriff der deutschen Bevölkerung und die Bewertung der Kulturpolitik (IfD-Bericht 4081), Allensbach, 1991

Keymis, Oliver: Vorhang auf für das neue Kulturfördergesetz NRW. In: Kulturpolitische Mitteilungen, Heft 146, (III/2014), Seite 30 f.

Krempel, Ulrich: Kunst und Kunst. Kunst und Markt. Von den Schwierigkeiten der Kunstvermittlung. In: Heinze, Thomas (Hrsg.): Kulturmanagement. Professionalisierung kommunaler Kulturarbeit, Westdeutscher Verlag, Opladen, 1994, Seite 241–247

Schleihagen Barbara: Bibliotheksgesetze in Europa – Mittel politischer Steuerung und Gestaltung. Gedruckter Artikel. In: Bibliothek. Forschung und Praxis 1/2008, elektronischer Artikel, http://www.bibliotheksportal.de/bibliotheken/bibliotheken-international/bibliothekspolitik-international/bibliotheksgesetze.html – Zugriff 18.02.2015

Steinhauer, Eric W.: Bibliotheksgesetzgebung in Deutschland. Praxis – Probleme – Perspektiven. In: Lison, Barbara (Hrsg.): Information und Ethik. Dritter Leipziger Kongress für Information und Bibliothek, Leipzig, 19. bis 22. März 2007, Dinges & Frick, Wiesbaden, 2007, Seite 375–386

Steinhauer, Eric W.: Das Hessische Bibliotheksgesetz als Rechtsnorm. Juristisch-politische Anmerkungen zu einem vermeintlichen „Schaufenstergesetz". In: Bibliotheksdienst 44 (2010), Seite 637–642

Wagner, Bernd (Hrsg.): Kommunale Kulturentwicklungsplanung. Beiträge und Materialien, Institut für Kulturpolitik, Bonn, 1997

Winterfeld, Klaus: Das sächsische Kulturraumgesetz. Eine Bilanz nach elf Jahren, Leipziger Universitätsverlag, Leipzig, 2006

Partner des Kulturmanagements 4

Die Akteure des Kulturmanagements sind vor allem die Kultureinrichtungen selbst. Sie müssen die Maßnahmen des Kulturmanagements initiieren und verantwortlich durchführen. Sie benötigen dazu aber Partner, die entweder auf Dauer – wie etwa die Träger der Kulturbetriebe – oder für eine bestimmte oder unbestimmte Zeit – wie etwa die Sponsoren eines Projektes – ihren jeweils spezifischen Beitrag leisten und damit ebenfalls ein aktiver Teil des Kulturmanagements werden.

Die deutsche Kulturlandschaft erhält ihre besondere Prägung durch die Vielzahl der handelnden Personen und Institutionen und der Praxisfelder kultureller Arbeit. Die dadurch entstehende Heterogenität hat großen Anteil an der Attraktivität dieser Kulturlandschaft, sie bringt aber auch spezifische Herausforderungen mit sich.

4.1 Modelle und Strategien der Kulturfinanzierung

Unter dem Eindruck und den konkreten Zwängen immer knapper werdender öffentlicher Mittel zur Finanzierung von Ausgaben für die Kultur wurde in den letzten Jahren und Jahrzehnten eine Reihe von neuen Wegen entwickelt, um die für die Aufrechterhaltung des Kulturbetriebes notwendigen Mittel auf andere, meist ergänzende Weise einzuwerben. Diese neuen Wege wenden sich an private (Einzelpersonen, Vereine) und privatwirtschaftliche (Unternehmen) Geldgeber, die auf unterschiedliche Weise in die Mitfinanzierung einbezogen werden. In einigen Fällen kommen auch Kooperationen auf dem Gebiet der Mitnutzung oder gemeinsamen Nutzung von Betriebsmitteln (z. B. Räume, Werkstätten) und Kooperationen im Bereich der Programmkoordination und des Produktionsaustauschs in Betracht. Auch eine systematische Zusammenarbeit auf der Ebene des Marketings sowie mit anderen Sektoren wie dem Tourismus bietet sich in vielen Fällen an.

Die Revision und die Modernisierung der Kulturfinanzierung haben weit über den Bereich der Sicherung der erforderlichen Mittel hinausgehende Implikationen. Das Kulturmanagement muss sich in einem komplexen Geflecht von Partnerschaften bewegen, um die Kulturfinanzierung sicherzustellen. Gleichzeitig eröffnen sich damit aber auch neue Chancen und Handlungsfreiräume.

Alle neueren Modelle und Strategien der Kulturfinanzierung ersetzen nicht die bei der öffentlichen Hand liegende Grundlast der Zuweisung von Mitteln an kulturelle Einrichtungen. Die meisten Kommunen legen auch großen Wert darauf, die Entwicklung ihres kulturellen Profils selbst in der Hand zu behalten. Dabei spielt sowohl die Schaffung von Identität nach innen (städtisches Bewusstsein der Einwohner, Förderung der Bildung und der örtlichen Geselligkeit usw.) als auch von Attraktivität nach außen (Kultur als Standortfaktor, Anziehungskraft für den Tourismus) eine wichtige Rolle. Dieses kommunalpolitische Steuerungsinteresse erfordert jedoch weder zwingend öffentliches Eigentum (z. B. in Form von Regiebetrieben) noch ausschließliche Budgetverantwortung der öffentlichen Hand. Vielmehr können Wege gesucht werden, andere Personen und Personengruppen am Ort oder in der Region in die Mitverantwortung und Teilfinanzierung einzubeziehen. Schließlich kommt auch eine Stärkung der direkten Einnahmen als ein gangbarer Weg in Betracht, um die finanzielle Lage einer kulturellen Einrichtung zu verbessern.

Kennzeichen aller Konzepte zur finanziellen Neuorientierung und Konsolidierung kultureller Einrichtungen ist die Erfahrung, dass meist nicht singuläre Wege gegangen werden, sondern eine Vielfalt an Kombinationen unterschiedlicher Möglichkeiten zu einem Gesamtfinanzierungskonzept verschnürt wird. Unter diesen Umständen ist die Finanzierung kultureller Einrichtungen keine einfache, schematische, administrative Aufgabe der sachgerechten Verteilung und Verwendung der Mittel eines verabschiedeten Haushaltes und der buchungstechnisch einwandfreien Entlastung durch einen Verwendungsnachweis mehr, sondern bedarf durchdachter Konzeptionen. Die Finanzierung wird zu einer Managementfunktion, die das Ganze der Einrichtung mit allen ihren verschiedenen, aufeinander abzustimmenden Möglichkeiten der Finanzierung und Konsolidierung im Blick behält. Neue Wege der Finanzierung kultureller Einrichtungen sind deshalb meist mehr als nur die unmittelbare Erschließung von Quellen (z. B. Gönner oder Sponsoren). Sie sind in den meisten Fällen mit konzeptionellen und organisatorischen Veränderungen, teilweise sogar mit Folgen für die Rechtskonstruktionen (z. B. Privatisierung, Umwandlung in Trägervereine, Stiftungen usw.) verbunden. Dies erfordert häufig auch eine zusätzliche Schulung des beteiligten Personals in den kulturellen Einrichtungen und den für sie zuständigen Ämtern und die Bereitstellung von Managementinstrumenten und Hilfen.

4.1 Modelle und Strategien der Kulturfinanzierung

Wenn neue Geldquellen erschlossen werden, werden damit in vielen Fällen auch neue Mitsprachebedürfnisse relevant und neue Formen von kulturellen Aktivitäten in Gang gesetzt. Die Einführung eines neuen Konzeptes der Kulturfinanzierung tangiert deshalb fast immer auch die Kulturpolitik des Trägers. Wo diese nicht in konkreten Plänen festgelegt oder auf andere Weise fixiert ist, sollte dennoch die Zielbedingtheit eines jeden konzeptionellen Vorschlages bedacht werden. Die Frage, welche Gruppen oder Institutionen künftig in die Mitverantwortung und Mitfinanzierung einer kulturellen Einrichtung (z. B. des städtischen Museums) einbezogen werden sollen, lässt sich kaum umfassend beantworten, wenn nicht Klarheit über die kulturpolitischen Ziele besteht: Geht es um die Stärkung des Kulturbewusstseins nach innen und damit um eine stärkere Einbindung der Einrichtung in das öffentliche Leben? Geht es um die Stärkung der kulturellen Attraktivität nach außen in Verbindung mit der Förderung des Tourismus? Geht es allgemein um das städtische Image und die Standortattraktivität für die wirtschaftliche Entwicklung? Steht die Befreiung des künstlerischen und kulturellen Schaffens von unnötigen administrativen Hemmnissen im Vordergrund?

Die im Einzelfall geltenden und praktizierten kulturpolitischen Entwicklungsziele haben auch aus einem weiteren Grund eine erhebliche Bedeutung: Alle Modelle und Konzepte der Kulturfinanzierung sind aus der Praxis hervorgegangen und haben – methodisch zwangsläufig – einen Grad an Verallgemeinerung bis hin zur Modellform erfahren, der zwar die Vergleichbarkeit zu ähnlichen Praxissituationen erhöht, dessen Empfehlungen und erhofften Erfolge jedoch nur bedingt übertragbar sind. Ohne Detailkenntnisse und Anpassungen an die jeweiligen Gegebenheiten können diese Konzepte und Modelle nicht eingesetzt werden. Sie sind jedoch Ideenquellen und Verfahrensstifter und können die Arbeit vor Ort strukturieren und erleichtern. Letztlich ist aber jeder neue Weg in der Kulturfinanzierung von dem Ort aus zu konzipieren, der sich etwas Neues erschließen will, und kann auch nur von dort aus beschritten werden.

Unter Umgehung der oft allzu akademisch gestellten Frage nach dem richtigen Kulturbegriff geht es bei allen Modellen und Strategien der Kulturfinanzierung um ein systematisches Vorgehen aus pragmatischer Sicht. Nicht die Förderung der Kultur im Allgemeinen oder die öffentliche Pflege von kulturellen Wertorientierungen durch politische Gestaltung und Bildung steht dabei im Mittelpunkt, sondern die jeweilige vorhandene oder im Werden befindliche kulturelle Einrichtung an einem konkreten Ort. Sie ist immer ein wichtiges (wenn auch nicht immer wichtig genug genommenes) Stück Ausstattung des Gemeinwesens neben den Bildungs-, Gesundheits-, Freizeiteinrichtungen und mit diesen häufig in integriertem Verbund stehend.

In der Praxis ist zunächst eine Bestandsaufnahme erforderlich, die auch Kulturbetriebe einbeziehen sollte, die in der Planung sind oder deren Umwandlung (oder gar Auflösung) zur Debatte steht, da sie zum Gesamtprofil des kulturellen Angebotes gehören. Ebenso sind nicht nur öffentliche Einrichtungen aufzuführen (Regiebetriebe, Eigenbetriebe etc.), sondern auch privatwirtschaftlich betriebene (Vereine, Gesellschaften des Bürgerlichen Rechts usw. sowie kommerzielle Unternehmen der Kulturwirtschaft), soweit sie aus der örtlichen kulturpolitischen Perspektive für wichtig angesehen werden.

Die im Hinblick auf Modelle und Strategien der Kulturfinanzierung entscheidende Frage lautet: Was geschieht in diesen Einrichtungen und an welchen Stellen ihrer internen und externen Arbeit bestehen Ansatzpunkte für gezielte Zuwendungen oder strukturelle Fördermaßnahmen und für generelle Anschübe zur fördernden Entwicklung? Im Einzelfall gibt es stets ein Bündel möglicher Ansätze und nur die genaue Kenntnis der Einzelheiten und der Besonderheiten einer Einrichtung kann zu einem entwicklungsfähigen Konzept führen. Ein Haus, das unter Besucherschwund leidet, könnte beispielsweise gefördert werden, indem Angebotsverbesserungen (z. B. Aufwertung der Sammlung durch spektakuläre Exponate, Verbesserung der Räumlichkeiten und der gastronomischen Nebenleistungen eines Museums) angestrebt werden. Es könnten aber auch direkte Maßnahmen zur Förderung des Publikumsinteresses entwickelt werden, um dem Besucherschwund entgegenzuwirken, etwa besondere Bildungsangebote für Jugendliche oder andere Interessentenkreise.

Die methodischen Probleme der Anwendung von allgemeinen Modellen und Konzepten liegen in der nicht immer leicht zu bestimmenden Passgenauigkeit und in der Frage der Flexibilität der einzelnen Konzeptkomponenten. Entweder lässt sich ein Modell den Bedingungen der Praxis wenigstens annähern oder es besteht die Gefahr, die Praxis den Erfordernissen des Modells anzupassen, um die jeweiligen Finanzierungsvorteile zu erlangen (die Probleme des Kulturtourismus, der oft programmatische und inhaltliche Zugeständnisse erzwingt, sind hinlänglich bekannt). Das Sponsoring ist beispielsweise ein Finanzierungskonzept, das ziemlich eng an der Nahtstelle zwischen öffentlichem Auftreten einer Kultureinrichtung und dem Publikum angesiedelt ist, also dort, wo Kunst und Kultur öffentlich vermittelt werden. Sponsoring wäre deshalb ungeeignet für Maßnahmen der kostensparenden Verbesserung der internen Abläufe, wie beispielsweise gemeinsame Verwaltungen, Räumlichkeiten und technische Ausstattungen in der Kooperation verschiedener Institutionen.

Im Folgenden werden die wichtigsten aus der Praxis bekannten Modelle und Strategien der Kulturfinanzierung beschrieben und erörtert. Dabei steht jeweils die Hauptzielrichtung des Konzeptes im Vordergrund, ungeachtet der Tatsache, dass in vielen Fällen weitere Aspekte zu diskutieren wären und jedes Konzept erst in der praktischen Umsetzung sein detailliertes Profil und seine Feinkonstruktion aus den Notwendigkeiten und Bedingungen des konkretes Einzelfalls erfährt.

4.2 Die öffentliche Hand: Bund, Länder, Kommunen, Europäische Union

Die mit Abstand wichtigste Finanzierungsquelle für kulturelle Institutionen und Projekte sind unabhängig von der jeweiligen Rechtsform und der Kultursparte Zuwendungen der öffentlichen Hand. Bund, Länder und Kommunen nehmen ihre Verantwortung für die Kulturlandschaft insbesondere wahr, indem sie finanzielle Mittel zur Verfügung stellen.

2009 gab die öffentliche Hand (Bund, Länder und Kommunen) insgesamt 9,1 Mrd. € für Kultur aus. Im Vergleich zum Vorjahr war dies ein Anstieg um 2,8 % (2008: 8,9 Mrd. €), gegenüber 1995 eine Steigerung von 22,2 % (1995: 7,5 Mrd. €) – alle Zahlen dieses Abschnitts nach: Statistische Ämter des Bundes und der Länder 2012; soweit nicht anders angegeben, beziehen sie sich auf das Jahr 2009.

Insgesamt stellten die öffentlichen Haushalte für Kultur 1,64 % ihres Gesamtetats zur Verfügung. Sehr unterschiedlich ist die relative Bedeutung der Kulturausgaben für die einzelnen Körperschaftsgruppen: Während der Bund 2009 nur 0,7 % seiner Gesamtausgaben für Kultur ausgab, wendeten die Länder 1,8 % und die Gemeinden 2,3 % ihres Gesamtetats für diesen Aufgabenbereich auf. In Relation zur Wirtschaftskraft erreichten 2009 die öffentlichen Ausgaben für Kultur einen Anteil von 0,38 % am Bruttoinlandsprodukt.

Die Entwicklung der Kulturausgaben verlief uneinheitlich. Während die Kulturausgaben zwischen 1995 und 2009 in den Flächenländern West insgesamt um 32,5 % zunahmen, stiegen diese in den Flächenländern Ost nur um 4,9 %. In den Stadtstaaten wurden die Ausgaben im gleichen Zeitraum um 3,1 % gesteigert, wobei die Kulturausgaben in Hamburg (+44,3 %) und Bremen (+30,8 %) erhöht, in Berlin hingegen um 12,4 % gekürzt wurden. Letzteres ist auch eine Folge davon, dass sich der Bund in einem besonderen Maße an der Finanzierung der Kultureinrichtungen in Berlin beteiligt. Die Ausgaben des Bundes erhöhten sich von 1995 bis 2009 um 26,8 %.

Die öffentlichen Kulturausgaben je Einwohner betrugen im Jahr 2009 111,48 €. Dies bedeutet eine Steigerung um 21,9 % gegenüber 1995 (1995: 91,45 € je Einwohner).

Eliminiert man die Preisveränderungen näherungsweise in Höhe des für das Bruttoinlandsprodukt errechneten Deflators, so zeigt sich auch real ein Anstieg der öffentlichen Kulturausgaben je Einwohner. 2009 lagen die preisbereinigten Ausgaben je Einwohner um 10,1 % über dem Niveau von 1995.

Die Kulturausgaben werden überwiegend von Ländern und Gemeinden bestritten. 2009 betrug der Bundesanteil 13,4 % (1995: 12,9 %), derjenige der Länder 42,2 % (1995: 44,6 %), und die Gemeinden steuerten 44,4 % (1995: 42,5 %) bei.

Im Jahr 2009 betrugen die laufenden Grundmittel (Personal- und Sachaufwand nach Abzug der Einnahmen) der Gemeinden für Kultur insgesamt 3,8 Mrd. €. Knapp ein Viertel (23,0 % bzw. 877,6 Mio. €) des gesamten laufenden Ausgabevolumens der Gemeinden entfiel 2009 auf die zehn Städte (ohne Stadtstaaten) mit 500.000 und mehr Einwohnern. Knapp ein Fünftel aller Ausgaben (19,5 %; 744,6 Mio. €) stellten die Großstädte mit 200.000 bis unter 500.000 Einwohnern bereit. In der Gemeindegrößenordnung 100.000 bis unter 200.000 Einwohnern wurden 12,3 % der laufenden Kulturausgaben ausgegeben (469,0 Mio. €). Die Gemeinden mit 20.000 bis unter 100.000 Einwohnern hatten laufende Ausgaben von 854,9 Mio. €, das waren 22,4 % der laufenden Gemeindeausgaben insgesamt.

Auf Theater und Musik entfielen 2009 über ein Drittel (35,4 %) der gesamten Kulturausgaben von Bund, Ländern und Gemeinden. Weitere 18,0 % flossen in die Finanzierung der Museen und 15,1 % in die der Bibliotheken. Für die Sonstige Kulturpflege wurden 13,0 % aufgebracht. Der Ausgabenanteil für Kulturverwaltung belief sich auf 3,4 %, der für Denkmalschutz und -pflege auf 5,5 %. Den Bereichen Kunsthochschulen und Kulturelle Angelegenheiten im Ausland wurden 2009 5,4 bzw. 4,1 % der Kulturausgaben zugeordnet (vgl. Tab. 4.1).

Vergleicht man die Ausgabenstruktur der Körperschaften, so zeigten sich unterschiedliche Schwerpunkte in der Kulturfinanzierung. Der Hauptausgabenposten der Gemeinden war 2009 die Finanzierung von Theatern und Musik (44,0 % aller Gemeindemittel für Kulturelle Angelegenheiten). Zweitgrößter Bereich waren die Museen (19,1 %) und drittgrößter die Bibliotheken (16,9 %).

Eine ähnliche Ausgabenstruktur zeigten die Länder. Auch hier lagen die Theaterausgaben 2009 mit 37,4 % an den Länderkulturausgaben insgesamt deutlich vor den Ausgaben für Museen (16,1 %) und Bibliotheken (9,9 %). Die Sonstige Kulturpflege band 12,3 % der Ländermittel.

Beim Bund lagen 2009 die Ausgaben für Kulturelle Angelegenheiten im Ausland mit einem Anteil von 30,5 % an den Gesamtmitteln des Bundes im Bereich Kultur vorne. Diesem Ausgabeposten, der bei den Ländern und Gemeinden praktisch unbedeutend ist, folgten die Ausgaben für Bibliotheken (25,6 %) und Museen (20,6 %).

Aus dem Blickwinkel der einzelnen Aufgabenschwerpunkte der Kulturförderung ergeben sich ebenfalls signifikante Unterschiede des Engagements der Gebietskörperschaften: An den gesamten Ausgaben für Theater und Musik hat-

Tab. 4.1 Öffentliche Ausgaben für Kultur nach Kulturbereichen, 2009 in Euro – Grundmittel. (Quelle: Statistische Ämter des Bundes und der Länder 2012, S. 52)

	Ausgaben in Mio. Euro
Insgesamt	*9127,3*
Davon	
Theater und Musik	3235,5
Museen, Sammlungen, Ausstellungen	1645,8
Bibliotheken	1379,3
Sonstige Kulturpflege	1186,2
Denkmalschutz/-pflege	505,6
Kunsthochschulen	488,6
Kulturverwaltung	312,5
Kulturelle Angelegenheiten im Ausland	373,9

ten 2009 die Kommunen einen Anteil von 55,1 %. Bei den Bibliotheken lag der entsprechende Anteil bei 49,6 %. Die Länder hatten bei den Kunsthochschulen (fast 100 %) und im Bereich Denkmalschutz und -pflege den größten Ausgabenanteil (61,2 %). Der Bund übernahm verfassungsgemäß so gut wie ausschließlich die Ausgaben für Kulturelle Angelegenheiten im Ausland. Im Bereich Museen, Sammlungen, Ausstellungen waren die Ausgaben zwischen Bund (15,3 %), Ländern (37,6 %) und Gemeinden (47,1 %) relativ gleichmäßig verteilt.

Zu den Formen kommunaler Kulturfinanzierung gehört auch die häufig als „Kulturgroschen" bezeichnete Sonderabgabe, die über jede Eintrittskarte zu kulturellen Veranstaltungen erhoben wird. Das Verfahren wurde zuerst in einigen Städten Nordrhein-Westfalens entwickelt und eingeführt. Der Zwangscharakter der Abgabe bringt den Kulturgroschen in die Nähe von Steuern, er unterscheidet sich von diesen jedoch durch den auf die Kultur festgelegten Verwendungszweck. Die Beträge kommen nicht bestimmten, im Voraus festgelegten Institutionen zugute, sie sind also keine direkte Spende, sondern werden durch ein kommunales Gremium zugeteilt.

Die Höhe der Abgabe (zwischen 0,25 und 0,50 €) bedingt, dass diese Form der Kulturfinanzierung nur in Kommunen mit großen, besucherreichen Kulturinstitutionen (Theater, Opern, Museen) zu nennenswerten Sondereinnahmen führt. Deshalb haben bisher auch nur Großstädte dieses „Inkasso-Verfahren" in Erwägung gezogen. Die Beteiligung der Besucher an der Finanzierung der Kultur ist zugleich ein indirekter Weg, auch die aus der Umgebung kommenden Nutzer eines zentralörtlichen Kulturangebots an dessen Finanzierung zu beteiligen (Bomheuer 1997).

Im Durchschnitt gab in Deutschland im Jahr 2009 ein Haushalt 2772 € für Freizeit, Unterhaltung und Kultur aus. Bei durchschnittlich 2,0 Personen je Haushalt waren dies pro Person 1386 €.

In den Ausgaben für Freizeit, Unterhaltung und Kultur sind auch Ausgaben für den Erwerb von Zeitungen und Zeitschriften, Büchern sowie von Bild- und Tonträgern enthalten. Unter diesen ausgewählten Ausgaben machte bundesweit der Erwerb von Zeitungen und Zeitschriften den größten Posten aus. Im Jahr 2009 entfielen darauf je privaten Haushalt 252 €. Dies entspricht einem Anteil von 9,1 % an den Ausgaben für Freizeit, Unterhaltung und Kultur. Für den Erwerb von Büchern gaben die privaten Haushalte in Deutschland 144 € aus. Die Ausgaben der privaten Haushalte für Bild- und Tonträger (CD, DVD, Video) beliefen sich im Jahr 2009 auf 84 €. Für den Besuch von kulturellen Veranstaltungen gab ein Haushalt durchschnittlich 129 € pro Jahr aus.

Neben Bund, Ländern und Gemeinden spielt auch die Europäische Union (EU) eine Rolle in der Finanzierung von Kulturprojekten. Laut Artikel 151 des Vertrags über die Arbeitsweise der Europäischen Union kann die Europäische Union fördernd, unterstützend und ergänzend zur Kulturpolitik der Mitgliedsstaaten tätig werden.

Allerdings ist bei den europäischen Bemühungen die nationale und regionale Vielfalt ausdrücklich zu wahren. Die Handlungskompetenzen sind deshalb auf die Bereiche Förderung der kulturellen Vielfalt, Erhalt des europäischen Kulturerbes, des nicht-kommerziellen Kulturaustauschs sowie des künstlerischen, audiovisuellen und literarischen Schaffens begrenzt. Für die Praxis ist insbesondere die Kofinanzierung von Förderprogrammen und kulturellen Initiativen der Länder durch europäische Mittel von Bedeutung.

Seit 1985 verfolgt die EU die Initiative „Kulturhauptstadt Europas". Die Kulturhauptstadt Europas soll durch ihre Traditionen und durch aktuelle kulturelle Angebote die verbindenden Elemente der europäischen Gemeinschaft vermitteln. Gleichzeitig sollen der europäischen Öffentlichkeit die kulturellen Aspekte der jeweiligen Stadt und der zugehörigen Region zugänglich gemacht werden. Mit Essen stellte Deutschland (nach Berlin 1988 und Weimar 1999) im Jahr 2010 zum dritten Mal die Kulturhauptstadt Europas.

Darüber hinaus fließen in beträchtlichem Umfang europäische Mittel aus den so genannten Strukturfonds in den Kulturbereich. Von großer Bedeutung sind hier der Europäische Fonds für regionale Entwicklung (EFRE) und der Europäische Sozialfonds (ESF). Diese Förderungen verfolgen jedoch erst in zweiter Linie ein kulturelles Ziel, beispielsweise wenn im Rahmen der Tourismusförderung auch Objekte, die unter das kulturelle Erbe fallen, saniert und für eine neue Nutzung hergerichtet werden.

Insgesamt gesehen ist eine belastbare Quantifizierung der Höhe der Fördermittel der EU auf der Ebene einzelner Mitgliedsstaaten nicht möglich. Die vielfältigen Projektverflechtungen und das zum Teil politisch gewollte Auftreten multilateraler Konsortien als Antragsteller machen es unmöglich, detailliert nachzuweisen, welche dieser Mittel auf ein Land entfallen.

Mit den genannten Beiträgen stellt die öffentliche Hand die Grundfinanzierung des größten Teils der kulturellen Institutionen und Projekte sicher. Durch die relative Verlässlichkeit ihres Engagements gewährleisten Bund, Länder und Kommunen für die Kulturbetriebe ein hohes Maß an Stabilität, Kontinuität und Unabhängigkeit. Der in Deutschland signifikant hohe Anteil der öffentlichen Finanzierung hat gerade in der Finanz- und Wirtschaftskrise dazu geführt, dass die Kultureinrichtungen – zumindest zunächst und so lange, bis die Rückwirkungen auf die öffentlichen Haushalte spürbar werden – von der Krise relativ wenig betroffen waren. Dagegen machte sie sich in Ländern wie Großbritannien, in denen die kulturellen Aktivitäten viel mehr von privaten Investitionen abhängig sind, deutlich schneller bemerkbar: Bereits 2009 wurden dort in 70 % der Einrichtungen die Zuwendungen erheblich gekürzt (Süddeutsche Zeitung 5.5.2010, S. 11).

Dazu kommt, dass die Finanzierungen des Bundes, der Länder und der Kommunen – abgesehen von förderrechtlichen Auflagen – weitestgehend bedingungslos und ohne explizite eigene Interessen erfolgen. Die damit gewonnenen finanziellen und inhaltlichen Spielräume bilden für die meisten Kulturbetriebe das Fundament, das die Kooperationen mit privaten Partnern erst ermöglicht.

4.3 Kultur und Wirtschaft aus systemtheoretischer Perspektive

Die moderne Gesellschaft ist – nach der Terminologie der Soziologie – gekennzeichnet durch funktionale Differenzierung. Dies bedeutet, dass wesentliche Funktionen in ihr von Funktionssystemen wahrgenommen werden: Die Ermöglichung kollektiv bindender Entscheidungen durch die Politik, die Regulierung von Knappheit durch die Wirtschaft, die Stabilisierung von Erwartung durch das Recht, die Fixierung von Wahrheit oder Unwahrheit durch die Wissenschaft etc.

Für diese Systeme, zu denen auch Erziehung, Familie und Kunst zählen, gilt, dass sie sich über einen Code jeweils intern kurzgeschlossen haben. Mit diesem Code formieren sie ihre Grenzen. Jenseits dieser Grenzen ist alles anders als diesseits. So nimmt das Wirtschaftssystem die Welt nur mit Hilfe der Unterscheidung von Zahlen/Nichtzahlen wahr, die Wissenschaft ist blind für alles, was sich nicht als wahr oder unwahr beobachten lässt. Entscheidend ist, dass solche Systeme wie die Gesellschaft selbst aus nichts anderem als aus Kommunikationen bestehen, die Kommunikationen erzeugen. Sie unterscheiden sich von der Gesellschaft durch die Konditionierung ihrer Kommunikationen, eben durch ihren jeweiligen Code.

Auch Kunst ist ein System dieses Typs, ein Sozialsystem, das sich operational verdichtet und mittlerweile autonom gesetzt hat, mit der Folge, dass nur noch Kunst entscheidet, was als Kunst gilt. Unsicher bleibt dabei, was der Code der Kunst ist: schön oder hässlich, sensationell oder langweilig, bizarr oder nicht bizarr. Ein Lösungsvorschlag besteht darin, dass im Fall der Kunst die Bezeichnung/Nichtbezeichnung als Kunst mittlerweile den Code darstellt. Damit kann sich Kunst eine extreme Offenheit bei vollkommener Geschlossenheit leisten, gerät natürlich auch in die Gefahr, als hoch arbiträr beobachtet zu werden.

Gesetzt aber den Fall, auch Kultur sei ein System, wie wäre es codiert? Welche Grenzen hätte es, jenseits derer das Nicht-Kulturelle wäre? Gibt es Kommunikationen, die sich nicht unter dem Gesichtspunkt Kultur beobachten lassen? Das Kulturproblem (Organisation und Begrenzung von kommunikativen Anschlussmöglichkeiten) fällt schließlich in jedem Kommunikationsprozess an und deshalb muss gesellschaftsweit unentwegt die Bindewirkung von Themen genutzt werden. Die jeweiligen Lösungen des Problems sind gerade nicht autonomiefähig, sondern immer von globalen gesellschaftlichen und von lokalen Kommunikationsbedingungen abhängig. Und es ist die Evolution dieser Bedingungen, die in wechselnden Zeiten wechselnde Typen der Organisation der Bedingungen von Kultur erzwingt.

Kultur ist – so kann zusammengefasst werden – ein globales Phänomen mit lokalen Effekten und Strukturen, es ist aber nirgends an andere Grenzen als an gesellschaftliche gebunden. Sie ist damit transferenziell und gerade solche transferenziellen Phänomene erweisen sich in der postmodernen (funktional differenzierten) Gesellschaft als Zentralphänomene.

Der zunehmende Ruf nach Kultur (und nach kultureller Marktwirtschaft) ergibt sich aus dem Problem, dass die Heterogenität der Systemperspektiven nach Überbrückung, nach Austausch, nach artikulierter Interdependenz, nach der Formulierung von thematischen Differenzen verlangt.

Gerade dies fordert aber eine Profession, die sich dieser transreferenziellen Funktion von Kultur in einer babylonischen Gesellschaft nicht nur bewusst ist, sondern sie auf der Basis einer lateralen Ausbildung zu pflegen und zu fördern in der Lage ist. Zu beobachten ist, dass eben diese Profession sich schon seit längerer Zeit unter dem Titel „Kulturmanagement" ausdifferenziert.

Die Tatsache, dass soziale Systeme ihrer eigenen Logik folgen, impliziert, dass weder das System Wirtschaft festlegen kann, wie sich das System Kunst entwickelt, noch das System Kunst das System Wirtschaft determinieren kann. Die Leistungsfähigkeit sozialer Systeme besteht darin, dass sich ihre Kommunikation

4.3 Kultur und Wirtschaft aus systemtheoretischer Perspektive

allein auf sich selber bezieht (dies beschreiben die Stichworte Selbstreferenzialität und Autopoiesis). Damit die jeweilige Eigendynamik eines Systems nicht zum Stillstand kommt, finden immer wieder Beobachtungen von bzw. Kontakte mit anderen Systemen statt. Wechselseitige Beobachtungen von Wirtschaft und Kultur bzw. Kunst verweisen auf systemspezifische Assimilierungsprozesse. Die Wirtschaft assimiliert die Kultur bzw. Kunst, indem sie diese in ihre Sprache übersetzt. „Aus ästhetischer Praxis werden Produkte und Dienstleistungen, aus Mentalität und Bildung werden Bedarf und Geschmack, aus der Ästhetisierung der Lebensstile werden Mode und Konsumstile. Dadurch bekommen Wirtschaft und Märkte mit Blick auf die Kultur der Gesellschaft nicht nur eine katalytische, sondern auch generierende Funktion. Das gilt zunächst in dem direkten Sinn eines beschleunigten Wachstums entsprechender Märkte und Angebote" (Rossbroich 1999, S. 152).

Dieses Beispiel führt in der Verallgemeinerung zum Phänomen der Interaktion von Systemen mit ihrer Umwelt. Niklas Luhmann (1927–1998) hat hierfür den Begriff der Reduktion von Komplexität entwickelt, der im Wesentlichen besagt, dass jede Umwelt für ein spezifisches System – gleichgültig welcher Art – überkomplex ist, d. h. in ihrer Totalität vom System nicht erfasst werden kann. Damit das System sich gegenüber der Umwelt erhalten kann, muss es eine Form der Reduktion der Umweltkomplexität vornehmen, die die Umwelt in dieser reduzierten Form für das System bearbeitbar, d. h. erfassbar, macht. Es ist hierbei evident, dass ein System vor allem dann erfolgreich seine Umwelt erfassen kann, wenn die Komplexitätsreduktion die für das System wesentlichen Aspekte der Umweltkomplexität bewahrt.

Durch Binnendifferenzierung, d. h. durch die Herausbildung systemimmanenter Strukturen und durch die Bildung systeminterner Teil- bzw. Subsysteme kann ein System seine eigene Komplexität erhöhen. Generell gilt hierbei, dass die Erhöhung der systemeigenen Komplexität der wesentliche Mechanismus dafür ist, dass das System seine Umwelterfassung verbessern kann, d. h. je komplexer das System ist, desto mehr Umweltkomplexität kann erfasst werden.

In der allgemeinen Systemtheorie bedeutet dies, dass ein System nicht ohne ein Mindestmaß von Eigenkomplexität auskommt. Die Umweltkomplexität, die bei der Erfassung durch ein System erhalten bleibt, ist eine direkte Funktion der systemischen Eigenkomplexität, die sowohl die Art als auch das Ausmaß der vom System vorgenommenen Reduktion der Umweltkomplexität bestimmt.

Diese evolutionär bedingte Steigerung der systemischen Eigenkomplexität lässt sich am Beispiel der modernen Kunst belegen. „Als funktional ausdifferenzierter ‚Vollzug von Gesellschaft' hat die künstlerische Praxis zu einem beeindruckenden quantitativen wie qualitativen Wachstum ästhetischer Gestaltung und einer entsprechenden Differenzierung menschlicher Fähigkeiten geführt. In Formen einer sich zunehmend von der Alltagspraxis abgrenzenden, sich ausdifferenzierenden und selbstreferenziellen Gestaltung – in der Musik, der Malerei, der Skulptur, von Oper, Theater und Literatur – entstehen qualitativ anspruchsvolle, hochdifferenzierte und vieldeutige Artefakte, die den unscharfen und zur Zukunft hin offenen Begriff ‚Kunst' prägen. Dabei gibt es fließende Grenzen, beispielsweise zur Innen–, Gartenarchitektur etc., zum Kunsthandwerk, zum Design – heute zur Werbung, zu Fotografie, Film, Internet usw. Dem korrespondiert eine Entfaltung und Differenzierung gestalterischer Kompetenzen, die sich mit der Vorstellung des (genialen) Künstlers verbinden. In der Verflechtung und wechselseitigen Verstärkung von qualitativer Gestaltung und gestalterischer Kompetenz hat sich eine Praxis und ‚Logik' des Ästhetischen ausdifferenziert, die wir – mit Luhmann – als ‚Kunst der Gesellschaft' bezeichnen können. Gerade kraft ihrer Gerinnung zu einem selbstreferenziellen System entwickelt die Kunst die Eigenschaft der ‚inneren Unendlichkeit': Ein infiniter Prozess der ästhetischen Erschließung und Assimilation von Welt und ihrer Verwandlung in ‚Kunst', der nur durch eine Entdifferenzierung der Gesellschaft (Regression) unterbrochen werden kann. Deshalb kann heute alles in der Welt (Material für) ‚Kunst' und das Spiel mit ihren Grenzen zur übrigen gesellschaftlichen Praxis zu ihrem faszinierenden Thema werden" (Rossbroich 1999, S. 150).

Was zur Assimilierung von Kunst und Kultur durch die Wirtschaft ausgeführt wurde, lässt sich im Umkehrschluss ebenfalls für die Assimilierung der Wirtschaft durch die Kultur bzw. Kunst aufzeigen. So praktizieren kulturelle Akteure – Künstler, Galeristen, Ausstellungsmacher, Museumsdirektoren etc. – zunehmend erfolgreich Kulturmarketing. „Die Bewirtschaftung der Kunst, ihre Vermarktung und Kommerzialisierung, die Durchdringung von Ästhetik und Psychologie, Mode und Geld, das Auf und Ab in den Kunstmärkten, prägen den ‚Warencharakter' von Kunst. Deren Macher und Vertreiber werden zu Anbietern, die nach neuen Marktnischen suchen. Darüber hinaus zwingt die Ästhetisierung des Lebens und der Weltbilder in den wohlstandsgeprägten Anteilen unserer Gesellschaft Wirtschaft und Unternehmen zu einer kulturell-ästhetischen Profilierung. Wer in einer Gesellschaft Geld verdienen will, in der Kultur (i. S. von ‚Stil haben') zu einem übergreifenden Leitwert geworden ist, muss auch in Kultur investieren. Das führt dazu, dass sich immer mehr Unternehmen quasi ‚von Kopf bis Fuß' stilvoll, also in Kultur, kleiden: Vom Design der Produkte und Dienstleistungen, über die symbolische Aufladung von Marken durch entsprechende ‚Werbewelten' und die Profilierung der Unternehmenspersönlichkeit (‚the company behind the product'), durch Architektur und Kunst bis hin zum Kultursponsoring, das Abstrahleffekte der (Massen-) Kultur für das Unternehmensimage nutzen möchte. Die damit erzielte Aufmerksamkeit in einer ästhetisch sensibilisierten Gesellschaft wird für immer mehr Unternehmen unverzichtbar, um gesellschaftlich akzeptiert zu werden und für Kunden wie Mitarbeiter attraktiv zu sein. Dem korrespondiert eine wachsende Geschicklichkeit kultureller Akteure, die Profilierungswünsche der Wirtschaft durch entsprechende Sponsoringangebote zu nutzen. Angesichts knapper Staatskassen bekommt das Bemühen von Museumsdirektoren und Kulturveranstaltern, von Sponsoren und Mäzenen seinerseits den Charakter eines wirtschaftlichen Wettbewerbs. Von der kulturellen ‚Einkleidung' gibt es gleitende Übergänge zur inneren Verfassung von Unternehmen, die ihren Ausdruck findet in Begriffen wie ‚Unternehmens-, Organisations-, Führungs- und Dialogkultur'" (Rossbroich 1999, S. 152 f.).

Es wächst der Anteil der Unternehmen, die sich durch eine kulturelle Modernisierung ihrer Organisation auszeichnen und sich kontinuierlich weiter darum bemühen, um die Wettbewerbsfähigkeit zu erhalten und zu steigern. Die Potenziale eines solchen Interpenetrationsprozesses zwischen kultureller und wirtschaftlicher Innovation, „zwischen den Bedürfnissen nach individueller Selbstverwirklichung und den Anforderungen moderner Arbeitsorganisationen sind bei weitem noch nicht ausgeschöpft" (Rossbroich 1999, S. 154).

Die wechselseitige Beobachtung und Assimilierung von Kultur und Wirtschaft im „Vollzug" von Gesellschaft, die Kultivierung der Wirtschaft und die Bewirtschaftung der Kultur bilden ein Faktum, über das auch weiterhin kontrovers diskutiert werden wird.

4.4 Mäzenatentum

Kultur wird neben dem öffentlichen Bereich in erheblichem Maße auch durch Privatpersonen, die Wirtschaft, durch Stiftungen und andere Organisationen des privaten Rechts ohne Erwerbszweck finanziert.

Die Bezifferung ihres Beitrages ist schwierig, da nur die diejenigen Zuwendungen, die an unmittelbare öffentliche Kultureinrichtungen – also beispielsweise nicht an Fördervereine oder ähnliche private Unterstützungsorganisationen – fließen, in den öffentlichen Haushalten buchhalterisch zum Tragen kommen und damit genau nachgewiesen werden können. In diesem Bereich wurden 2009 unmittelbare Einnahmen in Höhe von 1,2 Mrd. € erzielt. Dies entspricht 14,15 € je Einwohner. Mit diesen Einnahmen finanzierten die öffentlichen Kultureinrichtungen 20,5 % ihrer Ausgaben.

Für ausgegliederte Kultureinrichtungen (z. B. Eigenbetriebe und GmbHs) können nur auf der Zahl dieser Einrichtungen und Analogien beruhende Zahlen genannt werden. Demnach ergeben sich nach vorsichtigen Schätzungen, die davon ausgehen, dass sich die Unterstützungsbereitschaft bei diesen Einrichtungen in

Abb. 4.1 Öffentliche und private Kulturfinanzierung 2009 in Mio. Euro. (© Eigene Graphik, Daten: Statistische Ämter des Bundes und der Länder 2012, S. 79)

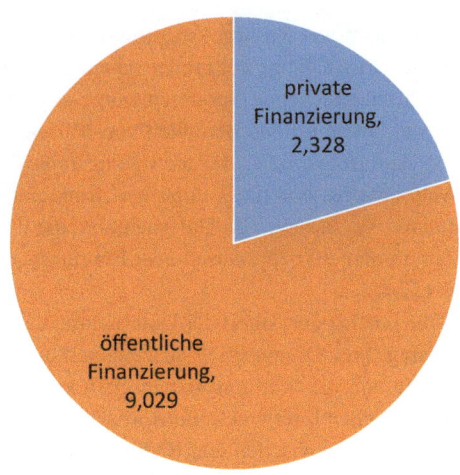

derselben Höhe wie bei den öffentlichen bewegt – wogegen nach aller Erfahrung die private Bereitschaft zu Zuwendungen bei staatsferner organisierten Institutionen eher höher liegt – Ausgaben des privaten Bereichs in etwa nochmals derselben Größenordnung.

Rund neun Mrd. Euro öffentlicher Kulturfinanzierung stehen damit rund 2,3 Mrd. € privater Finanzierung gegenüber (vgl. Abb. 4.1).

Vollständig privat finanzierte Kultureinrichtungen (wie z. B. die Musicaltheater oder Rockkonzerte) bleiben bei dieser groben Schätzung unberücksichtigt.

Nach anderen Schätzungen beläuft sich die Kulturförderung durch Spender und Mäzene derzeit in Deutschland auf ca. 600 Mio. €, entsprechend etwa sieben bis acht Prozent des gesamten Kulturetats (Höhne 2009, S. 198).

Der Begriff „Mäzentatentum" geht auf Gaius Maecenas (um 70–8 v. Chr.) zurück, der als Vertrauter des Kaisers Augustus vor allem die Dichter seiner Zeit (Horaz, Vergil u. a.) förderte.

Im Gegensatz zum Sponsoring, das auf Leistung und Gegenleistung beruht, sind Mäzenatentum und Spenden nicht an eine wirtschaftliche Gegenleistung gebunden, sondern zumindest grundsätzlich durch Altruismus, Idealismus und Selbstlosigkeit des Gebenden motiviert.

Die Initiative zum mäzenatischen Engagement geht – zumindest in der Regel – aus persönlichen Motiven vom Mäzen selbst aus. Dessen Wille und Fähigkeit, Teile seines Vermögens der Öffentlichkeit zu überlassen, sind das ausschlaggebende Moment. Mäzenatentum ist deshalb keine Form der aktiven Kulturfinanzierung (man kann kaum, wie etwa beim Fundraising, aktiv und professionell und das

4.4 Mäzenatentum

heißt letztlich lautstark um Mäzene werben) und das finanzielle Ergebnis ist kaum beeinflussbar. Wenn sich aber ein Mäzen findet, kann dessen Engagement durch den Kulturbetrieb selbst oder dessen Träger maßgeblich unterstützt und gefördert werden, etwa durch infrastrukturelle Vorleistungen (z. B. Ausweisung von Bauland, Zurverfügungstellung eines öffentlichen Gebäudes etc.) und administrative Flexibilität. Gerade an diesem Punkt sind immer wieder auch mäzenatische Schenkungen gescheitert, wenn beispielsweise über die Entgegennahme und Betreuung einer privaten Kunstsammlung kommunalpolitisch gestritten wurde.

Zum größten Aufschwung des privaten Engagements in der Kulturförderung führte die Entstehung großer Vermögen mit der Entwicklung der Industrie seit der Mitte des 19. Jahrhunderts. Die sozialen und moralischen Implikationen des Mäzenatentums ermöglichten es den Industriellen, zu ihrem neu erworbenen Reichtum eine entsprechende soziale Stellung hinzuzugewinnen. Philanthropisches Handeln und selbstbewusstes Verfolgen eigener gesellschaftlicher Ziele ließen sich im Mäzenatentum verbinden. In diesem Sinne kann „bürgerliches Mäzenatentum als Strategie der Umwandlung von Geld in Kulturprestige verstanden werden" (Höhne 2009, S. 206).

Bis heute spielt das Prinzip des Tausches neben jeweils spezifischen subjektiven Motiven eine wichtige Rolle im mäzenatischen Handeln: Getauscht wird dabei vor allem „ökonomisches in soziales (oder kulturelles) Kapital. Der Tausch verliert aus dieser Perspektive seine rein monetäre Bedeutung und wird zum Bindeglied zwischen Ökonomie und Kultur. Der Schenkende schafft (...) ein Netzwerk sozialer, langfristig nützlicher Verpflichtungen. Im Rahmen dieser Überlegungen läßt sich auch das Verhältnis von Sammeln und Schenken einordnen. Beide Handlungsformen sind Strategien im Kampf um soziale und kulturelle Anerkennung" (Frey 1999, S. 18).

Die häufigste Form des Mäzenatentums ist eine mehr oder minder große (im Allgemeinen in Deutschland weitaus kleinere als in den USA) Spende, die entweder allgemein einer kulturellen Einrichtung zur Verfügung gestellt oder einem bestimmten Zweck gewidmet wird. Eine Spende kann in verschiedenen Formen erfolgen:

- Geldspende
- Sachspende – beispielsweise Geräte und Ausrüstungsgegenstände (z. B. für die Restaurierungswerkstatt eines Museums) oder Kunstwerke bis hin zu ganzen Sammlungen
- Aufwandsspende – beispielsweise Nutzung des Eigentums des Spenders durch Dritte (z. B. Überlassung von Räumen für eine Veranstaltung) oder Leistungen, die unentgeltlich durch den Spender erbracht werden (z. B. Arbeitsleistungen eines Mitglieds im Förderverein)

Als Hemmnis für das Mäzenatentum erweist sich immer wieder, dass Spenden in Deutschland – im Gegensatz zu den USA, wo ein viel größerer Rahmen der Absetzbarkeit gilt – nur zu einem Teil steuerlich geltend gemacht werden können. Zwar werden für eine Verbesserung der steuerlichen Bedingungen des Mäzenatentums vor allem durch die Konferenz der Kultusminister der Länder regelmäßig Vorstöße unternommen. Deren Erfolgsaussichten bleiben allerdings angesichts der Situation der öffentlichen Kassen auch in den nächsten Jahren eher gering.

Kunstmuseen und Kunstsammler haben grundsätzlich verschiedene Ansätze und Arbeitsweisen. Während ein Kunstmuseum eine langfristige – im Idealfall über Jahrhunderte – kunstwissenschaftliche Systematik und Schwerpunktsetzung nach Epochen, Schulen oder Gattungen pflegt, arbeitet ein Sammler nach seinen individuellen Vorlieben. Aus einer möglichen Kooperation ergibt sich deshalb ein Tableau von Chancen und Risiken, das analog auch für das Mäzenatentum in anderen Kulturbereichen gilt (vgl. Tab. 4.2).

Als spezifische Art der Unterstützung vor allem für Bildende Künstler gehört auch das Corporate Collecting eher zu den Formen des Mäzenatentums, obwohl es auch Aspekte des Sponsorings aufweist: Unternehmen bauen als Teil der Unternehmenskommunikation Kunstsammlungen auf (z. B. Sammlung Deutsche Bank, Daimler Kunstsammlung), um gesellschaftliche Verantwortung zu dokumentieren. Dieser Kommunikationsprozess bezieht sich sowohl auf das allgemeine und spe-

Tab. 4.2 Chancen und Risiken einer Kooperation für Sammler und Museen. (Quelle: Höhne 2009, S. 209)

Chancen für Museen	Risiken für Museen
Erschließung zeitgenössischer Kunst durch Sammler	Verlust des inhaltlichen Zusammenhanges der Sammlung
Erhöhung der Aktualität und Attraktivität der Sammlung	Mitbestimmungsbedürfnis der Sammler
Finanzielle Entlastung	
Öffentliche Präsentation privater Kunstwerke	
Chancen für Sammler	Risiken für Sammler
Kunstwissenschaftliche Kontextualisierung der Sammlung	Verlust der Verfügungsgewalt
Anerkennung für kulturelle Leistungen	Unzureichende Präsentation der Sammlung (z. B. nur eines Teils der Sammlung, während die übrigen Werke ins Depot kommen)
Konservatorische Betreuung der Sammlung	
Finanzielle und ideelle Wertsteigerung der Sammlung	

zifische Erscheinungsbild des Unternehmens als auch auf die Werte und Denkweisen, die die Kunst visualisieren soll. Darüber hinaus soll durch die Kunst an die Motivation und Identifikation der eigenen Mitarbeiter appelliert werden. Die im Bereich des Corporate Collecting engagierten Unternehmen haben sich innerhalb des Kulturkreises der deutschen Wirtschaft zu einem „Arbeitskreis Corporate Collecting" (ACC) als Austausch- und Beratungsplattform zusammengeschlossen und ein gemeinsames Positionspapier zu ihrer Arbeit herausgegeben http://www.kulturkreis.eu/images/stories/downloads/acc/acc_positionspapier.pdf – Zugriff 21.12.2014).

4.5 Fundraising

Fundraising bezeichnet im deutschen Sprachgebrauch – im Gegensatz zum amerikanischen, wo es als Oberbegriff das Einwerben von öffentlichen wie privaten Mitteln aller Arten umfasst – „das systematische und professionelle Sammeln von Spenden für eine bestimmte kulturelle (oder andere) gemeinnützige Einrichtung oder Aufgabe" (Heinrichs und Klein 2001, S. 120). Fundraising impliziert damit viel mehr als ein weitgehend vom Zufall gesteuertes Entgegennehmen von Spenden.

Fundraising ist eine Methode, nicht eine bestimmte Art von Geldquellen, und erstreckt sich auf jede Form und Herkunft von Spenden, beispielsweise auf öffentliche Spendensammlungen und -aufrufe, auf gezielte Spenden im Rahmen von Veranstaltungen (z. B. Benefiz-Konzerte) und auf Mailing (schriftliche Aufforderung zum Spenden) sowie zahlreiche weitere Ansätze und Vorgehensweisen (auch persönliche Gespräche in privatem Kreis).

Voraussetzung für ein erfolgreiches Fundraising ist bei potenziellen Gebern wie Empfängern ein Verständnis der Gesellschaft, das akzeptiert, dass der Staat nicht alle wünschenswerten Aufgaben leisten kann und die Öffentlichkeit deshalb auf freiwillige Beiträge zum Gemeinwohl angewiesen ist. In Deutschland ist dieses Bewusstsein im Vergleich zu den USA noch deutlich weniger entwickelt und weitgehend nicht als grundsätzliche Haltung, sondern allenfalls als Bereitschaft, in besonderen Problemfällen einen Beitrag zu leisten, vorhanden. Auch aus diesem kulturellen Unterschied erklärt sich ein in den USA mindestens zehnmal höheres Spendenaufkommen von Einzelpersonen bei einer nur dreimal so hohen Bevölkerungszahl wie in Deutschland.

Zu den mittels Fundraising in Deutschland erzielten Erträgen liegen nur Schätzungen vor, die von einem Gesamtvolumen von ca. 2,5 Mrd. € ausgehen. Auf den Bereich Kunst und Kultur entfallen davon geschätzte drei Prozent, also rund 750 Mio. € (Haibach 1998 unter Berufung auf eine Umfrage des Emnid-Instituts).

Das Konzept des Fundraising beruht auf der Annahme eines grundsätzlich bei allen Menschen vorhandenen Gemeinsinns, der sie zu dem Wunsch veranlasst, den Mitmenschen etwas Gutes zu tun. Fundraising ist damit im Gegensatz zum Sponsoring, das sich auf unternehmerische Aktivitäten bezieht, vor allem auf private Geldgeber ausgerichtet und muss sich auf beiden Seiten aus einem personalen Beziehungssystem entwickeln: „People give to people." Im Gegensatz zu wahllos ein breites Publikum ansprechenden anonymen „Bettelaktionen", wie sie sich zum Beispiel vor Weihnachten häufen, ist Fundraising nie unpersönlich und abstrakt, sondern immer individuell und persönlich ausgerichtet. „Fundraising is friendraising."

Strategische Überlegungen zum zielgerichteten Fundraising befassen sich deshalb auch weniger mit dem System des Vorgehens als mit der handelnden Persönlichkeit. Für den erfolgreichen Fundraiser wurden dabei vor allem die folgenden Prinzipien erarbeitet (Lissek-Schütz 1997):

- Er ist überzeugt von der Bedeutung des jeweiligen Projektes bzw. der jeweiligen Einrichtung, denn nur wer selbst von etwas überzeugt ist, kann andere davon überzeugen. Fundraiser verstehen sich deshalb nicht als „Bettler", sondern als „Anwälte und Botschafter einer guten Sache".
- Er geht von der Überlegung aus, dass eine gute Idee alleine noch kein Geld bringt, sondern Menschen mit überzeugenden Argumenten andere Menschen, die bereit sind, Gutes zu tun, ansprechen und von dieser Idee überzeugen müssen. Dies wird nur gelingen, wenn die Sichtweise des jeweils anderen eingenommen wird.
- Er nimmt ein „Nein" nie als endgültige Antwort, sondern hofft auf einen Erfolg beim folgenden Projekt. Somit ist Fundraising kein einseitiges Werben, sondern ein möglichst dauerhafter Kommunikationsprozess in beide Richtungen. Die Nachfrage „Wofür wären Sie speziell bereit, sich zu engagieren?" im Falle einer Ablehnung und die Dokumentation der Antwort sind der erste Schritt der Vorbereitung einer weiteren Fundraising-Aktion.
- Er weiß, dass das Werben um Geld, selbst wenn es im Einzelfall erfolglos bleibt, ein Zweck an sich ist, weil es das jeweilige Projekt oder die kulturelle Einrichtung bei möglicherweise Interessierten besser bekannt macht.
- Er geht kreativ und flexibel vor, indem er sich sorgfältig auf den jeweiligen Gesprächspartner einlässt. Eine für alle Zwecke geeignete Strategie kann es deshalb im Fundraising nicht geben.

4.5 Fundraising

Ein systematisches Fundraising als Spendenmarketing unterscheidet sich vom herkömmlichen, eher vom Zufall gesteuerten Einwerben von Spenden vor allem dadurch, dass es

- eng in die allgemeine Kommunikation der jeweiligen Kultureinrichtung eingebunden ist,
- deshalb systematischer und personenbezogener vorgehen kann und sich dadurch von anonymen breiten Spendenaufrufen unterscheidet,
- den individuellen Kontakt zu dem jeweiligen Spender pflegt und versucht, ihn möglichst lange und intensiv an die jeweilige Kultureinrichtung zu binden.

Je größer die potenzielle Zuwendung ist, desto mehr Zeit und Anstrengung müssen in der Regel seitens der Kultureinrichtung aufgewendet werden, um den Spender zu überzeugen und sein Engagement aufrechtzuerhalten. Allerdings ist es nicht sinnvoll, sich ausschließlich auf wenige Großspender zu konzentrieren. Gerade um potenzielle Spender möglichst früh zu erreichen und an die Einrichtung zu binden, ist es auch erforderlich, sich mit Sorgfalt um die viel größere Zahl von (zunächst) kleinen Spendern zu bemühen.

Fundraising kann nur ergiebig sein, wenn das Publikum zuvor und begleitend durch eine langfristige Öffentlichkeitsarbeit darauf vorbereitet wurde, auf seine Spendenwilligkeit angesprochen zu werden (Jeffri 1997). Die Praxis des Fundraising muss deshalb auf zwei Ebenen agieren:

- in der Form einer Öffentlichkeitsarbeit, die das Publikum auf das Spenden einstimmt (z. B. Aufwertung auch kleiner Summen als gemeinnützige Tugend, Aufklärung über die Verwendung der Gelder, Hervorhebung der Notwendigkeit gesellschaftlichen Engagements als Gegengewicht zu obrigkeitlicher Administration). Erst durch eine gezielte Öffentlichkeitsarbeit werden ein Imagetransfer von der Institution auf die privaten Spender und ein Bewusstsein von gesellschaftlicher Mitwirkung auch bei kleinen Spenden wirksam.
- in der Professionalität der Planung, Durchführung und Evaluation der konkreten Aktion (technische Planung, Schulung oder Einführung der Werber, Terminplan, Information der Öffentlichkeit, behördliche Genehmigungen und Ermittlung der Kosten der Aktion). Zu berücksichtigen ist dabei auch, dass spezifische Veranstaltungen wie Benefiz-Konzerte, Weihnachtsbazare, Verlosungen etc. ihrerseits des professionellen Kulturmanagements bedürfen und zunächst Geld kosten, bevor sie Geld einbringen können. Ein zu Buche schlagender Erfolg stellt sich oft erst nach mehreren Aktionen ein.

4.6 Merchandising

Merchandising ist ein Sammelbegriff für spezifische, meist mit dem kulturellen Thema der Einrichtung eng verbundene Warenangebote (z. B. Bücher, CDs, Postkarten, Plakate, Souvenirs), die den Besuchern oder Teilnehmern einer Veranstaltung zusätzlich zum Hauptangebot nahe gelegt werden. Die Erlöse aus dem Merchandising können einen beachtlichen Anteil der eigenen Einnahmen ausmachen, wenn die Zusatzangebote originell und attraktiv sind. Die Verkaufseinrichtungen können verpachtet oder von der jeweiligen Institution selbst betrieben werden.

Diese Form der Leistungsergänzung schließt in einem weiteren Sinn auch die verschiedenen Arten gastronomischer Angebote sowie Sonderdienste wie beispielsweise die Ausrichtung von Kindergeburtstagen ein.

Professionelles Merchandising (Hütter 1997) zeichnet sich durch gezielte organisatorische Vorkehrungen (z. B. werden die Museumsbesucher nach ihrem Rundgang zwangsläufig in den Verkaufsraum geleitet, in anderen Fällen können Passanten den Verkaufsraum aufsuchen, ohne das Museum besuchen zu müssen) und durch eine teilweise auch weit über den direkten kulturellen Bezug hinausgehende Sortimentsgestaltung in den Shops aus (T-Shirts, Krawatten, bemalte Teller und Vasen, allgemeines Buchsortiment usw.).

Einer der Pioniere auf diesem Gebiet war der 1894 gegründete National Trust (der wahrscheinlich größte Kulturverein der Welt und mittlerweile größte Grundbesitzer in Großbritannien), der einen erheblichen Teil seiner jährlichen Einnahmen aus Merchandising bezieht (Jenkins und James 1994).

Ein Kulturwarenhandel, wie man in diesem Fall das Wort Merchandising übersetzen könnte, floriert nur dort, wo ein ausreichender Besucher- oder Passantenstrom zu erwarten ist und genügend Zeit und Platz verfügbar sind, um sich nach dem Besuch einer Ausstellung oder Veranstaltung im Kultur-Shop aufhalten zu können. Merchandising ist deshalb vor allem einsetzbar in großen Institutionen wie Museen und Theatern sowie bei allen Festivals und Sonderveranstaltungen, die ständig oder zu besonderen Anlässen mit dem Publikum physisch in Kontakt kommen.

Die aus dem Merchandising zu erzielenden Gewinne stehen in einem unmittelbaren Zusammenhang mit der Preisgestaltung einer Einrichtung. Die Neigung der Besucher, neben dem Besuchsprogramm auch die Angebote der Gastronomie und der Shops zu nutzen, reduziert sich, wenn die Eintrittspreise als zu hoch empfunden werden (Hütter 1997, S. 29).

4.7 Sponsoring

Geldquellen für kulturelle Institutionen und Projekte werden zukünftig zunehmend auch im unternehmerischen und privaten Bereich zu suchen sein. Solange die Idee des Wirtschaftswachstums die Akkumulationskreisläufe der Wirtschaft beherrscht, können Mittel dort allerdings nur auf freiwilliger und damit relativ unverbindlicher Basis für außerwirtschaftliche Zwecke verwendet werden. Diese Freiwilligkeit enthebt die Wirtschaft aber nicht von der grundsätzlichen Verpflichtung, Kultur zu fördern, zumal sie in der Gegenwart – wie die höfische Gesellschaft und Kultur in der Vergangenheit – den gesellschaftlichen Gewinn abschöpft und bündelt. Aus diesem Überfluss kann und muss sie Kultur fördern in dem Bewusstsein, dass Kultur als Entwicklungspotenzial moderner Gesellschaften eine entscheidende Größe ist. Eine Gesellschaft verfällt auch ökonomisch, wenn das kulturelle Leben in seiner Dynamik retardiert.

In einer sozial und ökologisch orientierten Marktwirtschaft werden von den Unternehmen über die Bereitstellung von Produkten und Dienstleistungen die Bereitschaft und der Wille zur Übernahme von Verantwortung für das Gemeinwesen im Sinne eines „Corporate Citizenship" (Westebbe und Logan 1995) erwartet. Diese Ansprüche können sie unter anderem durch Maßnahmen zur Kulturförderung realisieren.

Die Bereitschaft zur Kulturförderung hat vor allem bei vielen von Eigentümern geführten Unternehmen eine lange mäzenatische Tradition. Mehr und mehr verfolgen Unternehmen jedoch bei allen Engagements außerhalb der unmittelbaren Unternehmensziele auch ein Eigeninteresse. Mit einer Kulturförderung können beispielsweise folgende Erwartungen verbunden sein:

- positives gesellschaftliches Klima
- Integration in und Unterstützung durch die Gesellschaft
- Motivation von Mitarbeitern und potenziellen Bewerbern bezüglich Lebensgefühl, Standortfaktor und positiver Identifikation mit dem Unternehmen
- Wettbewerbsvorteile, die unabhängig vom eigentlichen Produkt- oder Dienstleistungsangebot zu erringen sind

Ein darüber hinaus gehender möglicher Nutzen für Unternehmen basiert auf den für Kultur konstitutiven Merkmalen wie Kreativität, Innovationsfähigkeit, Produktivität und Publizität.

Unter Sponsoring werden finanzielle Mittel oder Sachleistungen verstanden, die ein Unternehmen aus wirtschaftlichen Überlegungen einem Empfänger überlässt. Kultursponsoring umfasst vorrangig die Förderung von Veranstaltungen,

Baumaßnahmen und Ankäufen im Kulturbereich durch Unternehmen zum Zweck der Imageverbesserung, Kundenpflege oder Produktpräsentation.

Der Grundgedanke des Sponsorings liegt – anders als beim Mäzenatentum – im Prinzip der Gegenseitigkeit (Heinze 2002). Die Kultureinrichtung bietet ihren guten Ruf in der Öffentlichkeit als Vehikel zum Transport von Werbebotschaften – zumeist die Namensnennung des Sponsors – an. Sie erhält dafür ein Entgelt, dessen Höhe von den Gegebenheiten des Einzelfalls abhängt. Der kulturellen Einrichtung wird also nichts geschenkt oder gespendet, sondern sie stellt ihre öffentliche Wahrnehmbarkeit als Hintergrund für kommerzielle Werbung zur Verfügung. Sponsoring kann für kulturelle Einrichtungen erfolgreich sein, wenn bestimmte Bedingungen – vor allem die Verträglichkeit des kulturellen Angebots mit den beabsichtigten Werbebotschaften und der Art der Tätigkeiten des Sponsors – gegeben sind.

Dennoch darf Sponsoring nicht nur als finanzielle Transaktion verstanden werden. Der Sponsor nutzt die kommunikativen Potenziale und Wirkungen einer kulturellen Einrichtung, weil sie ein hohes Ansehen genießt und ein Publikum anspricht, das im Großen und Ganzen mit den Kundenkreisen des Sponsors übereinstimmt. Rein lokal oder regional operierende Kultureinrichtungen werden deshalb eher solche Sponsoren finden, deren Märkte ebenfalls an dem betreffenden Ort und in dessen Umgebung liegen. Nur national oder international arbeitende und renommierte Kultureinrichtungen können sich erfolgreich mit überregional präsenten Firmen als Sponsoren verbinden. In jeden Fall hat die Tatsache, dass die kommunikative Ebene den Kern des Sponsorings ausmacht, zur Folge, dass die betreffende Kultureinrichtung ihr öffentliches Image pflegen muss, daran keine beliebigen Änderungen vornehmen kann und sich keine Skandale leisten darf, wenn sie nicht den Verlust des Sponsors riskieren will. Diese Rücksichtnahme auf den Sponsor kann in manchen Fällen durchaus bis in die Programmpolitik und Veranstaltungsplanung der Einrichtung hineinwirken.

Gleichzeitig findet aber auch ein rückwirkender Image-Transfer statt: Der Sponsor nutzt nicht nur das Image der Kultureinrichtung, sondern auch dessen Image bekommt durch das Sponsoring einen neuen Akzent.

Aktivitäten von Sponsoren beziehen sich fast ausschließlich auf den Bereich besonderer Projekte und kaum auf den institutionellen Teil der kulturellen Arbeit. Mit Ausnahme der Musikfestivals (2008 hatte beispielsweise das Rheingau Musik Festival einen Sponsorenanteil an seinen Ausgaben von 49 %) betrug der Beitrag des Kultursponsorings zu den Grundlasten der kulturellen Institutionen und Projekte in der Form einer institutionellen Förderung weniger als ein Prozent. Kultursponsoring kann schon deshalb die öffentliche Kulturförderung nicht ersetzen, die in fast allen Fällen den größten Anteil an der Sicherung des dauernden Bestandes der Einrichtungen trägt. Kultursponsoring kann aber helfen, zusätzliche Projekte zu realisieren, die aus den regulären Etats nicht zu finanzieren sind.

4.7 Sponsoring

Sowohl die Einnahmen der Kultureinrichtungen aus Sponsorengeldern als auch die diesbezüglichen Ausgaben der Unternehmen müssen aus steuerlichen Gründen von anderen Einnahmen bzw. Ausgaben abgegrenzt werden. Zu diesem Zweck hat die Steuerverwaltung des Bundes eine rechtlich verbindliche Definition des Sponsorings festgelegt: „Unter Sponsoring wird üblicherweise die Gewährung von Geld oder geldwerten Vorteilen durch Unternehmen zur Förderung von Personen, Gruppen und/oder Organisationen in sportlichen, kulturellen, kirchlichen, wissenschaftlichen, sozialen, ökologischen oder ähnlich bedeutsamen gesellschaftspolitischen Bereichen verstanden, mit der regelmäßig auch eigene unternehmensbezogene Ziele der Werbung oder Öffentlichkeitsarbeit verfolgt werden. Leistungen eines Sponsors beruhen häufig auf einer vertraglichen Vereinbarung zwischen dem Sponsor und dem Empfänger der Leistungen (Sponsoring-Vertrag), in dem Art und Umfang der Leistungen des Sponsors und des Empfängers geregelt sind" (Bundesministerium der Finanzen vom 18.02.1998, veröffentlicht im Bundessteuerblatt 1998, S. 212).

Kultursponsoring ist nicht unumstritten. Neben den allgemeinen Vorbehalten gegen eine wirtschaftliche Professionalisierung kultureller Institutionen und Projekte, die gerade im Zusammenhang mit dem Sponsoring immer wieder vorgetragen werden, resultieren Bedenken vor allem aus der Befürchtung, durch Sponsoring erzielte Einnahmen könnten zu einer Reduzierung der Zuwendungen der öffentlichen Hand führen.

Zu den ersten und pointiertesten Vertretern dieser Argumentation gehörte der Bildende Künstler Klaus Staeck, der sich schon 1996 in der „Düsseldorfer Erklärung", die eine breite öffentliche Resonanz fand, gegen eine zunehmende Kulturfinanzierung durch die Wirtschaft gewandt hatte. Inzwischen zum Präsidenten der Akademie der Künste in Berlin gewählt, griff Staeck im Mai 2010 vor dem Hintergrund der Finanz- und Wirtschaftskrise seine damalige Kritik nochmals auf: „Zusammen mit Hans Haacke habe ich 1996 die Düsseldorfer Erklärung ‚Kunst und Geld' verfasst. Ihr schlossen sich binnen Kurzem hunderte von Künstlern, Kritikern und Museumsleute an. Der zentrale Satz unseres Manifestes lautete: ‚Jede private Mark (heute Euro), die zusätzlich in die Kultur fließt, ist zu begrüßen. Jede private Mark (Euro) jedoch, die eine öffentliche ablöst, birgt die Gefahr einseitiger Einflussnahme von Privatpersonen und Unternehmen auf öffentliche Institutionen.' Dass unsere Warnungen überall gehört wurden, lässt sich nicht gerade behaupten. Wären sie ernst genommen worden, hätte sich nicht so manches Kunstschweinchen Schlau in den Institutionen auf die scheinbar endlos sprudelnden Quellen Sponsoring und Private Partnership verlassen. Haben die Sponsoren mehrheitlich schon immer auf Events gesetzt, drehen viele in Krisenzeiten den Geldhahn ganz zu. So klopfen viele Vermittler wieder bei Vater Staat an, der in Deutschland schon immer bis zu 95 % der Kulturausgaben trug" (Begrüßung der

Teilnehmer an der IV. Deutsch-Spanischen Kulturbegegnung am 27.5.2010; http://www.adk.de/de/programm/rueckblick/index.htm?we_objectID=25160 – Zugriff 17.12.2014).

In der Praxis sind Staecks Befürchtungen allerdings zumindest nicht in größerem Ausmaß Realität geworden. Die öffentlichen Haushalte haben ganz im Gegenteil positiv auf die zunehmenden Aktivitäten der Kultureinrichtungen auf dem Gebiet des Sponsorings reagiert und bemühen sich, diese nicht nur nicht durch den Entzug eigener Mittel zu „bestrafen", sondern zu unterstützen. Dazu dienen entweder eigene Einnahmetitel mit korrespondierenden Ausgabetiteln für Sponsoringeinnahmen, die es ermöglichen, Sponsoringeinnahmen in voller Höhe auszugeben, ohne dass dies Auswirkungen auf den sonstigen Haushalt hätte, oder diesbezügliche Vereinbarungen zwischen den Einrichtungen und ihren Trägern. Dabei werden nicht selten Sponsoringeinnahmen dergestalt an öffentliche Haushaltstitel gekoppelt, dass diese aufgrund der Einnahmen nicht nur nicht reduziert, sondern als Anerkennung für eine erfolgreiche Mitteleinwerbung zur Realisierung eines besonderen zuvor verabredeten Projekts aufgestockt werden (z. B. für jeden Euro aus einer anderen Quelle stellt der Träger einen weiteren Euro aus seinem Haushalt zur Verfügung).

Realere Risiken des Kultursponsorings entstehen aus der Tatsache, dass das Engagement von Unternehmen als Sponsoren von deren wirtschaftlicher Lage und der Schwerpunktsetzung der Marketingstrategie abhängig ist und deshalb nicht langfristig verlässlich geplant werden kann. Dies wiegt jedoch weniger schwer, wenn – wie in den meisten Fällen – Sponsorenmittel nicht für den laufenden Betrieb, sondern für besondere Projekte verwendet werden.

Grundsätzlich nicht unbegründet sind Bedenken, Sponsoren könnten mit ihrem finanziellen Engagement versuchen, auf die kulturellen Inhalte entweder unmittelbar oder durch eine allgemeine Popularisierung und Kommerzialisierung Einfluss zu nehmen. Obwohl es für diesbezügliche konkrete Konflikte kaum Beispiele gibt, muss im Blick bleiben, dass Kultursponsoring im Gegensatz zu anderen Arten von privaten Drittmitteln ein Geschäft auf Gegenseitigkeit ist. Der Sponsor erwartet für seine Leistungen eine Gegenleistung der gesponserten Kultureinrichtung (vgl. Tab. 4.3). Kultursponsoring ist auf einen Zweck ausgerichtet, der darin besteht, dass Vertreter der Wirtschaft mit Repräsentanten der Kultur zusammenarbeiten, um gemeinsame oder jeweils spezifische Ziele zu erreichen. Beide Aspekte sollten möglichst in einem Sponsoring-Vertrag verbindlich vereinbart werden, um die unterschiedlichen Interessenlagen in ein beiden Seiten gerecht werdendes Verhältnis zu bringen und Missverständnisse auszuschließen.

Für die beteiligten Unternehmen ist Kultursponsoring vor allem ein Mittel, um damit Ziele der Unternehmenskommunikation – sowohl nach innen als auch nach außen – zu erreichen. Dabei spielen insbesondere die folgenden Aspekte eine Rolle (Höhne 2009, S. 226):

4.7 Sponsoring

Tab. 4.3 Mögliche Leistungen und Gegenleistungen von Sponsoring. (Quelle: Höhne 2009, S. 226)

Leistungen	Gegenleistungen
Zuschüsse zur Gesamtfinanzierung	Nennung der Sponsoren, Schirmherrschaft
Ausschreibung von Preisen	Gelegenheit zu Reden der Unternehmensvertreter
Gewährung von Stipendien	Aufdruck des Namens auf Plakaten, Programmen etc.
Ankauf von Kunstobjekten für Kultureinrichtungen	Anzeigen im Programmheft
Ankauf von Kunstobjekten für das eigene Unternehmen	Freikarten oder VIP-Karten zu bestimmten Veranstaltungen
Errichtung von Stiftungen	Produktpräsentationen oder Einsatz von Produkten (Product Placement)
Bezahlung von Sachleistungen Dritter (z. B. Reisekosten)	Exklusivveranstaltungen
Übernahme von Sachleistungen (Druck von Plakaten, Katalogen)	Werbemaßnahmen im Umfeld
Übernahme von Dienstleistungen (Öffentlichkeitsarbeit, Logistik)	Vergabe von Prädikaten und Titeln
Freistellung von Mitarbeitern zur Unterstützung	Erwähnung des Sponsors in Pressemitteilungen, Geschäftsberichten, im Internet

- gesellschaftspolitische Motivation: Unternehmen wollen dokumentieren, dass sie ihrer gesellschaftlichen Verantwortung gerecht werden (Corporate Citizenship).
- unternehmenskulturelle Motivation: Unternehmen wollen durch einen Imagetransfer von den gesponserten Kultureinrichtungen ihr eigenes Image verbessern oder verändern.
- Innovationsaspekt: Unternehmen wollen von der Fähigkeit der Kultur, gesellschaftliche Trends früher wahrzunehmen als andere Bereich der Gesellschaft, profitieren.
- Schaffung von Gelegenheiten zur Pflege der Kundenbeziehung: Unternehmen bieten ihren Kunden zusammen mit den Kultureinrichtungen besondere Erlebnismöglichkeiten an. Durch die gezielte Auswahl eines bestimmten Ereignisses können einzelne Zielgruppen mit ihren spezifischen Interessen angesprochen werden. Nachdem die Bayerische Staatsoper Vertreter und Kunden ihrer Hauptsponsoren nach einer Premiere zu einem Empfang mit dem Intendanten und einer weltbekannten Sängerin eingeladen und die Medien breit darüber berichtet hatten, dienten sich dem Vernehmen nach am folgenden Tag zehn weitere große Unternehmen der Staatsoper als künftige Sponsoren an.

- personalpolitische Motivation: Unternehmen steigern die Motivation ihrer Mitarbeiter durch (häufig als besondere Leistungsprämie ausgelobte) Einladungen zu kulturellen Ereignissen.
- monetäre Motivation: Unternehmen können durch ihre Ausgaben für Sponsoring grundsätzlich ihre Steuerlast reduzieren.
- symbolische Motivation: Da Produkte und Dienstleistungsangebote immer ähnlicher werden, wollen Unternehmen durch Kultursponsoring ein spezifisches und über die reine wirtschaftliche Funktionalität hinausgehendes Profil entwickeln.

Während bis dahin das traditionelle Mäzenatentum die private Kulturförderung dominierte und Kultursponsoring eher im Verdacht des Unseriösen stand, gibt es seit den 1980er Jahren auch in Deutschland erste, zunächst allerdings noch unprofessionelle Ansätze für das damals in den USA schon längst etablierte Kultursponsoring. In den 1990er Jahren wurde das Kultursponsoring dann eines der ersten intensiv beleuchteten Themen des Kulturmanagements und eine weit verbreitete Praxis.

Inzwischen dürfte der Markt des Kultursponsorings seiner Sättigungsgrenze nahe gekommen sein. Dies liegt einerseits daran, dass die Zahl der für das Sponsoring geeigneten Kulturbetriebe begrenzt ist, da sich die Einrichtungen sowohl thematisch eignen als auch über eine gewisse Größe und die damit verbundene öffentliche Wahrnehmbarkeit verfügen müssen, um die erwarteten Gegenleistungen erbringen zu können. Darüber hinaus hat das Kultursponsoring inzwischen im Rahmen des Spektrums der Möglichkeiten von Sponsorenaktivitäten den Reiz des Neuen und Exklusiven verloren und zudem mit dem Umweltschutz und der Unterstützung der stark diversifizierten und regionalisierten Medienlandschaft zusätzliche Konkurrenz bekommen. Zudem wurden Sponsoringmaßnahmen größtenteils in das allgemeine Marketing von Unternehmen integriert und damit auch langfristig festgelegt sowie immer deutlicher selektiert, profiliert und konzentriert, sodass es immer schwieriger wird, spontane oder überhaupt neue Sponsoren für den Kulturbereich zu gewinnen.

Nach der einzigen verlässlichen Zahl zum Kultursponsoring, die allerdings auf der schmalen empirischen Basis von 265 Unternehmen beruht, betrug das durchschnittliche Engagement der deutschen Unternehmen im Jahr 2008 in diesem Bereich rund 300.000 € (Kulturkreis der deutschen Wirtschaft im BDI e. V. 2012, S. 23 f.). Es wird jedoch davon ausgegangen, dass Unternehmen rund 300 bis 400 Mio. € jährlich für Kultursponsoring ausgeben. Während manche Autoren prognostizieren, dass der Betrag langfristig auf diesem Niveau stagnieren wird (Klein 2008, S. 231, 236), vermuten andere eine steigende Tendenz (http://www.akademie.de/wissen/kultursponsoring-fundraising – Zugriff 06.09.2014).

4.7 Sponsoring

Nach der Studie SPONSOR VISIONS 2012 des Fachverbandes Sponsoring FASPO (http://www.presented-by.de/allgemein_category/sponsor-visions-2012/ – Zugriff 06.09.2014) sahen Experten für 2012 ein Sponsoringvolumen von insgesamt 4,4 Mrd. €. Bis 2014 sollte dieses Volumen auf 4,8 Mrd. ansteigen, wobei die größte Steigerung das Sport-Sponsoring mit einem Anstieg von 2,8 auf 3,0 Mrd. erzielen sollte. 98 % der befragten Unternehmen setzen auf Sport-Sponsoring, 54 % übten Public-Sponsoring aus, indem sie öffentliche Institutionen, wissenschaftliche Einrichtungen und soziale Projekte unterstützten. 54 % betrieben Kultur-Sponsoring und 44 % Medien-Sponsoring.

Im Vordergrund der Sponsoringaktivitäten stehen für die Unternehmen laut dieser Studie die Themen Image, Bekanntheitsgrad, Kontaktpflege und Kundenbindung. Nur jedes zweite befragte Unternehmen will mit seinem Sponsoring auch gesellschaftliche Verantwortung beweisen. Konkrete Absatz- und Umsatzziele wollen 26 % erreichen.

50 % der befragten Sponsoring-Spezialisten erwarten, dass Öko-Sponsoring künftig größere Bedeutung haben wird. 44 % gehen davon aus, dass Sponsoring im sozialen Bereich wachsen wird, eine Steigerung des Schul-Sponsorings sehen 42, und 38 % meinen, dass Wissenschaftssponsoring zunehmen wird. 44 % der Befragten erwarten eine weitere Zunahme der Sponsoring-Projekte im Rahmen des Klimaschutzes und 38 % mehr Sponsoring auf dem Themenfeld der Energiefragen. Das Spektrum von Sponsoringaktivitäten wird sich damit bei einem etwa gleich bleibenden finanziellen Volumen signifikant erweitern. Der Wettbewerb um die Mittel der Sponsoren wird sich deshalb erheblich verschärfen.

Beim Publikum wird Kultursponsoring entgegen den Befürchtungen mancher für Kultur Verantwortlicher weitgehend akzeptiert, allerdings in einem nach der Art der Projekte unterschiedlichen Maße: Sponsoring für Ausstellungen fand die breiteste Akzeptanz (67 %), gefolgt von klassischer Musik (61 %) und Popkonzerten (61 %). Sponsoringaktivitäten bei Opernaufführungen akzeptieren 57 % des Publikums (Höhne 2009, S. 236).

Eine Erfolgskontrolle des Kultursponsorings, die jenseits einer bloßen Beobachtung des Mittelflusses die Ergebnisse des Sponsorings für das sponsernde Unternehmen und die beteiligte Kultureinrichtung zu messen versucht, macht deutlich, dass der Erfolg des Kultursponsorings von differenzierten strategischen Überlegungen zu den zu vermittelnden Botschaften, dem sich engagierenden Unternehmen und dem gesponserten Ereignis abhängt. Nur wenn diese drei Elemente zueinander passen, kann der intendierte Imagetransfer erfolgreich verlaufen und das Zielpublikum nachhaltig erreicht werden. So wurde das Sponsoring der Firma Audi bei den Salzburger Festspielen von 83 % der Befragten wahrgenommen, das Engagement von VW beim Musikfest am Ring (Nürburgring) von 87 %, das Engagement der Deutschen Bahn für die zeitgenössische Literatur mit dem Literaturexpress jedoch nur von 28 %.

4.8 Stiftungen

Die Tätigkeitsbereiche von Stiftungen lassen sich grundsätzlich drei verschiedenen Sparten zuordnen:

- Trägerstiftungen arbeiten als institutionelle Träger für bestimmte kulturelle Aufgaben (z. B. Stiftung Schleswig-Holsteinische Landesmuseen Schloss Gottorf). Sie haben den ausschließlichen Stiftungszweck, einer oder mehreren Einrichtungen einen institutionellen Rahmen zu geben und deren Arbeit mithilfe ihrer Strukturen (z. B. des Stiftungsrates) zu unterstützen. Sie verpflichten sich damit nicht nur einer Thematik, sondern auch einer kulturellen Infrastruktur und sind für die dort beschäftigten Mitarbeiter verantwortlich. Zu manchen dieser Stiftungen gehört auch die Verpflichtung zum Unterhalt der von ihnen genutzten Gebäude, andernorts sind diese in der Verwaltung Dritter (z. B. des zentralen Immobilienmanagements eines Landes oder einer Kommune) und werden der Stiftung lediglich zur Nutzung zur Verfügung gestellt. In dieser Konstruktion werden in Deutschland etwa 200 Museen und rund 170 Bibliotheken betrieben. Während Trägerstiftungen somit zu den Rechtsformen für Kulturbetriebe gehören, sind Förderstiftungen und operative Stiftungen Partner des Kulturmanagements.
- Förderstiftungen stellen die Erträge (z. B. die Zinsen) ihres Stiftungskapitals Dritten zur Verfügung (z. B. Stiftungen der Sparkassen-Finanzgruppe). Sie unterstützen ihrem Stiftungszweck entsprechende Projekte anderer, ohne selbst Träger zu sein. Zu diesem Typus gehört der größte Teil der im Kulturbereich tätigen Stiftungen.
- Operative Stiftungen realisieren ihren Stiftungszweck über eigene Förderprogramme. Sie führen in der Regel Projekte in eigener Verantwortung durch (z. B. Robert Bosch Stiftung).

In der Praxis sind allerdings Mischformen der Aktivitäten von Stiftungen sehr häufig. Der Bundesverband Deutscher Stiftungen geht davon aus, dass 60 % aller Stiftungen fördernd tätig sind, 20 % operativ arbeiten und weitere 20 % beide Arbeitsformen verbinden (Klein 2008, S. 241).

Im Bereich von Kunst und Kultur waren mit Stand vom Februar 2014 15,2 % aller Stiftungen tätig (vgl. Abb. 4.2).

4.8 Stiftungen

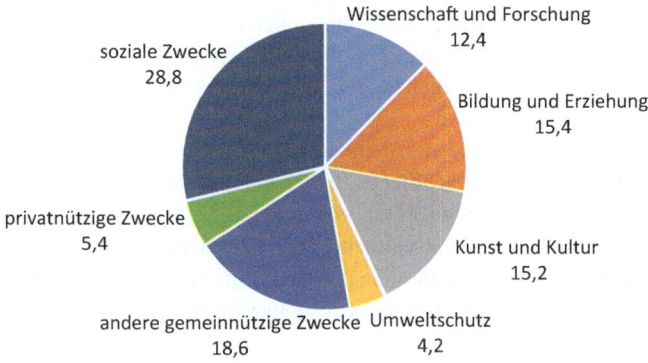

Abb. 4.2 Gewichtete Verteilung der Stiftungszweckhauptgruppen in %. (© Eigene Graphik, Daten: http://www.stiftungen.org/fileadmin/bvds/de/Presse/Grafiken__Zahlen__Daten/2013/Stiftungszwecke_2013.pdf – Zugriff 07.09.2014)

Über das jährliche Ausschüttungsvolumen von Stiftungen im Bereich der Kunst- und Kulturförderung gibt es keine exakten Zahlen, es wird jedoch auf 125 bis 130 Mio. € geschätzt. Dass diese Summe noch einen Spielraum für weitere Steigerungen offen lässt, wird angesichts der Zahlen auf dem Gebiet von Wissenschaft und Forschung deutlich. Dort schüttete alleine die VolkswagenStiftung für das Jahr 2013 über 165 Mio. € aus.

In den letzten beiden Jahrzehnten fand ein wahrer Gründungsboom von Stiftungen statt: Während in den 1970er Jahren 789 Stiftungen gegründet wurden, stieg die Zahl in den 1980er Jahren auf 1576, in den 1990er Jahren verdoppelte sie sich abermals auf 3651. Im Jahrzehnt nach 2000 gab es 4800 Neugründungen (Klein 2008, S. 238). Zumindest im Kulturbereich stieg damit aber die zur Verfügung stehende Zuwendungssumme nicht im selben Maß an, da viele Stiftungen lediglich als alternative Rechtsform an die Stelle traditionellen Mäzenatentums traten. Diese Stiftungen wurden entweder durch den Stifter des Vermögens selbst oder dessen Nachfahren ins Leben gerufen und tragen zumeist auch dessen Namen.

Zum Ende des Jahres 2013 bestanden in Deutschland 20.150 Stiftungen (Steigerung gegenüber dem Vorjahr um 638, entsprechend 3,1 %) mit einem Gesamtvermögen von über 100 Mrd. €, wobei allerdings fast drei Viertel der Stiftungen über ein Grundstockvermögen von weniger als einer Mio. Euro verfügten (http://www.stiftungen.org/fileadmin/bvds/de/Presse/Pressematerial/DST_PK_2014/BvDS_Stiftungen_in_Zahlen_2013.pdf – Zugriff 07.09.2014). Auch aufgrund von

Novellierungen des Spenden-, Gemeinnützigkeits- und Stiftungszivilrechts in den Jahren 2000, 2007 und 2013, die die Rahmenbedingungen für Stiftungen deutlich verbesserten, ist davon auszugehen, dass die Zahl der Stiftungen in den nächsten Jahren weiter anwachsen wird.

Unter anderem als Folge der demographischen Entwicklung entsteht in den nächsten Jahrzehnten ein beachtliches Erbschaftspotenzial, das teilweise keine direkten Erben hat. Diese Entwicklung könnte dazu beitragen, dass ähnlich wie in den USA auch in Deutschland vermehrt über Erbschaften neue Stiftungsvermögen entstehen. Voraussetzung für eine derartige Entwicklung ist jedoch das konsequente und langfristige Bemühen der Kultureinrichtungen zur Erschließung dieses Potenzials.

Laut dem Bundesverband Deutscher Stiftungen stehen hinter 60 % aller Stiftungen Privatleute, deren Stiftungsgründung Ausdruck eines spezifischen bürgerschaftlichen Engagements ist. Ihre wichtigsten Motive sind der Wunsch, etwas zu bewegen (68 %), der Ausdruck gesellschaftlichen Verantwortungsbewusstseins (66 %), das Bedürfnis, der Gesellschaft etwas zurückzugeben (41 %), und die Absicht, Aktivitäten aus dem Berufsleben in einer anderen Form fortzuführen (26 %) (Klein 2008, S. 238 f.). Stiftungsgründer werden somit hauptsächlich von altruistischen Motiven bewegt, der Wunsch nach einer Steuerersparnis spielt nur am Rande eine Rolle. „Bestimmt sich Zivilgesellschaft wesentlich aus dem freiwilligen, selbst ermächtigten und selbst organisierten Handeln von Bürgerinnen und Bürgern für die Gesellschaft, so stellen die Stiftungen eine der Möglichkeiten dar, diesen Anspruch unter Aspekten der Nachhaltigkeit, Autonomie, Individualität zu verwirklichen" (Höhne 2009, S. 217).

Sowohl der Bund als auch die Länder fördern den Kulturbereich nicht nur durch die in den jeweiligen Haushalten zur Verfügung gestellten Mittel, sondern auch durch eigene Stiftungen. Diese unterstützen kulturelle Institutionen und Projekte nach einem festgelegten Antrags- und Bewilligungsverfahren, das in der Regel eine Begutachtung durch externe Sachverständige sowie ein mehrstufiges Verfahren der Entscheidung in den eigenen Gremien umfasst.

2002 wurde die Kulturstiftung des Bundes mit Sitz in Halle gegründet. Sie ist mit knapp 38 Mio. € Projektgeldern die größte öffentlich-rechtliche Kulturstiftung in Europa. Die Kulturstiftung des Bundes fördert Kunst und Kultur im Rahmen der Zuständigkeit des Bundes. Sie organisiert und unterstützt sowohl eigene Projekte als auch die von externen Antragstellern. Inhaltlicher Schwerpunkt ist dabei die Förderung innovativer Programme und Projekte im internationalen Kontext. Weitere Themenschwerpunkte sind Kunst und Stadt, der Regionalschwerpunkt Osteuropa und kulturelle Aspekte der Deutschen Einheit.

Von den damaligen deutschen Ländern – die neuen Länder traten nach 1990 bei – wurde 1987 die Kulturstiftung der Länder mit Sitz in Berlin gegründet. Ihre

4.8 Stiftungen

Stiftungsaktivitäten beziehen sich insbesondere auf die Erhaltung des kulturellen Erbes sowie den Schutz deutschen Kulturgutes gegen Abwanderung in das Ausland. Neben der Gewährung von Fördermitteln vor allem für Ankäufe durch Museen, Sammlungen, Bibliotheken und Archive und für Ausstellungen unterstützt die Kulturstiftung der Länder auch einige Kultureinrichtungen (z. B. den Deutschen Museumsbund und die Deutsche Akademie für Sprache und Dichtung) institutionell. Neben der Fördertätigkeit aus eigenen Mitteln leistet die Kulturstiftung der Länder eine wichtige Vermittlungsaufgabe zwischen den Bereichen der öffentlichen und der privaten Kulturfinanzierung, indem sie intensive Kontakte zu den unternehmensnahen Kulturstiftungen pflegt und diese zu gemeinsamen Förderungen anregt. In diesem Zusammenhang baute die Kulturstiftung der Länder mit dem Bundesverband Deutscher Stiftungen und dem Kulturkreis der deutschen Wirtschaft im BDI die Datenbank „Deutsches InformationsZentrum Kulturförderung" auf, die Informationen über Fördermöglichkeiten kunst- und kulturfördernder Stiftungen, Unternehmen und anderer Einrichtungen in Deutschland bereithält (www.kulturfoerderung.org – Zugriff 18.02.2015).

Die zunehmende Zahl unternehmerisch initiierter Stiftungen trägt dem wachsenden Gestaltungswillen sowie der Absicherung einer langfristigen Förderpolitik der Stifter aus dem Umfeld der Wirtschaft Rechnung, wobei durch Zusammenarbeit und Kooperation von öffentlicher Hand und privaten Geldgebern synergetische Effekte im Hinblick auf die Förderung komplexer und anspruchsvoller Kulturprojekte erzielt werden können. Bei solchen Projekten kann auch die Zusammenarbeit von Trägern verschiedener Rechtsformen realisiert werden.

In der Kombination mit Elementen des Fundraising als Form des Spendensammelns innerhalb der Bürgerschaft zum Erhalt oder der Institutionalisierung von Projekten eröffnen sich neue Möglichkeiten der gezielten Einbeziehung der Bürger in infrastrukturelle kommunale Entwicklungen, die identitätsstiftend wirken.

„Im Interesse der Eigenbeteiligung Interessierter wie im Interesse der Wirtschaftlichkeit sind alle Formen privater Mitfinanzierung, privater Stiftungen und Dotationen, privaten Mäzenatentums neben der staatlichen Finanzierung zu ermuntern" (Plagemann 1997, S. 162). Die Frage allerdings, welche Gruppen oder Institutionen künftig in die Mitverantwortung und Mitfinanzierung einer kulturellen Einrichtung (z. B. des städtischen Museums) einbezogen werden sollen, lässt sich kaum umfassend beantworten, wenn nicht Klarheit über die kulturpolitischen Ziele besteht: Geht es um die Stärkung des Kulturbewusstseins nach innen und damit um eine stärkere Einbindung der Einrichtung in das öffentliche Leben? Geht es um die Stärkung der kulturellen Attraktivität nach außen in Verbindung mit der Förderung des Tourismus? Geht es allgemein um das städtische Image und die Standortattraktivität für die wirtschaftliche Entwicklung? Steht die Befreiung des künstlerischen und kulturellen Schaffens von unnötigen administrativen Hemmnissen im Vordergrund?

In diesem Zusammenhang wurde anlässlich eines Kolloquiums zum Thema „Neue Formen der Zusammenarbeit zwischen Staat und Wirtschaft bei kulturellen Projekten" bereits Anfang der 1990er Jahre ein mögliches Modell für die Kooperation von öffentlicher Hand und privatem Sektor skizziert: „Eine Zweiteilung der Partnerschaft, also in eine öffentliche Förderung der Kleinkunst, der Alternativ- und Subkultur als wenig bekannte und massenweise verwertbare Kulturformen und eine private Förderung sehr viel populärerer Kulturereignisse, die auch als ‚Safety-First-Sponsoring' bezeichnet wird, ist zu vermeiden, da zahlreiche, heute publikumsattraktive Kulturereignisse auf eine ehemals intensive öffentliche Förderung und Unterstützung zurückzuführen sind. Deswegen sollte in Abhängigkeit von der Höhe der privaten Kulturförderung für ‚Kultur-Events' in Form einer ‚Tandemförderung' ein gewisser Prozentsatz für die Nachwuchsförderung, die Unterstützung kaum bekannter Kunst- und Kulturformen, die regional und lokal vorhandenen Kulturinstitutionen und für die lokale, nicht institutionalisierte Kulturszene abgezweigt werden. Die Verwendung der auf diese Weise gesammelten Gelder (‚Kultur-Events' als Mittel des ‚Kultur-Fund-Raising') könnte in Kooperation von privaten Förderern und der öffentlichen Hand bestimmt werden. Dies würde auch gewährleisten, dass mehrjährige Förderprogramme für einzelne Sparten aufgelegt werden könnten. Alternativ hierzu wäre auch eine direkte Nachwuchsförderung in einzelnen Kunstsparten denkbar, wie dies schon lange im klassischen Musikbereich geschieht" (Ebert et al. 1992, S. 26).

4.9 Private Public Partnership

Formen der Kooperation zwischen öffentlicher und privater Förderung und Finanzierung sind unter der Bezeichnung „Public Private Partnership" (PPP) – seltener „Öffentlich-Private Partnerschaft" (ÖPP) – bekannt geworden.

Bei diesem Konzept geht es – im Gegensatz zum Kultursponsoring – zumindest nicht in erster Linie um Unternehmensinteressen, sondern um die Realisierung gemeinwohlorientierter Ziele in der Stadt und in der Region auf der Basis einer umfassenden kulturellen Entwicklungspolitik, die sich sowohl auf die Kulturinfrastruktur als auch auf kulturelle Aktivitäten beziehen kann.

„Privat-gewerbliche, nicht-staatliche und staatliche Akteure kooperieren bei PPPs in formellen Gremien oder gemischten Unternehmen, um Projekte umzusetzen und Leistungen zu erstellen, die auch in staatlicher Eigenregie erbracht werden könnten. Dafür bringen sie personelle, strategische und finanzielle Ressourcen

4.9 Private Public Partnership

ein" (Strünck und Heinze 1998, S. 117). Zum privaten Sektor zählen neben den privaten Unternehmen auch alle anderen privaten Akteure, z. B. Initiativen und Interessengruppen.

Mischfinanzierungen mit kombinierter, teils öffentlicher, teils privater Kapitalbeteiligung sind nicht grundsätzlich neu. Die Theater- und Opernfinanzierung war im 19. Jahrhundert verbreitet nach dem so genannten Impresario-System organisiert. Während der Theaterbau entweder einem privaten Konsortium, einer Stadt oder einer gemischten Gesellschaft gehörte, wurde der gesamte Spielbetrieb (Inszenierungen einschließlich der Gagen für die Künstler) einem privaten Impresario auf dessen volles Risiko übertragen. Manche von ihnen wurden reich, andere gingen schnell in Konkurs (Walter 1997).

Eine einheitliche Definition des Begriffs „PPP" – auch im steuer-, haushalts-, vergabe- und zuwendungsrechtlichen Sinn – gibt es nicht. Er umfasst vielmehr unterschiedliche Verfahren einer institutionalisierten Zusammenarbeit zwischen der öffentlichen Hand und privaten Unternehmen im Bereich der Finanzierung und der Organisation gemeinsamer Vorhaben.

Es lassen sich jedoch einige Merkmale identifizieren, die für die PPP typisch sind:

- Es handelt sich um eine längerfristig angelegte Kooperation zur Erzielung von Synergieeffekten vor allem durch die gemeinsame Nutzung von Ressourcen wie Personal, Kapital, Betriebsmitteln und Know-how.
- Die Partner verfolgen einander ergänzende Vorstellungen und halten diese im Regelfall in einem Vertrag über die jeweiligen Aufgaben und Zielstellungen fest.
- PPP-Modelle treten zumeist als Finanzierungs- bzw. Organisationsformen auf, wobei es zu einer große Bandbreite von konkreten Ausprägungen kommen kann. Beispiele sind die Finanzierung eines kulturellen Projektes, dessen Abwicklung trotz eines Gewinns des Unternehmers für die öffentliche Hand in dieser Form günstiger ist, und Betreibermodelle, bei denen der Beitrag der beteiligten Gesellschafter zum jeweiligen Vorteil gestaltet werden kann.
- Die rechtlichen Erscheinungsformen der Projekte der PPP sind je nach den Bedingungen unterschiedlich. Grundsätzlich ist vor allem die Rechtsform der Stiftung für die Kooperation von öffentlicher Hand und Privatwirtschaft geeignet. Sie ermöglicht ein ausgewogenes Kräfteverhältnis der Partner in den Entscheidungsgremien und ist auf eine dauerhafte Existenz ausgelegt. Zusätzlich kann durch die Aufnahme von Persönlichkeiten aus Wissenschaft, Wirtschaft und öffentlichem Leben in die Stiftungsgremien ein breiter gesellschaftlicher Konsens hergestellt werden.

Die Motivation zur Beteiligung an PPP-Modellen unterscheidet sich zwischen der öffentlichen und der privaten Seite. Die öffentliche Hand erwartet aufgrund der Haushaltslage der meisten Gebietskörperschaften vornehmlich eine Kostenersparnis bei gleichzeitiger Sicherung oder sogar dem Ausbau des kulturellen Angebots. Daneben können die Ziele einer allgemeinen Entstaatlichung und Entbürokratisierung eine Rolle spielen. Die privaten Akteure sehen hingegen in erster Linie die Chance einer finanziellen oder ideellen Gewinnerzielung und des Zugangs zu einem bisher vom Staat beherrschten und regulierten Markt. PPP-Modelle bewegen sich deshalb grundsätzlich in einem Spannungsfeld zwischen einer verstärkten Nachfrageorientierung und dem generellen öffentlichen Kulturauftrag.

Ein typisches Risiko der PPP-Strukturen liegt in der Kontinuität der Zusammenarbeit und deren Umfang. Es ist deshalb von entscheidender Bedeutung, dass vertraglich festgehalten wird, welche Regularien (z. B. Kündigungsfristen und Abfindungszahlungen) greifen, wenn einer der Partner eine Veränderung der PPP anstrebt oder diese überhaupt infrage stellt. Dies kann zum Beispiel der Fall sein, wenn sich die ökonomische Basis des privaten Partners ändert oder eine inhaltliche Neuausrichtung seines gemeinnützigen Engagements ansteht. Auf der Seite der öffentlichen Hand kann eine veränderte kulturpolitische Konstellation mit den daraus resultierenden Prioritätenverschiebungen eine Neubewertung der PPP mit sich bringen.

PPP erstreckt sich zumeist auf größere Projekte (z. B. Festivals) und investive Vorhaben (z. B. Museumsbauten). Priorität haben dabei umfassende Problemlösungsstrategien, z. B. die Erhöhung der Attraktivität von Innenstädten mit Hilfe der Kultur. Ziel ist die Verbesserung der (kulturellen) Infrastruktur einer Stadt oder Region, die allen zugutekommt, Einheimischen und (Kultur-)Touristen (Becker 1993; Heinze 1999).

Über die finanziellen Effekte der PPP liegen bisher keine konkreten Evaluationen vor. Nach einer Erhebung des damaligen Bundesministeriums für Verkehr, Bau und Stadtentwicklung betragen die Einsparpotenziale für die öffentliche Hand in seinem Zuständigkeitsbereich zwischen zehn und 20 % (Deutscher Bundestag 2007, S. 199). Ob sich diese Werte auf den Kulturbereich unmittelbar übertragen lassen, ist fraglich. Die bisherigen Erfahrungen sprechen eher gegen diese Annahme.

Die Enquete-Kommission des Deutschen Bundestages kam dennoch zu dem Ergebnis, PPP-Projekte seien „vom Ansatz grundsätzlich positiv zu bewerten. Gemeinschaftliches Handeln von öffentlicher Hand und privatem Träger im Kulturbereich ermöglicht Synergieeffekte sowie Wissenstransfer und erschließt neue Perspektiven und Chancen über den Bereich der Finanzierung des kulturellen Angebotes hinaus." Die Kommission habe sich davon überzeugen können, „dass

4.9 Private Public Partnership

Kooperationen mittels ÖPP eine erfolgversprechende Option darstellen, das kulturelle Leben zu bereichern. Sie sind daher politisch zu fördern und weiterzuentwickeln" (Deutscher Bundestag 2007, S. 199).

Als eines der erfolgreichsten PPP-Projekte im Kulturbereich gilt das „Museum Kunstpalast" in Düsseldorf (Deutscher Bundestag 2007, S. 199 und Höhne 2009, S. 239–242), das von einer Stiftung getragen wird, die die Stadt Düsseldorf und der Energie-Konzern E.ON – vormals VEBA – schon 1998 ins Leben riefen. E.ON verpflichtete sich dabei zu einer jährlichen Spende in Höhe von 1,1 Mio. €.

Das derzeit wohl prominenteste PPP-Projekt des Kulturbereiches in Deutschland ist jedoch mit der Elbphilharmonie in Hamburg eher ein Beispiel dafür, unter welchen Voraussetzungen sich die Zusammenarbeit zwischen dem öffentlichen Sektor und der privaten Wirtschaft nicht erfolgreich gestalten lässt. Das Konzerthaus auf dem Kaispeicher A, einem ehemaligen Kakao-, Tee- und Tabakspeicher, in der HafenCity in Hamburg ist seit April 2007 im Bau, der Entwurf stammt vom Basler Architekturbüro Herzog & de Meuron.

Im Februar 2007 stimmte die Hamburgische Bürgerschaft auf der Basis eines PPP-Vertrages mit den Stimmen aller damals im Parlament vertretenen Parteien dem Projekt einstimmig zu. Im Bauvertrag wurde als Pauschal-Festpreis die Summe von 241,3 Mio. € vereinbart. Aus dem Etat der Hansestadt sollten 114 Mio. € zur Verfügung gestellt werden, nachdem anfangs von 77 Mio. € die Rede gewesen war. Die Eröffnung sollte 2010 stattfinden.

Nachdem bald massive Kostensteigerungen absehbar geworden waren, wurde im November 2008 nach langwierigen Verhandlungen ein Nachtrag vorgelegt, von dem angenommen wurde, dass er einen realisierbaren Kosten- und Zeitrahmen des Gesamtprojektes umfasse. Die Haushaltsmittel wurden dafür um 209 Mio. € für den öffentlichen Bereich aufgestockt, das Projekt sollte die Steuerzahler nunmehr 323 Mio. € kosten. Die Fertigstellung wurde für den November 2011 angesetzt.

Im Sommer 2010 wurden weitere Schwierigkeiten bei Konzeption und Ausführung des Projektes bekannt, sodass man zu diesem Zeitpunkt bereits davon ausging, dass sich die Bausumme absehbar um weitere 40 Mio. €, möglicherweise aber auch um weitere 100 Mio. € erhöhen wird. Die Gesamtfertigstellung sollte sich um ein weiteres Jahr auf Ende 2012 verzögern.

Vom November 2011 bis zum Mai 2012 kamen die Arbeiten an der Elbphilharmonie vorläufig zum Erliegen, insbesondere weil die Stadt und der Bauunternehmer unterschiedliche Auffassungen über die Sicherheit der Dachkonstruktion vertraten.

Nach den jüngsten Aussagen des Hamburger Bürgermeisters Olaf Scholz vom April 2013 liegen die von der Öffentlichkeit zu tragenden Kosten der Elbphilharmonie inzwischen bei 789 Mio. €, die zuerst genannte Summe hat sich damit mehr als verzehnfacht. Die Eröffnung ist für das Frühjahr 2017 vorgesehen.

Der 2010 von der Hamburgischen Bürgerschaft auf Antrag der SPD-Fraktion einstimmig eingesetzte Parlamentarische Untersuchungsausschuss „Elbphilharmonie" sah die Gründe für die aufgetretenen Probleme insbesondere in der Vertragsstruktur des Bauvertrags, dem Fehlen eines abgestimmten Terminplans und eines abschließend definierten Bausolls, der aus Sicht des Ausschusses verfrühten Ausschreibung und der unzureichenden personellen Ausstattung der städtischen Projektgesellschaft. 2014 nahm auch die Staatsanwaltschaft Ermittlungen zum Projekt „Elbphilharmonie" auf (Zeit Online und Spiegel online vom 7.5.2014).

Ein Beispiel für die erfolgreiche Zusammenarbeit von zwei Non-Profit-Organisationen ist die Kooperation zwischen Greenpeace und der Stiftung Deutsches Meeresmuseum in Stralsund. Das Museum realisierte in seinem Ozeaneum zusammen mit Greenpeace einen seiner attraktivsten Ausstellungsteile: In einer großen Halle werden in einer aufwendigen Inszenierung unter dem Titel „1:1 Riesen der Meere" fünf Wale in Originalgröße präsentiert, verbunden mit einer komplexen Multimedia-Installation, mit der die einzelnen Walarten, ihre Gesänge und Laute vorgestellt werden. Die Zusammenarbeit, die mit weiteren spektakulären Exponaten fortgeführt wurde, war vor allem erfolgreich, weil es zwischen den beiden Partnern nicht nur gemeinsame finanzielle Interessen, sondern auch inhaltliche Übereinstimmungen gab. Das Deutsche Meeresmuseum konnte mit dieser Ausstellung seine Anziehungskraft vor allem auf ein jüngeres Publikum und sein Bildungsangebot wesentlich erweitern, Greenpeace konnte ein gut besuchtes Forum etablieren, um auf ein wesentliches Anliegen seiner Kommunikation – die Bedrohung der Meeresbewohner durch die industrielle Fischerei, die Klimaerwärmung und die Meeresverschmutzung – hinzuweisen.

4.10 Fördervereine

Fördervereine sind nicht nur eine verbreitete rechtliche Basis für eine aktive und professionelle Kulturfinanzierung, sondern weit über den finanziellen Aspekt hinausgehend auch eine wichtige Unterstützung von Kultureinrichtungen in der Planung und Durchführung von Programmen und einzelnen Maßnahmen.

Fördervereine können einer oder mehreren Kultureinrichtungen zugeordnet sein und begleiten auf verschiedene Weise deren Arbeit. Die rechtliche und teilweise auch organisatorische Trennung der Kulturinstitution von der Arbeit des mit ihr verbundenen Fördervereins hat den Vorzug einer zugleich abgestimmten und dennoch auf beiden Seiten unabhängigen Tätigkeit, insbesondere bei der Realisierung von Aktionen des Fundraising und dem Einwerben von spendenbereiten Mitgliedern. Der Förderverein ist nicht – wie sonst ein Wirtschaftsbetrieb oder auch die Kulturinstitution selbst – auf kontinuierliche Auslastung seiner (knappen) Ressourcen angewiesen und eignet sich deshalb besonders für alle Arten von Sonderaufgaben, die den normalen Geschäftsbetrieb der Institution belasten würden (z. B. Planung und Vorbereitung von Sonderausstellungen, Jubiläen usw.). Weiterhin bilden Fördervereine ein Reservoir an ehrenamtlichen Helfern für besondere Anlässe (z. B. Führungen bei Sonderausstellungen).

4.11 Ehrenamtliches Engagement

Die öffentliche Hand stellt finanzielle Mittel und organisatorische Strukturen für die kulturellen Institutionen und Projekte bereit. Im Sinne eines gesellschaftlichen Modells des Ermöglichens, das den Mittelpunkt eines demokratischen und emanzipatorischen Staatsverständnisses bildet, besteht die Aufgabe des Staates darüber hinaus aber auch darin, sich um die Teilhabe aller Bürger zu bemühen. Die Verwirklichung dieses Ziels manifestiert sich auch im Engagement ehrenamtlich tätiger Menschen, die damit wichtige Partner des Kulturmanagements werden.

> Die Entwicklung und Förderung der Kultur ist nicht nur eine staatliche Aufgabe. Das Engagement von mehr als drei Millionen Ehrenamtlichen, das bürgerschaftliche Engagement in Stiftungen, Vereinen und Verbänden, in Kirchen und Trägerorganisationen prägt das kulturelle Leben. Dieses Engagement hat in Deutschland eine jahrhundertlange Tradition. Ohne das finanzielle und zeitliche Engagement einer großen Zahl von Menschen wären das kulturelle Leben und die kulturelle Vielfalt in Deutschland nicht denkbar. (Deutscher Bundestag 2007, S. 46)

Ehrenamtliches Engagement ist mehr als ein Ersatz für nicht mehr bezahlbare haupt- oder nebenamtliche Arbeitskräfte. Es ist Ausdruck eines Kulturverständnisses, das nicht nur nach Hilmar Hoffmanns die Diskussion lange prägendem Buchtitel von 1979 „Kultur für alle" ermöglichen, sondern die Gesellschaft durch „Kultur von allen" gestalten will. Ehrenamtliche Arbeit ist nicht nur finanzielle Entlastung, sondern eine Form der basisdemokratischen Partizipation aller Menschen an der Gesellschaft. In diesem Sinne postuliert auch der Schlussbericht der Enquete-Kommission „Kultur in Deutschland" das Leitbild des „aktivierenden Kulturstaats" als Weiterentwicklung der bisherigen Vorstellung vom „aktiven Kulturstaat" (Deutscher Bundestag 2007, S. 52). Im „aktivierenden Staat" soll sich auch der Akzent von der repräsentativen Demokratie hin zu einer partizipativen Demokratie verschieben.

Die Impulse, die im Rahmen dieses kulturpolitischen Modells von einer verantwortungsbewussten Partnerschaft zwischen Kultureinrichtungen und ehrenamtlich

Engagierten ausgehen sollen, wurden schon 1997 in der so genannten Hanauer Erklärung des Kulturausschusses des Deutschen Städtetages zusammengefasst: „Um im Sinne einer neuen Kulturverantwortung bürgerschaftliche Mitarbeit, Mitverantwortung, Mitgestaltung und Mitfinanzierung in öffentlich geförderten Kultureinrichtungen zu erreichen, ist eine Umorientierung dieser Einrichtungen wünschenswert: Öffentliche Kultureinrichtungen sollten

- sich die vielfach vorhandene kulturelle, künstlerische und soziale Kompetenz der Bürgerschaft zunutze machen;
- engagierten Bürgerinnen und Bürgern die Möglichkeit zur gestaltenden Mitwirkung in Kultureinrichtungen geben;
- die freiwillige und ehrenamtliche Mitarbeit von Bürgerinnen und Bürgern suchen und fördern;
- über ein zeitgemäßes Fund-Raising nicht nur die Finanzierungsstruktur verbessern, sondern auch ihre Verankerung in der Bevölkerung stärken (Friend-Raising)" (Deutscher Städtetag 1997, S. 60 f.).

Im virtuellen Raum lässt sich seit der Weiterentwicklung des World Wide Web zum als „Mitmach-Web" titulierten Web 2.0 eine zu diesem Staatsverständnis analoge Tendenz feststellen: Nicht mehr einer spricht zu vielen, sondern viele kommunizieren miteinander (von der „one-to-many-Relation" zur „many-to-many-Relation").

Seitens der Kultureinrichtungen wird die Mitarbeit der Ehrenamtlichen nicht immer unkritisch gesehen. Befürchtet werden vor allem zu weit gehende Mitspracheansprüche von fachfremden Personen, eine Entwertung, Entprofessionalisierung und Entqualifizierung der eigenen Arbeit bis zur Verdrängung hauptamtlich Beschäftigter sowie ein zusätzlicher Zeitaufwand für die Betreuung der Ehrenamtlichen. Häufig wird auch unterstellt, dass die Debatten um ein stärkeres ehrenamtliches Engagement im Kulturbereich nur die finanziellen Einsparungen der öffentlichen Haushalte im Kulturbereich kompensieren oder für das Publikum nicht wahrnehmbar machen sollen. Diese Bedenken sind grundsätzlich nicht unbegründet und es kann keine allgemeingültige Lösung dieses Problems geben. Der zugrundeliegende Konflikt ist mit der (historisch schon im 18. Jahrhundert beginnenden) Professionalisierung der Kulturarbeit entstanden, die die professionellen Künstler von den (aristokratischen und bürgerlichen) Dilettanten trennte und schließlich über sie erhob. Mittlerweile hat sich die Professionalisierung des Kulturbereichs bis zum Kulturmanagement hin ausgeweitet. Im Unterschied zum früheren Dilettanten, der als Amateur keineswegs immer ein Stümper, sondern durchaus auch ein Meister auf seinem Gebiet sein konnte, sind die ehrenamtlich Tätigen – vor allem die Senioren, die früher einmal selbst im kulturellen Berufsleben standen – aber in vielen Fällen selbst erfahrene Experten, die professionell ausgebildet sind.

Aus einer abstrakteren und im Sinne der Stärkung der Zivilgesellschaft argumentierenden Position wird gegen das bürgerschaftliche Engagement in seiner bestehenden Form kritisch eingewandt, dass es aufgrund seines hohen Grades an staatlicher Subvention – über Mittelzuweisungen und arbeitsmarktpolitische Instrumente – nicht geeignet sei, einen sich selbstbewusst zwischen Staat und Markt positionierenden dritten Sektor zu etablieren. Tatsächlich werden Non-Profit-Organisationen in Deutschland zu 64 % von der öffentlichen Hand finanziert, nur gut drei Prozent ihrer Mittel erhalten sie aus Spenden, ein Drittel erwirtschaften sie selbst. Für den in der Statistik ausgewiesenen Bereich „Kultur und Erholung" beträgt die öffentliche Subvention 20,4 %, der Spendenanteil 13,4 %, die selbst erwirtschafteten Mittel liegen bei 66,2 % (Priller 2006, S. 74).

Der Ausgleich zwischen den Interessen der jeweiligen Kultureinrichtung und den spezifischen Angeboten, aber auch Erwartungen und Ansprüchen der Ehrenamtlichen ist eine wichtige Aufgabe des Kulturmanagements. Dabei sind insbesondere die folgenden Aspekte von Bedeutung (Lewinski-Reuter und Lüddemann 2008, S. 156–160):

- Aktivierung: Schaffung von Aktivierungs- und Steuerungssystemen, aber auch geeigneter Rahmenbedingungen für die Gewinnung ehrenamtlich Engagierter im Kulturbereich, auch in Kooperation mit benachbarten gesellschaftlichen Bereichen, beispielsweise der Stadtentwicklung und dem sozialen Sektor
- Kommunikation: Darstellung der jeweils spezifischen Aufgaben des öffentlichen und des zivilgesellschaftlichen Sektors und angemessene Verteilung der Ressourcen, Schaffung von Transparenz zwischen den verschiedenen Bereichen innerhalb einer Kultureinrichtung, lösungsorientiertes Management auftretender Konflikte
- Koordinierung: Vermittlungstätigkeit zwischen Angebot und Nachfrage des ehrenamtlichen Engagements, Schaffung von Organisationsformen, die für beide Seiten die Kontaktaufnahme erleichtern
- Kooperation: Vermeidung von Konkurrenzen zwischen öffentlich getragenen und ehrenamtlichen Kulturangeboten, Schaffung von Kooperationen, die von allen Beteiligten nicht als Notgemeinschaft (z. B. aus Mangel an Geld und Personal), sondern als erfolgversprechende Zusammenarbeit unterschiedlicher Strukturen verstanden werden
- Qualifizierung und Professionalisierung: Einsatz von Ehrenamtlichen in Bereichen, die ihrer jeweils spezifischen Qualifikation Rechnung tragen, gezielte Fortbildung, Bemühen um die Kompatibilität der eigenen Strukturen

Aufgrund der im Rahmen des demographischen Wandels zunehmenden Zahl älterer Menschen werden sowohl die Frage der Sinnfindung und Selbstverwirklichung als auch das für das ehrenamtliche Engagement zur Verfügung stehende Zeitbudget in der Gesellschaft eine zunehmend wichtige Rolle spielen. Die Bedeutung des Ehrenamtes wird in diesem Zusammenhang auch im kulturellen Bereich voraussichtlich eine wesentliche Aufwertung erfahren. „In diesem Fall zeigt sich ein Vorteil der Alterung der Gesellschaft, weil Senioren sich überdurchschnittlich häufig bürgerschaftlich engagieren" (Deutscher Bundestag 2007, S. 226). Durch das Engagement von Senioren werden Kulturbetriebe vermehrt auf Erfahrungen und Kenntnisse zurückgreifen können, die anders entweder gar nicht oder nur sehr teuer zur Verfügung stünden. Gleichzeitig wird dabei ein wichtiger Beitrag zur gesellschaftlichen Aktivität von Senioren und zur sinnvollen Verwendung sonst brachliegenden Wissens geleistet. Unentgeltliche, ehrenamtliche Arbeit ist unter diesem Blickwinkel sowohl eine Art von Mäzenatentum als auch eine Form von gesellschaftlicher Integration.

Nach der von infratest Sozialforschung München durchgeführten Freiwilligen-Studie ist in Deutschland mehr als jeder Dritte (36%) der über 14-Jährigen freiwillig tätig. Dabei bestehen allerdings zwischen den Flächenländern erhebliche Unterschiede: Während in Baden-Württemberg, Rheinland-Pfalz und Niedersachen der Prozentsatz bei 41% liegt, sind es in Mecklenburg-Vorpommern nur 29% und in Sachen-Anhalt nur 26%.

Geschätzt wird, dass in Deutschland im Jahr etwa 4,6 Mrd. h von ehrenamtlich Tätigen erbracht werden. Unter der Annahme eines unterstellten Stundenlohns von 7,50 € ergibt sich daraus ein volkswirtschaftlicher Beitrag für das Gemeinwesen von rund 35 Mrd. € jährlich.

Unter den gesellschaftlichen Bereichen des freiwilligen Engagements steht der Sektor „Kunst und Musik" gemeinsam mit dem „sozialen Bereich" mit jeweils 5,5% nach „Sport und Bewegung" (11%), „Schule und Kindergarten" (7%) sowie „Kirche und Religion" (6%) an vierter Stelle. Von den 5,5% im Kulturbereich freiwillig Engagierten entfällt der größte Teil mit 55% auf die Chöre, Musik- und Gesangsgruppen. Weitere Schwerpunkte sind „Kunst allgemein", „Theater" und „Heimat- und Brauchtumspflege" mit jeweils zehn Prozent. Die Museen und die Kulturmusikförderung folgen mit jeweils drei Prozent. Die restlichen neun Prozent verteilen sich auf die übrigen Sparten. Bei den Motiven unterscheiden sich die Freiwilligen im Kulturbereich nicht von denen in den anderen gesellschaftlichen Sektoren. An der Spitze stehen auch hier „mit anderen Menschen zusammenkommen" und „die Gesellschaft mitgestalten" (Gensicke et al. 2005).

Nur gut die Hälfte der statistisch erfassten Museen (55%) wird haupt- oder nebenamtlich geleitet, die anderen stehen unter einer ehrenamtlichen Leitung

(45 %). Die Museen in öffentlicher Trägerschaft werden zwar in der Regel von hauptamtlich Beschäftigten geführt, aber ein Drittel der Einrichtungen arbeitet mit freiem und ehrenamtlichem Personal (Statistische Ämter des Bundes und der Länder 2005).

Bei einer gesonderten Erhebung des ehrenamtlichen Personals im Museumsbereich im Rahmen der statistischen Gesamterhebung an den deutschen Museen für das Jahr 2003 gaben über 3000 Museen an, ehrenamtliches Personal einzusetzen (49 %), 1475 verneinten die Frage (24 %) und 1650 machten keine Angaben (27 %). Insgesamt waren über 30.000 Ehrenamtliche tätig, davon mehr als die Hälfte in Volkskunde- und Heimatmuseen. Bezogen auf die Trägerschaft waren davon 13.000 in Museen, die von Vereinen getragen werden, aktiv und etwa ebenso viele in öffentlich getragenen Museen (Staatliche Museen zu Berlin 2004, S. 49–62).

Von den etwa 20.000 Personen, die 2007 im museumspädagogischen Bereich in Museen arbeiteten, waren lediglich fünf Prozent hauptamtlich Beschäftigte, 34 % Honorarkräfte und knapp 50 % ehren- und nebenamtlich Beschäftigte (Staatliche Museen zu Berlin 2008, S. 45 f.).

Auch wenn die Zahl der ehrenamtlich Aktiven in den hauptamtlich geleiteten Museen in den letzten Jahren gestiegen ist, arbeitet der größte Teil der Freiwilligen im Museumsbereich in Institutionen ohne hauptamtlich Beschäftigte. Sie bewältigen deshalb grundsätzlich das gesamte Arbeitsspektrum, das beim Betreiben eines Museums anfällt. Zumindest im Museumsbereich wäre deshalb ohne das breite ehrenamtliche Engagement nicht nur das Leistungsangebot in den größeren Einrichtungen erheblich eingeschränkt, sondern viele Häuser – insbesondere die für den ländlichen Raum typischen Heimat-, Geschichts-, Naturkunde- und spezialgeschichtlichen Museen – würden überhaupt nicht bestehen. Ehrenamtliche unterstützen damit nicht nur kulturelle Einrichtungen und Projekte, sie machen deren Arbeit in vielen Fällen überhaupt erst möglich.

Literatur

Becker, Christoph: Kulturtourismus. Eine Einführung. In: Becker, Christoph (Hrsg.): Kulturtourismus in Europa. Wachstum ohne Grenzen?, Europäisches Tourismus-Institut, Trier 1993, Seite 7–9

Bomheuer, Andreas: Strukturelle Verbesserungen der Kulturfinanzierung mit Hilfe des Kulturgroschens. In: Der Kulturmanager, Kognos-Verlag, Stadtbergen 1997, Band 1, Seite 4–6

Deutscher Bundestag: Schlussbericht der Enquete-Kommission „Kultur in Deutschland", Drucksache 16/7000, 16. Wahlperiode, Berlin, 2007

Deutscher Städtetag, Kulturausschuss: Kulturpolitik und Bürgerengagement. Hanauer Erklärung. In: Kulturpolitische Mitteilungen, Heft 79, (IV/1997), Seite 60–61

Ebert, Ralf/Gnad, Friedrich/Kunzmann, Klaus R.: Partnerschaften für die Kultur. Chancen und Gefahren für die Stadt. Einführung. In: Ebert, Ralf (Hrsg.): Partnerschaften für die Kultur. Chancen und Gefahren für die Stadt. Neue Formen der Zusammenarbeit zwischen Staat und Wirtschaft bei kulturellen Projekten, Institut für Raumplanung, Dortmund, 1992, Seite 9–29

Frey, Manuel: Macht und Moral des Schenkens. Staat und bürgerliche Mäzene vom späten 18. Jahrhundert bis zur Gegenwart (= Bürgerlichkeit, Wertewandel, Mäzenatentum, IV), Fannei & Walz, Berlin, 1999

Gensicke, Thomas/Picot, Sybille/Geiss, Sabine: Freiwilliges Engagement in Deutschland 1999–2004. Ergebnisse der repräsentativen Trenderhebung zu Ehrenamt, Freiwilligenarbeit und bürgerschaftlichem Engagement. Durchgeführt im Auftrag des Bundesministeriums für Familie, Senioren, Frauen und Jugend, TNS Infratest, München, 2005

Haibach, Marita: Handbuch Fundraising. Spenden, Sponsoring, Stiftungen in der Praxis, Campus, Frankfurt am Main, 1998

Heinrichs, Werner/Klein, Armin: Kulturmanagement von A–Z. 600 Begriffe für Studium und Praxis, dtv, München, 2. Aufl. 2001

Heinze, Thomas (Hrsg.): Kulturtourismus. Grundlagen, Trends und Fallstudien, Oldenbourg, München, 1999

Heinze, Thomas: Kultursponsoring, Museumsmarketing, Kulturtourismus. Ein Leitfaden für Kulturmanager, Westdeutscher Verlag, Wiesbaden, 2002

Höhne, Steffen: Kunst- und Kulturmanagement. Eine Einführung, Fink, Paderborn, 2009

Hütter, Hans Walter: Kulturmerchandising – Kultur und Kommerz – Chance oder Widerspruch?. In: Handbuch Kulturmanagement. Loseblattsammlung. Kapitel F 2.7, Raabe, Stuttgart, 1997

Jeffri, Joan: Philanthropy and the American Artist. A Historical Overview. In: The European Journal of Cultural Policy, Vol. 3, No. 2, 1997, Seite 207–233

Jenkins, Jennifer/James, Patrick: From Acorn to Oak Tree. The Growth of the National Trust 1895–1994, Macmillan, London, 1994

Klein Armin: Der exzellente Kulturbetrieb, Verlag für Sozialwissenschaften, Wiesbaden, 2. Aufl. 2008

Kulturkreis der deutschen Wirtschaft im BDI e. V.: Unternehmerische Kulturförderung in Deutschland. Ergebnisse einer umfassenden Untersuchung, Berlin, 2. Aufl. 2012

Lewinski-Reuter, Verena/Lüddemann Stefan (Hrsg.): Kulturmanagement der Zukunft. Perspektiven aus Theorie und Praxis, Verlag für Sozialwissenschaften, Wiesbaden, 2008

Lissek-Schütz, Ellen: Die Kunst des Werbens um Gunst und Geld. Fundraising als Marketingstrategie auch für Kulturinstitutionen. In: Handbuch Kulturmanagement. Loseblattsammlung. Kapitel E 4.2., Raabe, Stuttgart, 1997

Plagemann, Volker: „Aus-Wege". Auf der Suche nach Perspektiven. In: Hill, Hermann/Magdowski, Iris (Hrsg.), Neue Wege für Kultureinrichtungen. Tagung der Hochschule für Verwaltungswissenschaften Speyer vom 19. bis 20. September 1996 in Zusammenarbeit mit dem Deutschen Städtetag und der Kultusministerkonferenz. Ein Handbuch für Fach- und Führungskräfte, Raabe, Stuttgart, 1997, Seite 149–171

Priller, Eckhart/Zimmer, Annette: Der Nonprofit-Sektor oder Dritte Sektor in Deutschland. Gesellschaftliche und politische Bedeutung des Nonprofit-Sektors. In: Fundraising-Akademie (Hrsg.): Fundraising. Handbuch für Grundlagen, Strategien und Methoden, Gabler, Wiesbaden, 3. Aufl. 2006, Seite 56–67

Rossbroich, Joachim: Kultur als Entwicklungsabteilung der Gesellschaft. In: Grosz, Andreas/Delhaes, Daniel (Hrsg.): Die Kultur-AG. Neue Allianzen zwischen Wirtschaft und Kultur, Hanser, München, 1999, Seite 145–157

Staatliche Museen zu Berlin – Preußischer Kulturbesitz/Institut für Museumsforschung (Hrsg.): Statistische Gesamterhebung an den Museen der Bundesrepublik Deutschland im Jahr 2003. Heft 58, Berlin, 2004

Staatliche Museen zu Berlin – Preußischer Kulturbesitz/Institut für Museumsforschung (Hrsg.): Statistische Gesamterhebung an den Museen der Bundesrepublik Deutschland im Jahr 2007. Heft 62, Berlin, 2008

Statistische Ämter des Bundes und der Länder (Hrsg.): Museumsbericht 2004, Wiesbaden, 2005

Statistische Ämter des Bundes und der Länder (Hrsg.): Kulturfinanzbericht 2010, Wiesbaden, 2012

Strünck, Christoph/Heinze, Rolf G.: Public Private Partnership. In: Blanke, Bernhard/Bandemer, Stephan von/Nullmeier, Frank/Wewer, Göttrik. (Hrsg.): Handbuch zur Verwaltungsreform, Leske und Budrich, Opladen 1998, Seite 115–121

Walter, Michael: „Die Oper ist ein Irrenhaus". Sozialgeschichte der Oper im 19. Jahrhundert, Metzler, Stuttgart, 1997

Westebbe, Achim/Logan, David: Corporate Citizenship. Unternehmen im gesellschaftlichen Dialog, Gabler, Wiesbaden, 1995

Strukturen des Kulturmanagements 5

Aus der Vielzahl der einzelnen Aspekte und der Breite der Themen des Kulturmanagements entwickeln sich sowohl in der praktischen Arbeit als auch in der wissenschaftlichen Reflexion Schwerpunkte von besonderer Relevanz. Viele dieser Themenfelder sind von grundsätzlicher Bedeutung und haben deshalb weit reichende Folgen für die Einschätzung und Bewältigung zahlreicher einzelner Herausforderungen.

Sowohl das Spannungsfeld von Theorie und Praxis als auch der Kreislauf von Innovation und deren kritischer Reflexion generieren eine Abfolge unterschiedlicher jeweils im Fokus des Interesses stehender Einzelfragen und der darauf im Rahmen des Kulturmanagements gefundenen Antworten.

5.1 Entwicklung des Kulturmanagements in der Praxis und des Kulturmanagements als wissenschaftliche Disziplin

Das Kulturmanagement ist sowohl als explizites Thema der Praxis als auch als Gegenstand der wissenschaftlichen Reflexion eine noch junge Disziplin.

Die Kultureinrichtungen haben nicht zuletzt durch die seit den 1960er Jahren stärker in den Fokus der Gesellschaft gekommenen Themenbereiche der Erziehung, Bildung und Wissenschaft einen deutlichen Aufschwung erfahren. Seit 1980 hat sich beispielsweise die Zahl der Museen in Deutschland verdreifacht. Gleichzeitig verschlechterte sich die Finanzsituation der öffentlichen Hand, was dazu führte, dass sich nicht wenige der neu gegründeten Institutionen schon nach kurzer Zeit mit teilweise die Existenz gefährdenden Etatkürzungen konfrontiert sahen. Die Entwicklung der Gesellschaft zu einer Freizeitgesellschaft führte in den 1990er Jahren darüber hinaus zur Entstehung eines Freizeitmarktes, dessen Umfang, Leistungsfähigkeit und Innovationskraft sich auch auf die Arbeit der kulturellen Institutionen und Projekte auswirkten. Parallel dazu verstärkten sich die Herausforderungen für den Kultursektor durch die Vermehrung des medialen Angebots vor allem durch das private Fernsehen und die Neuen Medien.

Vor diesem Hintergrund wurde evident, dass sich Kultureinrichtungen nicht mehr nur mit ihren Inhalten beschäftigen können, sondern unter anderem auch ihre Struktur, ihren Umgang mit finanziellen Ressourcen und ihr öffentliches Auftreten professionalisieren müssen, wenn sie mit den Entwicklungen der Gesellschaft Schritt halten wollten.

Als Antwort auf diese Herausforderungen entstand das Kulturmanagement als Arbeitsfeld kultureller Institutionen und Projekte und als wissenschaftliche Disziplin.

Als erste praktische Vorstufe eines professionellen Kulturmanagements gilt die Tätigkeit von Dorothea Schneider-Lindemann (1884–1967), die 1925 in Berlin die „Kultur-Vortrags-Organisation" gründete. Ihr Büro organisierte für die bekanntesten Künstler und Naturforscher der Zeit deren Gastspiele und Vortragsreisen und unterstützte sie bei der Vermarktung ihrer Arbeiten und Forschungsergebnisse. Mit Unterbrechungen während des Zweiten Weltkriegs übte Dorothea Schneider-Lindemann diese Tätigkeit bis 1963 aus.

Die erste universitäre Ausbildung für Kulturmanagement wurde im deutschsprachigen Raum 1976 an der Universität für Musik und darstellende Kunst in Wien eingerichtet.

Pioniere der universitären Ausbildung in Deutschland waren seit dem Ende der 1980er Jahre die FernUniversität in Hagen mit weiterbildenden Studienangeboten zum Kulturmanagement, die Hochschule für Musik und Theater in Hamburg, die 1987 einen entsprechenden Studiengang einrichtete und seit 2000 das Institut für Kultur- und Medienmanagement Hamburg beheimatet, sowie das Institut für Kulturmanagement an der Pädagogischen Hochschule in Ludwigsburg und das zunächst der Hochschule für Musik „Hanns Eisler" in Berlin und inzwischen der Freien Universität Berlin angegliederte Institut für Kultur- und Medienmanagement.

Dabei erfolgte die Etablierung des Kulturmanagements noch nicht mit dem Anspruch eines eigenständigen Fachs, sondern zum Ausgleich der Defizite, die man bei zwei verschiedenen potenziellen Adressantengruppen ausgemacht hatte: Studierende mit einem kulturwissenschaftlichen Hintergrund sollten ein Angebot zu Fragen der Organisation, des Rechts und der Wirtschaft erhalten, Studierenden mit einem juristischen, betriebswirtschaftlichen oder verwaltungswissenschaftlichen Erststudium sollte eine thematische Ergänzung zu Inhalten der Kulturwissenschaften angeboten werden.

5.1 Entwicklung des Kulturmanagements in der Praxis ...

Erste spartenspezifische Lehrveranstaltungen wurden seit 1992 an der Universität Hamburg für den Bereich des Museumswesens abgehalten. Seit dem Wintersemester 1995/1996 bestand dort im Fach Volkskunde das Studienangebot Museumsmanagement als Kooperationsprojekt zwischen dem Freilichtmuseum am Kiekeberg und der Universität.

Aus der Forschung und Lehre des Kulturmanagements entwickelte sich ein neues Aufgabenspektrum für Kultureinrichtungen, das sowohl die eigene Struktur und Arbeitsweise als auch die Orientierung nach außen betrifft. Gleichzeitig begann in der öffentlichen Verwaltung ein Prozess der Erneuerung, der den Kulturbetrieben ebenfalls zahlreiche neue Möglichkeiten eröffnete.

Sowohl die öffentliche Hand als deren Träger als auch die Kultureinrichtungen selbst waren bis dahin durch bürokratische Strukturen wie jährliche Haushaltspläne mit begrenzten Übertragungsmöglichkeiten der Mittelansätze in das Folgejahr, die kaum Anreize für wirtschaftliches Handeln boten, sowie durch strenge Stellenpläne, die keine Übertragbarkeit zwischen Personal- und Sachkosten vorsahen, eingeengt. Die angewandte Kameralistik ermöglichte nur einen eingeschränkten Einblick in die Mittelverwendung und damit in die tatsächlichen Kostenstrukturen. Darüber hinaus fehlte fast jede Möglichkeit zur Schaffung von Anreizen für die Mitarbeiter, da die rechtlichen Regelungen der Beschäftigungsverhältnisse eher die längerfristige Betriebszugehörigkeit als die Leistungskomponenten berücksichtigten. Gleichzeitig stiegen die Erwartungen der Besucher an die Qualität sowohl der vermittelten Inhalte als auch der Rahmenbedingungen in den Kultureinrichtungen.

In dieser ersten Phase des Kulturmanagements, die durch einen offensichtlichen Widerspruch zwischen der Unflexibilität der öffentlichen Trägerschaft und deren Implikationen einerseits und den vor allem vor dem Hintergrund des dynamischen Freizeitmarkts gestiegenen Wünschen des Publikums andererseits gekennzeichnet war, wurde das Kulturmanagement in erster Linie als Aufgabe nach innen verstanden. Es befasste sich deshalb vor allem mit den Fragen der für Kulturbetriebe angemessenen Rechtsform, die dann in vielen Fällen auch vor dem Hintergrund des Leitbilds vom „schlanken Staat" durch die Verselbstständigung in Stiftungen beantwortet wurden.

Eines der prominentesten Beispiele für diese Phase des Kulturmanagements, das vielerorts nachgeahmt wurde, ist die Überführung der Museen des Stadtstaates Hamburg in Stiftungen zum 1. Januar 1999. Hamburg ist inzwischen allerdings auch ein Beispiel dafür, dass sich die mit einer solchen rechtlichen Verselbstständigung verbundenen Hoffnungen eher nicht erfüllt haben. Während man seinerzeit annahm, die Einrichtungen durch eine finanzielle Minimalausstattung besonders nachdrücklich zur Erzielung eigener Einnahmen und durch die Schaffung möglichst kleiner Einheiten zu einem intensiven Wettbewerb untereinander motivieren zu können, hat sich schon in den ersten Jahren herausgestellt, dass beides nicht möglich war, weil die Museen nicht über die Grundausstattung verfügten, die dieses Engagement erst ermöglicht hätte. Im Dezember 2007 musste die Hamburger Bürgerschaft deshalb beschließen, die Museen finanziell, personell und strukturell besser auszustatten und die Museumsstiftungen mit einer Summe von mehr als 13 Mio. € zu entschulden. Gleichzeitig wurde eine Änderung der Stiftungsstruktur durchgeführt. Allerdings konnten die Einrichtungen auch dann noch nicht in der erwarteten Selbstständigkeit erfolgreich arbeiten, weshalb in den letzten Jahren immer wieder Vorschläge zu einer neuerlichen Reform der Struktur diskutiert wurden.

In einer zweiten Phase seiner Entwicklung beschäftigte sich das Kulturmanagement intensiv mit dem gesellschaftlichen Umfeld der Kultureinrichtungen. Die wichtigste Blickrichtung des Kulturmanagements verlagerte sich damit von innen nach außen.

Ausgangspunkt war dabei die Wahrnehmung verschärfter Bedingungen durch die inzwischen hohe und für das Angebot und die Nachfrage nicht immer unproblematische Dichte der Kultureinrichtungen. Dazu kam eine zunehmende Konkurrenz von anderen Freizeitangeboten und den damals neuen vielfältigen medialen Angeboten. Beiden Entwicklungen standen stagnierende finanzielle und zeitliche Budgets der Bevölkerung für Freizeitausgaben entgegen.

Dieses Verständnis des Kultursektors als Teil eines umfassenden Kultur- und Freizeitmarktes setzte sich in den folgenden Jahren mehr und mehr durch und führte auch dazu, dass die Angebote der Kulturlandschaft als Produkte und Dienstleistungen und die Besucher als Kunden verstanden wurden. Als Folge dieses Wandels differenzierten viele Einrichtungen ihr Angebot nach den verschiedenen Zielgruppen. Sie boten außerdem ein vielseitiges Spektrum der Vermittlung an und führten beispielsweise die inzwischen zum Standard gewordene Ergänzung von Ausstellungen durch ein Rahmenprogramm ein. Eine weitere Folge der in den Fokus gerückten Besucherorientierung war der Aufbau von Serviceeinrichtungen wie Shops und Gastronomieangeboten, die nicht nur die Attraktivität der Kulturbetriebe, sondern auch deren Einnahmen steigerten. Die Professionalisierung der Presse- und Öffentlichkeitsarbeit und des Marketings war eine weitere Konsequenz dieser Entwicklung.

In dieser Phase der verstärkten Außenorientierung entstanden auch die ersten Kooperationsmodelle kultureller Institutionen und Projekte untereinander und mit Unternehmen.

Die aktuelle Diskussion, die sich an die Phase eines nach außen orientierten Kulturmanagements anschließt, wird maßgeblich durch zwei Aspekte geprägt: Einerseits stehen die Qualitätssicherung und eine Schärfung der konzeptuellen Arbeit im Mittelpunkt. Exemplarisch deutlich wird dieser Schwerpunkt in den im Februar

2006 vom Vorstand des Deutschen Museumsbundes und vom Vorstand von ICOM-Deutschland herausgegebenen „Standards für Museen" (Deutscher Museumsbund 2006). Neben die klassischen Museumsaufgaben des Sammelns, Bewahrens, Forschens, Dokumentierens, Ausstellens und Vermittelns treten dort die Sicherung einer dauerhaften institutionellen und finanziellen Basis, die Entwicklung eines Leitbilds und eines Museumskonzepts, das professionelle Museumsmanagement und der Einsatz qualifizierten Personals als Qualitätskriterien für die museale Arbeit. Eine regelmäßige interne wie externe Evaluation der Arbeit soll das Erkennen von Schwächen ermöglichen und damit die Zukunftschancen verbessern. Langfristig angelegte Konzepte sollen aus der Not geborenes oder von außen herangetragenen Offerten folgendes spontanes Agieren ablösen.

Gleichzeitig sind das Erkennen und das kritische wie das affirmative Aufgreifen von Trends aus unterschiedlichen gesellschaftlichen Bereichen wichtige Aufgaben des Kulturmanagements. Ein Beispiel dafür ist der demographische Wandel, der auch Veränderungen im Kulturangebot nach sich ziehen muss. Die innovativen Sektoren des Freizeitmarktes und der Jugendkultur, die das Freizeitverhalten der Menschen und damit auch der Kunden der Kultureinrichtungen stark prägen, werden zu weiteren Reaktionen der Kulturlandschaft führen müssen. Darüber hinaus sind die Kulturwirtschaft und der Tourismus wichtige Bezugspunkte. Von diesen und zahlreichen weiteren gesellschaftlichen Phänomenen, deren Tragweite und Qualität oft schwierig einzuschätzen sind, werden künftig noch nachhaltigere Einflüsse auf die Arbeit kultureller Institutionen und Projekte ausgehen.

„Von einem Reifestadium in Sachen Kultur- und Kunstmanagement kann nämlich nach meiner Einschätzung derzeit noch nicht die Rede sein. Nach einem Zeitraum von kaum fünfzehn Jahren der Entwicklung dieses Gebietes im In- und Ausland ist selbst eine Zwischenbilanz ein riskantes Unternehmen" (Bendixen 2002, S. 7). Auch im vergangenen Jahrzehnt hat sich das Kulturmanagement weiterhin als eine Disziplin erwiesen, die kontinuierlich sowohl selbst neue Fragen aufwirft als auch die Widerspiegelung vieler Facetten der Gesellschaft auf den Kultursektor reflektiert.

5.2 Kulturmanagement als Schnittstellen-, Querschnitts- und Leitungsaufgabe

Kulturmanagement ist in mehrfacher Hinsicht an der Schnittstelle verschiedener gesellschaftlicher Diskurse und praktischer Handlungsfelder angesiedelt.

Dies betrifft zunächst die wissenschaftlichen Disziplinen, auf die das Kulturmanagement methodisch und inhaltlich Bezug nimmt. Neben dem besonderen Spannungsfeld von Nähe und Abgrenzung zur Betriebswirtschaftslehre stehen

Aspekte der Politik, der Pädagogik, der Psychologie, der Rechtswissenschaft, der Soziologie, der Informations- und Kommunikationstechnologie sowie aller kulturgeschichtlicher Fächer in engem Zusammenhang mit dem Kulturmanagement. Nicht zuletzt aus dieser Interdisziplinarität resultiert auch eine fachliche Spezifik des Kulturmanagements in Forschung und Lehre. Da Kulturmanagement auch als alltägliches Handeln auf einem eigenen wissenschaftlichen Fundament aufbaut, rekurriert es nicht nur auf vermittelte Fähigkeiten, sondern auch auf reflektierte wissenschaftliche Inhalte. Die akademische Aus- und Weiterbildung im Kulturmanagement muss deshalb einem breiten Spektrum von Herausforderungen gerecht werden, das außerdem einem permanenten Wandel unterworfen ist.

Kulturmanagement als Methode und als wissenschaftliche Reflexion bezieht sich aber auch auf sehr unterschiedliche Arbeitsbereiche und muss deshalb je nach seinem konkreten Anwendungsgebiet differenzierte Schwerpunkte setzen. Dabei geht es nicht nur um verschiedene kulturelle Sparten, sondern auch um unterschiedliche Rahmenbedingungen, die berücksichtigt werden müssen. Beispielsweise beschäftigen Fragen der Bindung und der Erweiterung des Publikums zwar alle kulturellen Institutionen und Projekte, die Untersuchung und die Beantwortung dieser Fragen fallen aber etwa für öffentliche Bibliotheken anders aus als für Kunstmuseen, für kleinere Einrichtungen anders als für die großen Häuser und im ländlichen Raum anders als in den Städten.

Kulturmanagement ist deshalb nicht nur von einem interdisziplinären Ansatz, sondern auch von einer signifikanten Heterogenität seiner eigenen Themen und Methoden geprägt. Schon deshalb muss ein wissenschaftlich reflektiertes Kulturmanagement mehr sein als sie Vermittlung von reproduzierbaren Anleitungen. Kulturmanagement ist nicht zuletzt ein Bewusstmachen von Herausforderungen und ein Initiieren von Prozessen.

Kulturmanagement arbeitet an der Schnittstelle verschiedener Strukturen und Akteure der Gesellschaft. Kulturmanagement initiiert und realisiert als „Außenministerium" der Kultur die Beziehungen zu den Trägereinrichtungen, zum Publikum, zur Politik, zu den Medien, zu den touristischen Einrichtungen und zahlreichen weiteren Bezugsfeldern. Kulturmanagement trägt damit die Anliegen der kulturellen Institutionen und Projekte in alle Felder des gesellschaftlichen Dialogs. Es nimmt aber gleichzeitig auch Anregungen aus diesem Dialog für die eigenen Arbeitsgebiete auf. Kulturmanagement organisiert damit eine permanente Wechselbeziehung zwischen der Kulturlandschaft und allen anderen gesellschaftlichen Bereichen.

Kulturmanagement übernimmt außerdem wichtige Querschnittsaufgaben innerhalb der kulturellen Institutionen und Projekte, indem es alle Aktivitäten zur Führung und Steuerung wahrnimmt und damit die Ressourcenverwaltung, die

5.2 Kulturmanagement als Schnittstellen-, Querschnitts- und Leitungsaufgabe

Arbeitgeberfunktionen, die Öffentlichkeitsarbeit, die Projektsteuerung und viele andere Prozesse für die Vermittlung der kulturellen Inhalte zusammenführt und optimiert.

Teilbereiche des Kulturmanagements sind dabei insbesondere:

- Definition und Realisation von Qualitätsanspruch, Qualitätskontrolle, Zielvereinbarungen, Evaluationen
- Optimierung der internen Kommunikationsprozesse
- Unterstützung der Vermittlung und der Kommunikation mit Besuchern, Aufbau der Public Relations
- Erkennen, Bewerten und gegebenenfalls Übernehmen von Erfahrungen aus dem unternehmerischen Bereich (z. B. Fragen des Outsourcings und der Private Public Partnership)
- Kontinuierliches Projektmanagement
- Öffentlichkeitsarbeit, Veranstaltungs- und Eventmanagement
- Gewinnung und Administration öffentlicher Gelder, Fundraising und alle Instrumente der Finanzplanung einschließlich der Gewinnung und Pflege von Sponsoren und Mäzenen
- Entwicklung und Pflege der Corporate Identity und des Corporate Designs
- Kontinuierliche Bearbeitung aller Organisations- und Personalfragen
- Hilfe zum Selbstmanagement der Mitarbeiter

Evident ist auch, dass Kulturmanagement gerade wegen seines Charakters als Querschnittsaufgabe an einer Stelle koordiniert und verantwortet werden muss und Kulturmanagement insofern eine Leitungsaufgabe ist. Teilbereiche können dabei jedoch wie bei jeder Leitungsaufgabe delegiert werden.

Da die Leitung eines Kulturbetriebes im Rahmen des Kulturmanagements ihrerseits auf das Wissen, die Interessen und Erfahrungen aller Mitarbeiter zurückgreifen kann und muss, ist das Kulturmanagement aber auch im Sinne eines „Managements als Kreislauf" die Aufgabe aller Beteiligten. Dies setzt wiederum voraus, dass alle Mitarbeiter in einem jeweils angemessenen Maß an den Fragen und Entscheidungen des Kulturmanagements beteiligt oder zumindest darüber informiert und ausreichend qualifiziert werden, um ihren jeweiligen Beitrag leisten zu können.

Im Alltag wird in den Kultureinrichtungen auf diesen Aspekt – zumeist weniger als bewusste Entscheidung als aus Nachlässigkeit und Zeitmangel – noch zu wenig Wert gelegt. „Wer viel in und mit öffentlichen Kulturbetrieben zu tun hat (...), kann sich häufig nur wundern, welches Arbeitsklima dort herrscht. Frustration, Demotivation, Depression, Eifersüchteleien – manchmal kann man sich nur sehr schwer vorstellen, wie diese Mitarbeiter über lange Zeit dort zusammen arbeiten können, ohne nachhaltigen Schaden an Leib und vor allem an der Seele zu nehmen. Dabei ist doch längst bekannt, dass die ‚Wissens'-Mitarbeiter die wichtigste Ressource einer Organisation sind" (Klein 2008, S. 11). Diese Einbeziehung des spezifischen Beitrags aller Mitarbeiter in die Entscheidungswege in beide Richtungen der organisatorischen Hierarchie ist sowohl für die großen Linien als auch für die Optimierung alltäglicher Kleinigkeiten wichtig. Beispielsweise wird die Aufsichtskraft, die über die konservatorischen Gründe dieser Anweisung nie aufgeklärt wurde, nicht nachvollziehen können, warum sie eine bestimmte Tür geschlossen halten soll, und diesem Auftrag entsprechend widerwillig und nachlässig nachkommen.

Ein Instrument zur Sicherstellung der Regelmäßigkeit und der Qualität derartiger Kommunikationsprozesse sind Zielvereinbarungen zwischen der Führung einer Kultureinrichtung und den einzelnen Mitarbeitern. Sie bieten sich aber auch zur Förderung der Verlässlichkeit der Beziehung zwischen Kulturbetrieben und deren Trägern und Geldgebern an. Zielvereinbarungen werden dabei verstanden als „eine ernst gemeinte Übereinstimmung zwischen den beteiligten Gesprächs- und Verhandlungspartnern. Der Sinn und Zweck dieser Übereinkunft besteht darin, bestimmte Handlungen auszuführen, die zur Erreichung eines gewünschten Soll-Zustandes beitragen. Dieser Soll-Zustand wiederum ist meist an einen definierten Terminhorizont gebunden und erfordert gezielte Anstrengungen seitens der Umsetzungsverantwortlichen, damit das erstrebte Ergebnis tatsächlich erreicht wird. Zielvereinbarungen setzen voraus, dass diejenigen, die eine solche Übereinkunft aushandeln, auch tatsächlich in der Lage sind, den angestrebten Zielzustand durch eigene Initiative herbeizuführen" (Kunz 2003, S. 89).

Allerdings sind die Einführung, die kontinuierliche Anwendung und die regelmäßige Evaluation einer Zielvereinbarung mit einem hohen Zeitaufwand für die unerlässliche Kommunikation verbunden, da auch diese Leitungsentscheidung – wie alle Leitungsentscheidungen – hinreichend erläutert werden muss, um eine aktive Mitwirkung der jeweiligen Mitarbeiter zu erreichen. Gleichzeitig müssen sich auch die Führungskräfte selbst ausreichend Zeit nehmen, um eine Zielvereinbarungen angemessen vorzubereiten, deren Einführung zu strukturieren und deren Erfüllung zu beobachten. Eine übereilte und oberflächliche Einführung und Anwendung von Zielvereinbarungen führt nicht nur zu keinem Erfolg, sondern schafft zusätzliche unproduktive Frustrationen.

> Was sind nun die Vorteile einer Führung mit Zielen? Zukunftsgerichtete Ziele geben nicht nur dem jeweiligen Kulturbetrieb insgesamt, sondern auch dem Handeln jedes einzelnen Mitarbeiters bzw. des Mitarbeiterteams eine konkrete Richtung und eine strategische Orientierung. Handlungsrelevante Informationen, die auf dieses Ziel

5.2 Kulturmanagement als Schnittstellen-, Querschnitts- und Leitungsaufgabe

hin ausgerichtet sind, werden daher von den Mitarbeitern bevorzugt aufgenommen, Wichtiges wird von Unwichtigem getrennt. So kann z. B. für ein Museum, das in den letzten Jahren stetig Besucher verloren hat, ein wichtiges Ziel sein, verstärkt besucherorientiert zu arbeiten. Das Ziel der ‚Besucherorientierung' erhält also für die nächsten drei Jahre absolute Priorität. Alle Mitarbeiter in ihren jeweiligen Positionen und Aufgabenbereichen müssen sich also fragen, wie sich ihre konkreten Maßnahmen diesem Ziel unterordnen. Ist diese Maßnahme wirklich besucherorientiert – oder dient sie vielleicht nicht eher der Befriedigung eines ganz besonderen wissenschaftlichen Spezialinteresses des Mitarbeiters. Die Energien der Mitarbeiter werden somit auf die zielrelevanten, strategischen Prioritäten gerichtet. Erfolg fängt im Kopf an! Der berühmte ‚Tageskram', der so viele Mitarbeiter (nicht nur) in Kultureinrichtungen belastet und den sie so häufig beklagen, weil er unnötigerweise so viele wichtige, produktive Energien absaugt, wird unter der strategischen Perspektive auf das reduziert, was er ist. (Klein 2008, S. 190)

Bei der Formulierung der in einer Zielvereinbarung festgehaltenen Ziele sollte darauf geachtet werden, dass diese nicht unrealistisch, aber auch nicht selbstverständlich und ohne Anstrengungen erreichbar sind, sondern eine Herausforderung darstellen, die bewältigt werden kann. Nur wenn die Perspektiven der Zielvereinbarung einen Anreiz bieten, können sie motivieren und zu ernsthaften Bemühungen anregen. Zielvereinbarungen sollen nicht zur Konsolidierung des bereits Erreichten dienen, sondern konkrete Schritte zur Realisierung einer Vision sein.

Als Möglichkeit, diese komplexe Aufgabe zu strukturieren, hat sich für die Formulierung der in einer Zielvereinbarung festgehaltenen Ziele die so genannte SMART-Formel durchgesetzt (vgl. Tab. 5.1).

Tab. 5.1 SMART-Formel. (Quelle: Kießling-Sonntag 2002, S. 58)

S	Spezifisch	Das angestrebte Ziel muss so genau wie möglich beschrieben werden. Die dabei verwendeten Formulierungen müssen eindeutig und leicht verständlich sein
M	Messbar	Es müssen Kriterien angegeben werden, mit deren Hilfe sich der Erfolg überprüfen lässt
A	Aktiv beeinflussbar	Das Ziel muss innerhalb des Einflussbereiches des betreffenden Mitarbeiters liegen und darf nicht von externen Faktoren, die er nicht gestalten kann, abhängig sein
R	Relevant	Die Einzelziele müssen auf das Gesamtziel der Einrichtung bezogen sein. Die Ziele müssen herausfordern, dürfen aber nicht überfordern
T	Terminiert	Die vorgesehene Erreichung des Zieles muss zeitlich fixiert werden

Dem nicht unerheblichen Aufwand für die Erstellung und die Ausrichtung der täglichen Arbeit an einer Zielvereinbarung steht ein Nutzen gegenüber, der sich in dreifacher Hinsicht positiv auf den Erfolg der Einrichtung auswirken kann:

- Als Nutzen für den jeweiligen Kulturbetrieb als Institution: Die Kräfte werden gebündelt, alle Mitarbeiter fühlen sich einem gemeinsamen Erfolg verpflichtet und bemühen sich, dieser Herausforderung gerecht zu werden. Das gemeinsame Ziel steigert die Identifikation aller Beteiligten mit ihrer jeweiligen Aufgabe und mit der Einrichtung insgesamt. Die Bewertung der Arbeitsleistung durch die Mitarbeiter selbst und durch die Führungskräfte wird erleichtert und objektiviert.
- Als Nutzen für den einzelnen Mitarbeiter: Die Bedeutung des Anteils der Arbeit jedes Einzelnen am großen Ganzen wird deutlicher. Die einzelnen Mitarbeiter erhalten aber auch einen definierten Spielraum für die Gestaltung ihrer jeweiligen Aufgabe, wodurch die Motivation und die Freude an der Arbeit steigen. Dies setzt allerdings auch voraus, dass die einzelnen Mitarbeiter auf die dafür erforderlichen Ressourcen zurückgreifen können. Die Mitarbeiter erhalten bei Erfüllung der Zielvereinbarung eine positive Beurteilung, die sich nach Möglichkeit auch finanziell ausdrücken sollte.
- Als Nutzen für die jeweilige Führungskraft: Die Effizienz der Führung erhöht sich, weil statt vieler kurzfristiger und auf Situationen bezogener Einzelanweisungen längerfristig vereinbarte Ziele angestrebt werden. Die spezifischen Erfahrungen und Kenntnisse der Mitarbeiter werden besser einbezogen, wodurch Entscheidungen auf einer breiteren Grundlage getroffen werden können. Die Führungskräfte können sich besser auf ihre wesentlichen Aufgaben konzentrieren, die Beurteilungen der Mitarbeiter werden einfacher und transparenter.

5.3 Rechtsformen

Eine der am weitesten reichenden Entscheidungen des Kulturmanagements ist die für die Rechtsform eines Kulturbetriebs. Neben der Breite des inhaltlichen Spektrums ist die Heterogenität der Rechtsformen einer der wesentlichen Gründe für die Vielfalt der deutschen Kulturlandschaft. Beispielsweise sind von den 2009 erfassten 4790 Museen in Deutschland 58,5 % in öffentlicher, 38,3 % in privater und 3,2 % in gemischter privat-öffentlicher Trägerschaft (Statistische Ämter des Bundes und der Länder 2012, S. 58).

Die traditionelle Rechtsform einer von einer Kommune oder einem Land getragenen Kultureinrichtung – beispielsweise eines Stadt- oder Landestheaters, einer Stadt- oder Landesbibliothek oder eines Stadt- oder Landesmuseums – ist

5.3 Rechtsformen

die einer Anstalt öffentlichen Rechts. Diese im allgemeinen Sprachgebrauch auch „Behörde" genannte Rechtsform bezeichnet eine Verwaltungseinrichtung, die eine bestimmte öffentliche Aufgabe zu erfüllen hat. Sie definiert sich nicht über die bei ihr tätigen Personen, sondern über die sächlichen und persönlichen Verwaltungsmittel – beispielsweise das Gebäude und ein Sammlungsbestand –, für deren Verwendung sie als Person des öffentlichen Rechts verantwortlich ist. Anstalten öffentlichen Rechts können entweder rechtsfähig sein – was ihnen beispielsweise ermöglicht, Eigentum zu erwerben, Gläubiger oder Schuldner von Forderungen zu sein und als Partei vor Gericht aufzutreten – wie die Rundfunkanstalten oder nichtrechtsfähig wie die meisten Kultureinrichtungen. Anstalten öffentlichen Rechts sind außer der allgemeinen Bindung an Recht und Gesetz nur ihrer übergeordneten Behörde, die die so genannte Rechts- und Fachaufsicht ausübt, Rechenschaft schuldig. Bei Landeseinrichtungen ist dies in der Regel das zuständige Ministerium, bei kommunalen Einrichtungen das zuständige kommunale Amt.

Weitere öffentliche Rechtsformen sind der Regiebetrieb und der Eigenbetrieb. Der Regiebetrieb ist weder rechtlich noch in seiner Organisation selbstständig, sondern arbeitet als Abteilung der Verwaltung der betreffenden Kommune. Er hat kein eigenes Vermögen, ist wirtschaftlich unselbstständig und vollzieht lediglich den kommunalen Haushaltsplan. Der Eigenbetrieb ist ebenfalls eine öffentlich-rechtliche Organisationsform, die keine eigene Rechtspersönlichkeit ist. Seine Rechtsgrundlagen sind die Eigenbetriebsverordnungen, die Gemeindeverordnungen und die Betriebssatzungen. Damit ist ein höherer Gestaltungsspielraum der den Betrieb tragenden Kommune gegeben, der faktisch eine gewisse Verselbstständigung des Eigenbetriebes ermöglicht. Die laufende Führung des Betriebes erfolgt auf der Grundlage der rechtlichen Vorgaben durch die Leitung. Dabei werden betriebswirtschaftliche Grundsätze angewandt. Der Mittelverwendung liegt nicht wie bei den anderen öffentlichen Rechtsformen ein Haushaltsplan, sondern ein Wirtschafts- und Finanzplan zu Grunde.

Wenn mehrere Gemeinden oder Gemeindeverbände eine Aufgabe gemeinsam durchführen möchten, gründen sie dafür in der Regel einen Zweckverband. Obwohl er finanziell auf die Zuschüsse der beteiligten öffentlichen Haushalte angewiesen ist, ist ein Zweckverband eine eigene Rechtspersönlichkeit, die organisatorisch und bei der Bewirtschaftung der ihr zur Verfügung gestellten Mittel selbstständig ist.

In der Praxis der kulturellen Institutionen und Projekte spielen der Eigenbetrieb, der Regiebetrieb und der Zweckverband nur eine untergeordnete Rolle. Diese öffentlichen Rechtsformen werden vor allem zur Wahrnehmung technischer öffentlicher Aufgaben wie Ver- und Entsorgungsleistungen sowie Bau und Unterhalt von Infrastruktur eingesetzt. Soweit sich Kultureinrichtungen in öffentlicher Trägerschaft befinden, ist die Anstalt öffentlichen Rechts der Regelfall.

Unter den Rechtsformen des privaten Rechts sind für den Kulturbereich vor allem die Gesellschaft bürgerlichen Rechts (GbR), der eingetragene Verein, die Gesellschaft mit beschränkter Haftung (GmbH) und die Stiftung relevant.

- Die **Gesellschaft bürgerlichen Rechts**, deren Rechtsgrundlage die §§ 705–740 des Bürgerlichen Gesetzbuches sind, ist eine privatrechtliche Rechtsform ohne eigene Rechtspersönlichkeit. Die Gesellschaft bürgerlichen Rechts wird von mindestens zwei Personen durch den Abschluss eines Vertrages gegründet. Sie wird in der Regel gewählt, um der Zusammenarbeit mehrerer grundsätzlich gleichberechtigter Personen – beispielsweise bei einer Ateliergemeinschaft – eine juristische Form zu geben und deren Binnenverhältnis zu regeln. Typische Kennzeichen einer Gesellschaft bürgerlichen Rechts sind ein fester Personenkreis, der – z. B. zur Finanzierung eines Projektes – auch Dritte hinzuziehen kann, eine Zuordnung der jeweiligen Kompetenzen sowie die Gewichtung und Bewertung der Beteiligungen.
- Der **eingetragene Verein** auf der Grundlage der §§ 21–79 des Bürgerlichen Gesetzbuches ist eine eigene Rechtspersönlichkeit in privatrechtlicher Form. In einer Vereinssatzung, die vom zuständigen Gericht genehmigt werden muss, müssen mindestens der Vereinszweck, der Vereinsname, der Vereinssitz, die Regularien der Aufnahme und Entlassung von Mitgliedern, die Regelungen zum Vereinsbeitrag, die Zusammensetzung und die Wahlmodalitäten des Vorstandes und die Regeln über die Einberufung und die Durchführung der Mitgliederversammlung festgehalten sein.
Die Vorteile des eingetragenen Vereins als Rechtsform liegen vor allem in der vergleichsweise einfachen, preiswerten und schnell zu realisierenden Gründung. Durch die Haftungsbegrenzung auf das Vereinsvermögen gehen die Initiatoren keine unvorhersehbaren Risiken ein. Wenn der Verein als gemeinnützig im Sinne der Abgabenordnung anerkannt ist, wird er von der Körperschafts- und Umsatzsteuer befreit. Für die praktische Arbeit sind reine Trägervereine, die zumeist kaum mehr als die vorgeschriebenen sieben Mitglieder und damit auch kaum eine Fluktuation des Mitgliederbestandes aufweisen, zu unterscheiden von großen Publikumsvereinen. Da auch juristische Personen Mitglieder eines eingetragenen Vereins werden können, ermöglicht diese Rechtsform die institutionelle Einbeziehung von Persönlichkeiten und Institutionen, die dem Anliegen dienlich sind, ohne sie zwangsläufig mit finanziellen oder sonstigen mögliche Abwehrhaltungen hervorrufenden Erwartungen konfrontieren zu müssen.
- Die **Gesellschaft mit beschränkter Haftung** ist eine privatrechtliche Organisation mit rechtlicher und organisatorischer Selbstständigkeit, auch wenn das mindestens 25.000 € betragende Stammkapital für die GmbH, wie bei den auf

5.3 Rechtsformen

kulturellem Gebiet tätigen Gesellschaften üblich, zumindest teilweise von der öffentlichen Hand aufgebracht wird. Ihre allgemeinen Rechtsgrundlagen sind das GmbH-Gesetz und das Handelsgesetzbuch. Die Geschäftsführung kann die GmbH alleine vertreten. Das Personal steht im Dienst der Gesellschaft und fällt deshalb auch bei Gründungen der öffentlichen Hand nicht unter die Tarifverträge des öffentlichen Dienstes. Der Betriebsrat, der an die Stelle des bei öffentlichen Rechtsformen vorgeschriebenen Personalrates tritt, hat weniger Rechte, wobei Härten im Fall der Überführung von Kultureinrichtungen durch Überleitungsverträge gemildert werden können. Grundlage der GmbH ist ein Gesellschaftervertrag, der den Sitz der Gesellschaft, den Gegenstand der Unternehmung, die Höhe des Stammkapitals und der Stammeinlage, die Gesellschafterversammlung, die Geschäftsführung, den Aufsichtsrat, das Rechnungswesen und das Geschäftsjahr regelt.

Ihre Stärken können Gesellschaften mit beschränkter Haftung dort beweisen, wo sich die Arbeit aus vielen Einzelvorhaben zusammensetzt und deshalb dringender ein flexibles Instrument zur Durchführung zeitlich begrenzter Projekte gebraucht wird als eine Rechtsform, die inhaltliche und organisatorische Kontinuität über einen langen Zeitraum sicherstellt. Dies betrifft in erster Linie die Theater und die Kunst- und Ausstellungshallen ohne eigene Sammlung wie die Hamburger Deichtorhallen, das Münchener Haus der Kunst und den Berliner Martin-Gropius-Bau. Wo eine oft jahrzehntelange Kontinuität der Arbeit unverzichtbar ist, stößt eine GmbH dagegen schon deshalb an ihre Grenzen, weil die Umformulierung ihrer Ziele durch verhältnismäßig einfach herbeizuführende Beschlüsse der Gremien möglich ist. Vor allem diese Bedenken haben beim Deutschen Historischen Museum in Berlin, das lange eines der wenigen über die Ausstellungstätigkeit hinaus auch eine eigene große Sammlung betreuende Haus in der Rechtsform einer GmbH war, zum 30. Dezember 2008 zur Umwandlung in eine Stiftung geführt.

- Bei einer **Stiftung** handelt es sich um eine in den §§ 80–88 des Bürgerlichen Gesetzbuches näher beschriebene juristische Person. Eine Stiftung entsteht durch die verbindliche Erklärung eines Stifters oder mehrerer Stifter, ein Vermögen zur Erfüllung eines bestimmten Zweckes zur Verfügung zu stellen (Stiftungsgeschäft), und die Anerkennung durch die zuständige Behörde des Landes (in der Regel des Innenministeriums). Eine Stiftung wird zumindest im Grundsatz auf Dauer errichtet.

Bei den im Rahmen der Verselbstständigung von Kulturbetrieben gegründeten Stiftungen handelt es sich zumeist um so genannte Einkommensstiftungen, die sich nicht aus den Erträgen des gestifteten Vermögens finanzieren, sondern zumindest überwiegend aus laufenden Zuwendungen der öffentlichen Hand oder anderer Mittelgeber unterhalten werden. Durch diese Abhängigkeit von der Unterstützung Dritter widersprechen diese Stiftungen dem für eine Stiftung zentralen Gedanken der Unabhängigkeit, auch wenn die laufenden Zuschüsse in der Regel aus öffentlichen Haushalten kommen und in der Stiftungssatzung grundsätzlich, aber nicht in einer bestimmten Höhe vereinbart sind. Diesen Stiftungen liegt „prinzipiell nicht nur ein schwer wiegender Verstoß gegen das Prinzip der Stiftungsautonomie, sondern geradezu eine Karikatur des Stiftungsbegriffs zugrunde, wenn einer Stiftung ohne staatliche Zuschüsse oder die fortbestehende Überlassung von Sammlungen gegenüber der Erfüllung ihres Stiftungszweckes die Hände gebunden sind" (Höhne 2009, S. 223). Neben dem finanziellen resultiert daraus auch ein strukturelles Problem, weil durch die Abhängigkeit von öffentlichen Zuwendungen die mit der Stiftungsgründung intendierte Ferne von staatlichen Strukturen und deren potenzieller Einflussnahme gerade nicht erreicht wird. Im Fachjargon wird diese Art von Stiftungen deshalb auch als „unechte Stiftung" bezeichnet.

Den zahlreichen in den letzten Jahren auf kulturellem Gebiet gegründeten Stiftungen, die auf eine Mischfinanzierung aus eigenen Erträgen und öffentlichen sowie privaten Zuwendungen angewiesen sind, stehen nur wenige „echte" Stiftungen gegenüber. Die in der Öffentlichkeit am meisten beachtete ist die mit internationaler Beteiligung ins Leben gerufene „Stiftung Auschwitz-Birkenau". Aus ihren Erträgen sollen jährlich ca. 4–5 Mio. € für die Erhaltung und Restaurierung des dortigen Gedenkstättengeländes aufgebracht werden, während das Stiftungskapital unangetastet bleiben soll. Vorgesehen ist, eine Kapitalstiftung mit einer Ausstattung von insgesamt 120 Mio. € zu errichten. Die Hälfte davon wird aus Deutschland – je 30 Mio. € vom Bund und den Ländern – in den Jahren von 2011 bis 2015 eingezahlt.

Die Diskussion, ob Kultureinrichtungen in einer öffentlichen oder in einer privaten Rechtsform ihren Aufgaben besser nachkommen können, hat das Kulturmanagement in den letzten Jahren stark beschäftigt.

Wichtige Anstöße kamen für dieses Thema aus den Niederlanden, Großbritannien und den USA. Insbesondere das so genannte Niederländische Modell und das für Bibliotheken zum Vorbild gewordene „Tilburger Modell", die in den Jahren 1989 und 1990 entstanden, wurden zur Vorlage für viele Entscheidungen in Deutschland. Allerdings wurde dabei häufig übersehen, dass diese Modelle eine Reihe von Maßnahmen einschlossen, die in Deutschland nicht realisierbar waren. Neben der rechtlichen Selbstständigkeit erhielten die Kultureinrichtungen in den Niederlanden im Rahmen der Entlassung aus der öffentlichen Trägerschaft eine einmalige Kapitalausstattung und langfristige – in der Regel über zehn Jahre laufende – Budgetzusagen, die die Gestaltung des neu gewonnenen Spielraumes ermöglichten. In Deutschland wurden die in eine private Trägerschaft überführten

5.3 Rechtsformen

Kultureinrichtungen hingegen häufig mit der Situation konfrontiert, dass gerade die intendierte Selbstständigkeit aufgrund der geringen eigenen Finanzmittel praktisch nicht realisiert werden konnte und die betreffenden Institutionen weiterhin von den regelmäßigen Zuwendungen der öffentlichen Hand abhängig waren.

Die in den 1990er Jahren weit verbreitete Euphorie, die in der Lösung aus einer öffentlichen Rechtsform geradezu eine Garantie für die erfolgreiche Entwicklung einer Kultureinrichtung sah, wurde inzwischen von einer nüchterneren Einschätzung abgelöst. Keine Rechtsform kann alleine durch ihre eigene Qualität die nicht nur effektive, sondern auch effiziente Arbeit eines Kulturbetriebes sicherstellen. Die Entscheidung für eine bestimmte Rechtsform muss deshalb in jedem Einzelfall auf der Basis einer Analyse der jeweils spezifischen Aufgaben und Rahmenbedingungen der betreffenden Institution oder des Projektes unter Hinzuziehung von ausgewiesenen Fachleuten getroffen werden. Dabei ist auch zu berücksichtigen, dass die Auswahl der Rechtsform auch weit reichende Folgen für die steuerliche Einordnung eines Kulturbetriebes (z. B. Körperschafts-, Gewerbe- und Umsatzsteuer) und für den Status seines Personals hat.

Dennoch hat sich der Trend zur Verselbstständigung der Kulturbetriebe in den letzten beiden Jahrzehnten durchgesetzt. Er dürfte inzwischen allerdings weitgehend zu einem Abschluss gekommen sein. Während beispielsweise in der Spielzeit 1992/1993 nur 24 Theater als GmbH geführt wurden, gab es in der Spielzeit 2012/2013 mit nur noch geringen Veränderungen zu den Vorjahren 53 Theater in der privaten Rechtsform der GmbH, denen 32 Regiebetriebe und 30 Eigenbetriebe gegenüberstanden (Theaterstatistik 2012/2013 des Deutschen Bühnenvereins, http://www.buehnenverein.de/de/publikationen-und-statistiken/statistiken/theaterstatistik.html – Zugriff 26.09.2014).

Deutlich wurde inzwischen auch, dass die die rechtliche Verselbstständigung vielerorts vor allem motivierende Annahme, Kultureinrichtungen in privater Trägerschaft könnten grundsätzlich wirtschaftlicher mit den ihnen zur Verfügung gestellten Mitteln umgehen und in größerem Maße Mittel von Dritten einwerben, zumindest nicht pauschal zutrifft. Die Höhe der für die Grundsicherung erforderlichen Mittel erwies sich als weitgehend unabhängig von der Rechtsform einer Kultureinrichtung. Die Leistungen der öffentlichen Hand, die an Kulturbetriebe in öffentlichen Rechtsformen fließen, unterscheiden sich nicht signifikant von denen, die den aus den öffentlichen Haushalten ausgegliederten Kultureinrichtungen zugewendet werden. Selbst in den Fällen, in denen sich Gebietskörperschaften vollständig von kulturellen Institutionen getrennt und diese privaten Organisationen überlassen haben, sind die jetzt als Zuschüsse geleisteten Ausgaben nicht geringer als die früher im eigenen Haushalt veranschlagten Mittel (Statistische Ämter des Bundes und der Länder 2008, S. 12).

Eine gewisse Skepsis ist inzwischen auch gegenüber der mit der rechtlichen Verselbstständigung erwarteten größeren Flexibilität durch höhere Entscheidungskompetenzen der Leitungspersonen, kürzere Entscheidungswege und eine einfachere Abwicklung der Verwaltungsaufgaben eingetreten. Die die Rechts- und Fachaufsicht ausübenden Mitarbeiter der jeweiligen Gebietskörperschaft hielten sich erfahrungsgemäß in allen über die Fragen der Mittelbewirtschaftung und der grundsätzlichen Angelegenheiten des Personals hinausgehenden Diskussionen weitgehend zurück. Sie griffen in der Regel nur ein, wenn einzelne Vorkommnisse in der Öffentlichkeit skandalisiert zu werden drohten. Im Gegensatz dazu bieten die satzungsgemäßen Zusammenkünfte der Gremien beispielsweise einer Stiftung häufig auch fachfremden Mitgliedern ein willkommenes Forum zur Kommentierung der Arbeit des jeweiligen Kulturbetriebes. Dazu kommt, dass Entscheidungen nicht mehr auf den vielfach eingespielten direkten Kommunikationswegen zwischen den Einrichtungen und ihren öffentlichen Trägern gefällt werden können, sondern in die im Regelfall nur zweimal im Jahr stattfindenden Sitzungen der institutionalisierten Gremien eingebracht werden müssen.

Kurzfristige Erfordernisse und modische Tendenzen sind in Fragen der Rechtsform ebenso schlechte Ratgeber wie Argumente der Bestands- und Interessenwahrung. Die Debatte um die Rechtsform für einen Kulturbetrieb eröffnet die Chance, von der Zufälligkeit oder historischen Bedingtheit einer vorgefunden Form zu einer qualifizierten Entscheidung für oder gegen eine mögliche Alternative zu kommen. Diese Chance sollte intensiv genutzt werden, und zwar unter der kritischen Einbeziehung des Umfeldes, in dem die betreffende Einrichtung arbeitet. Die ideale Rechtsform für Kultureinrichtungen gibt es nicht. Es gibt aber für das Kulturmanagement die Gestaltungsmöglichkeit und die Gestaltungsaufgabe der Auswahl der Rechtsform, die notwendigerweise eine Diskussion über den Zweck und die Ziele der Einrichtung voraussetzt. Erst daraus kann sich diejenige Rechtsform ergeben, die der Ausdruck des bestmöglichen Verhältnisses zwischen Mission und Struktur der jeweiligen Institution oder des Projektes ist.

Als erfolgreiche Beantwortung der Frage nach der geeigneten Rechtsform erwies sich an verschiedenen Stellen auch die Kombination verschiedener Rechtsformen für die unterschiedlichen Sparten der Arbeit einer Institution.

Der Träger des Hambacher Schlosses ist eine auf der Grundlage eines Ministerratsbeschlusses vom 11. Dezember 2001 gegründete Stiftung des öffentlichen Rechts. Stifter sind das Land Rheinland-Pfalz, der Bezirksverband Pfalz, der Landkreis Bad Dürkheim sowie die Stadt Neustadt an der Weinstraße. Die Stiftung arbeitet als für die inhaltliche Ausrichtung – insbesondere der Dauerausstellung und der Veranstaltungsreihen – allein verantwortliche Institution zusammen mit der im Jahr 2008 für den Betrieb der Gastronomie des Schlosses, die Vermarktung des

Veranstaltungs- und Tagungsgeschäftes und das touristische Marketing gegründeten Hambacher Schloss Betriebs GmbH. Der erforderliche Informationsfluss und die notwendigen Abstimmungen werden durch die gastweise, nicht stimmberechtigte Präsenz der jeweils anderen Einrichtung in den Gremien der Stiftung bzw. der GmbH gewährleistet.

Ein aus einer anderen Motivation entstandenes Beispiel für die Kombination einer Stiftung mit einer GmbH ist das Ozeaneum in Stralsund. Dort hat die als Träger des Meeresmuseums und des Ozeaneums fungierende Stiftung für den laufenden Betrieb des Ozeaneums selbst eine GmbH gegründet, um das Kapital der Stiftung aus dem zumindest in der Anlaufphase unkalkulierbaren Betriebsrisiko des Ozeaneums herauszuhalten. Die Sicherstellung einer möglichst reibungslosen und konkurrenzlosen Kooperation wird in diesem Fall durch die Personalunion des Geschäftsführers der Stiftung und der GmbH gewährleistet.

5.4 Inputgesteuerter vs. outputgesteuerter Haushalt

In den öffentlichen Verwaltungen und den ihr unmittelbar zugehörigen Kulturbetrieben wird traditionell die so genannte kameralistische Rechnungslegung, kameralistische Buchführung oder kurz Kameralistik angewandt. Dieses System geht von einem vorgegebenen finanziellen Input aus. Alle weiteren Entscheidungen werden deshalb von der Frage bestimmt, welche finanziellen Ressourcen zur Verfügung stehen.

Die Kameralistik betrachtet nur die Einnahmen und Ausgaben der jeweiligen Institution und stellt auf dieser Basis eine Planungsrechnung, den so genannten Haushaltsplan, auf. Die Erträge und Aufwendungen für ein einzelnes Produkt oder eine einzelne Dienstleistung werden nicht in den Blick genommen. Als Ziel wird die Einhaltung von vorgegebenen Haushaltsansätzen verfolgt, eine Ermittlung von inhaltlichen Erfolgsgrößen ist nicht vorgesehen.

Der Haushaltsplan bezieht sich grundsätzlich auf ein Jahr, wird jedoch häufig als so genannter Doppelhaushalt für den Zeitraum von zwei Jahren erarbeitet und beschlossen. Die Haushaltspläne des Bundes und der Länder haben den Rang eines Gesetzes und werden deshalb von den jeweiligen Parlamenten verabschiedet und anschließend veröffentlicht. Ebenso werden die Haushaltspläne der Kommunen von den gewählten Vertretungen ihrer Bürger beschlossen. Das jeweils beschlussfassende Gremium überprüft – in der Regel durch gesonderte Ausschüsse – auch den ordnungsgemäßen Vollzug des Haushaltsplanes.

Die Kameralistik geht auf das 17. Jahrhundert zurück, als die Bürger in England durchsetzten, dass die von ihnen aufgebrachten Einnahmen des Staates nur noch

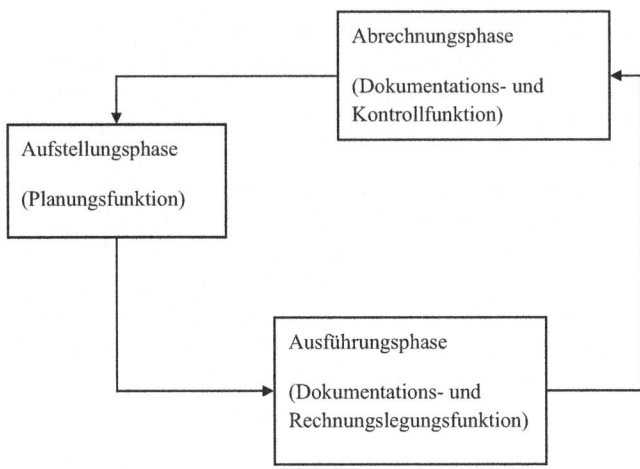

Abb. 5.1 Haushaltskreislauf. (Quelle: Schneidewind 2006, S. 97)

für diejenigen Zwecke verwendet werden durften, für die sie von den Abgeordneten im Parlament bewilligt wurden. Dies bedeutete vor allem, dass der öffentliche Teil des Haushalts von dem privaten Teil des Monarchen getrennt werden musste. Diese demokratische Traditionslinie der Kameralistik führt bis zum Grundgesetz, das im Artikel 110 die Aufstellung eines Haushaltsplanes vorschreibt, sowie zu den Landeshaushaltsordnungen, den Gemeindeordnungen und Gemeindehaushaltsverordnungen.

Ausgangspunkt der Überlegungen der Kameralistik sind die Einnahmen der jeweiligen Gebietskörperschaft. Diese setzen sich zusammen aus:

- privatrechtlichen Einnahmen wie Verkaufserlösen, Mieten und Pachten,
- öffentlich-rechtlichen Einnahmen wie Steuern, Abgaben und Gebühren sowie
- Einnahmen aus der Kreditaufnahme.

Die wichtigsten Untergliederungen des Haushaltsplanes sind der Verwaltungshaushalt, der die laufenden Einnahmen und Ausgaben enthält, und der Vermögenshaushalt, der die Investitionen beinhaltet. Um die Vergleichbarkeit verschiedener Haushaltspläne zu erleichtern, gibt eine einheitliche Haushaltssystematik die Gliederung in zehn Einzelpläne vor, die wiederum in bis zu 100 Abschnitte und Unterabschnitte unterteilt werden.

Das Verfahren der Erarbeitung, Verabschiedung, Anwendung und Kontrolle des Haushaltsplanes wird auch als Haushaltskreislauf bezeichnet (vgl. Abb. 5.1). Er umfasst die Funktionen Rechnungslegung, Dokumentation, Kontrolle und Planung.

5.4 Inputgesteuerter vs. outputgesteuerter Haushalt

Die Kameralistik beinhaltet damit die Aufstellung eines Haushaltsplanes (durch die Exekutive), dessen parlamentarische Beratung und Beschlussfassung (durch die Legislative), dessen Ausführung (durch die Exekutive) und dessen Kontrolle und Rechnungslegung (durch die Legislative). Das übergeordnete Ziel ist dabei die Einhaltung des Haushaltsplanes und damit der Nachweis, dass die tatsächlichen Ausgaben mit den tatsächlichen Einnahmen übereinstimmen. In den Kulturbetrieben dient der Haushaltplan sowohl der Steuerung der Einrichtung selbst als auch ihres Trägers, die gemeinsam für die Ausführung des Haushaltsplanes verantwortlich sind. Diese so genannte Bewirtschaftung der Einnahmen und Ausgaben erfolgt in getrennten Zuständigkeitsbereichen, wodurch sichergestellt wird, dass eine Stelle die Richtigkeit eines Zahlungsvorganges prüft und eine andere den tatsächlichen Zahlungsverkehr beispielsweise als Ein- oder Auszahlung von Bargeld oder als Überweisung abwickelt (so genanntes Vier-Augen-Prinzip). Die mit der letzteren Aufgabe betrauten Mitarbeiter benötigen dafür zumeist eine besondere Befugnis.

Trotz seiner demokratischen Legitimation und seiner durchgängigen öffentlichen Nachvollziehbarkeit ist das kameralistische System in den letzten Jahrzehnten in die Kritik geraten. Diese betrifft aus der Sicht der Kulturbetriebe vor allem die folgenden Aspekte:

- das Erfordernis einer detaillierten Planung, die einerseits zu viele Ressourcen bindet und andererseits eine flexible Reaktion auf unvorhergesehene positive (zusätzliche Einnahmen, z. B. aus Spenden) oder negative (zusätzliche Ausgaben, z. B. durch Verteuerungen) Entwicklungen während des Haushaltsvollzugs erschwert
- die Verkomplizierung und Verlängerung der Entscheidungswege mit mehrfachen Verantwortlichkeiten durch die Einbeziehung einer fachlichen Ebene (der Kultureinrichtung selbst) und einer Ebene der unmittelbaren Haushaltszuständigkeit (des zuständigen Ministeriums oder der zuständigen kommunalen Stelle)
- die primäre Steuerung über die zur Verfügung stehenden finanziellen Ressourcen und nicht über Inhalte und Ziele; am Anfang der Überlegungen steht in der Kameralistik die Frage „Welche Mittel habe ich zur Verfügung?" und nicht die Frage „Was will ich erreichen?"
- die fehlende Ergebnisorientierung, die daraus resultiert, dass die Kameralistik vor allem prüft, ob die Mittel dem Haushaltsplan entsprechend ausgegeben wurden, und nicht fragt, was mit den Mitteln erreicht wurde
- die fehlende Flexibilität durch die Bindung der Mittel an eine bestimmte Ausgabe und an das Haushaltsjahr; diese führt dazu, dass Mittel verfallen, wenn sie bis zum Ende eines Jahres nicht verbraucht werden. Gleichzeitig wird der betreffende Ansatz bei der Aufstellung des Haushalts für das Folgejahr in der

Regel gekürzt, da die Finanzverwaltung argumentiert, dass er offensichtlich in dieser Höhe nicht benötigt werde. Dies führt häufig dazu, dass bisher nicht benötigte Mittel gegen Ende eines Jahres ohne zwingende Notwendigkeit ausgegeben werden (so genanntes Dezember-Fieber).

- die fehlende Bewertung des Vermögens und der Verbindlichkeiten im Haushaltsplan
- die fehlende Ermittlung der Kosten einzelner Dienstleistungen und Produkte im kameralistischen Verfahren

Diese und ähnliche Argumente haben bereits in fast allen öffentlichen Haushalten zu einer Weiterentwicklung der Kameralistik geführt. Unter anderen wurden flächendeckend die folgenden Neuerungen eingeführt:

- Mehr oder weniger umfassend budgetierte Haushalte oder Globalhaushalte weisen Mittel weniger kleinteilig einer bestimmten Ausgabe zu, sodass die betreffende Einrichtung mehr Möglichkeiten zu einer eigenen Schwerpunktbildung und zur Reaktion auf Unvorhergesehenes hat. Beispielsweise können in einem budgetierten Personalhaushalt die vorhandenen Mittel entweder für eine Person über einen längeren Zeitraum oder mit denselben Gesamtkosten für mehrere Personen über einen entsprechend kürzeren Zeitraum eingesetzt werden.
- Die Übertragbarkeit von nicht ausgegebenen Mitteln von einem Haushaltsjahr auf das folgende ermöglicht die Reaktion auf veränderte Umstände und das Ansparen von Mitteln für ein größeres Vorhaben.
- Die gegenseitige Deckungsfähigkeit von Haushaltstiteln ermöglicht es, durch Einsparungen an einer Stelle zusätzliche Ausgaben an einer anderen Stelle zu tätigen. Beispielsweise kann ein Museum durch den Verzicht auf den eigentlich vorgesehenen Kauf eines technischen Gerätes die kurzfristige Chance des Ankaufs eines auf dem Kunstmarkt angebotenen Werkes wahrnehmen.
- Korrespondierende Leertitel auf der Einnahmen- und auf der Ausgabenseite schaffen die Möglichkeit, Zuwendungen von Dritten – wie beispielsweise Spenden – oder selbst erwirtschaftete Einnahmen – wie beispielsweise Erlöse aus einem Museumsshop – ohne Auswirkungen auf die sonstige Haushaltssystematik in derselben Höhe auszugeben.
- In den Haushalt aufgenommene Verpflichtungsermächtigungen ermöglichen Vertragsbindungen, die in den Folgejahren zu Ausgaben führen. Dies ist vor allem bei Baumaßnahmen unverzichtbar, weil in diesem Zusammenhang rechtsverbindliche Vereinbarungen getroffen werden müssen, die über die Jährlichkeit des Haushaltsplanes hinausgehen.

5.4 Inputgesteuerter vs. outputgesteuerter Haushalt

Dennoch findet derzeit in den öffentlichen Haushalten ein Prozess der Ablösung der Kameralistik statt. Die Innenminister der Länder haben sich bereits 2003 zu einer Umstellung des öffentlichen Haushalts- und Rechnungswesens bekannt. Deren Realisierung wird in den einzelnen Ländern und Kommunen jedoch mit unterschiedlichem Nachdruck verfolgt.

Gemeinsam ist allen in diesem Zusammenhang entwickelten neuen Steuerungsmodellen die Orientierung am Output der öffentlichen Verwaltung. Ausgangspunkt ihrer Systematik ist deshalb die Beantwortung der Frage, welche Leistungen von der öffentlichen Hand erwartet werden.

Dabei werden insbesondere folgende Ziele verfolgt:

- Entwicklung der Verwaltung zu einem modernen Dienstleistungsunternehmen
- verstärkte Orientierung am Bedarf der Bürger
- Verbesserung der Arbeitssituation der Mitarbeiter
- Konzentration der Politik auf die wesentlichen Führungsaufgaben
- Betrachtung und Bewertung der öffentlichen Verwaltung unter betriebswirtschaftlichen Gesichtspunkten

Im Zusammenhang mit der Einführung neuer Steuerungsmodelle wird die Haushaltsführung von der Kameralistik auf die doppelte oder kaufmännische Buchführung – in der öffentlichen Verwaltung auch als Doppik (als Abkürzung für **DOP**pelte Buchführung **in** **K**onten) bezeichnet – umgestellt. Diese Art der Buchhaltung trägt ihren Namen, weil jede Buchung auf der Soll-Seite und auf der Haben-Seite durchgeführt wird und damit zwei Konten betrifft. Jedes Geschäftsjahr wird mit einer Bilanz abgeschlossen. Bei Geschäftseröffnung wird eine Eröffnungsbilanz erstellt. Die doppelte Buchführung ist in Deutschland für Kaufleute und damit auch für alle Kapitalgesellschaften vorgeschrieben, sodass die Einführung der doppelten Buchführung in der öffentlichen Verwaltung auch eine unmittelbare Vergleichbarkeit zwischen Einrichtungen in öffentlicher und Einrichtungen in privater Rechtsform ermöglicht.

Obwohl die doppelte Buchführung für die öffentlichen Haushalte ein Novum darstellt, geht das Verfahren auf eine 500 Jahre lange Tradition zurück. Die heute so genannte doppelte Buchführung wurde von dem italienischen Mathematiker Luca Pacioli (1445–1517) unter dem Begriff „Venezianische Methode" zuerst im Jahr 1494 in seinem Werk „Summa de Arithmetica Geometria Proportioni et Proportionalità" publiziert.

Die doppelte Buchführung gliedert die Finanzen eines Betriebes in Konten, die wiederum in eine Soll- und eine Habenseite unterteilt sind. Konten, die dem Vermögen zugeordnet werden, werden als Aktivkonten bezeichnet, Konten, die dem

Eigenkapital und Verbindlichkeiten zugeordnet werden, als Passivkonten. Auf den Aktivkonten wird somit aufgezeichnet, wie die finanziellen Mittel des Betriebes verwendet werden, auf den Passivkonten, woher die finanziellen Mittel kommen. Da sich beliebig viele Einzelkonten führen lassen, erlaubt die doppelte Buchführung eine Erfolgskontrolle in jedem gewünschten Grad der Detaillierung. Ein- und Verkäufe werden beim Eingang und beim Ausgang gebucht und spiegeln so den genauen Geschäftsverlauf wider.

Das seit dem 1. Januar 2005 in Nordrhein-Westfalen geltende Neue Kommunale Finanzmanagement (NKF) ist eines der profiliertesten und am weitesten umgesetzten der neuen Steuerungsmodelle. Auf dieser Grundlage mussten alle Kommunen des Landes bis zum Jahr 2009 ihr Rechnungswesen von der Kameralistik auf ein Haushalts- und Rechnungswesen auf der Basis der kaufmännischen doppelten Buchführung umstellen.

„Mit der Einführung des NKF verfolgt die Landesregierung Ziele, die für die weiteren Perspektiven unserer Kommunen im Land entscheidende Bedeutung haben:

- weitere Verbesserung der Steuerungsfähigkeit in den Kommunen durch konsequente Produktorientierung und Steuerung über Ziele und Kennzahlen
- vom Geldverbrauchskonzept zum Ressourcenverbrauchskonzept: Förderung nachhaltiger Haushaltswirtschaft und intergenerativer Gerechtigkeit
- mehr Transparenz im kommunalen Haushalt für die Bürgerinnen und Bürger" (Innenministerium des Landes Nordrhein-Westfalen 2008, S. 4)

Das zentrale Anliegen des NKF ist die Umstellung der bisherigen Input-Steuerung durch die Bereitstellung von Mitteln im Haushaltsplan auf eine Output-Steuerung nach Zielen der Arbeit der öffentlichen Verwaltung. Ein wesentlicher Vorteil gegenüber der bisherigen Kameralistik mit ihrer bloßen Erfassung von Ausgaben und Einnahmen besteht darin, dass das NKF über Aufwendungen und Erträge das Ressourcenaufkommen und den Ressourcenverbrauch erfassen und über Abschreibungen den tatsächlichen Abbau von Werten vollständig abbilden kann. Mittels dieses Instrumentes soll insbesondere der Aspekt der intergenerativen Gerechtigkeit in das Verfahren eingebracht und sichergestellt werden, dass der gesamte Ressourcenverbrauch eines Zeitraumes zumindest in der Regel durch Erträge desselben Zeitraumes gedeckt wird, um nachfolgende Generationen nicht mit den Folgen der Entscheidungen der Gegenwart zu belasten.

Gleichzeitig wird den Gemeinden mit dem NKF die Erfassung und Darstellung des Ressourcenverbrauchs bezogen auf die Erfüllung einzelner Aufgaben ermöglicht. Durch die regelmäßige Aufstellung einer Jahresbilanz erhalten sie erstmals auch einen vollständigen Überblick über ihr Vermögen und ihre Schulden.

5.4 Inputgesteuerter vs. outputgesteuerter Haushalt

Grundsätzlich ist das NKF auch für die in direkter oder indirekter kommunaler Trägerschaft befindlichen Kultureinrichtungen vorteilhaft, weil es auch dort vor allem durch die Bilanzierung eine höhere Transparenz der eingesetzten Ressourcen und der damit erreichten Ergebnisse ermöglicht. Allerdings ist es während des Prozesses der Einführung des NKF ebenso wenig wie im kameralistischen System gelungen, grundsätzliche Sonderregelungen für den Kulturbereich zu vereinbaren. So werden im neuen Modell beispielsweise über die geringe Wertbeständigkeit von Theaterproduktionen, bei denen die dafür aufgewendeten finanziellen und personellen Ressourcen kaum länger als eine oder zwei Spielzeiten verwertet werden können, wieder dieselben Diskussionen geführt, die bereits bei der Aufstellung der konventionellen Haushaltspläne alljährlich üblich waren.

Allerdings konnte im Rahmen der Einführung des NKF für eine wichtige Einzelfrage im Zusammenhang mit der Einbeziehung von Kulturbetrieben in die Systematik der doppelten Buchführung eine angemessene Regelung gefunden werden: Gebietskörperschaften müssen zu Beginn des Haushaltsjahres, in dem sie erstmals mit dem System der doppelten Buchführung arbeiten, eine Eröffnungsbilanz aufstellen. In dieser Eröffnungsbilanz soll ein den tatsächlichen Verhältnissen entsprechendes Bild der Vermögenslage vermittelt werden, weshalb für das gesamte Eigentum Wertansätze auf der Grundlage von vorsichtig geschätzten Zeitwerten vorzunehmen sind. Der Wert von Kunstgegenständen aus Museen und Sammlungen wird dabei meistens auf der Basis von Versteigerungserlösen vergleichbarer Stücke geschätzt. Dieses Verfahren impliziert aber – die im unternehmerischen Bereich durchaus erwünschte – Schlussfolgerung, dass man diese Objekte im Fall des Bedarfs liquider Mittel zu diesem Wert veräußern könne. Aus der Sicht der Kultureinrichtungen ist diese Konsequenz des Bilanzierens aber weder als betriebswirtschaftliches Gedankenspiel noch als reales Szenario erwünscht.

Die im Rahmen des NKF erlassene Gemeindehaushaltsverordnung sieht deshalb in § 55 Absatz 3 vor: „Kunstgegenstände, Ausstellungsgegenstände und andere bewegliche Kulturobjekte können mit einem Erinnerungswert angesetzt werden" (Innenministerium des Landes Nordrhein-Westfalen 2008, S. 59). Zwar handelt es sich dabei nur um eine Kann-Bestimmung, immerhin ist aber mittels des Erinnerungswertes als Merkposten in Höhe von zumeist einem Euro ein Weg aufgezeigt, wie der spezifischen Situation der Museen und Sammlungen Rechnung getragen werden kann.

Während nahezu alle deutschen Gebietskörperschaften über die Umstellung auf einen outputgesteuerten Haushalt nachdenken und vielerorts bei deren Realisierung bereits erhebliche Fortschritte gemacht wurden, gibt es noch immer Belege dafür, dass ein inputgesteuertes Denken nach wie vor in vielen Bereichen die politischen Strategien prägt. Eines der signifikantesten Beispiele dafür ist der so genannte Bildungsgipfel, der am 21. Oktober 2008 in Dresden stattfand. Die Bundeskanzlerin und die Ministerpräsidenten der Länder beschlossen dort einstimmig, anzustreben, bis zum Jahr 2015 10 % des Bruttoinlandsproduktes für Bildung und Forschung aufzuwenden. So unterstützenswert diese Absicht im Grundsatz ist, folgt sie doch dem überkommenen Denkmuster, das davon ausgeht, dass politische Entscheidungsträger lediglich Geld in ein System geben müssen, um intendierte Ziele zu erreichen. Von weiteren Problemen – wie dem Streit zwischen dem Bund und den Ländern, wer wie viel zu diesem Projekt beiträgt – abgesehen, ist man der Erreichung des 10-%-Ziels in der vorgesehenen Zeit kaum näher gekommen, weil manifest wurde, dass die 16 Länder und der Bund jeweils sehr unterschiedliche Vorstellungen darüber haben, welche Maßnahmen mit den zusätzlichen Mitteln realisiert werden sollen.

Im Rahmen der Einführung einer outputgesteuerten Haushaltssystematik und der Orientierung an Zielen haben die meisten öffentlichen Zuwendungsgeber ihre Förderung auch im kulturellen Bereich von einer institutionellen auf ein projektbezogene umgestellt. Damit werden nicht mehr das Bestehen und die kontinuierliche Arbeit einer Einrichtung unterstützt, sondern nur noch zeitlich und inhaltlich eingegrenzte Projekte. Obwohl sich bei geschickter Antragstellung für eine Folge von Projekten faktisch eine Förderung im selben Umfang erzielen lässt – und diese vom Zuwendungsgeber ganz offensichtlich auch intendiert ist, wenn man bedenkt, dass er selbst die über Generationen andauernden Projekte der Akademien auf Projektförderung umgestellt hat –, bedeutet diese Umstellung einen erheblichen Mehraufwand sowohl für die Antragsteller als auch für die Zuwendungsgeber. Vor allem folgt daraus aber eine Rechtsunsicherheit, die es den Kulturbetrieben oft unmöglich macht, längerfristige Arbeitsverträge abzuschließen oder andere auf unbestimmte Zeit geltende Rechtsverpflichtungen – wie beispielsweise Mietverträge – einzugehen.

Unabhängig von der angewendeten Haushaltssystematik kann eine auf konkrete Ziele ausgerichtete Zusammenarbeit zwischen einem Kulturbetrieb und seinem Träger bzw. Mittelgeber auch durch den Abschluss einer Zielvereinbarung sichergestellt werden.

> Unter Zielvereinbarungen versteht man dabei verbindliche Absprachen, die zwischen zwei Ebenen für einen festgelegten Zeitraum über zu erbringende Leistungen, deren Qualität und Menge (Outcome), das hierzu erforderliche Budget bzw. die zur Verfügung stehenden Ressourcen sowie über Art und Inhalt des Informationsaustausches (Berichtswesen/Controlling) geschlossen werden. Grundlegender Leitgedanke ist dabei der Übergang von der bisherigen inputorientierten Detailsteuerung (etwa durch Ministerien, Ämter oder sonstige Behörden) hin zu einer ergebnisorientierten Steuerung auf Abstand. (Klein 2008, S. 86)

5.4 Inputgesteuerter vs. outputgesteuerter Haushalt

Analog zu einer Zielvereinbarung als Führungsinstrument zwischen der Leitung einer Einrichtung und den Mitarbeitern soll auch eine derartige Zielvereinbarung sicherstellen, dass der Arbeit gemeinsame Intentionen und Perspektiven zugrunde liegen. Die Aufsicht führende bzw. finanzierende Institution überträgt darin einen Teil ihrer Verantwortung und der ihr vorbehaltenen Entscheidungen auf den Kulturbetrieb und verzichtet damit auf eine kontinuierliche Kontrolle sowie einzelne Anweisungen und Eingriffe und steuert nur noch über den Nachweis des Erreichens der vereinbarten Ziele. Die Kultureinrichtung sowie ihre Träger und Förderer gestalten damit einen dialogischen Lernprozess im Hinblick auf möglichst optimale Ergebnisse. Im Mittelpunkt des Konzeptes der Kooperation steht nicht mehr die Frage, wie in der Arbeit vorzugehen ist – wie es die Kameralistik detailliert vorausplant –, sondern die Frage, wozu die einzelnen Schritte der alltäglichen Arbeit führen – oder als kritische Reflexion des bestehenden Zustandes nicht mehr führen – sollen.

Um diesem Anspruch gerecht werden zu können, soll eine Zielvereinbarung vor allem die folgenden Elemente enthalten (Bundesministerium des Innern 2001, S. 13 f.):

- Beschreibung des Ist-Zustandes: Analyse der Ausgangssituation, Beschreibung des derzeit Geleisteten, der Erfolge und der Probleme
- Darstellung des Bedarfs der Neugestaltung: Klärung, was geändert werden muss, wo Defizite bestehen oder neue Ziele ins Auge gefasst werden müssen
- Definition des Ziels: Beschreibung des Ergebnisses, das erreicht werden soll
- Bestimmung des Grades oder Ausmaßes, in dem das Ziel erreicht werden soll: Quantifizierung der einzelnen Parameter des Zieles (z. B. um wie viel Prozent sich die Besucherzahl erhöhen soll)
- Festlegung des Maßstabs, an dem die Zielerreichung gemessen wird: Beschreibung der Kriterien, die angewandt werden, um die Zielerreichung zu überprüfen
- Fixierung des Zeitrahmens: Festlegung, bis zu welchem Zeitpunkt die vereinbarten Ziele erreicht werden sollen

Zu den Möglichkeiten eines outputgesteuerten Haushalts gehört auch das so genannte Challenge Funding. Dessen Grundgedanke besteht darin, dass ein Träger für ein bestimmtes Vorhaben (z. B. einen Erweiterungsbau) einen Anreiz zu eigenen Finanzierungsbemühungen eines Kulturbetriebes schafft, indem er zusagt, die durch eigenes Handeln (etwa über Fundraising) eingeworbenen Mittel um einen bestimmten Prozentsatz – gleichsam als Belohnung – aufzustocken. Für die auf lange Sicht angelegte Arbeit in kulturellen Institutionen ist ein solches Verfahren, das bedeutet, nur dann und insoweit durch öffentliche Zuschüsse mitzufinanzieren, wenn andere Finanzquellen bereits gesichert sind, kaum geeignet, da es keine sichere und beständige Perspektive eröffnet, denn die meist zu verzeichnenden Einnahmeschwankungen aus Eigenleistungen und Spenden würden im Auf und Ab des Mittelzustroms jeweils nach beiden Seiten hin erheblich verstärkt werden.

Dagegen kann für einzelne Projekte durch Challenge Funding durchaus ein erheblicher Anreiz geschaffen werden, in einem ersten Schritt aus eigener Kraft Fremdmittel einzuwerben in der Erwartung, dass dieser Betrag um einen zugesicherten Prozentsatz (z. B. 50%) durch öffentliche Zuschüsse erhöht wird.

Der „herausfordernde" (challenging) Mittelgeber hat die Möglichkeit, anhand seiner Kriterien jene Projekte auszuwählen, die der eigenen Kulturpolitik am meisten entsprechen. Challenge Funding hat daher immer auch einen dirigistischen und restriktiven Aspekt und bevorzugt zugleich die stärkeren Einrichtungen, die Mittel in einem wesentlichen Umfang selbst erwirtschaften oder von Dritten einwerben können.

Literatur

Bendixen, Peter: Einführung in das Kultur- und Kunstmanagement, Westdeutscher Verlag, Wiesbaden, 2. Aufl. 2002

Bundesministerium des Innern (Hrsg.): Moderner Staat – Moderne Verwaltung. Praxisempfehlungen für die Erstellung und den Abschluss von Zielvereinbarungen im Bundesministerium des Innern und in den Behörden des Geschäftsbereichs des BMI, Berlin, 2001

Deutscher Museumsbund (Hrsg.): Standards für Museen, Kassel, 2. Aufl. 2006

Höhne, Steffen: Kunst- und Kulturmanagement. Eine Einführung, Fink, Paderborn, 2009

Innenministerium des Landes Nordrhein-Westfalen (Hrsg.): Neues Kommunales Finanzmanagement in Nordrhein-Westfalen. Handreichung für Kommunen, Düsseldorf, 3. Aufl. 2008

Kießling-Sonntag, Jochem: Zielvereinbarungsgespräche. Erfolgreiche Zielvereinbarungen. Konstruktive Gesprächsführung, Cornelsen, Berlin, 2002

Klein, Armin: Der exzellente Kulturbetrieb, Verlag für Sozialwissenschaften, Wiesbaden, 2. Aufl. 2008

Kunz, Gunnar: Führen durch Zielvereinbarungen. Im Change Management Mitarbeiter erfolgreich motivieren, Beck-Wirtschaftsverlag, München, 2003

Schneidewind, Petra: Betriebswirtschaft für das Kulturmanagement. Ein Handbuch, transcript, Bielefeld, 2006

Statistische Ämter des Bundes und der Länder (Hrsg.): Kulturfinanzbericht 2008, Wiesbaden, 2008

Statistische Ämter des Bundes und der Länder (Hrsg.): Kulturfinanzbericht 2010, Wiesbaden, 2012

Kulturtourismus 6

Der Kulturtourismus gilt, obwohl er mit rund 7,8 % ein vergleichsweise kleines Segment im europäischen Tourismus umfasst, als Zukunftstrend des Tourismus und als einer der wenigen Wachstumsbereiche der touristischen Nachfrage.

Nach der letzten Europäischen Tourismusstudie nannten immerhin 27 % der Befragten Kulturerbestätten als ausschlaggebende Faktoren in der Wahl ihres Ferienziels.

Mit dem Kulturtourismus können weit mehr und ökonomisch attraktivere Zielgruppen angesprochen werden als beispielsweise mit dem Sporttourismus oder dem reinen Erholungstourismus.

Umsätze erzielen im Kulturtourismus neben den Kultureinrichtungen selbst vor allem der Einzelhandel, das Beherbergungsgewerbe, die Gastronomie, das Freizeit- und Unterhaltungsgewerbe sowie der Bereich der sonstigen Dienstleistungen (z. B. lokales Transportgewerbe, Parkhäuser, Tagungseinrichtungen, Weinwirtschaft, kleine Lebensmittelmanufakturen, Hofläden).

Der Kulturtourismus gilt als attraktiver Nischenmarkt, der insbesondere auch mehr lokale Akteure partizipieren lässt als andere touristische Bereiche.

Bei ausländischen Gästen in Deutschland steht der so genannte „Kultur-Urlaub" an zweiter, bei deutschen Gästen an vierter Stelle der Beliebtheitsskala (alle Zahlen nach: http://kiratour.de/kulturtourismus-daten-zahlen-fakten/ – Zugriff 19.12.2014).

6.1 Klassischer Kulturtourismus

Eine Definition des Kulturtourismus muss sich an den Bedingungen orientieren, die durch die Beteiligung aller Schichten der Bevölkerung am modernen Tourismus entstanden sind. Außerdem müssen die Ziele berücksichtigt werden, die dem

Kulturtourismus sowohl als Völker verbindendes als auch als wirtschaftliches Element gestellt werden. Als Kriterien einer Definition können sich daher als nützlich erweisen (Eder 1993, S. 165):

- ein Kulturbegriff, in dem neben den Objekten und Veranstaltungen auf hoher künstlerischer oder historisch bedeutsamer Ebene mit gleicher Aufmerksamkeit und Intensität auch das Gebiet der Alltagskultur Beachtung findet. Dieser Kulturbegriff geht über die traditionellen kulturellen Institutionen wie z. B. Museen, Theater, Oper oder Konzerte hinaus. Er umfasst gleichermaßen die „gebaute Kulturwelt mit z. B. Kirchen, Schlössern und modernen Architekturbauten, Traditionen und Bräuchen sowie präsente Alltagskultur, wie z. B. Altstadtprojekte, Weihnachtsmärkte, Stadtfestivals und -jubiläen, die atmosphärische, urbane Wirkung mit Stadtteilmilieus" (Wolber 1997, S. 54).
- die Erhaltung und der Schutz von Denkmälern sowie die Wiederbelebung und Pflege des regionalen Brauchtums in einer traditionsgerechten Form als inhaltlich authentische und materiell dauerhafte Basis eines Kulturtourismus. Kulturtourismus darf keine aus Vergangenheit und Gegenwart ausgesonderte Touristen-Kultur hervorbringen, keine Disneyland-Welten schaffen und vor allem nicht zum Verschleiß des „kulturellen Erbes" führen (Eder 1993, S. 165).
- die Chance zur Hebung der Einkünfte aus dem Tourismus als Anreiz für die touristische Erschließung von Orten, Regionen und Ländern unter Betonung ihrer jeweiligen kulturellen Eigenart und Leistung. Ohne die aktive Mitwirkung der Regionen und die Förderung einer regionalen Identität der Träger der Kultur ist Kulturtourismus kaum zu entwickeln.

Der Kulturtourismus definiert sich nach diesen Vorgaben als die „schonende Nutzung kulturhistorischer Elemente und Relikte und die sachgerechte Pflege traditioneller regionsspezifischer Wohn- und Lebensformen zur Hebung des Fremdenverkehrs in der jeweiligen Region; dies mit dem Ziel, das Verständnis für die Eigenart und den Eigenwert einer Region in dem weiten Rahmen einer europäischen Kultureinheit zu erweitern und zu vertiefen und zwar durch eine verstärkte Kommunikation zwischen den Bewohnern des europäischen Kontinents und durch eine sachlich richtige, vergleichende und diskursive Information über die Zeugnisse aus Vergangenheit und Gegenwart am Ort" (Eder 1993, S. 165 f.).

Diese Definition beschreibt die klassische Form des Kulturtourismus, die mit dem Begriff „Authentizität" charakterisiert werden kann. Als Gegenpol bzw. Erweiterung zu diesem authentischen Kulturtourismus ist der so genannte Erlebnis- bzw. Eventtourismus zu verstehen.

6.2 Erlebnisorientierter Kulturtourismus

Der Begriff „Erlebnis" ist seit einigen Jahren zum Fokus kulturtouristischer Werbeangebote geworden.

Ein „Erlebnis" ist begrifflich zwischen den Polen „Sensation" und „Erfahrung" einzuordnen. Es definiert sich nicht aus dem äußeren Anlass wie die „Sensation" (=das unerhörte, einmalige Ereignis), sondern aus den Gefühlen, die etwas Äußeres im Individuum hervorruft. Diese Gefühle sind weniger dramatisch als sie mit dem Wort „Sensation" assoziiert werden, haben jedoch bleibenden Erinnerungswert, sie sind von herausgehobener Bedeutung. In Abgrenzung zur „Erfahrung" hat das „Erlebnis" eine stärkere Bindung an den äußeren Anlass des Erlebens als die „Erfahrung". „Erfahrungen" sind auch ohne herausragende, objektiv nachvollziehbare Anlässe in der Umwelt möglich.

Auf kulturtouristische Angebote bezogen bedeutet dies: Wer Erlebnisurlaub verspricht, verspricht Anlässe zu Gefühlen besonderer positiver Bedeutung mit bleibendem Erinnerungswert.

Gerhard Schulze beschrieb schon 1992 in seiner gleichnamigen Studie die Gesellschaft der Gegenwart als Erlebnisgesellschaft. In ihr ist das erlebnisorientierte Denken zur allgemeinen Lebensphilosophie geworden: „Das Leben soll interessant, faszinierend und aufregend sein oder vielleicht auch friedvoll, erheiternd, kontemplativ, aber auf keinen Fall ereignislos, arm an Höhepunkten, langweilig" (Schulze 1994, S. 28). Dass diese erlebnisorientierte Denkweise auch für den Kulturtourismus eine strategische Bedeutung hat, ist evident. In der Erlebnisgesellschaft findet auf einem Erlebnismarkt das Zusammentreffen von Erlebnisangebot und Erlebnisnachfrage (der Nachfrage nach alltagsästhetischem, auf das Schöne ausgerichtetem Konsum) statt. Grundlage dieses Konsumverhaltens ist ein innenorientiertes, subjektives Handeln, das von der Absicht geprägt ist, ein Produkt nicht aufgrund eines objektiven Gebrauchsnutzens, sondern in Erwartung eines subjektiven Erlebnisnutzens zu kaufen. So erwirbt z. B. ein Inlineskater Rollerblades nicht zu seinem schnelleren Fortkommen, sondern innenorientiert, weil er damit Sportlichkeit und „In-Sein" assoziiert. Dies bedeutet – verallgemeinernd – den Trend zu einer neuen Marktorientierung, die sich auf erlebnisrationales Handeln bezieht (Schulze 1992, S. 415).

> Beim erlebnisrationalen Konsum haben Waren und Dienstleistungen den Status eines Mittels für innere Zwecke; man wählt sie aus, um sich selbst in bestimmte Zustände zu versetzen. Erlebnisrationalität ist Selbstmanipulation des Subjekts durch Situationsmanagement. Die Absichten der Konsumenten richten sich auf psychophysische Kategorien, etwa Ekstase, Entspannung, sich wohl fühlen, Gemütlichkeit, sich ausagieren. (Schulze 1994, S. 28)

Im Zentrum des Handelns steht der Handelnde selbst. Er versucht, seine Aktionen so zu gestalten, dass sich ein „gewollter psychophysischer Prozess einstellt" (Schulze 1992, S. 430). Diese Erwartung kann auch enttäuscht werden. Erst nachher weiß der Handelnde, ob das Erlebnis, das er sich erhofft hat, eingetreten ist.

Der Erlebnisnachfrager muss sich deshalb immer wieder entscheiden, welches Angebot er wählt, um seine Erlebnisziele mutmaßlich zu erreichen. Weil er auf dem Erlebnismarkt nur die Komponenten des Erlebnisses, nicht aber das Erlebnis selbst erwerben kann, lebt er in einer ständigen Unsicherheit und mit einem permanenten Enttäuschungsrisiko. Außerdem lassen sich die Erlebnisse nicht in Dauerzustände verwandeln. Daraus entsteht für den Erlebnismarkt eine ständige Nachfrage und für die Erlebnissuchenden die dauernde Notwendigkeit, Geld, Zeit und Aufmerksamkeit in den Erlebnismarkt zu investieren.

Für das Tourismusmarketing beinhaltet der Bezug auf das Modell der Erlebnisgesellschaft die Maxime, nicht Tourismusprodukte, sondern Tourismuserlebnisse zu verkaufen. Damit avancieren auch kulturtouristische Reisen zu Erlebnisreisen und der Kulturtourismus zum Erlebnistourismus.

Der Trend zum Kulturerlebnis äußert sich auch in dem zunehmenden Wunsch nach Individualität im Urlaub, in der Suche nach etwas Einzigartigem. Die für die Gesellschaft der Gegenwart konstitutive Öffnung sozialer Räume und Felder geht einher mit einer sozialen und wertebezogenen Pluralisierung und Individualisierung, die wiederum das Fundament für die Ausbildung individueller Dispositionen und Mentalitäten ist.

Der Kontext dieser Pluralisierung und Individualisierung sind die sozialen Milieus, in denen sich die verhaltensrelevanten Deutungsmuster und Handlungsmuster herausbilden. Dazu gehören beispielsweise die Art und Weise, wie „man" zu leben, zu denken, zu beurteilen und wahrzunehmen hat (Wöhler 1997a, S. 198). Die Ausdifferenzierung von Milieus prägt die einzelnen Lebensstile. Der Urlaubsort mit „seiner je spezifischen Lebensstilsemantik" verstärkt die soziale Distinktion und verifiziert die milieufixierten Lebensstile. Dazu gehört, „wie man behandelt werden will, zu welchen Leuten man sich lieber gesellen will" (Wöhler 1997a, S. 202). Diese Lebensstil-Segmentierung ist im Kontext touristischer Werbe- und Kommunikationsstrategien marketingpolitisch relevant. Allerdings garantieren selbst bis ins Detail erforschte Lebensstilgruppen als Zielgruppen touristischer Angebote nicht zwangsläufig Erfolge, weil sie nicht unbedingt mit bestimmten touristischen Destinationen verbunden sind. „Urlauben oder Reisen kann eine stilisierte labile Sonderwelt sein, die heute hier oder morgen dort gesucht wird. Der ‚Lebensstilurlauber' will keinen bestimmten geographischen Ort, sondern einen Platz für die Inszenierung bzw. Praktizierung seines Lebensstils. Und diese Plätze hängen nicht vom geographischen Raum ab" (Wöhler 1997a, S. 207).

Bei aller Unterschiedlichkeit sind folgende Aspekte allen erlebnistouristischen Ansätzen gemeinsam:

- der unkonventionelle Umgang mit kulturellen Inhalten
- die Verknüpfung sehr unterschiedlicher, bislang weitgehend unverbundener (alltags)kultureller Sphären
- der Versuch, zielgruppenspezifische Angebote zu machen
- das Bemühen um Aktivierung und Selbsttätigkeit der Erlebniskonsumenten

Die erlebnistouristischen Ansätze können aus der Sicht eines kulturellen Anspruchs auch zu negativen Entwicklungen führen. Dazu gehören beispielsweise:

- eine Pädagogisierung von Urlaubsangeboten mit Hilfe didaktisch aufbereiteter Erlebnisangebote
- der Absturz in die bloße Animation, bei der Urlauber zu Erlebniskonsumenten werden
- das wahllose Bedienen von Sensationsbedürfnissen und das Verstärken massenhysterischer Phänomene

6.3 Zielgruppe

Ein Marketingkonzept für den Kulturtourismus muss – wie jedes Marketingkonzept – die „Deutungs- bzw. Interpretationsregeln der Nachfrager kennen" (Wöhler 1997a, S. 13), denn lediglich ein „Produkt, das an Kundenwünschen orientiert ist und nachfragespezifischen Merkmalen Rechnung trägt, wird beim Nachfrager auf Interesse stoßen und Absatz finden" (Becker und Steinecke 1997, S. 161).

Allerdings liegen nur wenige qualitativ-empirische Erkenntnisse über den Typus des Kulturtouristen und zu den Fragen, wie sich das Segment der Kulturtouristen eingrenzen lässt, welche Motivationen die Urlauber bewegen und welche Aktivitätsmuster sich vollziehen, vor.

Die von Pröbstle vorgelegte qualitativ-empirisch fokussierte Studie „Kulturtouristen. Eine Typologie" (Pröbstle 2014) beantwortet diese Fragen auf der Ebene differenzierter Typenbeschreibungen von Kulturtouristen. Die von ihr erstellte Typologie umfasst fünf verschiedene Arten von Kulturtouristen:

- die „unterhaltungsorientierten Ausflügler", die Kunst und Kultur nur als Reiseaktivität sehen

- die „pflichtbewussten Sightseeker", für die Kunst und Kultur das Reisemotiv schlechthin darstellen
- die „aufgeschlossenen Entdecker", die im Alltag und auf Reisen „emanzipierten Kulturrezipienten und -produzenten" (Buschmann 2014, S. 32)
- die „kenntnisreichen Traditionalisten", die primär an der traditionellen Hochkultur interessiert sind (Buschmann 2014, S. 32)
- die „passionierten Spezialisten", die sich ausgewählten Sparten und Inhalten verschrieben haben (Pröbstle 2014, S. 303 f.).

Die vorhandenen quantitativen Studien und Prognosen zum Kulturtourismus in Europa machen deutlich, dass es sich bei diesem Segment um einen stabilen Markt mit deutlichen Sättigungstendenzen handelt, denn in Europa hat seit der Mitte der 1980er Jahre eine „erhebliche Erweiterung des kulturellen bzw. kulturtouristischen Angebots stattgefunden" (Becker und Steinecke 1997, S. 9).

Da die kulturtouristische Nachfrage nicht gleichermaßen gestiegen ist, „besteht derzeit ein Überangebot: Der Markt ist gesättigt, er hat sich vom Verkäufer- zum Käufermarkt entwickelt" (Steinecke 1993, S. 12). Für die Zukunft wird eine weitere Verschärfung der Wettbewerbssituation im Kulturtourismus prognostiziert. Dafür sprechen vor allem die folgenden Faktoren:

- die steigenden Ansprüche der Kulturtouristen
- das Auftreten neuer Wettbewerber im Kulturtourismus (z. B. Museen, Städte, Regionen)
- die Reglementierung des touristischen Zugangs zu Kultureinrichtungen (z. B. konservatorische Bedenken)
- die Schaffung von Substitutionsprodukten (z. B. künstlerische Freizeit-, Erlebnis- und Konsumwelten)

Die Kulturtouristen zählen zur wichtigsten, weil kaufkräftigsten touristischen Zielgruppe. Entsprechend hoch ist auch ihr Anspruchsniveau an die Qualität des touristischen Angebots, beispielsweise bezüglich der Infrastruktur und des Service. Da das Segment der ausschließlichen Kulturtouristen aber zahlenmäßig zu klein ist, um deren Bedürfnisse überall befriedigen zu können, ist zu überlegen, wie auch andere Zielgruppen (z. B. Familien mit Kindern und Jugendliche) durch kulturtouristische Angebote erreicht werden können. In der Verbindung des Kulturtourismus mit anderen touristischen Leistungen besteht die Chance, neue Angebote zu schaffen und neue Zielgruppen zu erschließen. Gefragt ist eine innovative Angebotspalette, die flexibel auf Marktveränderungen reagiert. So werden im Tourismus- und Freizeitmarkt „Cross-over-Angebote – also Mischungen aus Freizeit und Bildung,

Sport und Reisen, Essen und Einkaufen – künftig eine immer größere Bedeutung gewinnen" (Steinecke 1993, S. 23). Dieses Phänomen ist auf die Komplexität der Motiv- und Aktivitätsbündel der Nachfrager zurückzuführen: „Die Freizeit- und Urlaubsmotive werden zunehmend vielschichtiger. Anstelle eines Hauptmotivs ist nun ein Bündel von Reisemotiven zu beobachten" (Steinecke 1993, S. 19 f.).

6.4 Voraussetzungen und Vorteile eines regionalen Kulturtourismus

Der Kulturtourismus agiert – im Gegensatz zu anderen Teilbereichen des Tourismus wie etwa dem Wintersporttourismus, der inzwischen aus ökologischen Gründen auf große Vorbehalte stößt – in einem überwiegend positiv besetzten Marktumfeld (Steinecke 1992, S. 247).

Positive Effekte des Kulturtourismus sind unter anderen:

- Bewusstwerden der eigenen Kultur und Entstehen eines neuen Regionalbewusstseins
- regionalpsychologische Stabilisierungseffekte
- Vermittlung globalen, grenzüberschreitenden Denkens
- Beitrag zu Völkerverständigung und Vergangenheitsbewältigung

Mit dem Kulturtourismus eröffnet sich für Regionen die Möglichkeit, „ihre Entwicklung selbst zu gestalten und zu beeinflussen. Durch die Aktivierung dieser endogenen Potentiale für den Tourismus können nicht nur Unterentwicklungen überwunden, sondern es können auch regionale Disparitäten abgebaut werden" (Wöhler 1997b, S. 129).

Im Kontext der Entwicklung und Implementierung eines Marketingkonzepts für den regionalen Kulturtourismus ist die kulturtouristische Ausgangssituation anhand zweier Fragenkomplexe zu eruieren:

- Soll durch die Erstellung kulturtouristischer Angebote ein Gebiet touristisch erschlossen werden, das bisher wenige Entwicklungsmöglichkeiten im Tourismus besaß, weil dessen Potenzial insbesondere auf kulturellen und kulturräumlichen Elementen beruht?
- Sollen durch kulturtouristische Angebote die bereits bestehenden touristischen Angebote in einem bereits entwickelten Gebiet ergänzt und erweitert werden mit dem Ziel der Attraktivierung der Region für neue touristische Zielgruppen?

Die Beantwortung dieser Fragenkomplexe ist Voraussetzung für die Entwicklung einer kulturtouristischen Marketingkonzeption.

Für beide Strategien gilt, dass kulturtouristische Angebote das endogene kulturelle Potenzial einer Region ausschöpfen und nutzen sollten. Hierbei sind die Besonderheiten einer kulturtouristischen Inwertsetzung zu berücksichtigen sowie die Vorteile des Kulturtourismus für die Zielregion herauszuarbeiten (Steinecke 1992, S. 247):

- Authentizität der Angebote (Nutzung des endogenen kulturellen Potenzials wie historische Bauten, Brauchtum, aktuelle kulturelle Ereignisse)
- Einbeziehung der einheimischen Bevölkerung in die Angebotsgestaltung und kulturtouristische Vermarktung (Einheimische verkaufen ihre Region durch ihr Informationsverhalten Ortsfremden gegenüber)
- hohe Kaufkraft der Kulturtouristen und große Wertschöpfung für die Region
- arbeitsintensiver Sektor mit vielseitigen Beschäftigungsmöglichkeiten (z. B. für Reiseleiter und Gästeführer)

Basis für die Gestaltung kulturtouristischer Angebote ist die Ausstattung einer Region mit kulturellen Objekten. Diese Ausstattung beschränkt sich nicht nur auf den historisch gewachsenen Bestand (Burgen, Kirchen, Schlösser, Brauchtum u. a.), sondern umfasst auch das kreative Potenzial der Gegenwart wie Theater, Konzerte, Musikveranstaltungen, Ausstellungen in Museen, Galerien, Lesungen usw.

Marktfähig wird ein „Kultur-/Naturraum mit seinen gegebenen, je spezifisch ausgeprägten Ressourcen/Potenzialen, wenn er in Wert gesetzt wurde und ihm somit eine Nutzungsform gegeben worden ist" (Wöhler 1997b, S. 130). Erst die Inwertsetzung (vgl. Abb. 6.1) setzt den im Modell beschriebenen „Kreislauf von Rentabilität, Schaffung/Erhaltung von Arbeitsplätzen und Einkommen, Attraktivitätssteigerung, Zufriedenheit etc. in Gang. Der kulturtouristische Produktionsprozess erschöpft sich dabei nicht nur in der Beanspruchung dieser Ressourcen als Inputfaktoren. Eine kulturtouristische Inwertsetzung umfasst immer auch die Bereitstellung von Infrastrukturen (von ‚Inszenierungsstrukturen') über das Gastgewerbe bis hin zu Informationsmaterialien und Verkehrsflächen" (Wöhler 1997b, S. 130).

Wichtigster Faktor eines Kulturtourismus-Marketingkonzepts ist die Art und Weise, wie das Kulturangebot präsentiert und wie damit geworben wird. Dabei kommt es darauf an, die Fülle und die Vielfalt, die das regionale bzw. städtische Kulturangebot kennzeichnen, für den auswärtigen Besucher möglichst zu bündeln und transparent zu machen. Es gilt einerseits, Schwerpunkte zu bilden, bestimmte Teile besonders hervorzuheben, andererseits müssen Zusammenhänge hergestellt werden. So erst werden bestimmte Kulturgüter „konsumierbar", d. h. kulturtouristisch überhaupt verwertbar (Fessmann 1993, S. 18).

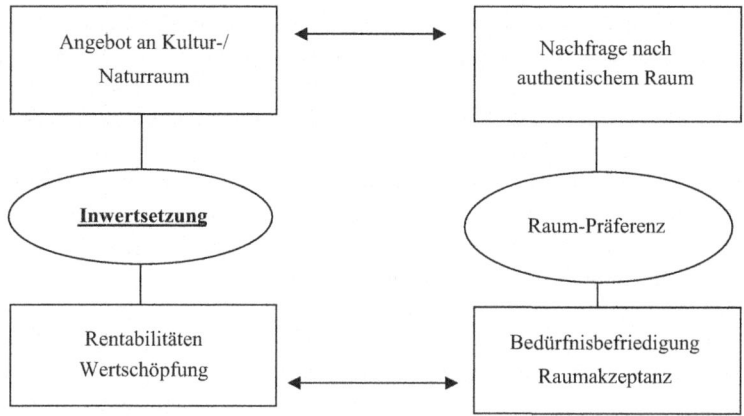

Abb. 6.1 Vereinfachtes kulturtouristisches Modell. (Quelle: Wöhler 1997b, S. 130)

Darüber hinaus ist es notwendig, die Angebote nach den Interessen der sehr unterschiedlichen Lebensstile und Erwartungshaltungen der Kulturreisenden zu differenzieren, um möglichst zielgruppengenau die unterschiedlichen Interessengruppen ansprechen zu können.

Insgesamt bieten alle kulturtouristischen Angebote eine Fülle von Schnittstellen zu anderen touristischen Leistungen und Aktivitäten. Kombinationen mit touristischen Angeboten beispielsweise zu Erholung, Sport, Naturerleben und Gesundheitspflege sowie adäquate Hotellerie- und Gaststättenangebote sind eine Voraussetzung für erfolgreiche kulturtouristische Strategien.

Da der Kulturtourist nicht „ein einzelnes kulturelles Angebot nachfragt, sondern die Kombination mit anderen touristischen Leistungen sucht, sollte ein komplexes Angebot im Sinne eines Gesamterlebnisses gestaltet werden, d. h. es gilt: Kulturelle Attraktion+Unterkunft+Transportleistung+Regionaltypische Verpflegung+Geselligkeit/Kommunikation+Vergnügen/Erlebnis+Eigeninitiative+Sinnlicher Genuss=Innovatives Angebot" (Wolber 1997, S. 56).

6.5 Strategische Überlegungen zu einem regionalen Kulturtourismus-Marketingkonzept

Ziel eines regionalen kulturtouristischen Marketingkonzepts ist es, die eigene Region gegenüber konkurrierenden Regionen mit ähnlichen Angeboten aus der Sicht der Nachfrager zu profilieren und so die Reiseentscheidung zu beeinflussen. Strategisch bedeutet dies, vom kulturtouristischen Einzelangebot zu einem umfassenden regionalen Kulturtourismusprodukt zu gelangen. Die Leistungsbündel eines Tourismusortes oder einer Tourismusregion müssen dabei mit den Wünschen der Gäste so koordiniert werden, dass daraus ein hoher Kundennutzen und Wettbewerbsvorteil resultiert (Wöhler 1997a, S. 282). Für ein lokales bzw. regionales Tourismusmanagement kommt es darauf an, spezifische Touristenprofile mit entsprechenden Angeboten in Übereinstimmung zu bringen bzw. mit vorhandenen Leistungsangeboten bestimmte Urlaubertypen anzusprechen. Wichtige Arbeitsschritte für die Erarbeitung eines Kulturtourismus-Marketingkonzepts als Bestandteil professioneller regionaler Tourismusarbeit sind:

- „Bestimmung der eigenen Position am Markt (Stärken/Schwächen-Analyse),
- gemeinsame Entwicklung eines Leitbildes für die Tourismusregion,
- konsequente Umsetzung des Leitbildes durch Maßnahmen in den Bereichen Infrastruktur, Human-Ressource, Außen-/Innen-Marketing, Organisation" (Steinecke 1996, S. 100).

Ein kulturtouristisches Marketing, das dem Kriterium der Authentizität folgt, wird allerdings – in Abgrenzung zum Massentourismus – dafür Sorge tragen müssen, dass touristische Aktivitäten die kulturelle Identität der Städte und Regionen nicht gefährden. Eine Ereigniskultur, die um Touristen wirbt, muss deshalb in einem ausgewogenen Verhältnis zur dauerhaften kulturellen Infrastruktur stehen. Kultur kann zwar als Wirtschaftsfaktor verstanden werden, sollte aber nicht uneingeschränkt für die Tourismuswirtschaft vermarktet werden. Gleichzeitig müssen die zum Teil bei Kulturverantwortlichen noch vorhandenen Vorbehalte gegen eine professionelle Berücksichtigung touristischer Belange bei der Erschließung, Präsentation, Information und Vertriebsorganisation überwunden werden. Kulturelle Einrichtungen und Ereignisse, die auf auswärtige Besucher hoffen, benötigen ein gezieltes Marketing und eine professionelle Organisation. Dazu wird es nötig sein, eine Marketing-Kooperation zu institutionalisieren, die zwischen Tourismus, lokaler Kulturarbeit und Kulturwirtschaft mit dem Ziel der Schaffung einer Kommunikationsbasis zwischen den regionalen Akteuren vermittelt. Dabei sollte ein erfolgreiches Destinationsmanagement angestrebt werden, das integrierte Angebote (Verknüpfung kulturtouristischer Angebote untereinander sowie mit anderen touristischen Leistungen) erarbeitet.

Für die Abgrenzung des relevanten Marktes im Kulturtourismus muss das jeweils spezifische kulturelle Potenzial einer Region in der Angebotsstruktur und -gestaltung dokumentiert werden. Dies setzt eine qualifizierte Bestandsaufnahme und Analyse sowie eine Gewichtung und Wertung des für den Tourismus relevanten Kulturangebots mit Blick auf das touristische Marketing (Produktpolitik) voraus.

6.5 Strategische Überlegungen zu einem regionalen ...

Bei der Sichtung, Ordnung und Bereitstellung des kulturtouristischen Potenzials des jeweiligen Gebiets sowie der Prüfung auf Umsetzungsmöglichkeiten in eine Angebotskonzeption sollte als erster Schritt untersucht werden, ob die folgenden Untergruppen des Kulturtourismus (Jätzold 1993, S. 139) in der zu untersuchenden Region zu identifizieren sind. Dabei ist auch zu klären, in welcher Zusammenstellung sie als „Paket" angeboten werden können:

- Objektkulturtourismus: z. B. historische Gebäude (Kirchen, Burgen, Schlösser), Museen, Ausstellungsorte, Galerien, technische Denkmäler
- Gebiets-/Ensemblekulturtourismus: z. B. landschaftliche Sehenswürdigkeiten, Naturparks, Gärten, Dorf- und Stadtensembles, historische Dorf- und Stadtkerne, touristische Routen wie die so genannte Straße der Industriekultur
- Ereigniskulturtourismus: z. B. Festspiele, Festivals, Großveranstaltungen aller Art, Gedenkfeiern, historische Märkte
- Gastronomischer Kulturtourismus: z. B. regionale Spezialitäten, möglichst in einem Zusammenhang mit kulturellen Themen

Mittels dieser Typologie des Kulturtourismus soll – in Abgrenzung zum „Event-Tourismus" (Freyer 1996) – bei der Erfassung touristischer Angebote eine Balance gefunden werden zwischen dem kulturellen Erbe einer Region und einer kulturellen Erlebnisorientierung unter Einschluss der Aspekte von Unterhaltung und Konsum.

Der zweite Schritt der Analyse besteht in der Bewertung der ermittelten Daten (Vor- und Nachteile, Stärken- und Schwächen-Analyse). Dabei beziehen sich die Stärken und Schwächen einer Region bezüglich des Kulturtourismus zum einen auf das eigentliche kulturelle Potenzial, zum anderen auf die Möglichkeit, das Potenzial zu vermarkten (Linstädt 1994, S. 67).

Entscheidend ist in diesem Zusammenhang, Präferenzen für die regionsspezifische Kultur zu schaffen und die darauf aufbauenden Angebote in der Weise zu gestalten, dass sie nicht austauschbar sind und das Kriterium der Authentizität erfüllen. Als Ergebnis dieser Präferenzstrategie ist beim Nachfrager eine Verbundenheit mit der jeweiligen Region zu erwarten, sofern er mit dieser Region Qualität, Erlebnis und hohe Bedürfnisbefriedigung assoziiert. Die Verknüpfung des Kulturangebotes mit den Aspekten Erholung, Lebensart oder Gastronomie sowie die Bündelung des kulturellen Angebots (z. B. Stadtführung und Museumsangebot) ist dabei besonders wichtig, da die Potenziale des Kulturtourismus in der jeweils regional spezifischen Verbindung der Dimensionen „Landschaft und Erholung, Gastlichkeit und Lebensart sowie kulturellem Erlebnis" (Meffert und Frömbling 1993, S. 649) liegen. Auch diese Koppelung des Kulturtourismus mit anderen touristischen Aspekten sollte dem Profil der Region entsprechen, es verstärken und möglichst noch erweitern.

Die Interessen einer Region im Tourismus beziehen sich zumindest in den meisten Fällen in erster Linie auf die ökonomischen Folgewirkungen. Insofern ist der Tourismus für eine Region wichtig als Hebel für Transferleistungen aus wohlhabenderen Gegenden des In- und Auslands. Dabei ist allerdings zu beachten, dass die kulturelle Infrastruktur ebenso wenig wie die Naturlandschaft verschlissen werden darf. Beides muss vielmehr nachhaltig – Substanz erhaltend und Substanz erneuernd – genutzt werden. Dies erfordert vor allem das rechtzeitige Erkennen von Kapazitätsgrenzen.

Das Marketing muss für die Außenwerbung gezielt besondere Attraktionen einspannen, gleichzeitig aber auch das gesamte Angebot profilierter kleinerer Anbieter erfassen. Die Entwicklung und Inszenierung von Ereignissen und Events tragen zur Imageprofilierung und Erhöhung des Bekanntheitsgrades einer Stadt oder Region bei. „Die Beschränkung auf große attraktive Ereignisse und Pakete ist nicht Vereinfachung und Missachtung der Vielfalt. Doch es geht zunächst einmal darum, die Region touristisch wahrzunehmen und zusätzliche Reiseströme in die Region zu lenken. Diese können sich dann je nach persönlichem Geschmack auf einzelne Teilregionen und verfeinerte Angebote zu bewegen" (Ministerium für Wirtschaft 1997, S. 89). Insgesamt kumulieren die Wirkungen kulturtouristischer Angebote, da sich durch kulturelle Schwerpunkte auch das Image einer Region verändert. Dabei dürfen die Intensivierung des Kulturbewusstseins und die Bewusstseinsbildung nach innen nicht vernachlässigt werden, denn auch die Akzeptanz in der Bevölkerung ist ein wichtiger Faktor für einen erfolgreichen Kulturtourismus (Quack und Klemm 2013).

Allgemein gültige Ziele für eine regionale kulturtouristische Marketingkonzeption sind:

- Pflege und Festigung bestehender Zielgruppen durch interessante Angebotsgestaltung
- Rekrutierung neuer (einkommensstarker) Zielgruppen
- Erhöhung der Tagesausgaben
- Imageergänzung und -verbesserung aufbauend auf den bestehenden Imagefaktoren wie Natur, Landschaft, Erholung
- Steigerung des Bekanntheitsgrades der kulturellen Spezifika der Region
- Steigerung der Akzeptanz in der Bevölkerung

Wenn das Ziel der Etablierung des betreffenden Gebiets als kulturtouristischer Region erreicht werden soll, muss die Strategie darin bestehen, das vorhandene kulturlandschaftliche Potenzial in kreative und hochwertige Arrangements zu transferieren, die auf der operativen Ebene durch eine optimale Verbindung verschiedener Wege des Marketings konkretisiert werden müssen. Dabei sind die kulturellen Interessen der Zielgruppe zu charakterisieren und zu berücksichtigen. Im besten Fall korrespondieren die von den (potenziellen) Gästen präferierten kulturellen Angebote (z. B. Schloss- und Kirchenbesichtigungen, Stadtführungen, Museen, Ausstellungen und Konzerte) unmittelbar mit den Angeboten der Region.

6.6 Kulturtourismus-Marketing im Zeichen des Erlebnismarktes

In der von Gerhard Schulze beschriebenen Erlebnisgesellschaft der Gegenwart unterliegt auch der Kulturtourismus der Rationalität des Erlebnismarktes. Die konstitutiven Merkmale dieses dynamischen Marktes haben weit reichende Konsequenzen für die mit diesem Modell korrespondierenden marketingstrategischen Überlegungen zum Kulturtourismus.

Für ein Marketing, das sich als Steuerung von Austauschprozessen versteht, sind die menschlichen Bedürfnisse und Wünsche der Ausgangspunkt und die grundlegende Orientierung. „Wünsche beschreiben die konkreten Dinge, die ein menschliches Bedürfnis befriedigen können. Je mehr sich eine Gesellschaft entwickelt, um so vielfältiger werden auch die Wünsche ihrer Mitglieder" (Kotler und Armstrong 1988, S. 6). Dies gilt auch für den Bereich der Kultur. Die zunehmende Nachfrage des Kulturtourismus (als Wunsch nach spezifischen Produkten oder Dienstleistungen) erfordert ein differenziertes Angebot an kulturellen Leistungen.

Als Produkte, die zur Bedürfnisbefriedigung angeboten werden können, sind im Kulturbereich die vielfältigen Kulturleistungen (Kunstwerke, Denkmäler, Aufführungen, kulturelle Projekte etc.) zu verstehen.

„Der Kern des Marketing liegt in der Idee des Austauschs" (Kotler und Bliemel 1992, S. 41). Gegenstand des Austauschprozesses sind Güter, Produkte, Dienstleistungen oder Geld. „Wird der potentielle Austausch realisiert, so findet eine Transaktion statt. Eine Transaktion besteht in dem Übereinkommen zweier oder mehrerer Parteien über die Verwendung, den Besitz oder die Übertragung von Ressourcen. Transaktionen bilden die Basis bzw. machen den Kern des Austauschs aus" (Kotler und Bliemel 1992, S. 42).

Der Gedanke der Transaktion führt zur Vorstellung des Marktes. „In modernen Gesellschaften sind Märkte an keinen bestimmten Ort mehr gebunden, an dem Käufer und Verkäufer miteinander verhandeln" (Kotler und Armstrong 1988, S. 13). Entwickelte Kommunikations- und Transportmöglichkeiten machen es möglich, dass Produzent und Käufer keinen physischen Kontakt mehr zueinander haben.

Der Begriff des Marktes mündet im modernen Marketing. Marketing bedeutet den Umgang mit Märkten, um Tauschvorgänge zum Zweck der Befriedigung menschlicher Bedürfnisse und Wünsche zu bewirken. „Produktentwicklung, Forschung, Kommunikation, Verteilung, Preisfestlegung und Service bilden den Kern der Marketing-Aktivitäten" (Kotler und Armstrong 1988, S. 14). Marketing hat im traditionellen Denksystem die Aufgabe, „potentielle Kunden davon zu überzeugen, dass ein bestimmtes Produkt sowohl ihren Bedürfnissen entgegenkommt, als auch besser und/oder billiger als konkurrierende Produkte ist" (Schulze 1994, S. 24). Marketing ist damit im produktorientierten Denksystem ganz auf die „Nutzen-Konkurrenz" (Schulze 1994, S. 27) der Waren und Produkte ausgerichtet.

Ein Erlebnis ist als ein „Miteinander verknüpfter subjektiver Prozesse" zu verstehen. Typisch für ein Erlebnis ist deshalb, dass es „subjektbestimmt" und „unwillkürlich" ist (Schulze 1992, S. 735). Menschen können deshalb Erlebnisse nicht besitzen, sie nehmen Erlebnisse wahr. Die damit einhergehende Rationalisierung des Handelns auf Erlebnisziele stellt sich folglich als ein Prozess dar, der nach innen gerichtet ist und durch die Erwartung von Erlebniszielen zur Ausbildung eines Marktes führt. Erlebnisangebot und Erlebnisnachfrage treffen dort aufeinander. „Kennzeichnend für die Rationalität der Nachfragenden (ist) eine Kehrtwendung der Zweckdefinition von außen nach innen" (Schulze 1992, S. 416). Klassisches Muster der „alten" Moderne ist das Agieren nach rationalen Gesichtspunkten unter Verwendung optimaler Mittel, um systematisch Ziele zu erreichen. Die Optimierung der Mittel steht dabei im Vordergrund. Diese „alte" Moderne erfährt in der Erlebnisgesellschaft eine grundlegende Veränderung: „Man will etwas an sich selbst erreichen; das Subjekt behandelt sich selbst als Objekt, dessen Zustand manipuliert werden soll" (Schulze 1992, S. 420).

Die Menschen entscheiden subjektiv aufgrund angestrebter oder zu vermeidender Gefühle zwischen Angenehmem und Unangenehmem. Gleichzeitig existieren aber auch Grundmuster des Erlebens, beispielsweise Rang, Konformität, Geborgenheit, Selbstverwirklichung, Stimulation. Um diese Zustände zu erreichen, wird erlebnisorientiert gehandelt und in alltagsästhetischen Episoden (Einkauf, Musik, Kosmetik, Sport, Fernsehprogramm, Ausgehen, Urlaub) entsprechend agiert.

Diese Erlebnisse lassen sich jedoch nicht in Dauerzustände verwandeln. Es entsteht somit für den Erlebnismarkt eine ständige Nachfrage. Die Erlebnissuchenden investieren Geld, Zeit und Aufmerksamkeit in den Erlebnismarkt.

Für die Anbieter des Erlebnismarktes hat die „Publikumswirksamkeit" (Schulze 1992, S. 425) höchste Priorität. Sie ist verbunden mit Zielen wie:

6.6 Kulturtourismus-Marketing im Zeichen des Erlebnismarktes

- Gewinn
- langfristigem Überleben
- kreativer Selbstverwirklichung
- kulturpolitischen Ambitionen

Als Strategien zur Zielerreichung bedienen sich die Anbieter vor allem der folgenden Mechanismen:

- Schematisierung: Die Anbieter reagieren auf spezielle Erlebnisbedürfnisse, die in den Schemata der Erlebnisnachfrage zum Ausdruck kommen.
- Profilierung: Den Produkten wird ein Profil gegeben, das den Erlebniserwartungen der Nachfragenden entspricht.
- Abwandlung: Bezeichnungen werden verändert, um zumindest scheinbar neue Angebote zu vermitteln.
- Suggestion: Die symbolische Qualität der Angebote im Hinblick auf ihren Erlebnisgehalt wird in den Vordergrund gestellt.

Für die Nachfrager auf dem Erlebnismarkt ist es schwierig, die Qualität eines Angebotes zu beurteilen. „Was schön ist oder nicht, kann der Nachfrager meist nur tautologisch definieren. Es ist schön, weil es schön ist" (Schulze 1992, S. 431). Den Erlebnisnachfragern ist es vor allem deshalb unmöglich, handhabbare Qualitätskriterien zu definieren, weil ihnen die eigenen, durch die Erlebnisangebote provozierten Gefühle in der Regel zumindest im Voraus nicht bewusst sind und deshalb auch nicht bestimmt werden können. Werbung, Mode und andere ästhetische Phänomene wecken spezifische Erlebnisbedürfnisse. Die erworbenen Produkte können die Befriedigung dieser Bedürfnisse jedoch nicht sicherstellen, da es sich um innerpsychische Prozesse handelt, die über Erlebnisangebote höchstens stimuliert, nicht jedoch mit Sicherheit ausgelöst werden können. Ein Joghurt kann in seiner Werbung „Weekend-Feeling" versprechen, ob sich das „Weekend-Feeling" beim Essen tatsächlich einstellt, bleibt jedoch eine Frage der innerpsychischen Disposition des Individuums.

Der erlebnisorientierte Konsument sieht die objektive Qualität der Waren nur als ein Mittel für einen subjektiven Zweck an. Oft weiß er nicht mehr als das. Er hat fundamentale Orientierungsprobleme und unsichere Erfolgsaussichten, denn sein Ziel ist noch nicht erreicht, wenn er die Ware hat, sondern erst dann, wenn er bei sich selbst wahrzunehmen glaubt, dass er auf die Ware in bestimmter Weise reagiert. (Schulze 1994, S. 32)

Die Interaktion zwischen Anbietern und Nachfragern auf dem Erlebnismarkt kann mit den folgenden Mustern beschrieben werden (Schulze 1994, S. 32–34).

- Korrespondenzprinzip und Schematisierung: Das Korrespondenzprinzip basiert auf der Auswahl von Angeboten mit dem größten vermuteten Erlebnisnutzen. Auf dieses Selektionsverfahren der Nachfrager reagieren die Anbieter mit Schematisierungen. Sie versehen die Produkte mit Attributen, die an bestimmte alltagsästhetische Schemata appellieren. Wie weit sich das Marktgeschehen mit den Strategien von Korrespondenz und Schematisierung von der produktorientierten Denkwelt entfernt hat, zeigt sich daran, dass dasselbe Produkt verschieden schematisiert werden kann. Sekt wird beispielsweise häufig mit dem Hochkulturschema in Verbindung gebracht. Die Werbung zeigt dann elegant gekleidete Personen in der Konzertpause mit einem Sektglas in der Hand. Gleichzeitig wird Sekt aber auch mit dem Spannungsschema assoziiert. Bei dieser Schematisierungsvariante spritzt und schäumt der Sekt auf dem Bild, die dargestellten Menschen sind exzentrisch, ausgelassen und in Bewegung.
- Kumulation und Überflutung: Wenn ein Produkt aus der Sicht des Käufers nicht hält, was es verspricht, erweist sich die Korrespondenzstrategie ist unzuverlässig. Obwohl es durchaus angemessen wäre, dass der Konsument sich selbst für seine Enttäuschung zumindest eine Mitverantwortung zuschreibt, weil es ihm nicht gelungen ist, jenes Erlebnis aufzubauen, das er sich versprochen hat, geht er zumeist den einfacheren Weg und sucht die Schuld beim Produkt. Die Kumulation erscheint dem Nachfrager auf dem Erlebnismarkt deshalb als eine rationale Strategie: Er erwirbt möglichst viele Waren oder Dienstleistungen in der Hoffnung, dass zumindest etwas dabei ist, das seine Erwartungen erfüllt. Anders als in der produktorientierten Konsumwelt kann man in der Erlebniswelt den Nutzen der Waren vor dem Kauf nicht prüfen. Man muss abwarten, wie sie wirken werden. Die Anbieter reagieren auf die Strategie der Kumulation mit Überflutung: Alles (z. B. Fernsehprogramme, Parfümerieartikel, Kleidung, Autos, Schmuck, Urlaubsmöglichkeiten) gibt es im Übermaß und in unendlich vielen Varianten. Bezeichnend für das Strategienpaar von Kumulation und Überflutung ist etwa der Trend zu Großflächenbuchhandlungen: Der Kunde wird mit unzähligen Titeln überflutet. Seine Kumulationsstrategie materialisiert sich als Stapel von Büchern, die alle zu lesen er niemals Zeit hat.
- Variation und Abwandlung: Erlebnisorientierung geht mit einem ständigen Bedarf an Neuem einher. Wer produktorientiert Schuhe kauft, die beispielsweise wasserdicht sein sollen, wird wahrscheinlich immer wieder auf dasselbe bewährte Modell zurückgreifen. Beim erlebnisorientierten Schuhkauf besteht die

6.6 Kulturtourismus-Marketing im Zeichen des Erlebnismarktes

Gefahr, dass man sich mit demselben Modell schon bald langweilt. Erlebnisse speisen sich aus der Erfahrung von Unterschieden. Um Schuhe erleben zu können, braucht man immer wieder neue, andersartige Modelle. Dieser Variationsstrategie der Konsumenten kommt die Abwandlungsstrategie der Anbieter entgegen. Sie kreieren beispielsweise ununterbrochen neue Designs, Nachfolgemodelle und Urlaubsalternativen. Die Entwickler arbeiten dabei nicht wie in der produktorientierten Denkwelt am Fortschritt der Produkte. Beim erlebnisorientierten Konsum tritt an die Stelle des Fortschritts die horizontale Kategorie des Anderen. Das Neue unterscheidet sich vom Alten nicht mehr dadurch, dass es besser wäre, sondern allein durch seine Neuartigkeit. Augenscheinlich wird dieses Phänomen dadurch, dass nicht selten das Alte zurückkehrt, wenn es in Vergessenheit geraten war, sodass es wieder neu wirkt. Eines von vielen Beispielen dafür ist der Rückgriff auf frühere Mode- oder Designstile.

- Autosuggestion und Suggestion: Typisch für die Rationalität erlebnisorientierten Konsums ist schließlich die autosuggestive Maximierung des Erlebnisses. Der rationale Erlebniskonsument wehrt sich nicht gegen Suggestionen – wie es der rationale produktorientierte Konsument tun muss -, sondern fragt sie nach: den Ruhm des Virtuosen, den Massenandrang zum Rockkonzert, die aktuelle Etabliertheit modischer Details im eigenen Milieu, die Etikettierung eines Films als Kultfilm, die feuilletonistische Überhöhung von Literatur, die Erzeugung einer Aura von Besonderheit durch exorbitante Preise. Auf die Verbraucherstrategie der Autosuggestion antworten die Anbieter mit Fremdsuggestion. Es ist zu einseitig, die Suggestions-Taktiken der Erlebnisanbieter als Verführung zu kritisieren, weil dabei unterstellt wird, dass die Nachfrager hintergangen würden. Nur auf einem produktorientierten Markt ist Suggestion Betrug. Für den erlebnisorientierten Nachfrager gilt, dass sein Konsumzweck erreicht ist, wenn er ein Erlebnis hat, das er als befriedigend ansieht. Die bloße Ware oder Dienstleistung ohne symbolisches Zubehör ist hierfür selten ausreichend, weil die meisten Verbraucher die psychophysische Reaktion, die zum Erleben der Ware oder Dienstleistung erforderlich ist, nicht selbst aufbauen können. Beide Akteure arbeiten zusammen, Suggestion gehört zum Service. Unter diesen Bedingungen gilt: je wirksamer die Suggestion, desto besser das Produkt. Der Glaube des Abnehmers an zugesicherte Eigenschaften der Ware lässt die zugesicherten Eigenschaften erst entstehen.

„Jedes Erlebnisangebot entlastet von der Aufgabe, etwas mit sich selbst anzufangen und befreit von der Angst, bei dieser Aufgabe zu scheitern" (Schulze 1992, S. 449). Diese Beobachtung hat weit reichende Konsequenzen:

- Die Furcht vor entgangener Lebensfreude lässt den Erlebnismarkt stetig wachsen.
- Die Anbieter müssen, um am Markt überleben zu können, ständig das Publikumsinteresse, die Besucherfrequenz, die Einschaltquote und ähnliche Parameter beachten.
- Erlebnisse sättigen nicht dauerhaft, die Nachfrager suchen deshalb ständig neue.

Die Erlebnisanbieter reagieren auf diese Erwartungen vor allem mit den folgenden Maßnahmen:

- Veränderung der Produktionsstruktur im Hinblick auf eine noch stärkere Erlebnisorientierung (vermittelte Gefühle beim Produktkauf)
- Expansion des Tauschvolumens (mehr Angebote bei immer mehr Abnehmern)
- Räumliche Expansion von Absatzgebieten und Entregionalisierung (mit der Folge des Verschwindens von Lokalkolorit)
- Professionalisierung und Konzentration der Anbieterstruktur
- Orientierung auf eine ständige Erweiterung des Marktes (weder Gleichgewichtszustände noch Rückentwicklungen können akzeptiert werden)
- Schematisierung der Alltagsästhetik (innerhalb eines Erlebnisschemas werden Lebensstile konsumiert)
- Milieusegmentierung (Milieus werden neu zusammengestellt, innerhalb eines Milieus bleiben die Erlebnisse in einer Schablone)

Die Schematisierung der Alltagsästhetik vollzieht sich durch Zuschreibung (Bündelung) von Zeichen, die in einem bzw. für ein Milieu als natürlichem Lebenszusammenhang entstehen.

Schulze (1992) unterscheidet folgende Milieus:

- Selbstverwirklichungsmilieu („postmaterialistisch, linksalternativ eingestellter aufstiegsorientierter jüngerer Mensch")
- Unterhaltungsmilieu („traditionsloses Arbeitermilieu, unauffällig, eher passive Arbeitnehmer")
- Niveaumilieu („konservatives gehobenes Milieu, gehobene Konservative")
- Integrationsmilieu („kleinbürgerliches Milieu, aufgeschlossener integrierter Normalbürger und integrierter älterer Mensch")
- Harmoniemilieu („kleinbürgerliches Milieu, pflichtorientierter, konventionsbestimmter Arbeitnehmer, isolierter alter Mensch")

6.6 Kulturtourismus-Marketing im Zeichen des Erlebnismarktes

Diese Einteilungen der Erlebnisgesellschaft werden in Beziehung gesetzt zu den verschiedenen Erlebniszielen, die sich wiederum aus dem „Selbstverständnis" der „Ich-Welt-Bezüge" ergeben. So segmentiert Schulze das Spannungsschema, das Hochkulturschema und das Trivialschema als Zusammenfassungen für eine Zeichengruppe mit typischen Ausprägungen. Diese Schemata werden wie folgt charakterisiert:

- Trivialschema: Blasmusik und Gemütlichkeit, antiexzentrische Philosophie
- Hochkulturschema: klassische Musik, Kontemplation, antibarbarischer Genuss, Perfektion
- Spannungsschema: Rockmusik und Action, unkonventionell, Narzissmus

Für die Organisation des Erlebnismarktes ergibt sich aus dieser Milieusegmentierung ein grundsätzliches Problem: „Wegen der zunehmenden Vielfalt individueller Verknüpfungen von Lebenslagen (Berufe, Einkommens- und Vermögensverhältnisse, persönliche Risikoabsicherungen, Familien- und Haushaltsstrukturen u. a.) ist es immer weniger möglich, von dem, was einer braucht, auf das zu schließen, was er gesellschaftlich ist" (Schulze 1992, S. 455). Umgekehrt lässt sich nicht mehr feststellen, welche Waren oder Dienstleistungen beispielsweise eine bestimmte Berufsgruppe nachfragt. Infolge der innenorientierten Konsumorientierung ist die ursprüngliche Marktsegmentierung verloren gegangen. Die Segmentierungen verschwinden allerdings nicht, sondern erscheinen in anderen Formen.

„Subjektivität ist nämlich nicht identisch mit Originalität. Unter der Bedingung der Freiheit entstehen neue Ähnlichkeiten. Die kleinen und großen Verliebtheiten und Angebote tragen die Züge milieuspezifisch verteilter Erlebnisschablonen" (Schulze 1992, S. 455). Die Gruppierungen nach Konsumstilen entsprechen weitgehend der Gruppierung nach Lebensalter und Bildungsgrad. Somit entstehen neue Erlebnisprodukte, die sich auf diese Segmentierungen der Erlebnisnachfrager stützen und auf die spezifischen Bedürfnisse eines bestimmten Typus der Nachfrage zugeschnitten sind. Damit wird gleichzeitig wieder eine Segmentierung hergestellt.

„Die segmentierte Struktur des Publikums ist eine soziale Konstruktion, die sowohl auf den Einfluss der Anbieter zurückgeht, als auch auf das Denken und Handeln des Publikums selbst" (Schulze 1992, S. 456). Rascher sozialer Wandel, Unschärfen von Gruppengrenzen, individuelle, antitypische Profilierungen und Fehler beim Wahrnehmen sind wiederum verantwortlich dafür, dass Segmentierungen nicht vollständig gelingen. Erst am Erlebnismarkt werden sie falsifiziert bzw. verifiziert. Als Prognose und gleichzeitig als Perspektive weist Schulze darauf hin, dass es keine „Welt-Massen-Kultur" ohne Milieudifferenzierungen geben wird, da es fundamentale Bereiche wie z. B. Generationenzugehörigkeit oder Altersunterschiede gibt, die sich schematisieren lassen und auf die die Erlebnisanbieter ihre Produkte herstellen und positionieren müssen.

Im Kulturtourismus wird sich die Aufmerksamkeit des Managements zunehmend der „Beantwortung von Fragen der Segmentierung widmen müssen, da die Marktdynamik (durch veränderte Nachfragetrends) immer wieder neue Marktsegmente entstehen lässt. ... Demzufolge wird die Forderung in der Tourismusbranche nach einer Konzentration der Kräfte auf spezifische strategische Geschäftseinheiten immer deutlicher" (Becker 1992, S. 88). Für den Kulturtourismus ist das Denken in Kombinationen von Produkt, Erlebnis und Markt unerlässlich. „In engem Zusammenhang mit der Segmentierung und Bildung strategischer Geschäftseinheiten steht die strategische Entscheidung der Spezialisierung" (Becker 1992, S. 89).

Spezialisierung impliziert vorrangig die Beantwortung der Frage nach den spezifischen Stärken und damit der Einzigartigkeit des Produkterlebnisses im Kulturtourismus. Spezialisierung ermöglicht zugleich die „Konzentration auf die Entwicklung spezifischer Qualitätsstandards sowie (Dienstleistungs-) Kompetenzen, bietet ein in sich durchgestyltes Produktangebot und erlaubt ein spezifisches Marketing" (Becker 1992, S. 89).

Für das Tourismusmarketing beinhaltet der Bezug auf das Modell des Erlebnismarktes vor allem die Maxime, nicht Tourismusprodukte, sondern Tourismuserlebnisse zu verkaufen. Damit avancieren auch kulturtouristische Reisen zu Erlebnisreisen und der Kulturtourismus zum Erlebnistourismus.

> Wein, Kultur, Tourismus: Weinkultur ist nichts anderes als die Pflege der Kulturlandschaft schlechthin. Die Kulturlandschaft ihrerseits ist der Anziehungspunkt für Gäste und der Kristallisationsort der hier Lebenden. Wenn wir es nicht verstehen, den Wein als Kulturgut zu verkaufen (im doppelten Sinn des Wortes), wird der Wein kaum mehr Zukunft haben. Wer sich einen Mosel-Riesling gönnt, muss neben einem qualitativ hochwertigen Lebensmittel ein emotionales Erlebnis, ein Erinnern an die einzigartige Kulturlandschaft an der Mittelmosel, ein Konzert in Kloster Machern, die Weinprobe in einem Kreuzgewölbekeller, den Besuch der Bibliothek des Nikolaus von Kues haben. (Becker 1992, S. 174)

Für die Strategie des Kulturtourismus bedeuten diese Überlegungen, dass das regionale Kulturangebot für immer breitere Bevölkerungsschichten attraktiviert werden muss und die Kulturangebote der Städte und Regionen systematisch für den Tourismus erschlossen werden sollten. „Ersteres ist eine Frage der Animation, Letzteres eine Aufgabe von Marketing und Management" (Opaschowski 1995, S. 9). Schon jetzt ist der Kulturtourismus eine Hauptantriebskraft für die Kulturpolitik und für die Erhöhung der öffentlichen Kuluretats. „Das Phänomen Kul-

6.6 Kulturtourismus-Marketing im Zeichen des Erlebnismarktes

turtourismus verspricht mehr Besucher und damit verbunden eine Steigerung der Einnahmen, um die sich Kulturbetriebe angesichts der skizzierten Finanzprobleme verstärkt bemühen müssen" (Pröbstle 2014, S. 42). Die Städte sind zunehmend dazu übergegangen, eigene Kulturevents zu kreieren. Kulturelle Einrichtungen wurden zu Orten einer neuen Urlaubskultur, zu Orten, an denen man sinnlich etwas erleben kann. Dieser Trend wird damit erklärt, dass früher – zumindest scheinbar – wenige Menschen Kultur „hatten", während heute viele Kultur „erleben" können. Während die Kultureliten der Vergangenheit Kultur als Statussymbol und Abgrenzungsmerkmal verwendeten, geht die Entwicklung von der nur Eliten zugänglichen Hochkultur hin zu einer breiten Bevölkerungsgruppen möglichen Freizeitkultur. „Freizeitkultur, wozu auch die Urlaubskultur gehört, umschreibt heute die ganze Bandbreite von anspruchsvollem Kulturangebot bis zur Massenkultur im Umfeld von Unterhaltung, Zerstreuung und Erlebniskonsum. In dem Maße, in dem die moderne Industriegesellschaft den Menschen massenhaft mehr Zeit (Freizeit), mehr Geld (Wohlstand) und mehr Bildung (Kultur) zur Verfügung stellt, entwickelt sich auch ein Zeitalter der Massenfreizeit und des Massentourismus, in dem sich E(rnst)- und U(nterhaltungs)-Bereich vermischen (vgl. Infotainment). Warenkonsum, Erlebniskonsum und Kulturkonsum lassen sich kaum mehr voneinander trennen. Im Zuge dieser Entwicklung kann die Urlaubszeit zur Kultur-Konsum-Erholungs- und Erlebniszeit werden" (Opaschowski 1995, S. 10).

Damit entsteht auch eine völlig neue Kultur-Konsum-Klientel, die Kultur als Unterhaltung versteht. Das „Kultur-Haben" ist für sie nicht mehr interessant, weil sie es weder als Statussymbol noch als Mittel der Distinktion benutzt. Für sie ist das Sein wichtiger: Kultur als Erlebnis, als Mittel zur Selbststimulation. Dieser veränderten Bedürfnis- und Nachfragestruktur des Publikums entspricht eine kontinuierliche Verwischung der Unterschiede zwischen Hoch- und Trivialkultur. Für die Kulturinstitutionen ergibt sich daraus die Forderung einer Modifikation des aufklärerisch-pädagogischen Anspruchs, vielleicht sogar dessen Aufgabe, allerdings unter Beibehaltung der Qualitätsstandards.

Analog zur „neuen Konzeption von Werbung" (Heinze-Prause 1995), die beispielsweise ethisch ambitionierte Werbestrategien weltweit inszeniert, wird ein modernes Kulturtourismus-Marketing auf die Modellierung der Einstellungen seiner Zielgruppen zur Welt, zur Politik, zu Ökologie und Ökonomie zielen müssen. Dabei geht es – gemäß der Rationalität (Logik) des Erlebnismarktes – nicht nur um die Ergänzung der Ratio durch Emotionalität, sondern auch um die Vermittlung von Ein- und Vorstellungen, die über operatives Marketing zu transportieren sind. Der Trend zum erlebnisorientierten Marketing verfolgt eine zweifache Zielsetzung: Das Stimulieren von Affekten, Assoziationen und Emotionen beim Kulturtouristen wird gekoppelt mit der Darstellung neuer kultureller Erlebniswelten, die touristisch in-Wert-setzbar sind.

Literatur

Becker, Christoph (Hrsg.): Perspektiven des Tourismus im Zentrum Europas, Europäisches Tourismus-Institut, Trier, 1992

Becker, Christoph/Steinecke, Albrecht: KulturTourismus. Strukturen und Entwicklungsperspektive. Studienbrief der FernUniversität Hagen, 1997

Buschmann, Lara: Kulturtouristen im Rampenlicht. Eine Rezension. In: KM. Das Monatsmagazin von Kulturmanagement Network Nr. 96, Dezember 2014, Seite 30–32

Eder, Walter: Wissenschaftliche Reiseleitung und Kulturtourismus. In: Becker, Christoph (Hrsg.): Kulturtourismus in Europa. Wachstum ohne Grenzen?, Europäisches Tourismus-Institut, Trier 1993, Seite 161–184

Fessmann, Ingo: Das kulturelle Erbe in der Stadt. Möglichkeiten und Grenzen der touristischen Vermarktung. In: Becker, Christoph (Hrsg.): Kulturtourismus in Europa. Wachstum ohne Grenzen?, Europäisches Tourismus-Institut, Trier 1993, Seite 14–25

Freyer, Walter: Event-Management im Tourismus. Kulturveranstaltungen und Festivals als touristische Leistungsangebote. In: Dreyer, Axel (Hrsg.): Kulturtourismus, Oldenbourg, München, 1996, Seite 211–242

Heinze-Prause, Roswitha.: Authentizität als Massenbetrug. Strukturale Analyse des Benetton „Friedensplakats" von Oliviero Toscani. In: Heinze, Thomas (Hrsg.): Kultur und Wirtschaft. Perspektiven gemeinsamer Innovation, Westdeutscher Verlag, Opladen 1995, Seite 155–168

Jätzold, Ralph.: Differenzierungs- und Förderungsmöglichkeiten des Kulturtourismus und die Erfassung seiner Potentiale am Beispiel des Ardennen-Eifel-Saar-Moselraumes. In: Becker, Christoph (Hrsg.): Kulturtourismus in Europa. Wachstum ohne Grenzen?, Europäisches Tourismus-Institut, Trier 1993, Seite 135–144

Kotler, Philip/Armstrong, Gary: Marketing. Eine Einführung, Service-Fachverlag, Wien, 1988

Kotler, Philip/Bliemel, Friedhelm: Marketing-Management. Analyse, Planung, Umsetzung und Steuerung, Poeschel, Stuttgart, 7. Aufl. 1992

Lindstädt, Birte: Kulturtourismus als Vermarktungschance für ländliche Fremdenverkehrsregionen. Ein Marketingkonzept am Fallbeispiel Ostbayern, Geographische Gesellschaft, Trier, 1994

Meffert, Heribert/Frömbling, Simone: Regionenmarketing Münsterland. Fallbeispiel zur Segmentierung und Positionierung. In: Hädrich, Günther (Hrsg.): Tourismus-Management. Tourismus-Marketing und Fremdenverkehrsplanung, de Gruyter, Berlin, 2. Aufl. 1993

Ministerium für Wirtschaft und Mittelstand, Technologie und Verkehr des Landes Nordrhein-Westfalen (Hrsg.): Masterplan für Reisen ins Revier. Berichte der Kommission, Düsseldorf 1997

Opaschowski, Horst W.: Auf dem Weg zur Urlaubskultur von morgen. In: Infodienst. Kulturpädagogische Nachrichten, 37 (1995), Seite 9–10

Pröbstle, Yvonne: Kulturtouristen. Eine Typologie, Verlag für Sozialwissenschaften, Wiesbaden, 2014

Quack, Heinz-Dieter/Klemm, Christiane (Hrsg): Kulturtourismus zu Beginn des 21. Jahrhunderts, Oldenbourg, München, 2013

Schulze, Gerhard: Die Erlebnis-Gesellschaft. Kultursoziologie der Gegenwart, Campus, Frankfurt am Main, 1992

Schulze, Gerhard: Warenwelt und Marketing im kulturellen Wandel. In: Heinze, Thomas (Hrsg.): Kulturmanagement. Professionalisierung kommunaler Kulturarbeit, Westdeutscher Verlag, Opladen, 1994, Seite 23–37

Steinecke, Albrecht (Hrsg.): Tourismus – Umwelt – Gesellschaft. Wege zu einem sozial- und umweltverträglichen Reisen, Institut für Freizeitwissenschaft u. Kulturarbeit, Bielefeld, 2. Aufl. 1992

Steinecke, Albrecht: Kulturtourismus – Chancen und Gefahren. In: Becker, Christoph (Hrsg.): Kulturtourismus in Europa. Wachstum ohne Grenzen?, Europäisches Tourismus-Institut, Trier 1993, Seite 245–250

Steinecke, Albrecht (Hrsg.): Der Tourismusmarkt von morgen – zwischen Preispolitik und Kultkonsum, Europäisches Tourismus-Institut, Trier, 1996

Wöhler, Karlheinz: Marktorientiertes Tourismusmanagement, Springer, Berlin, 1997a

Wöhler, Karlheinz: Produktion kulturtouristischer Leistungen. In: Reader: Strukturen und theoretische Konzepte zum Kulturtourismus. Studienbrief der FernUniversität Hagen, 1997b

Wolber, Thomas: Die touristische Inwertsetzung des kulturellen Erbes in größeren Städten – Historic Highlights of Germany. In: Reader: Touristische Inwertsetzung kultureller Ereignisse und Objekte. Studienbrief der FernUniversität Hagen, 1997

Kulturmanagement in der pluralen Gesellschaft des 21. Jahrhunderts

Kulturmanagement ist zu einem wesentlichen Teil eine Kommunikationsaufgabe. Dies gilt sowohl für die Querschnitts- und Leitungsaufgabe innerhalb der kulturellen Institutionen und Projekte als auch für die Schnittstellenaufgabe der Gestaltung der vielfältigen Kooperationen, die Kulturbetriebe eingehen müssen, um erfolgreich agieren zu können.

Diese Kommunikationsaufgabe umfasst auch die Teilnahme an der Diagnose und Weiterentwicklung der pluralen Gesellschaft, die ständigen Veränderungen unterworfen ist und zunehmend komplexer wird. Die sehr heterogenen Ansprüche und Impulse dieser Debatte muss das Kulturmanagement wahrnehmen und aufgreifen, um für die Gesellschaft und damit auch für das eigene Publikum relevant sein und Interesse wecken zu können. Kulturmanagement leistet mit der Organisation dieser Vernetzung einen wichtigen Beitrag zu einem lebendigen demokratischen Gemeinwesen.

7.1 Kritische Theorie als Bezugsrahmen für ein reflexives Kulturmanagement

„Frankfurter Schule" und „Kritische Theorie" – die Begriffe lösen „die Vorstellung einer Reihe von Namen aus, allen voran Adorno, Horkheimer, Marcuse, Habermas – und Assoziationen auf der Linie: Studentenbewegung, Positivismusstreit, Kulturkritik – und vielleicht auch: Emigration, Drittes Reich, Juden, Weimar, Marxismus, Psychoanalyse" (Wiggershaus 1986, S. 9). Inzwischen lässt sich allerdings die „Aktualität der Kritischen Theorie durch eine hermeneutische Selbstauslegung der ‚klassischen Texte' allein kaum retten" (Bonß und Honneth 1982, S. 7). Deshalb ist eine erweiterte Rekonstruktion notwendig. Diese hat die technologischen Veränderungen im Kulturbereich (Globalisierung, Technisierung, digitale Vernetzung) sowie die „Akzentverschiebungen der gesellschaftlichen und wissenschaftlichen Erfahrungsverarbeitung zu berücksichtigen" (Bonß und Honneth 1982, S. 7). Nur auf dieser erweiterten Grundlage können die Analysen der Kritischen Theorie einen Orientierungsrahmen für ein reflexives Kulturmanagement darstellen.

Kulturmanagement bezieht sich nicht auf den Gesamtbereich der Kultur, sondern auf einen engeren Sektor, auf „Institutionen, Initiativen und Projekte, in denen Kunst entsteht, Kunstergebnisse gefeiert oder ritualisiert werden, kunstnahe Unterhaltung feilgeboten oder ästhetische Praxis angeregt wird" (Bendixen 1993, S. 76). Anspruch eines reflexiven Kulturmanagements ist es, die Kultur einerseits davor zu schützen, bloßes Objekt wirtschaftlicher Interessen zu werden, andererseits glaubhaft das sprenghafte Potenzial der Kultur zu vermitteln.

Als Paradigmenwechsel in der philosophischen Betrachtung der Kultur und theoretischer Bezugsrahmen eines reflexiven Kulturmanagements kann die Position von Niklas Luhmann gesehen werden. Luhmanns Theorem von der Kunst als gesellschaftlichem Teilsystem befreit die Kunst vom Ballast überfordernder Sinngebungserwartungen (Adorno) sowie vom Stress avantgardistischer Überholungszwänge (Lüddemann 2003, S. 62 f.).

Diese Befreiung ermöglicht dem System Kunst die Erzeugung von Sichtweisen auf die Welt. Die Tauglichkeit und Validität dieser Sichtweisen sind Gegenstand öffentlicher Kommunikation. Die Qualität von Kunst besteht für Luhmann darin, neue Organisationsformen der Erfahrung bereitzustellen. Kunst ist dann das Laboratorium für neue Entwürfe von Weltsichten. In einer Welt als „Schauplatz ultraschneller Übersetzung" (Lüddemann 2003, S. 62 f.) kann Kunst nicht mehr als isoliertes Phänomen, sondern nur noch als eine mediale Ebene globaler und damit unbegrenzter Kommunikationsprozesse verstanden werden.

Kunst schult die Wahrnehmung, rüttelt wach, zeigt Utopien frei von jedem Zweckdenken. Wer in der Kunst lernt, zweck- und urteilsfrei wahrzunehmen, wird auch in anderen Lebensbereichen feststellen können, das es keine – wie Adorno unterstellt – geschichtsphilosophisch fundierte absolute Wahrheit gibt, sondern dass jede Wahrheitsbeschreibung ein Modell von Wahrheit ist, das die gleiche Daseinsberechtigung hat, wie jedes andere auf gleicher Bewusstseinsstufe. Die zeitgenössische Kunst der Gegenwart ist davon geprägt, dass sie keine dominanten Stilrichtungen und Kunstsprachen mehr ausbildet. Vom Rezipienten verlangt dies ein hohes Maß an Offenheit, um die Fülle an Kunstrichtungen vorurteilsfrei wahrzunehmen und als gleichberechtigte Wahrheiten gelten zu lassen.

Ein reflexives Kulturmanagement hat zu bedenken, dass der ökonomische Wert von Kunst eine Option, aber nur eine von vielen möglichen Optionen ist. Infrage zu

7.1 Kritische Theorie als Bezugsrahmen für ein reflexives ...

stellen ist die Dominanz einer ökonomischen Wertfestschreibung (über Geld) als Substitut für eine an künstlerischen Standards orientierte Bewertung von Kunstwerken. In diesem Spannungsverhältnis steht ein reflexives Kulturmanagement, das entscheiden muss, nach welchen Parametern es sein Handeln ausrichtet (Heinze 2002, S. 17). Es ist nicht zu übersehen, dass eine wirtschaftliche Bewertung auch für Kunstgüter und -ereignisse notwendig und in vielen Fällen auch kompatibel mit der eigenständigen ästhetischen Bewertung ist. Auch künstlerische Ziele können effizient erreicht werden. Auch Kunstgüter haben ihre Preise. Auch der Kultursektor ist Teil der wirtschaftlichen Wertschöpfung. Daraus folgt, dass die Anwendbarkeit ökonomischer Beobachtungsmethoden mit dem Hinweis auf die grundsätzliche Andersartigkeit von Kultur in Abrede zu stellen ist. Notwendig ist es, im Hinblick auf die Eigenart von Kultur, eine eigene Ökonomik zu finden. Unbestritten muss es Aufgabe eines reflexiven Kulturmanagements sein, Kunst von schnellen Verwertungsinteressen freizumachen, die Positionen der Kunstschaffenden wieder stärker in den Mittelpunkt des Kunstprozesses zu rücken, Künstler aus ihrer Isolation herauszuführen und Kunst dem Rezipienten erlebnisnah zu präsentieren, um individuelle Selbsterfahrungsprozesse in Gang zu setzen. Sinn und Zweck eines so verstandenen Kulturmanagements sind der Erfolg der Künstler und die Schaffung optimaler Rezeptionsbedingungen für Kunst und künstlerische Produktion. Gleichzeitig wird ein reflexives Kulturmanagement für Kunst- und Kulturleistungen eine – der Eigenart des Künstlerischen und Kulturellen adäquate – wirtschaftliche Bewertung im internationalen Maßstab finden und schaffen müssen. Schließlich wird sich ein reflexives Kulturmanagement dem von der Ökonomie herkommenden Verständnis von Management nicht verschließen können, das dort, wo in größerem Umfang materielle Ressourcen – z. B. Finanzmittel, Arbeitskräfte, Maschinen und zu entgeltende geistige Potenziale, insbesondere die der Künstler – kulturell sinnvoll einzusetzen und zu lenken sind, unbestritten betriebswirtschaftliche Managementfähigkeiten verlangt.

Sehr eingehend thematisierten Max Horkheimer (1895–1973) und Theodor W. Adorno (1903–1969) in dem Kapitel „Kulturindustrie" ihres 1947 erstmals in Amsterdam publizierten Werkes „Dialektik der Aufklärung" die „rücksichtslose" Integration der Kultur in den Medienbetrieb. Die Kulturindustrie zwingt „die Jahrtausende lang getrennten Bereiche höherer und niederer Kunst zusammen, zu ihrer beiden Schaden" (Adorno 1967, S. 60). Die Zwangsgemeinschaft zerstört die gesellschaftstranszendierenden Momente, die den beiden Bereichen der Kultur möglich waren, als beide noch getrennt existierten.

Die „höhere" Kunst verliert dabei den Grad an Autonomie, der ihr kritischen Ernst gestattete, „die niedere (wird) durch ihre zivilisatorische Bändigung um das ungebärdig Widerstehende (gebracht), das ihr innewohnte, solange die gesellschaftliche Kontrolle nicht total war" (Adorno 1967, S. 60). Die Antinomie der Kultur hat das Entstehen der kulturindustriellen Kultur erst möglich gemacht. Weil die traditionelle Kultur durch die Autonomiesetzung des Geistes um der Erhaltung der Reinheit solcher Autonomie willen den Raum gesellschaftlich-geschichtlicher Praxis sich selbst hat überlassen und freigeben müssen, bringt sie aufgrund solcher Autonomiesetzung in sich selbst zugleich auch das entgegengesetzte Moment der Anpassung an die empirische Wirklichkeit hervor: Jene hat die durch die Autonomiesetzung des Geistes freigelassene Leerstelle der gesellschaftlich-geschichtlichen Praxis zu besetzen, um deren Auseinanderbrechen ins „Chaotische" gegenzusteuern (Schmucker 1977, S. 85).

Der von Adorno diagnostizierte Zerfall von Bildung und Kultur führt zur Zerstörung eines gesellschaftlichen Bereichs, in dem Raum für die Entstehung autonomen Denkens und Fühlens, des Widerstands gegen „die verhärteten Verhältnisse naturverfallener Naturbeherrschung" war (Wiggershaus 1987, S. 85). Dieser Zerfallsprozess wurde beschleunigt, weil die Kultur auch zu einer „Angelegenheit von Großkonzernen und Verwaltungen wurde, die Kultur in Regie genommen und als in Regie Genommene in Übereinstimmung einerseits mit dem Profitmotiv, andererseits mit dem Interesse an der Stabilisierung autonomiefeindlicher gesellschaftlicher Verhältnisse standardisiert und homogenisiert" (Wiggershaus 1987, S. 85) haben.

Was an die Stelle der traditionellen Kultur getreten ist, bezeichnet Adorno als den „kategorischen Imperativ der Kulturindustrie": „Du sollst dich fügen, ohne Angabe worein; fügen in das, was ohnehin ist, und in das, was als Reflex auf dessen Macht und Allgegenwart alle ohnehin denken" (Adorno 1967, S. 67). „Kulturindustrielle Kultur" manifestiert sich als Synthese unterschiedlicher Erscheinungen: Sie vereinigt in sich sowohl Elemente der Volkskunst und der oppositionellen Subkulturen als auch der autonomen Kunst (Kübler 1977). Sie hat sich zu einer Massenkultur par excellence entwickelt, an der alle Bildungsgeschichten partizipieren. Kultur wird unter den Bedingungen der kulturindustriellen Produktion und Verwertung so sehr von diesen aufgesogen, dass von ihr nichts bleibt als der ökonomisch gewinnreich verwertbare Ruf ihrer großen Vergangenheit. Der Kulturkonsument begnügt sich damit und findet subjektive Befriedigung darin, „zu betrachten, zu bewundern, am Ende blind und beziehungslos zu verehren, was da alles einmal geschaffen und gedacht wurde, ohne Rücksicht auf dessen Wahrheitsgehalt" (Adorno 1970, S. 385).

Adorno bezeichnet als die „Physiognomik" der Kulturindustrie das „Gemisch aus streamlining, photographischer Härte und Präzision einerseits und individualistischen Restbeständen, Stimmung zugerüsteter, ihrerseits bereits rational disponierter Romantik andererseits" (Adorno 1967, S. 64).

Die „Fusion von Kultur und Unterhaltung heute" beinhaltet eine „Deprivation der Kultur" und eine „Vergeistigung des Amüsements" (Horkheimer und Adorno 1969, S. 129). Es kommt nicht mehr zu Spannungen zwischen den Polen, Extreme existieren nicht mehr als solche, sondern gehen in eine „trübe Identität" über (Horkheimer und Adorno 1969, S. 116), durch die sie ihre gesellschaftskritische Aussagekraft verlieren. Nichts zeichnet sie mehr als etwas Besonderes aus. Die Opernarie wird zur Unterhaltungsmelodie, die man mitsummt. Der Schlager, als ebenso bekanntes Musikstück, kann direkt neben sie treten.

Zu fragen ist in diesem Zusammenhang, ob nur noch diejenigen Kunstwerke ein aufklärerisches Mandat beanspruchen können, die sich durch ihre esoterische (auratische) Form dem Sog massenkultureller Ideologie verweigern. Die von Adorno geforderte Trennung von authentischer (höherer) Kunst und der Massenkultur potenziell zurechenbarer (niederer) Kunst wäre demnach unabdingbar. Gerade diese Differenzierung ist jedoch gegenwärtig nicht mehr nachvollziehbar.

Massenkultur repräsentiert heute – im Gegensatz zum Verständnis von Horkheimer und Adorno – grenzüberschreitende konkrete „Kulturmuster, Lebensgewohnheiten, Produktions- und Rezeptionsmuster, Weltbilder, Lebensstile etc. Genauer: in ihr werden die Grenzen zwischen den konkreten Kulturen nicht mehr ausschließlich von den traditionellen Trägern – Völkern, Nationen, regional verwurzelten Gemeinschaften – beeinflusst, sondern zunehmend auch von neuen, nahezu allen westlichen Industriegemeinschaften gemeinsamen gesellschaftlichen Strukturen und von den ihnen entsprechend übernational geprägten gesellschaftlichen Gruppen: während die traditionellen Grenzen der an Völker und Räume gebundenen Einzelkulturen immer durchlässiger werden, entstehen neue Kulturgebilde und dementsprechend neue Abgrenzungen" (Soeffner 1990, S. 18). Konstitutiv für die so genannte Massenkultur ist das Phänomen der Transkulturalität, das auf die Vielfalt unterschiedlicher Lebensformen und Lebensstile moderner Gesellschaften sowie die Grenzüberschreitung von früheren Nationalkulturen verweist. „Anstelle der separierten und separierbaren Einzelkulturen von einst ist eine weltweit verähnlichte und hochgradig interdependente Globalkultur entstanden, die sämtliche Nationalkulturen verbindet und bis in Einzelheiten hinein durchdringt" (Welsch 1994, S. 12).

Die grundlegende Schwierigkeit einer Bezugnahme auf die Kritische Theorie liegt darin, dass diese einerseits eine theoretische Konstruktion an die Stelle empirischer Untersuchungen setzt und andererseits in ihrer Sicht auf eine Differenz von

Hoch- und Massenkultur überholt ist. Die moderne Kulturindustrie scheint dem Dilemma der Ghettoisierung von Hochkultur entgegenzuwirken und diese für die breite Masse zugänglich zu machen. Jedoch hat es mit der Hochkultur eine eigenartige Bewandtnis: Sobald sie kulturindustriell verwertet wird, scheint sie in ihrer ursprünglichen Bedeutung und Aktualität sowie in ihrer die gesellschaftlichen Bande sprengenden und überwindenden Eigenschaft zu verschwinden.

Verdeutlichen kann dieses Phänomen ein Beispiel aus dem Tourismus: Die Ursprünglichkeit einer Region geht verloren, sobald sie durch den Massentourismus vermarktet wird. Ähnliches geschieht mit der Hochkultur, wenn sie kulturindustriell aufbereitet wird. Die verwertbare Oberfläche wird vermarktet, die darin enthaltenen Sprengsätze werden z. B. durch Etiketten-Bildung entschärft: Das ist Beethoven, der Komponist von „Pour Elise", und nicht, das ist der revolutionäre Komponist Beethoven, der in seiner fast wahnhaften Egozentrik die formalen Prinzipien der Klassik sprengte.

Gegen Horkheimer und Adorno ist festzuhalten, dass sich die Kultur vor allem in ihren inhaltlichen Strategien wesentlich weiterentwickelt hat. Vor dem Hintergrund heutiger Erfahrungen von privatem Engagement für Kultur, von Formen flexibler Projektarbeit und neuen Koalitionen von Kultur und Wirtschaft erscheint das Theorem von einem „Verblendungszusammenhang" überholt. Hinzu kommen Projekte, die Traditionsbestände und aktuelle Inhalte von Kultur kombinieren. Vor allem diese Formen des Cross-over, die seit den 1990er Jahren Thema der modernen Kunst sind, stehen quer zu Adornos Purismus, der letztlich in der Sackgasse der Verweigerung endet.

Ein Kulturmanagement mit reflexivem Anspruch muss sich als Transmitter und Ermöglicher in einem Szenario verstehen, das sich durch Kultur an ungewohnten Orten, einen Transfer der Kunstformen und vor allem durch einen fluktuierenden Kunstbegriff auszeichnet. Die mit Adorno zu führende Qualitätsdebatte besteht dann vor allem in der Aufmerksamkeit für die politische Dimension jeder Kulturarbeit und den scharfen Blick für ästhetische Standards und für verdeckte Interessenlagen.

Nicht tragfähig ist die von der Kritischen Theorie unterstellte strukturelle Symmetrie von Produktion und Konsumtion (Rezeption), die voraussetzt, dass die Menschen der Kulturindustrie und deren System bedingungslos unterworfen wären. Diese Auffassung muss insofern infrage gestellt werden, als sie die relative Autonomie des Bewusstseins sowie die Fähigkeit zur Weigerung und Kritik bei den Individuen leugnet. Die These der „monolithischen Manipulation" berücksichtigt nicht die Tatsache, dass einzelne Menschen und Gruppen auf Medienbotschaften unterschiedlich reagieren und dass die individuelle Aneignung eines seriell hergestellten Produktes durch einen Einzelnen dessen Subjektivität unterliegt.

Das Individuum verschwindet hinter der Rolle des Konsumenten und die spezielle Gleichheit der Produkte suggeriert fälschlich eine serielle Gleichheit der Aneignung und Nutzung (Soeffner 1990, S. 26). Ein reflexives Kulturmanagement hat deshalb nicht nur zu analysieren, wie Menschen sich den Produkten, sondern auch umgekehrt, wie sich Menschen die Produkte anpassen, „wie sie in ein subjektiv konstituiertes Milieu eingearbeitet und mit ihm verschmolzen werden. In diesen Akten der Privatisierung des allen tendenziell zugänglichen und der Individualisierung des Kollektiven vollzieht sich – an Subjekt und Objekt beobachtbar – die Übersetzung des Seriellen ins Einmalige" (Soeffner 1990, S. 27). Die serielle Produktion des verwechselbar Gleichen führt also nicht nur zur seriellen Rezeption und Konsumtion. Vielmehr erfahren die Massenprodukte eine individuelle Adaption durch die mit der Aneignung verbundenen Gefühle und Erinnerungen.

In diesem Zusammenhang konstatiert Bergsdorf eine „Re-Individualisierung der Massenmedien" in unserer Informations- und Wissensgesellschaft. „Die technischen Möglichkeiten der Datenkompression, der Digitalisierung und des interaktiven Zugriffs ermöglichen dem Nutzer der Multimedia-Angebote eine enorme Steigerung seiner Souveränität als Konsument. Jeder wird sich künftig seine Information, Bildungs- und Unterhaltungsprogramme nach seinen speziellen Bedürfnissen und Interessen zusammenstellen können. Das Grundgesetz der Massenkommunikation lautet: Einer druckt oder sendet, viele lesen, hören oder sehen das Gleiche. Das neue Grundgesetz von Multimedia heißt: Jeder wird sein eigener Programmdirektor, jeder entscheidet selbst, welchen Inhalten er die knappe Ressource seiner Aufmerksamkeit zuwendet" (Bergsdorf 2002, S. 8).

Die Vermittlung von Kompetenz im Umgang mit dem multimedialen Angebot ist deshalb eine zentrale Aufgabe eines sich den neuen medialen Möglichkeiten verpflichteten reflexiven Kulturmanagements.

7.2 Postmoderne Vielfalt und Risikogesellschaft

Die Charakteristika der Gesellschaft der Gegenwart mittels eines allgemeingültigen Modells zu beschreiben, ist unmöglich. Seit dem Ende der mit der Aufklärung eingeleiteten geistesgeschichtlichen Moderne besteht ein Konsens darüber, dass es die eine prägende Eigenschaft, die sich als allumfassendes zeitdiagnostisches Attribut eignen würde, nicht mehr gibt. Es sind jedoch aus spezifischen Perspektiven der Reflexion Beschreibungen der Gesellschaft möglich, die nicht nur den fachlichen Diskurs prägen, sondern zumindest als Begrifflichkeit auch den Weg in eine breitere Öffentlichkeit gefunden haben.

Eines der etablierten Modelle der Beschreibung der westlichen Gesellschaft und ihrer Kultur ist das der Postmoderne (nach dem lateinischen Terminus „post = nach, hinter"). Die Postmoderne kritisiert das für die Moderne typische Streben nach Fortschritt und das Vertrauen in den Fortschritt als naiv und unreflektiert. Die Moderne hält sie für apodiktisch und für gerade deshalb gescheitert. Die Postmoderne fordert daher eine Erneuerung aus der Akzeptanz der Vielfalt von möglichen Perspektiven des Denkens und des künstlerischen Schaffens, die gleichberechtigt nebeneinander stehen. Mit dem Postulat einer grundsätzlichen Offenheit der künstlerischen Ausdrucksformen bezieht die Postmoderne auch die Ästhetik der Moderne und insbesondere den Primat der Abstraktion im 20. Jahrhundert in ihre Kritik ein.

Die Postmoderne benennt und definiert sich zwar aus dem Widerspruch gegen die vorangegangene Moderne, sie versteht sich aber nicht nur als aktuelle Zeitdiagnose, sondern auch als denkerische Methode.

Die Begriffsgeschichte der Postmoderne geht bis in die zweite Hälfte des 19. Jahrhunderts zurück. Sie wurde seither mehrfach zur Beschreibung von kultur-, philosophie-, literatur- und kunstgeschichtlichen Positionen, die der Moderne kritisch gegenüber stehen und daraus Konsequenzen ableiten, verwendet. Zu einem seine Zeit prägenden Ansatz wurde die Postmoderne aber erst durch die Publikationen des französischen Philosophen Jean-François Lyotard (1924–1998). In seinem 1979 in Paris erschienenen Werk „La condition postmoderne. Rapport sur le savoir" – deutsch erst 1999 in Wien als „Das postmoderne Wissen" erschienen – erklärt er das Projekt der Moderne für gescheitert. Seine Diagnose formuliert er vor allem als „Ende der großen Erzählungen", wobei bereits der Terminus „Erzählungen" für denkerische Modelle, die über Jahrhunderte als die wichtigsten philosophischen Systeme galten, bezeichnend ist. Diese „Erzählungen" abstrahieren nach Lyotard ihre Argumentation immer auf ein zentrales Prinzip, ihre Aussagen entwickeln sie, indem sie das Abweichende, Heterogene oder Singuläre ausschließen.

Als die drei großen „Erzählungen", die für eine lange Zeit und für einen großen Wirkungsbereich Geltung und einen außergewöhnlichen Einfluss auf das Denken der ganzen Menschheit hatten, identifiziert Lyotard

- die Aufklärung als Idee der Emanzipation des Individuums vom Glauben und Aberglauben, von der Kirche und von jedem unselbstständigen Denken zugunsten des Primates der Vernunft und der Rationalität,
- den Idealismus als Idee von einer Ausrichtung des menschlichen Denkens auf ein Ziel und als Vorstellung der Existenz eines autonomen Subjekts sowie
- den Historismus als Idee der Sinnhaftigkeit allen Geschehens im Sinne einer konsequenten und zu einem Fortschritt führenden historischen Entwicklung.

7.2 Postmoderne Vielfalt und Risikogesellschaft

Diese „Erzählungen" könnten keine letztgültigen Begründungen aufweisen, die ihre zwingende Richtigkeit rechtfertigten. Diese „Erzählungen" hätten deshalb als leitende Vorstellungen und Entwicklungsmuster ihre Legitimation und ihre Allgemeinverbindlichkeit verloren. An die Stelle dieser großen Ideen und Ideologien sowie eines universalen Wahrheitsanspruchs und der Annahme der Allmacht der Vernunft setzt Lyotard die denkbare Vielzahl von Erklärungsmodellen. Eine allgemein verbindliche Wahrheit und ein das Sein in seiner Gänze beschreibendes formales System sind für ihn im Rückgriff auf die sprachkritischen Reflexionen Wittgensteins schon deshalb nicht möglich, weil es dafür keine Sprache geben kann. Das Denken muss den Horizont des Erwartbaren durchbrechen, die für natürlich und vernünftig gehaltene Syntax erschüttern und auf diese Weise „von der Inkommensurabilität von Denken und wirklicher Welt" (Lyotard 1987, S. 257) zeugen.

Für die Gesellschaft bedeutet dies, dass der Konsens über die Autorität von Institutionen, über politische Verfahren und über ethische Modelle verloren geht und eine Vielzahl von als wahr und gerecht angesehenen Positionen nicht nur vorhanden ist, sondern auch akzeptiert werden muss. Traditionelle Bindungen, Systeme der Solidarität und Konstruktionen von Gemeinschaft werden aufgegeben zugunsten der Segmentierung der Gesellschaft in eine Vielzahl von Bereichen mit einander zumindest potenziell widersprechenden Denk- und Verhaltensmustern, die Toleranz, Freiheit und die Akzeptanz von Pluralität voraussetzen.

Auch in der Kunst kann es im System der Postmoderne keinen kontinuierlichen Fortschritt und keine zielgerichtete Innovation mehr geben. Die Kunst muss nach Lyotard vielmehr die Vielfalt der in der Gesellschaft vorhandenen Modelle durch Brüche und Antinomien zum Ausdruck bringen. Die in neue Kombinationen und neue Zusammenhänge gestellten Zitate und Ironisierungen vorgefundener Ideen treten in einer postmodernen Beschreibung der Welt plural, ungeordnet, vom Zufall geleitet und der Vergänglichkeit unterworfen auf. Kunst kann nach Lyotard „nur erfahren werden, wenn und solange wir uns des reflektierenden Denkens enthalten. Denkend wird das Kunst-Ereignis sogleich institutionalisiert und in eine Tradition eingegliedert" (Hauskeller 2008, S. 94).

Daraus entwickelt sich auch das Menschenbild der Postmoderne, das durch Instabilität, häufige Neuanfänge und einander widersprechende Tendenzen sowie eine Betonung der Affektivität und Emotionalität geprägt ist. Gegen die gescheiterten Ansprüche allumfassender Erklärungen und Theorien setzte Lyotard eine Form der Vernunft, die sich situationsspezifisch selbst die Regeln gibt.

Die Finanz- und Wirtschaftskrise der letzten Jahre scheint dem Beschreibungsmodell der Postmoderne zumindest insofern Recht zu geben, als die lange angenommenen Kräfte des Fortschritts und der Selbstheilung der Märkte von Fehlentwicklungen mittels des Wettbewerbs offensichtlich nicht funktioniert haben.

Allerdings unterliegen auch die bisher gefundenen politischen Antworten auf die Finanz- und Wirtschaftskrise der postmodernen Segmentierung der Gesellschaft. Sie bedienen sich weitestgehend der Werkzeuge eben des Systems der Marktwirtschaft, das diese Krise erzeugt hat. Kulturmanagement, das sich seiner gesellschaftlichen Relevanz bewusst ist, könnte mithelfen, die überfällige darüber hinausgehende Wertedebatte anzustoßen und die erforderlichen Veränderungsprozesse in Gang zu bringen. Die Doppelrolle der Kultur als Teilnehmer am Markt (spätestens wenn die Sponsorengelder in der Krise ausbleiben) und als Korrektiv des Diskurses kann diesen Diskussionsprozess weiter befruchten.

Zu den politischen Implikationen der postmodernen Strukturen der Gesellschaft gehört auch die Aufwertung der direkten Demokratie gegenüber dem traditionellen System der repräsentativen Demokratie, das davon ausgeht, dass die Entscheidungen der gewählten parlamentarischen Vertreter der Bürger während einer Wahlperiode akzeptiert und erst im Wahlverhalten bei der folgenden Abstimmung bewertet werden. In den letzten Jahren wurden in mehreren deutschen Ländern und Kommunen Voten der Bürger gegen die politische Willensbildung der jeweiligen Landesregierung und der jeweiligen kommunalen Parlamente durchgesetzt. Die Realisierbarkeit und der Erfolg dieser Plebiszite steht auch in einem engen Zusammenhang mit den Möglichkeiten des Web 2.0.

Zu den ersten überregional Aufsehen erregenden diesbezüglichen Initiativen gehörte der „Volksentscheid für einen echten Nichtraucherschutz", bei dem am 4. Juli 2010 die bayerischen Wahlberechtigten mit 61 % der abgegebenen Stimmen für einen strikten Nichtraucherschutz und damit gegen das von der Staatsregierung beschlossene liberalere Gesetz und gegen die massiv vertretenen Interessen der Tabakindustrie stimmten. Am 18. Juli 2010 lehnte in Hamburg bei einem Volksentscheid zur Schulreform eine Mehrheit von 58 % der Wähler die vom Hamburger Senat in einer Novellierung des Schulgesetzes vorgesehene Primarschule ab.

Eines der jüngsten Beispiele für erfolgreiche Plebiszite gegen legislative und exekutive Vorhaben ist der so genannte Olympia-Bürgerentscheid. Die Bürger der Landeshauptstadt München, der Marktgemeinde Garmisch-Partenkirchen und der Landkreise Berchtesgadener Land und Traunstein konnten am 10. November 2013 darüber entscheiden, ob sich die genannten Orte und Regionen um die Olympischen und Paralympischen Winterspiele 2022 bewerben. Das Abstimmungsergebnis fiel bei allen vier Bürgerentscheiden – wenn auch teilweise sehr knapp – zugunsten der Gegner der Bewerbung aus. Am 25. Mai 2014 stimmte eine Mehrheit von 64,3 % der Wahlberechtigten beim Volksentscheid zur Zukunft des Geländes des stillgelegten Berliner Flughafens Tempelhof ebenfalls gegen eine von der Stadt vorgesehene Bebauung. Der Senat muss demnach den jetzigen Zustand des Parks erhalten und darf das Gelände weder verkaufen noch bebauen.

7.2 Postmoderne Vielfalt und Risikogesellschaft

Am 17. Juni 2012 sprachen sich 1,04 Mio. Münchener Bürger in einem Bürgerentscheid mit 54,3 % der Stimmen gegen den Bau einer dritten Startbahn am Flughafen der bayerischen Landeshauptstadt aus. Dieser Bürgerentscheid verdeutlicht ein grundsätzliches Problem derartiger plebiszitärer Elemente gesellschaftlicher Entscheidungsfindungen, die durch das nur scheinbar objektive und immer auch relative Kriterium der Betroffenheit legitimiert werden. Da in diesem Fall – weil es formal um eine Weisung für das Abstimmungsverhalten des Anteilseigners Stadt München ging – nur Münchener Wahlberechtigte votieren konnten, waren die in den noch stärker vom Flughafen betroffenen Umlandgemeinden wohnenden Menschen nicht abstimmungsberechtigt. Darüber hinaus gab es Stimmen, die einen landesweiten Volksentscheid zu dem Streitfall forderten, da der Flughafen nicht nur für die Landeshauptstadt, sondern für den gesamten Wirtschaftsstandort Bayern von herausragender Bedeutung sei.

Ein Beschreibungsmodell der Verfasstheit der deutschen Gesellschaft der Gegenwart, das weit über das Fachpublikum hinaus große Resonanz fand, legte der Soziologe Ulrich Beck (1944–2015) mit seinem 1986 zum ersten Mal erschienenen Werk „Risikogesellschaft. Auf dem Weg in eine andere Moderne" vor. Seine Publikation wurde ein für ein Fachbuch außergewöhnlicher Verkaufserfolg und machte den Titel schnell zu einem in sehr verschiedenen Zusammenhängen verwendeten Schlagwort. Diese breite öffentliche Rezeption war auch – wie Beck selbst in einem Vorwort zur zweiten Auflage konzediert – eine Folge der Reaktorkatastrophe von Tschernobyl, die im selben Jahr Europa erschütterte und die Aktualität vieler der Thesen Becks belegte.

Beck sieht zwar nicht wie die Vertreter der Postmoderne das Experiment der Moderne als vollständig gescheitert an, er geht aber auch davon aus, dass eine bisher weitgehend kontinuierliche Entwicklung der Moderne zu Ende geht. Er leitet diese Beobachtung vor allem aus dem Verschwinden der klassischen Strukturen der Industriegesellschaft ab, die sich in eine neue gesellschaftliche Form, für die er seinen Terminus „Risikogesellschaft" einführt, transformiert. Die Risikogesellschaft steht zwar grundsätzlich in der Kontinuität der Moderne, sie nimmt aber eine völlig neue gesellschaftliche Gestalt an.

Charakteristisches Kriterium der Risikogesellschaft ist die Ablösung der bisherigen „Logik der Reichtumsproduktion" durch eine immer breiteren Raum einnehmende „Logik der Risikoproduktion". Nicht mehr die Frage der Verteilung von Waren sieht Beck als Auslöser der gesellschaftlichen Konflikte, sondern die Problematik der gerechten Verteilung der überwiegend von der Gesellschaft selbst produzierten Risiken.

Mit dem Begriff der Risiken fasst Beck sehr unterschiedliche Phänomene zusammen: Einerseits gehören dazu Umweltprobleme wie die zunehmende Schadstoffbelastung und Oberflächenversiegelung sowie die damit verbundenen Gefahren für das Leben von Pflanzen, Menschen und Tieren. Gleichzeitig subsumiert Beck darunter auch soziale Gefährdungen wie die Arbeitslosigkeit und die Herausforderungen der Sicherstellung der medizinischen Versorgung. Entscheidend für deren gesellschaftlichen Stellenwert ist, dass diese Risiken nicht mehr wie die früheren zumindest schwerpunktmäßig bestimmte Klassen bedrohen, sondern grundsätzlich jeden Menschen im selben Maße treffen können: „Not ist hierarchisch, Smog ist demokratisch" (Beck 1986, S. 48). Dieser Aspekt ist allerdings auch einer der Hauptansatzpunkte der Kritiker Becks: Gerade der Unfall von Tschernobyl habe bewiesen, dass die Menschen im Katastrophenfall sehr ungleiche Chancen beispielsweise auf ärztliche Hilfe hätten.

Darüber hinaus weist Beck auch darauf hin, dass die Risiken nicht nur real vorhandene, sondern auch durch Veröffentlichungen in den Medien konstruierte sein können. Zumindest die Bedrohlichkeit der Risiken nehmen die Menschen zumeist erst durch die Massenmedien wahr. Diese sorgen für eine inflationsartige Vermehrung der kommunizierten Risiken und bedingen damit auch die Abstumpfung und letztlich die Gleichgültigkeit der Gesellschaft gegenüber den Risiken.

Kulturelle Institutionen und Projekte können maßgebliche Beiträge zum Diskurs über die Gesellschaft leisten. Es ist eine Aufgabe aller Akteure des Kultursektors, gesellschaftliche Strukturen zu erkennen, aufzugreifen und zu kommentieren und damit an der Gestaltung der Wirklichkeit und an der Partizipation aller Menschen an dieser Wirklichkeit mitzuwirken.

Diese gesellschaftlichen Funktionen der Kultur lassen sich unter verschiedenen Aspekten systematisieren (vgl. Tab. 7.1).

Die utopischen und realutopischen Funktionen des menschlichen Denkens stehen im Mittelpunkt des Werkes des deutschen Philosophen Ernst Bloch (1885–1977). Sein Hauptwerk verfasste er in den Jahren zwischen 1938 und 1947 im US-amerikanischen Exil unter dem Arbeitstitel „The dreams of a better life". Es erschien schließlich unter dem Titel „Prinzip Hoffnung" in drei Bänden in den Jahren 1954 bis 1959 zunächst in der DDR. Das „Prinzip Hoffnung" ist seither zu einem Schlagwort in vielen gesellschaftlichen Diskursen geworden.

Von Hegel und Marx beeinflusst, entfaltet Bloch im „Prinzip Hoffnung" eine umfangreiche Philosophie der konkreten Utopie. Das Denken ist bei Bloch die Spur zu einem Sein, das noch niemand gesehen oder erlebt hat. Im Zentrum seines Systems steht der über sich hinausdenkende Mensch, der „konkrete Utopien" entwickeln kann. Das Bewusstsein des Menschen ist bei Bloch nicht nur das Produkt seines Seins, es ist vielmehr mit einem „Überschuss" ausgestattet. Dieser „Überschuss" findet seinen Ausdruck in den sozialen, technischen, ökonomischen und religiösen Utopien, in der Bildenden Kunst, in der Literatur und in der Musik. Im

Tab. 7.1 Systematisierung der gesellschaftlichen Funktionen der Kultur. (Quelle: Marchal 1998, S. 40–47)

Kritische Funktion	Kulturelle Manifestationen können Manipulationen durch den Einsatz ästhetischer Mittel aufdecken (z. B. wird die Affinität von Menschen zu bestimmten Farben und Formen ausgenutzt, um sie zum Kauf von Produkten oder zur Übernahme bestimmter Anschauungen zu bewegen)
	Kulturelle Manifestationen können die Vermittlung von politischen und anderen Ideologien reflektieren, indem sie beispielsweise deren Strategien offenlegen
	Kulturelle Manifestationen können die ökonomischen Bedingungen und Interessen analysieren, die diese Manipulationen hervorbringen und ermöglichen (z. B. in der Medienpädagogik)
	Kulturelle Manifestationen können die Medien analysieren, die solche Manipulationen transportieren (z. B. Werbung, Printmedien, Fernsehen)
Utopische Funktion	Kulturelle Manifestationen ermöglichen die Entwicklung und die Kommunikation des für die Gestaltung der Zukunft Möglichen oder Wünschenswerten
	Sie eröffnen damit Experimentierfelder für soziale Fantasien. Kreativität kann sich im Entwerfen von Modellen, Konzepten und Strukturen manifestieren
	Diese Funktion ist insbesondere dort wichtig, wo solche Bedürfnisse unterdrückt werden
Kognitive Funktion	Intelligentes und kreatives Problemlösungsverhalten wird durch kulturelle Manifestationen veranschaulicht (z. B. im Design)
Hedonistische Funktion	Die Befreiung des Handelns von einer Zweckbindung wird in kulturellen Manifestationen nicht nur geplant, sondern auch exemplarisch realisiert
	Kulturelle Manifestationen veranschaulichen den Genuss, der aus der zweckfreien Befriedigung der menschlichen Sinne entstehen kann
Pragmatische Funktion	Kulturelle Manifestationen haben eine pragmatische Funktion, die das Beherrschen aller nichtsprachlichen Anteile der Kommunikation (beispielsweise mittels der Bildenden und der Darstellenden Kunst) einschließt
	Dies betrifft einerseits die kritische Analyse des Bestehenden und gleichzeitig die Umsetzung der dabei erkannten Defizite in aktives Handeln
Realutopische Funktion	Kulturelle Manifestationen ermöglichen die Vorwegnahme zukünftiger gesellschaftlicher Praxis in der Form der Realisierung von Experimenten und Modellen (z. B. können im Theater oder in der Literatur gesellschaftliche Formen dargestellt werden, die es in der Realität noch nicht gibt, aber geben könnte)

übergreifenden „human mental surplus" sieht Bloch mehr als bloße Träume. Seine „konkreten Utopien" bilden vielmehr den emotionalen, kulturellen und mentalen sozialen Untergrund jeder real existierenden Gesellschaft und das Reservoir der Potenziale ihrer Weiterentwicklung.

7.3 Informationsgesellschaft

Die Beschreibung der Gesellschaft der Gegenwart als Informations- oder Wissensgesellschaft – die Begriffe werden weitgehend synonym verwendet, obwohl „Wissen" in einer wissenschaftlichen Terminologie eine kontextgebundene Information, die zum Entscheiden und Handeln befähigt, bezeichnet – bezieht sich auf den signifikanten und ständig weiter zunehmenden Einfluss der Informations- und Kommunikationstechnologien auf alle Lebensbereiche und die besondere Bedeutung des Wissens. Diese Entwicklung der Gesellschaft führte zu einem Ende ihrer industriellen Prägung, die – zuweilen mit der Annahme eines Zwischenschritts als Dienstleistungsgesellschaft – durch die besondere Bedeutung der Informationen und des Wissens und deren Verfügbarkeit abgelöst wird. Die Transformation der Industriegesellschaft in eine Informationsgesellschaft wird deshalb auch als „zweite industrielle Revolution" oder „kommunikative Revolution" bezeichnet. Zugleich begünstigt die Zunahme der Möglichkeiten der individuell gesteuerten und selektierten Informations- und Wissensaneignung die Ausprägung der als postmodern beschriebenen Strukturen der Gesellschaft.

Die verschiedenen Ausprägungen der Informationsgesellschaft werden insbesondere unter drei verschiedenen Aspekten beschrieben:

- als Informationsökonomiegesellschaft unter Betonung der wirtschaftlichen Veränderungen, beispielsweise der Veränderung der Produktionsformen durch die Entstehung neuer Branchen und Gewerke,
- als Informationstechnologiegesellschaft unter dem Gesichtspunkt der Informations- und Kommunikationstechnologien, die wesentliche Faktoren der gesellschaftlichen Entwicklungen sind,
- als Informationsbenutzungsgesellschaft unter dem Blickwinkel des Nutzungsaspekts und dessen Bedeutung für die Individuen und die Gesellschaft

Zu den im Rahmen des Kulturmanagements wichtigsten Merkmalen der Informationsgesellschaft zählt vor allem die explosionsartige Vermehrung der verfügbaren Informationen, die Fragen nach der Qualität dieser Informationen und der Mög-

7.3 Informationsgesellschaft

lichkeit ihrer sinnvollen und kritischen Rezeption aufwirft. Die zwangsläufig entstehende Komplexität der Informationsgesellschaft führt nicht nur zu der aufgrund der erweiterten Möglichkeiten der Meinungsbildung anzunehmenden Emanzipation des Individuums, sondern häufig aufgrund der dadurch entstehenden Ungewissheit und Überforderung auch zu einem weiteren Risiko nach dem Beschreibungsmodell der Risikogesellschaft von Ulrich Beck.

Insbesondere der amerikanische Medienwissenschaftler Neil Postman (1931–2003) wies immer wieder darauf hin, dass die Fülle der vorhandenen Informationen nur zu einer Vermehrung ihrer Quantität, nicht aber zu einer Verbesserung ihrer Qualität führe und dass diese Informationen von den Menschen für die von ihnen zu treffenden Entscheidungen nicht nur nicht verarbeitet werden könnten, sondern zum größten Teil dafür auch irrelevant seien. „Information ist zu einer Form von Müll geworden." Das Charakteristikum der Informationsgesellschaft ist für Postman vor allem ein krasses Missverhältnis zwischen dem Input der Kommunikation (worüber man informiert wird) und deren Output (der Möglichkeit für Aktionen, die auf dieser Information beruhen): „Ein gutes Beispiel hierfür sind die allabendlichen Nachrichten. Für die meisten Menschen ist die einzig nützliche Information, die wir dort erhalten – und mit nützlich meine ich hier zu einer Handlung führend – der Wetterbericht. Der sagt uns nämlich, ob wir am nächsten Morgen einen Regenschirm benötigen oder nicht" (Rede von Neil Postman im Rahmen der Veranstaltungsreihe von Ministerpräsident Kurt Beck zum Gutenbergjahr, 29.5.2000, Pressedienst der Landesregierung Rheinland-Pfalz).

Nach Auskunft des Bundesverbandes Informationswirtschaft, Telekommunikation und neue Medien e. V. (BITKOM) nutzten im Januar 2014 85 % der deutschen Haushalte einen Breitbandanschluss. Vor fünf Jahren waren es lediglich 55 % (vgl. Abb. 7.1). Im EU-Vergleich liegt Deutschland damit auf dem fünften Platz, hinter Finnland, Dänemark, den Niederlanden und Großbritannien. Für mehr als 99 % der deutschen Haushalte sind laut BITKOM Internet-Zugänge mit einer Bandbreite von mindestens 1 Mbit/s verfügbar, mehr als 90 % erreichen mehr als 6 Mbit/s.

Die Zahl der regelmäßigen Internetnutzer hat sich in Deutschland in den vergangenen Jahren kontinuierlich erhöht. 2009 lag sie bundesweit noch bei 71 %, 2013 waren es 80 %. Im April 2014 nutzten in den deutschen Ländern zwischen 67 und 84 % der Bevölkerung mit einem signifikanten Gefälle zwischen dem Westen und dem Osten regelmäßig das Internet (vgl. Abb. 7.2). Da sich die Internetnutzung inzwischen auch in den verschiedenen Altersgruppen immer mehr angeglichen hat, ist davon auszugehen, dass sich der Anteil der Nichtnutzer in den nächsten Jahren nicht mehr wesentlich verringern wird und die das Internet meidende Bevölkerungsgruppe dem Netz aufgrund einer bewussten Entscheidung fernbleibt. Da sich daraus eine neue Spaltung der Gesellschaft entwickeln kann, wird dieses

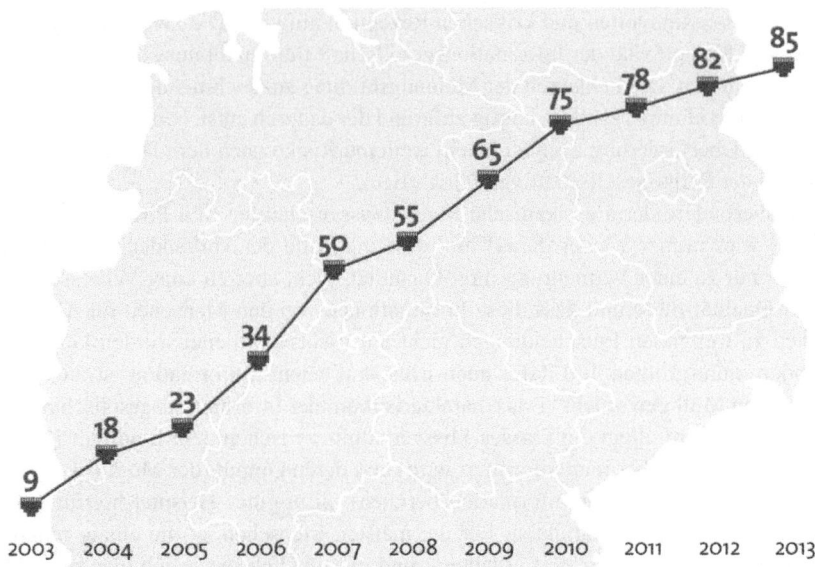

Abb. 7.1 Entwicklung der Breitbandanschlüsse in Deutschland, Anzahl je 100 Haushalte. (Quelle: BITKOM. Bundesverband Informationswirtschaft, Telekommunikation und neue Medien e. V., http://www.bitkom.org/de/presse/30739_78434.aspx – Zugriff 07.10.2014)

Phänomen in der nächsten Zeit vor dem Hintergrund der Teilhabe an der Gesellschaft, aber auch des Datenschutzes zu beobachten und zu diskutieren sein.

Für die Einschätzung der Bedeutung und der Erfordernisse der Gestaltung der Präsenz der Kultureinrichtungen im Netz ist die Frage nach den Nutzungsmotiven besonders relevant. Stellt man die zentralen Aspekte Information und Unterhaltung gegenüber, erklärt nur bei den Befragten zwischen 14 und 19 Jahren eine Mehrheit, dass sie das Internet überwiegend zur Unterhaltung nutzt. Schon die 20- bis 29-Jährigen wollen im Internet primär Informationen finden (Rager und Sehl 2008, S. 15). Im Durchschnitt der Gesamtbevölkerung liegt der Anteil derer, die vor allem Informationen suchen, bei 62 % (van Eimeren und Frees 2008, S. 338).

Aus der Verfasstheit der Gegenwartsgesellschaft als Informationsgesellschaft ergeben sich für die kulturellen Institutionen und Projekte die Verpflichtung und die Chance zur Nutzung dieser Strukturen, um auf den Plattformen des gesellschaftlichen Diskurses präsent sein zu können. Dabei werden in den nächsten Jahren die Attraktivität und die Wichtigkeit der virtuellen Kommunikationskanä-

7.3 Informationsgesellschaft

Abb. 7.2 Einzelpersonen, die regelmäßig (mindestens einmal pro Woche) das Internet nutzen, in %. (Quelle: BITKOM. Bundesverband Informationswirtschaft, Telekommunikation und neue Medien e. V., http://www.bitkom.org/de/presse/30739_79172.aspx – Zugriff 07.10.2014)

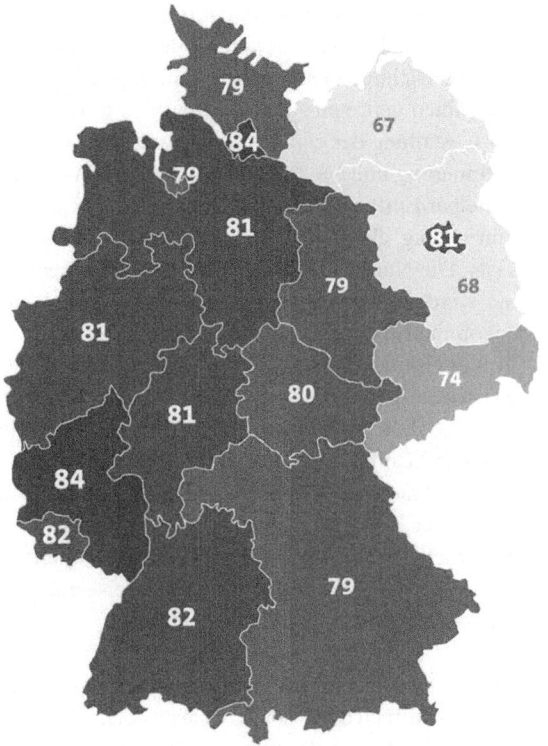

le für die Kulturlandschaft vor allem durch zwei Tendenzen noch weiter steigen: Einerseits wird das Netz immer mobiler (2014 überstieg die Zahl der Nutzer von Smartphones erstmals die der Nutzer klassischer Mobiltelefone) und kostengünstiger, sodass die spontane und durch zufällige Nähe – beispielsweise von Kulturtouristen – ausgelöste Kommunikation einfacher wird. Gleichzeitig wird die Dreidimensionalität der Darstellung im Netz immer mehr zum Standard, was gerade für die komplexen und visuell anspruchsvollen Inhalte vieler Kultureinrichtungen ein großer Vorteil ist.

Außer den allgemein verbreiteten Mitteln wie einem adäquaten Auftritt im Netz und der Nutzung der direkten Wege der elektronischen Kommunikation beispielsweise mittels E-Mail zählen zu den Möglichkeiten der Kulturbetriebe in der Informationsgesellschaft vor allem die folgenden Maßnahmen (Klein 2008, S. 564–572):

- Präsenz in den Suchmaschinen: Beispielsweise nutzen 68 % der Deutschen das Internet für die Planung von Städtereisen. Für die Kultureinrichtungen es ist deshalb wichtig, an möglichst prominenter Stelle in den Trefferlisten der Suchmaschinen vertreten zu sein. Darauf kann sowohl bei der Programmierung und der Gestaltung der eigenen Netzseiten geachtet (beispielsweise durch Begriffsoptimierung und Meta-Tags) als auch mit Werbung in den Suchmaschinen unmittelbar Einfluss genommen werden.
- Einrichtung elektronischer Nachrichtenformate wie RSS, Podcasts und Artcasts: Die Nutzer können damit eine Webpräsenz oder Teile davon abonnieren. Sie werden dann entweder automatisch über Neuigkeiten informiert oder sie bekommen einen Hinweis auf Änderungen.
- Virales Online-Marketing: Die Empfänger der E-Mails einer Kultureinrichtung werden aufgefordert – und unter Umständen durch einen ausgeschriebenen Preis zusätzlich motiviert –, einen Link an Bekannte weiterzuleiten.
- Blog- und Community-Marketing: Während es in vielen anderen Bereichen üblich ist, Marketing in einschlägigen Blogs und Communities zu betreiben, ist dies in der Kulturlandschaft zumindest jenseits der großen sozialen Netzwerke noch nicht sehr weit verbreitet. Dabei ist es allerdings wichtig, nicht nur präsent zu sein und Informationen (etwa Hinweise auf Veranstaltungen) einzubringen, sondern sich auch inhaltlich zu beteiligen.

Zusätzlich zur allgemeinen Verbreiterung der Kommunikationsbasis bieten die virtuellen Plattformen die besondere Chance, ein jüngeres und auf anderen als den traditionellen Wegen Informationen suchendes Publikum anzusprechen. Die Nutzung der digitalen Medien ermöglicht ein gezieltes Marketing und einen Imagegewinn bei den „Digital Natives", den im digitalen Zeitalter aufgewachsenen Menschen. Auf eine positive Reputation bei dieser für die Bindung der Besucher der Zukunft wichtigen Generation, die wahrscheinlich als erste in der Kulturgeschichte darauf stolz sein kann, eine Kulturtechnik zu beherrschen, die sie nicht von ihren Eltern erlernt hat, können und sollen die Kultureinrichtungen nicht verzichten.

Mit der Entwicklung zu einem partizipativen Netz, das allgemein als „Web 2.0" bezeichnet wird, erfährt das Internet derzeit starke Veränderungen, die für das Kulturmanagement eine hohe Relevanz haben.

Der Terminus „Web 2.0" wurde von dem Verleger Tim O'Reilly geprägt, der im September 2005 einen Artikel mit dem Titel „What is Web 2.0" veröffentlichte (http://oreilly.com/web2/archive/what-is-web-20.html – Zugriff 07.10.2014). Der Begriff ist nicht präzise abgegrenzt und umschreibt eine ganze Reihe von Prinzipien und Praktiken im Internet. Zentral sind jedoch zwei Aspekte:

7.3 Informationsgesellschaft

- Die neue Generation des Internets zeichnet sich durch die zumindest teilweise Generierung der Inhalte durch die Nutzer aus. Diese erstellen selbst Nachrichten und Informationen, während sie früher im Netz nach Nachrichten und Informationen suchten. Die Nutzer publizieren und bearbeiten Inhalte in Blogs, in Wikis und auf Foto- und Videoplattformen. Im Gegensatz zum Web 1.0, bei dem eine kleine Anzahl von Personen die Inhalte produzierte, die von einer breiten Masse der Nutzer abgerufen werden konnten, ist es nun für jeden möglich, selbst Inhalte herzustellen und diese anderen Nutzern zugänglich zu machen.
- Ein zweites wesentliches Merkmal des Web 2.0 ist die so genannte „kollektive Intelligenz". Durch die Einbringungen des individuellen Wissens und der individuellen Erfahrungen der Nutzer wird eine „Weisheit der Masse" generiert, die dann auch in neuen Zusammenhängen verwendet werden kann.

Der folgende Entwicklungsschritt zum Web 3.0 – dem „Semantic Web" – wird vor allem die Suchmaschinen intelligenter und genauer werden lassen und ermöglichen, dass inhaltliche Verknüpfungen auch ohne die Eingabe expliziter Suchbegriff auf einer assoziativen Ebene hergestellt werden. Ein sich am Horizont bereits abzeichnendes Web 4.0 wird als so genanntes ultraintelligentes Netzwerk Geräte miteinander kommunizieren lassen und Bestandteile der künstlichen Intelligenz aufgreifen.

Mit dem Projekt „Europeana" bemühen sich die EU und die einzelnen Mitgliedsstaaten, den Anforderungen der Informationsgesellschaft im Bereich der Zugänglichkeit des kulturellen Erbes gerecht zu werden.

Die digitale Bibliothek Europeana ist ein thematisches Netzwerk, das seit 2005 von der Europäischen Kommission im Rahmen des eContentplus-Programms als strategisches Ziel innerhalb der Initiative i2010 für die europäische Informationsgesellschaft gefördert wird. Das Projekt, das ursprünglich unter dem Namen European Digital Library network (EDLnet) entwickelt wurde, baut ein vielsprachiges Internetportal auf, das das Kulturgut der Museen und Galerien, Archive, Bibliotheken sowie Ton- und Bildarchive aller Mitgliedsstaaten kostenlos und zur freien Verfügung online zugänglich macht. Die Europeana wurde am 20. November 2008 freigeschaltet, 2014 verfügt sie über mehr als 30 Mio. Digitalisate (digitale Fassungen) von Büchern, Archivalien, Werken der Bildenden Kunst, Noten, Musik und Filmen aus rund 1500 Kultur- und Wissenschaftsinstitutionen.

Die Bundesregierung beschloss am 2. Dezember 2009, eine Deutsche Digitale Bibliothek (DDB) als nationalen Beitrag zur Europeana zu schaffen. In deren Rahmen sollten ursprünglich bis 2011 mehr als 30.000 deutsche Kultur- und Wissenschaftseinrichtungen in die Europeana einbezogen werden. Das Vorhaben erhielt bis 2010 eine Anschubfinanzierung in Höhe von acht Mio. Euro, seit 2011 beteiligen sich Bund und Länder je zur Hälfte an den Kosten von jährlich bis zu 2,6 Mio. €. Als Ende März 2014 die erste Vollversion der DDB in den Betrieb ging, kooperierten etwa 2100 Einrichtungen mit der DDB. Neben der digitalen Bereitstellung von Kulturgut – in bewusster Abgrenzung zur Kommerzialisierung des Kulturerbes durch Google – besteht das Ziel der DDB auch in der digitalen Bestandssicherung vor dem Hintergrund von Katastrophen wie dem Brand der Anna-Amalia-Bibliothek in Weimar oder dem Einsturz des Kölner Stadtarchivs.

Spätestens seit den Arbeiten der Künstler der Pop Art sind kulturelle Manifestationen häufig auch selbst untrennbar mit der Entwicklung der klassischen und der so genannten Neuen Medien verbunden. Es ist deshalb auch eine Aufgabe des Kulturmanagements, den dadurch angestoßenen Diskurs in der Gesellschaft präsent zu halten und damit einen Beitrag zur Vermittlung von Medienkompetenz zu leisten. Dies betrifft insbesondere drei wichtigste Aspekte:

- die technische Kompetenz des Umgangs mit den Informations- und Kommunikationstechniken (z. B. Hardware und -Software)
- die semantische Kompetenz, die jeweiligen Inhalte zu verstehen und in das vorhandene Wissen kritisch einzuordnen; dafür ist es nötig, eine Vorstellung von der Wirklichkeitsgestaltung der Medien und deren Ausdrucksmöglichkeiten zu entwickeln, um die Botschaften erkennen, Formen und Inhalte beurteilen und eine sinnvolle Auswahl treffen zu können
- die pragmatische Kompetenz, die Medien selbst aktiv und kritisch zu nutzen und nach Möglichkeit auch gestaltend an der Entwicklung der Medienlandschaft mitzuwirken

7.4 Migrationsgesellschaft

Ausweislich des Zensus 2011 haben 15,3 Mio. der insgesamt 80,2 Mio. Einwohner Deutschlands einen Migrationshintergrund, dies entspricht einem Anteil von 19,2 %. Nach der amtlichen Terminologie fallen unter diese Personengruppe alle nach 1949 auf das heutige Gebiet der Bundesrepublik Deutschland Zugewanderten sowie alle in Deutschland geborenen Ausländer und alle in Deutschland als Deutsche Geborenen mit zumindest einem zugewanderten oder als Ausländer in Deutschland geborenen Elternteil. Mehr als die Hälfte (60,2 %) der Personen mit Migrationshintergrund sind Deutsche, 39,8 % sind Ausländer. Zugewanderte (63,0 %) sind unter den Menschen mit Migrationshintergrund weit häufiger vertreten als in Deutschland Geborene (37,0 %). Von den knapp 6,2 Mio. Ausländern in

7.4 Migrationsgesellschaft

Deutschland stellten zum Zensusstichtag Türken mit 1,5 Mio. (24,4%) die größte Gruppe, gefolgt von knapp 490.000 (7,9%) Italienern (Zahlen nach den Pressemitteilungen des Statistischen Bundesamtes Deutschland Nr. 430 vom 17.12.2013, Nr. 135 vom 10.04.2014 und Nr. 193 vom 03.06.2014).

Die in Deutschland lebenden Zugewanderten kommen aus 190 verschiedenen Staaten. Dennoch wird die Zuwanderung vorrangig durch Europa geprägt: 70,6% der Migranten und deren direkten Nachkommen haben ihre Wurzeln in einem europäischen Land, vor allem in einem Mitgliedsstaat der Europäischen Union (31,6%). Außereuropäische Zuwanderer kommen vornehmlich aus dem asiatischen Raum (15,7%), gefolgt von Afrika (3,5%) und Amerika (2,5%).

Der Unterschied zwischen den Menschen mit und ohne Migrationshintergrund ist hinsichtlich mehrerer empirischer Merkmale deutlich ausgeprägt:

- Die Bevölkerung mit Migrationshintergrund ist deutlich jünger (durchschnittlich 35 Jahre) als die Bevölkerung ohne Migrationshintergrund (durchschnittlich 45 Jahre). Mehr als die Hälfte (55,0%) der in Deutschland geborenen Personen mit Migrationshintergrund ist noch minderjährig.
- Migranten leben fast ausschließlich (96,7%) in den westlichen Ländern und Berlin. 43,4% der Migranten wohnen in Großstädten mit mindestens 100.000 Einwohnern.
- Im erwerbsfähigen Alter von 15 bis 64 Jahren sind Migranten zu zwei Dritteln (66,6%) und Personen ohne Migrationshintergrund zu drei Vierteln (75,9%) erwerbstätig. Dieser Unterschied ist bei Frauen noch deutlicher ausgeprägt als bei Männern: 40,2% der Frauen im erwerbsfähigen Alter mit Migrationshintergrund sind nicht erwerbstätig (27,9% der Frauen ohne Migrationshintergrund).
- 15,5% der Bevölkerung mit Migrationshintergrund und einem Alter von mindestens 15 Jahren haben keinen Schulabschluss, bei der Bevölkerung ohne Migrationshintergrund beträgt der Anteil 2,3%. Personen, die selbst zugewandert sind, weisen besonders häufig keinen Schulabschluss auf (18,8%). Bereits in Deutschland geborene Personen mit Migrationshintergrund haben mit 5,3% aber anteilig immer noch mehr als doppelt so häufig keinen Schulabschluss wie Personen ohne Migrationshintergrund.
- Personen mit Migrationshintergrund leben seltener allein (11,6%) als Personen ohne Migrationshintergrund (18,0%). Die klassische Familie mit Ehepaaren und Kindern kommt bei Migranten häufiger vor (54,0% gegenüber 37,2% der Vergleichsgruppe). Ehepaare ohne Kinder sind dagegen erheblich seltener (15,1% gegenüber 23,9% der Vergleichsgruppe).

Für die Diskussion der Phänomene der Migrationsgesellschaft im Hinblick auf das Kulturmanagement ist die Unterscheidung zwischen einem statischen und einem prozesshaften Kulturbegriff von besonderer Bedeutung.

Die Vorstellung, dass Kultur als statischer Begriff die eindeutigen Merkmale einer Gruppe von Menschen beschreibt, geht auf Herder zurück. Herder verstand Kultur als ein System von Werten, Normen und Interpretationsmustern, das von Vorstellungen geprägt wird, die sich im Lauf der Zeit zumindest nicht grundsätzlich ändern. Einzelne Abweichungen verstand er als lediglich vorübergehende Phänomene. Dieses System bezog Herder auf einzelne Völker, die in seiner Erfahrungswelt relativ homogene Gemeinschaften von Menschen gemeinsamer Herkunft waren. Deren Kultur konnte somit deutlich von den Kulturen anderer Völker unterschieden werden.

Teils bewusst, teils unbewusst ist dieses statische Kulturverständnis immer noch in fremdenfeindlichen Argumentationen präsent, die „Kultur als unveränderliches Merkmal von Menschen" (Beer und Fischer 2003, S. 61) darstellen und daher die Möglichkeit von Integration oder Assimilation für ausgeschlossen halten.

Außerhalb diese Ausgrenzungsstrategien wird im zeitgenössischen Kulturverständnis jedoch einhellig davon ausgegangen (z. B. Müller-Bachmann 2002; Beer und Fischer 2003), dass jede Kultur prozesshaft, dynamisch sowie in einem kontinuierlichen Wandel begriffen ist, keine klaren Grenzen gegenüber anderen Kulturen aufweist und sich keinesfalls nur auf ethnische Gruppen beziehen lässt. Allerdings wird die sich daraus ergebende gesellschaftliche Situation häufig mit den Konzepten der Inter- und Multikulturalität beschrieben, die ihrerseits implizit – und mutmaßlich zumeist unbewusst – einen statischen Kulturbegriff zugrunde legen. Beide Ansätze bemühen sich zwar – im Fall der Interkulturalität im Außenbezug und im Fall der Multikulturalität im Innenbezug der Gesellschaft –, Kommunikation zu fördern und Konflikte zu vermeiden. Sie widmen sich damit aber Phänomenen, die erst aus der Prämisse eines statischen und damit separatistischen Kulturbegriffs entstehen. Beide Konzeptionen sind damit „gut gemeint, aber ergebnislos", weil sie sich nur dem Auffangen von „Problemen des Zusammenlebens verschiedener Kulturen" (Welsch 1994, S. 11) widmen, anstatt diesen entgegenzuwirken. Sie sind damit aber nicht nur wenig effektiv für eine wirkliche Problemlösung, sondern tendenziell auch gefährlich, weil sie zum Legitimationswerkzeug für Ausgrenzung und für den Rückzug von Migranten in die ihnen zugeschriebene ethnische Kultur werden können.

Eine Alternative zu einem expliziten oder impliziten Rückgriff auf den statischen Kulturbegriff bietet die Vorstellung der Transkulturalität, die sowohl Gesellschaften als auch einzelne Personen beschreiben kann. Das Konzept trägt der veränderten Verfassung heutiger Kulturen Rechnung, die „intern durch eine Plura-

7.4 Migrationsgesellschaft

lisierung möglicher Identitäten gekennzeichnet" sind und „extern grenzüberschreitende Konturen" aufweisen (Welsch 1994, S. 11). Für die Individuen bedeutet das, dass nicht mehr maßgeblich die jeweilige Nationalkultur die kulturelle Zugehörigkeit prägt, sondern verschiedene kulturelle Bezugsysteme – wie beispielsweise Schichtzugehörigkeit, religiöse Kulturen, Musikkulturen – von Bedeutung sind. Deshalb können alle Menschen als „kulturelle Mischlinge" (Welsch 1994, S. 12) bezeichnet werden. Entstehungsfaktoren der transkulturellen Verfasstheit der Welt sind insbesondere die Vernetzungen durch die Medientechnologien und den internationalen Verkehr, die wiederum mit globalen wirtschaftlichen Verflechtungen, Migrationsprozessen und dem Tourismus als Massenphänomen zusammenhängen. Für den einzelnen Menschen haben diese Entwicklungen zur Folge, dass ein immer größerer Teil der kulturellen Manifestationen der gesamten Menschheit für ihn erreichbar ist. Dies zwingt ihn aber gleichzeitig, eine individuelle Lebensplanung zu entwerfen und zu realisieren, da die Gesellschaft keine vorgefertigten Rollenbilder mehr bereithält.

Der Politikwissenschaftler und syrische Migrant Bassam Tibi (geb. 1944) brachte 1998 mit seiner Publikation „Europa ohne Identität? Die Krise der multikulturellen Gesellschaft" den Begriff einer europäischen Leitkultur in die öffentliche Diskussion um einen möglichen gesellschaftlichen Wertekonsens ein. Als zentrale, der Moderne entspringende Werte einer solchen europäischen Leitkultur sah er vor allem

- die Demokratie,
- den Laizismus (als Trennung von Staat und Kirche),
- die Aufklärung (als Vorrang der Vernunft vor der religiösen Offenbarung),
- die individuellen Menschenrechte (auch in Abgrenzung zu Gruppenrechten) und
- die Zivilgesellschaft (als Ausdruck von Pluralismus und Toleranz).

Die Verständigung auf eine derartige europäische Leitkultur – deren Werte in Deutschland alle im Grundgesetz enthalten sind – verstand Tibi als einen möglichen „gemeinsamen Nenner" und eine mögliche gemeinsame zivilisatorische Identität für das Zusammenleben zwischen den Staatsbürgern eines Landes und den Zuwanderern. Sein Konzept einer europäischen Leitkultur interpretierte er als Grundlage für ein friedliches Miteinander anstelle eines bloßen Nebeneinanders. Er sprach sich für einen Kulturpluralismus mit einem Wertekonsens und gegen einen wertebeliebigen Multikulturalismus sowie gegen Parallelgesellschaften aus. Die von ihm vorgeschlagenen Werte sah er als Werte, die unabhängig von der ethnischen Identität und den individuellen kulturellen und historischen Werten jedes einzelnen Menschen lebbar sind.

Im Herbst 2000 löste der Begriff der Leitkultur in Deutschland eine weit reichende gesellschaftliche Diskussion über das Thema Zuwanderung und die Forderung nach einer Integration von Einwanderern aus, die daraus resultierte, dass der Begriff als „deutsche Leitkultur" nationalisiert und auf Deutschland als Nation bezogen wurde, während Tibi stets von einer „europäischen Leitkultur" gesprochen hatte.

Diese politische Instrumentalisierung, gegen die sich auch Tibi wehrte, führte dazu, dass die von ihm angestoßene Debatte eine von ihm nicht intendierte Tendenz bekam und der Begriff zu einer polemischen Formel („Unwort des Jahres" 2000) wurde. Die Diskussion wurde schließlich relativ bald eingestellt und in den Folgejahren nur noch in verschiedenen aktuellen Bezügen wieder kurz aufgegriffen.

Zwar enthält Tibis Ansatz durchaus auch diskussionswürdige Elemente – wie beispielsweise seine konsequente Differenzierung zwischen ungesteuerter Zuwanderung und planmäßiger Einwanderung –, er kann aber als Weiterentwicklung des Systems der Transkulturalität mit dem Ziel einer praktischen Anwendbarkeit und gegen die Tendenz einer diffusen Beliebigkeit gerade für das Kulturmanagement eine sinnvolle Basis für die Arbeit in der Migrationsgesellschaft sein. Kulturmanagement wird die damit zusammenhängenden Fragen in der nächsten Zeit vermehrt aufgreifen und den Migranten, aber auch der Gesellschaft insgesamt ein Forum für die Diskussion dieser wichtigen Zukunftsthemen bieten müssen. Nicht zuletzt aufgrund der öffentlichen Finanzierung, aber auch der formalen wie inhaltlichen öffentlichen Beobachtung, der Kultureinrichtungen unterstehen, wird dies jedoch nicht ohne eine vermittelbare konzeptuelle Fundierung möglich sein.

Der unternehmerische Bereich der Gesellschaft hat das Konzept der Transkulturalität vor allem in den Massenmedien und in der Werbung – mutmaßlich eher aufgrund der Faktizität von Angebot und Nachfrage als aufgrund theoretischer Reflexionen – schon viel nachdrücklicher aufgegriffen als die Non-Profit-Organisationen. „DSDS oder Germany's next Topmodel könnten eine globale Leitpopkultur sein, die für die Integration von Migranten wichtiger ist als eine deutsche Leitkultur". Während in der gesellschaftlichen Debatte noch um den Wertekanon gerungen wird, „liefern sich in den renditeorientierten Privatsendern unterschiedlichste Migrantengruppen packende Duelle, die ihre Lust nach Ruhm, Reichtum und einem besseren Leben beeindruckend attestieren. ... Anstatt stets von den Freunden der Multikultur als Opfer gehätschelt zu werden, wollen sich diese Migranten in den Härten des kapitalistischen Alltags bewähren" (Welt online vom 17.04.10).

7.4 Migrationsgesellschaft

Spätestens vor diesem Hintergrund wird deutlich, dass die Migrationsgesellschaft nicht nur Fragen nach der Integration stellt, sondern auch die Mehrheitsgesellschaft verändert. „Auf der anderen Seite zeigen Castingshows, aber auch Comedians und Rapstars wie Bushido und Sido, dass es keine deutsche Leitkultur gibt, die als Leitplanke der Integration dient, sondern eine globale Leitpopkultur, die jungen Migranten ihren Weg in eine lebenswerte Gegenwart bahnt. Ketzerisch formuliert, könnte man sagen, dass Dieter Bohlen und Heidi Klum mehr für die Integration tun als Integrationspolitiker wie Armin Laschet und Cem Özdemir. In diesen Shows erfahren die Mehrheitsdeutschen, wie nah und nicht wie fern ihnen jene Jugendlichen und Kinder sind, mit ihren Träumen, Hoffnungen und Wünschen. Eine gemeinsame Zukunft erscheint so lebenswerter – und die unterschiedlichen Wurzeln und Traditionen sind eben keine Barriere, sondern ein Gewinn" (Welt online vom 17.04.10).

Zu einem Prototyp der Realisierung des Konzeptes der Transkulturalität in der Arbeit der kulturellen Institutionen und Projekte wurde „Born in Europe", ein seit 2001 über mehrere Jahre durch den EU-Fonds „Kultur 2000" unterstütztes Gemeinschaftsprojekt des Nationalen Museums der Weltkulturen, Göteborg, des Dänischen Frauenmuseums, Århus, des Dänischen Nationalmuseums, Kopenhagen, der APOREM (Vereinigung der portugiesischen Firmenmuseen), des Wassermuseums (EPAL), Lissabon, des Österreichischen Museums für Volkskunde, Wien, und des Museums Neukölln, Berlin, das das Vorhaben initiierte.

Das Projekt „Born in Europe" thematisierte die Bedeutung, die Europa als Vision und politische Realität für seine Bewohner hat. Es verband globale Fragestellungen mit der sozialen und kulturellen Realität, insbesondere von Migranten, in mehreren europäischen Städten. Damit wurde der Versuch einer Annäherung an verschiedene Facetten des kulturellen Selbstbewusstseins in Europa und eines Beitrags zur kritischen Diskussion über die zukünftige Gestalt Europas, seine Widersprüche, Besonderheiten und Chancen unternommen. Im Mittelpunkt standen die Frage nach der Herkunft und der Identität der neuen Europäer und die Menschen, die ihre Hoffnungen, Ängste und Erwartungen an das Leben in Europa zum Ausdruck brachten. Dem abstrakten gesellschaftlichen Thema Migration sollten konkrete Gesichter geben werden. Die Chancen und Risiken der Migration wurden dazu auf einer alltäglichen Ebene dargestellt.

Unter anderem wurden 25 Migrantenfamilien aus zwanzig verschiedenen Herkunftsländern mit ihren neugeborenen Kindern aus Berlin, Göteborg, Lissabon, Kopenhagen und Århus porträtiert. Die Migrationswege der Familien der Schüler der 10. Klasse eines Berliner Gymnasiums und das Selbstverständnis von sechs Schülerinnen dieser Klasse wurden durch eine Multimediainstallation und einen Videofilm repräsentiert. Den Abschluss des Projektes bildete 2004 eine große Ausstellung im Berliner Martin-Gropius-Bau, für die Foto- und Videoarbeiten von 14 Künstlern aus zehn verschiedenen europäischen Ländern aus dem Gesamtprojekt ausgewählt wurden.

Exemplarisch konnte „Born in Europe" zeigen, dass die Lebenswirklichkeit in der Gesellschaft inzwischen so komplex geworden ist, dass Fremdheit weitestgehend nur noch ein Konstrukt ist, das vor allem in gesellschaftlichen Konflikten mehr oder minder bewusst zur Abgrenzung eingesetzt wird. „Freilich besitzt der Ausdruck Fremdheit hierzulande eine erstaunliche Selbstverständlichkeit. Trotz aller Veränderungen erscheint das Eigene immer noch intakt – als fremd gilt weiterhin, wer nicht ‚hierher', wer nicht zu ‚uns' gehört. Dabei wird Fremdheit vor allen Dingen als kulturelle Unterschiedlichkeit verstanden. Im Gegensatz zu den Lippenbekenntnissen und der allgegenwärtigen Rhetorik der Postmoderne lassen sich die Idee von Johann Gottfried Herder implizit in allen Debatten heraushören" (Terkessidis 2002, S. 31).

7.5 Globalisierung

Sowohl bei dem Begriff der Globalisierung im Allgemeinen als auch bei dem Begriff der kulturellen Globalisierung im Besonderen handelt es sich nicht um wissenschaftlich exakte Termini, sondern lediglich um Arbeitsbezeichnungen für sehr unterschiedliche Entwicklungen, denen nur gemeinsam ist, dass sie die Folge von weltweiten Austausch- und Kommunikationsbeziehungen sind, die derzeit in den Bereichen Ökonomie, Technik, Politik und Kultur so eng sind wie nie zuvor in der Geschichte. Über die mit diesen komplexen Prozessen verbundenen Veränderungen und die Bewertung der damit hervorgerufenen Folgen sagen die Begriffe selbst nichts aus.

In der Diskussion über die Phänomene der Globalisierung wird zumindest im Bereich der Kultur häufig die Meinung vertreten, dass es sich dabei vor allem um die immer weiter um sich greifende Ausbreitung einer US-amerikanischen oder allgemein westlichen Kultur handle, die lokale Kulturen verdränge und vor allem von international agierenden Handels- und Dienstleistungskonzernen forciert werde. Für dieses Phänomen wurden die Begriffe „McDonaldisierung", „Cocacolization" oder „McWorld" geprägt. Diese Vorstellung, die davon ausgeht, dass eine Kultur die andere zerstören könne, greift einmal mehr auf die Herdersche Idee von Kulturen als abgeschlossenen Gebilden zurück, die an einen bestimmten Raum und eine beschreibbare Gruppe von Menschen gebunden sind. Der größte Teil der gegenwärtigen kulturtheoretischen Ansätze vertritt jedoch die Auffassung, dass eine Kultur weder einer bestimmten Region noch deren Bevölkerung zugewiesen werden kann. Damit werden essentialistische – teils auch als Container-Kultur be-

7.5 Globalisierung

zeichnete – Kulturvorstellungen verabschiedet, die Kultur als ein wie auch immer abgrenzbares System verstehen. „Kulturen sind Produkt von Beziehungen und Durchquerungen und entwickeln sich erst im Kontakt mit dem Fremden, Anderen. Kultur bedeutet immer schon ‚zwischen den Kulturen' (…), ist nie rein und homogen, sondern hybrid und heterogen" (Wagner 2002, S. 11).

Die Globalisierung ist in diesem Sinne ein positives Phänomen, weil sie vielfältige Kulturkontakte ermöglicht und deshalb zu einer Bereicherung des kulturellen Lebens beiträgt. Gleichzeitig führt derselbe globale Austausch aber auch zu einer zunehmenden Ähnlichkeit des kulturellen Lebens und damit zu einer Verarmung der regionalen und lokalen kulturellen Spezifika. Jenseits dieser Ambivalenz eröffnet die Globalisierung für die kulturellen Institutionen und Projekte aber auch spezifische Aufgaben und Chancen: In den meisten Bereichen des gesellschaftlichen Lebens begünstigt die Globalisierung die Tendenz zu immer größeren Einheiten. In diesem Prozess können sich insbesondere kleinere Kultureinrichtungen profilieren, da sie häufig regionale Themen aufgreifen und vermitteln und zumeist auch stark regional verankert sind. Als Repräsentanten regionaler Identitäten können sie gerade angesichts der Globalisierung der Welt eine besondere öffentliche Wahrnehmung und ein spezifisches Publikumsinteresse erwarten.

Die in Deutschland unter dem Titel „Wer wird Millionär?" bekannte Quizsendung hat ihren Ursprung in Großbritannien, von wo die Rechte 2006 an eine niederländische Firma verkauft wurden, die ihrerseits zwei Jahre später vom japanischen Unternehmen Sony Pictures Television aufgekauft wurde. Das Format von „Wer wird Millionär?" ist seit Jahren auf allen Kontinenten vertreten. Im Oktober 2008 wurden die Rechte als erstes westliches Unterhaltungsformat auch an eine TV-Produktionsfirma in Kabul verkauft. 2014 verfügten oder verhandelten über 100 Staaten über eine Nutzungslizenz.

Während sich die Massenkultur vor allem die Chancen und Möglichkeiten des Austausches zunutze macht und insbesondere im Bereich der Pop-Kultur die hybriden Formen mit einem extensiven Cross-over vermarktet, herrscht im Bereich der Kulturpolitik ein Konzept vor, das eher die kulturelle Vielfalt stärken will. Dies gilt sowohl für den nationalen als auch für den internationalen Bereich.

Der Schlussbericht der Enquete-Kommission „Kultur in Deutschland" des Deutschen Bundestages widmet dem Phänomen der Globalisierung einen eigenen Absatz der Präambel, in dem eine ambivalente Haltung deutlich zum Ausdruck kommt: „Wir leben in einer Zeit der rasanten Globalisierung und Internationalisierung. Die damit verbundenen Prozesse haben große Auswirkungen auf die Kulturvermittlung und ihre Rezeption. Einerseits wird mit einer beschleunigten und weitgehend grenzenlosen Kommunikation kulturelle Vielfalt in einem bisher nicht gekannten Ausmaß zugänglich. Andererseits droht eine Vereinheitlichung von Kultur, als deren problematischer Fluchtpunkt eine globale Monokultur erscheint.

Die Sicherung der kulturellen Vielfalt ist vor diesem Hintergrund eine vordringliche Aufgabe der Kulturpolitik auf allen Ebenen. Die Liberalisierung der Märkte darf die Vielfalt und Dichte der Kulturlandschaft nicht gefährden. Kunst und Kultur sind keine beliebigen Waren" (Deutscher Bundestag 2007, S. 44).

Die UNESCO hat mit demselben Tenor ein „Übereinkommen zum Schutz und zur Förderung der Vielfalt kultureller Ausdrucksformen" initiiert. Darin werden die Staaten aufgefordert, Maßnahmen zu ergreifen, die die kulturelle Vielfalt auf ihrem jeweiligen Territorium fördern. Daneben wird aber auch betont, dass der interkulturelle Dialog unterstützt werden soll. Das Übereinkommen trat am 18. März 2007 in Kraft, nachdem es 52 Staaten – neben Deutschland und anderen Mitgliedsstaaten der Europäischen Union auch die Europäische Union selbst – ratifiziert hatten. Alle Staaten, die die Konvention ratifiziert haben, sind verpflichtet, alle vier Jahre der UNESCO einen Bericht vorzulegen, in dem sie über ihre Maßnahmen zum Schutz der kulturellen Vielfalt auf nationaler und internationaler Ebene Auskunft geben. In Deutschland fällt die Thematik in den Bereich der auswärtigen Kulturpolitik und ist damit dem Einfluss der Länder weitgehend entzogen, weshalb konkrete Auswirkungen auf die Kulturlandschaft bisher auch nicht festzustellen sind.

Internationalisierung und weltweiter Austausch sind im Bereich der Kultur keine neuen Phänomene. Der „Weltbürger" war schon ein wesentliches Postulat der Aufklärung im späten 18. Jahrhundert, den von Goethe häufig genutzten Begriff der „Weltliteratur" prägte August Wilhelm Schlegel bereits 1802. Diese Tendenz zum kulturellen Kosmopolitismus wurde zwar mit der Herausbildung der Nationalstaaten des 19. Jahrhunderts, die eine Nationalkultur als konstitutives Element postulierten, eingeschränkt und in den totalitären Staaten des 20. Jahrhunderts autoritär bekämpft, sie kam aber nie zum Erliegen. Neben der Weltliteratur gab es seit der Erfindung der Mittel ihrer technischen Konservierung und Verbreitung die Weltmusik. Die Bildende Kunst erfuhr spätestens seit Gaugins Südseebildern und der Tunisreise von Klee, Marc und Macke wesentliche Anregungen aus globalen Eindrücken, deren Spektrum sich mit den Möglichkeiten von Film und Fotografie noch deutlich erweiterte.

Diese Internationalisierungsprozesse betrafen aber fast ausschließlich die Kunst und damit nur einen Teilbereich der Kultur, während sie in der Gegenwart weit darüber hinausreichen und sowohl die Alltagskulturen als auch die mit der Kultur vermittelten Wertvorstellungen und Konventionen einschließen. Darüber hinaus war der Austausch früher auf Metropolen und deren kosmopolitisch ausgerichtete Gesellschaftsschichten beschränkt, während er heute flächendeckend stattfindet und die gesamte Gesellschaft umfasst. Außerdem haben sich die Geschwindigkeit und die Intensität dieses Prozesses signifikant verändert.

Diese neue Qualität der kulturellen Globalisierung ist insbesondere das Ergebnis von drei verschiedenen Entwicklungen (Wagner 2002, S. 13–15):

7.5 Globalisierung

- Weltgesellschaft: Die Globalisierung der Ökonomie hat nicht nur dazu geführt, dass Kapital, Waren und Dienstleistungen nicht mehr an einen Ort gebunden sind, sondern auch das Leben der Menschen in einem zuvor nicht gekannten Ausmaß durch einen weltweiten Austausch geprägt ist. Dies gilt sowohl für den Bereich der Arbeit als auch für das Freizeitverhalten. Auch Menschen, die selbst die touristischen Angebote nicht nutzen, kommen in ihrer Heimat mit Touristen in Kontakt und werden damit Teil des weltweiten Kulturaustausches.
- Migration: Die sozial, ökonomisch und politisch motivierte Mobilität hat seit dem letzten Jahrzehnt des 20. Jahrhunderts ein Ausmaß erreicht, das vorher unbekannt war. Nach den Schätzungen der Internationalen Organisation für Migration gibt es derzeit 150 Mio. Migranten, während es 1975 noch rund 75 Mio. waren. Diese Migrationsbewegungen tragen erheblich zur kulturellen Globalisierung und zur faktischen Vermischung der Kulturen bei.
- Medienentwicklung: Die Entwicklung und Verbreitung der audiovisuellen Massenmedien ermöglichen eine neue Qualität und Quantität grenzüberschreitender Vermittlung von Kulturen, und zwar sowohl auf der Seite der Nutzer als auch seitens derjenigen, die an der Herstellung und Vermarktung der dafür benötigten Inhalte und Techniken beteiligt sind.

Diese gesellschaftlichen Entwicklungen haben vor allem zu drei verschiedenen Phänomenen der kulturellen Globalisierung geführt, die gegenwärtig die Alltagskulturen und die verschiedenen Popularkulturen prägen:

- Einheitliche Bilderwelten: Das signifikanteste Phänomen der kulturellen Globalisierung ist die Angleichung des Alltagslebens über omnipräsente Bilderwelten, wie sie über international vertretene Medienprodukte (z. B. weltweit ausgestrahlte Telenovelas) und Konsumartikel (z. B. Coca-Cola und Nike) verbreitet werden. Diese Nivellierung betrifft aber vor allem die Unterhaltungskultur und transportiert zumeist US-amerikanische Kulturmuster. „So augenscheinlich die Ausbreitung der westlichen Konsum- und Popularkultur über den gesamten Erdball ist, so verfehlt ist es, daraus den Schluss zu ziehen, dass sich dadurch eine einheitliche Weltkultur herausgebildet hat oder herausbilden wird, die an die Stelle der lokalen Kulturen tritt und diese zum ‚Einheitsbrei' der ‚McDonaldisierung' zusammenschmelzt. Eine solche Sicht kultureller Globalisierung als ‚Kulturschmelze' verallgemeinert Teilaspekte, überschätzt die Homogenität der amerikanischen oder westlichen Kulturen und schließt vom Konsum auf das Bewusstsein" (Wagner 2002, S. 15).
- Lokale, globale und glokale Kulturen: Die Ausbreitung westlicher Konsum- und Kulturmuster hat häufig auch eine verstärkte Rückbesinnung auf lokale kulturelle Traditionen und nicht selten sogar deren Wiederentdeckung zur Fol-

ge. Weltweit identische Kulturangebote motivieren vor allem Migranten und nationale Minderheiten zur Suche nach den Ausdrucksformen ihrer eigenen Identität. Für diese sich gegenseitig bedingende Verknüpfung von Globalisierung und lokaler Fokussierung prägte der englische Soziologe Roland Robertson schon 1998 den Begriff der Glokalisierung. Inzwischen akzeptieren auch die Marketingstrategien weltweit agierender Konzerne dieses Phänomen, indem sie ihre Produkte auf einem neuen Absatzmarkt nicht mehr ohne Anpassung an dessen kulturellen Kontext (z. B. Produktnamen, Werbestrategien und Design) anbieten. In manchen Fällen – beispielsweise auf dem Tourismusmarkt – hat der Prozess der Glokalisierung dazu geführt, dass einzelne lokale Kulturen erst durch die Bezugnahme auf den globalen Rahmen lebendig erhalten werden können.

- Hybride Kulturen: Kulturen sind schon immer durch eine permanente Weiterentwicklung geprägt, die insbesondere durch den Austausch mit anderen Kulturen angeregt wird. Während dieser Prozess aber früher allmählich und kontinuierlich stattfand, ist die gegenwärtige kulturelle Situation „im Gegensatz dazu nicht nur durch ständig wechselnde kulturelle Moden, sondern auch in immer kürzeren Abständen neu entstehende Kulturformen und Kulturstile geprägt. Diese entwickeln sich aus der Kombination und Durchmischung unterschiedlicher Kulturtraditionen. Dafür wird der Begriff ‚Hybridisierung' gebraucht" (Wagner 2002, S. 17).

Eine mittelbar mit den Prozessen der Globalisierung im Zusammenhang stehende Aufgabe, die in den nächsten Jahren einen noch deutlich zunehmenden Einfluss auf die gesellschaftliche Diskussion nehmen wird, ist die Entwicklung der so genannten Nachhaltigkeitsstrategie. Für Deutschland wird es bei der Realisierung des Konzeptes der Nachhaltigkeit – das grundsätzlich die globale, die nationale, die regionale und die lokale Ebene im selben Maß betrifft – insbesondere darum gehen, die traditionelle soziale Marktwirtschaft um eine gleichberechtigte ökologische Komponente zu erweitern (vgl. Abb. 7.3).

Im Rahmen einer Nachhaltigkeitsstrategie müssen bei allen gesellschaftlichen Entscheidungen die folgenden drei Aspekte in die Abwägung einbezogen werden:

- Aspekte der Umwelt wie die Fragen der Ökologie, der Erhaltung der Natur und Umwelt, des Schutzes der Artenvielfalt und des Klimas
- Aspekte des Marktes wie die Fragen der Ökonomie und des Schutzes der wirtschaftlichen Ressourcen
- Aspekte der sozialen Gerechtigkeit wie die Fragen der Partizipation aller Menschen am öffentlichen Leben

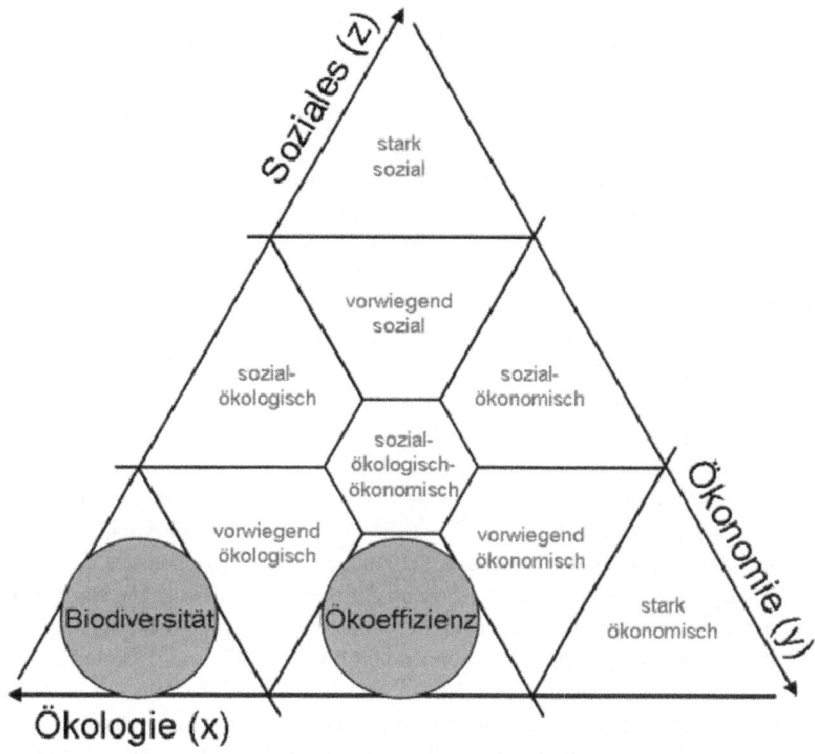

Abb. 7.3 Integrierendes Nachhaltigkeitsdreieck. (Quelle: Alexandro Kleine, http://de.wikipedia.org/wiki/Datei:Integrierendes_Nachhaltigkeitsdreieck.png – Zugriff 09.10.2014)

7.6 Erinnerungsgemeinschaft an die Zeit der nationalsozialistischen Herrschaft und des Zweiten Weltkriegs

Während in den ersten Jahrzehnten nach 1945 Verdrängen und Verschweigen eine Auseinandersetzung mit der Zeit der nationalsozialistischen Herrschaft zugunsten eines schnellen Wiederaufbaus und einer Integration aller Deutschen in die Nachkriegsgesellschaft weitgehend verhinderten und allenfalls ritualisierte Formen des Gedenkens gepflegt wurden, wurde die Erinnerung an die Opfer der nationalsozialistischen Herrschaft und des Zweiten Weltkriegs in den letzten Jahrzehnten eine selbstverständliche Aufgabe der Überlebenden und der Nachgeborenen.

In den 1990er Jahren wurde diese Entwicklung besonders forciert, da im Rahmen der deutschen Wiedervereinigung zwei unterschiedliche Konzepte des Umgangs mit der Zeit des Nationalsozialismus, über die sich die beiden Gesellschaften auch wesentlich definierten und voneinander abgrenzten, zusammengeführt werden mussten. Gedenkstättenarbeit findet seither endgültig nicht mehr am Rande, sondern in der Mitte der Gesellschaft statt. Die Gedenkstätten und andere Einrichtungen zur Erinnerung an die Zeit des Nationalsozialismus und des Zweiten Weltkriegs sind Teil des Alltags und breiter denn je gesellschaftlich akzeptiert. Über das „Ob" des Andenkens an die Opfer der nationalsozialistischen Gewaltherrschaft und des Zweiten Weltkriegs wird in der Gesellschaft nicht mehr gestritten, allenfalls über das „Wie". Die Geschichtsvergessenheit wurde zuweilen geradezu durch eine Geschichtsversessenheit (Assmann und Frevert 1999) abgelöst.

Schon in wenigen Jahren werden keine Menschen mehr am Leben sein, die die Zeit der nationalsozialistischen Herrschaft und des Zweiten Weltkriegs mit einem reflektierenden Bewusstsein erlebt haben. Es ist daher auch eine Aufgabe der kulturellen Institutionen und Projekte, diese Zeit im kollektiven und im kulturellen Gedächtnis präsent zu halten. Dabei hat die Generation der am Anfang des 21. Jahrhunderts Lebenden eine wichtige Scharnierfunktion zwischen der Generation ihrer Eltern und Großeltern, die die Zeit der nationalsozialistischen Herrschaft noch erlebt haben, und der Generation der Kinder und Jugendlichen, die naturgemäß keine Erinnerung mehr haben können und für die NS-Zeit vollständig auf die Vermittlung angewiesen sind. Das Wissen über den Nationalsozialismus und den Zweiten Weltkrieg geht vom kommunikativen Gedächtnis, das von Individuen und einer unmittelbaren Erfahrungsgeschichte getragen wird, über auf ein kollektives Gedächtnis, das zum Beispiel durch die Bildung von Interessengemeinschaften Strukturen zur Weitergabe des Wissens schafft, und ein kulturelles Gedächtnis, das über die üblichen Wege der Bildung, der Kultur und der Medien tradiert wird. Nicht zuletzt deshalb befinden sich derzeit alle deutschen Gedenkstätten für die Zeit der nationalsozialistischen Herrschaft und des Zweiten Weltkriegs in einem umfassenden Veränderungsprozess, der sowohl im Selbstverständnis als auch in der Gestaltung dazu führt, dass der Vermittlungsarbeit und der musealen Präsentation ein weitaus größerer Raum eingeräumt wird.

Die heute lebenden Deutschen tragen naturgemäß für die Geschehnisse der Zeit des Nationalsozialismus weder eine moralische noch eine strafrechtliche Schuld. Sie haben aber gegenüber diesen Ereignissen eine bleibende moralische Verantwortung, aus der sich der Auftrag ergibt, die Erinnerung präsent zu halten, um sich nicht selbst schuldig zu machen. Ralph Giordano hat dieses Phänomen „die zweite Schuld" (Giordano 2000) genannt. „So bleibt die Angst vor einer moralisch vorwerfbaren Vergessensschuld. Damit aber über Auschwitz kein Gras wächst, werden sich die kommenden Generationen vor allem mit der Entstehungsgeschichte des Nationalsozialismus auseinandersetzen und immer wieder die eine beunruhigende Doppelfrage stellen müssen: warum Hitler nicht verhindert werden konnte und warum die Gewaltverbrechen gerade in Deutschland geschehen sind" (Reichel 2001, S. 210). Der Sinn dieser Erinnerung ist nicht ein bedrücktes Leben im Schatten der Vergangenheit, sondern das Wachhalten des Bewusstseins, dass die Demokratie und der Rechtsstaat nie und nirgends ungefährdet und Gerechtigkeit und Freiheit keineswegs selbstverständlich sind.

Dieser ursächliche Zusammenhang zwischen ernsthafter Auseinandersetzung mit der Vergangenheit und der Verankerung und Bewahrung der Demokratie in der Gesellschaft ist eine der Grundlagen des Wertesystems in Deutschland. Aus dem von früheren Generationen Erlebten und dem für die Zeitgenossen Erinnerten leiten sich aber auch die Wertmaßstäbe ab, die für ein rechtsstaatliches vereintes postmodernes und postnationales Europa konstitutiv sind. Dabei wird es in der Zukunft noch weniger um die Diskussion der Polarität von Tätern und Opfern gehen als um das gemeinsame Ziehen von Konsequenzen aus der Vergangenheit, weil die Bereitschaft der Nation der Täter, ihre eigene Schuld anzuerkennen, als „eine Zweite Aufklärung sozusagen" (Levy und Sznaider 2001, S. 237) inzwischen als selbstverständlich vorausgesetzt werden kann. Versöhnung wird dennoch nicht aus dem Verwischen der Unterschiede entstehen, sondern aus dem Erforschen und der Kenntnis der unterschiedlichen Erfahrungen der Vergangenheit, die die gemeinsame Forderung nach Humanität und nach der moralischen Verantwortung der demokratischen Bürgergesellschaft begründen. „An die Stelle des leerlaufenden Erinnerungsimperativs tritt die Bildung reflektierten Geschichtsbewusstseins als Resultat begreifen wollender Auseinandersetzung" (Knigge 2010, S. 14).

Wenn sich die Zukunft in der postmodernen Gesellschaft nicht mehr homogen aus der Vergangenheit entwickelt, kann der primäre Sinn der Vergegenwärtigung des Nationalsozialismus nicht mehr im bloßen Rückbezug auf Ereignisse bestehen. Erinnerung sollte vielmehr ein integraler Bestandteil des Diskurses über die europäische Politik werden, um damit die Wertediskussion zu begründen und deren Ziele zu definieren. Aus der gemeinsamen Geschichte werden dann „zukunftsweisende Erinnerungen" (Levy und Sznaider 2001, S. 211 f.) lebendig erhalten. Ein Beispiel für die Vermittlung von Geschichte in diesem neuen Bedeutungszusammenhang ist die Erklärung des Jahrestages der Befreiung von Auschwitz am 27. Januar 1945 zum europäischen Gedenktag. Über die Grenzen von Nationen hinweg wird damit nach dem Ende des Kalten Kriegs an ein Gründungsmotiv des neuen Europa erinnert. Die Geschichte des Nationalsozialismus ist ein Lehrstück über die Verführbarkeit von Individuen und eines ganzen Volkes und deshalb eine bleibende Mahnung zu Aufklärung und Mündigkeit. „Negatives Gedenken zielt letztendlich auf die Gewahrwerdung der radikalen Unselbstverständlichkeit des (gesellschaftlich) Guten, über dessen Verständnis und Grad an Verwirklichung – etwa als Freiheit, Solidarität, Toleranz, Menschenwürde, Menschenrechte, Demokratie – immer wieder neu, historisch informiert zu sprechen wäre. Es ist in seinem Kern nichts anderes als willentliche und bedachte Selbstbeunruhigung, die in politische und mitmenschliche Verantwortung umschlagen soll" (Knigge 2002, S. 433).

Ein Forschungsprojekt zur Tradierung von Geschichtsbewusstsein und eine repräsentative Bevölkerungsumfrage zum selben Thema (Welzer et al. 2002) kommen übereinstimmend zu dem Ergebnis, dass die Verstrickung der Bevölkerung in den Nationalsozialismus in der breiten Öffentlichkeit nicht adäquat wahrgenommen wird und die Deutschen mehrheitlich meinen, ihre Vorfahren seien keine Täter, sondern Opfer gewesen. Obwohl die Menschen aller Altersgruppen zum Nationalsozialismus überwiegend über ein gutes Wissen verfügen, machen sie mindestens dann keinen Gebrauch davon, wenn es um die eigene Familie geht. Befragte mit Abitur oder Hochschulabschluss tendieren sogar noch stärker zu der Annahme, ihre Angehörigen seien dem Nationalsozialismus gegenüber negativ eingestellt gewesen. „Diese Ergebnisse der Repräsentativbefragung werfen ein klares Licht darauf, dass in der Gesamtbevölkerung weit überwiegend die Auffassung vorherrscht, dass eigene Familienangehörige keine Nazis waren; Antisemiten und Tatbeteiligte scheinen in deutschen Familien praktisch inexistent gewesen zu sein" (Welzer et al. 2002, S. 247).

Dieses Auseinanderklaffen zwischen den historischen Tatsachen sowie der öffentlichen Gedenkkultur auf der einen Seite und dem privaten Erinnern auf der anderen Seite beweist, dass die traditionelle Gedenkstättenarbeit zumindest im Hinblick auf ihre Breitenwirkung noch nicht sehr erfolgreich war. Wenn der demokratische Lernprozess der Gesellschaft als Erinnerungsgemeinschaft gelingen soll, darf er deshalb zumindest nicht ausschließlich an Spezialisten und an eigens dafür geschaffene Institutionen delegiert werden, weil diese sonst zu Einrichtungen werden, deren Wirkung sich geradezu kontraproduktiv zu ihrer Intention entwickelt. In der Gesellschaft darf nicht der Eindruck entstehen, man habe sich seiner Schuld entledigt, weil man spezialisierte Einrichtungen zur historisch-moralischen Bildung mit öffentlichen Geldern finanziert, die das Thema stellvertretend und abschießend erledigen. Wenn die Erinnerungsarbeit die Gesellschaft nicht beruhigen, sondern sie aufrütteln soll, muss sie ungeachtet aller professionellen Initiativen und Anleitungen mitten in der Gesellschaft stattfinden und die Menschen mit den Spuren der Erinnerung in ihrer je eigenen regionalen wie individuellen Lebenswelt und vor ihrem je eigenen Wertesystem konfrontieren.

7.6 Erinnerungsgemeinschaft an die Zeit der ...

Die Auseinandersetzung mit der Zeit der nationalsozialistischen Herrschaft und deren Verbrechen geschieht im Rahmen des kulturellen Gedächtnisses im Wesentlichen auf vier verschiedenen Feldern (Reichel 2001, S. 9 f.):

- als politische und rechtliche Auseinandersetzung
- als öffentliche Erinnerungskultur mit Feiern, Gedenktagen und Denkmälern
- als ästhetische Vergegenwärtigung mit künstlerischen Mitteln
- als wissenschaftliche Bearbeitung

Die Problematik des gesellschaftlichen Diskurses zum Nationalsozialismus und seiner Vermittlung in der Öffentlichkeit besteht derzeit auch darin, dass diese Arbeitsgebiete zu wenig miteinander kommunizieren und deshalb Anstöße, die von Fragen und Antworten der jeweils anderen Bereiche vorgetragen werden, zu wenig aufgegriffen und für die eigene Arbeit nutzbar gemacht werden. Kulturmanagement, das seine gesellschaftliche Aufgabe ernst nimmt, bietet die Chance, diese verschiedenen Stränge miteinander in ein Gespräch und zu einem Austausch zu bringen. Auch dabei soll die Erinnerung nicht passiv bleiben, sondern zu einem Anlass werden, um aktiv Fragen zu stellen und andauernde Reflexionen über moralische Entscheidungsmöglichkeiten zu provozieren.

Die Erinnerungskultur ist in Deutschland – im Gegensatz beispielsweise zu den USA und Israel – von der Polarität der Präsenz von Tätern und Opfern und deren historischen Wirkungsstätten geprägt. Die weit verbreitete Abstraktion von der Realität der deutschen Täter, die einen ihrer Höhepunkte fand, als im Jahr 1993 die Neue Wache in Berlin mit der allgemeinen Widmungsformel „Den Opfern von Krieg und Gewaltherrschaft" zur zentralen Gedenkstätte der Bundesrepublik Deutschland für die Opfer von Krieg und Gewaltherrschaft umgestaltet wurde, ist deshalb für den gesellschaftlichen Diskurs nicht zielführend, weil sie jeden ursächlichen Zusammenhang zwischen verantwortlichen Tätern und deren Opfern ausblendet.

Deutschland war das Land der Täter, gleichzeitig gab es aber auch unter den Deutschen mit dem Bombenkrieg, der Flucht und der Vertreibung Opfer. Beide Aspekte in der Öffentlichkeit zu diskutieren, ohne die Differenzierung zwischen Ursache und Wirkung aus dem Blick zu verlieren, ist eine wichtige Aufgabe der kulturellen Institutionen und Projekte. Günter Grass gab 2002 mit seiner Novelle „Im Krebsgang" für das Aufgreifen dieser Thematik einen wichtigen Anstoß, der zu einem Paradigma für die adäquate Beschäftigung mit Tätern und Opfern und deren Verhältnis zueinander wurde.

Zum Prototypen der Vermittlung dieser Ambivalenz in Kultur- und Bildungseinrichtungen wurde die von der Stiftung Haus der Geschichte der Bundesrepublik Deutschland erarbeitete und in den Jahren 2006 und 2007 in Bonn, Berlin und Leipzig gezeigten Ausstellung „Flucht, Vertreibung, Integration". Sie veranschaulichte nicht nur, dass in der ersten Hälfte des 20. Jahrhunderts allein in Europa zwischen 60 und 80 Mio. Menschen ihre Heimat verlassen mussten und die Deutschen dabei mit bis zu 14 Mio. Flüchtlingen und Vertriebenen am stärksten betroffen waren, sondern wies auch nachdrücklich auf den vom nationalsozialistischen Deutschland entfesselten Zweiten Weltkrieg als Ursache hin. Als Abschluss öffnete die Ausstellung den Blick auf das aktuelle Weltgeschehen und zeigte dabei, dass Flucht und Vertreibung bis heute eine große politische Herausforderung und ein globales Schicksal für Millionen Menschen geblieben sind.

Literatur

Adorno, Theodor W.: Ohne Leitbild. Parva aesthetica, Suhrkamp, Frankfurt am Main, 1967
Adorno, Theodor W.: Negative Dialektik, Suhrkamp, Frankfurt am Main, 1970
Assmann, Aleida/Frevert, Ute: Geschichtsvergessenheit – Geschichtsversessenheit. Vom Umgang mit deutschen Vergangenheiten nach 1945, DVA, Stuttgart, 1999
Beck, Ulrich: Risikogesellschaft. Auf dem Weg in eine andere Moderne, Suhrkamp, Frankfurt am Main, 1986
Beer, Bettina/Fischer, Hans (Hrsg.): Ethnologie. Einführung und Überblick, Reimer, Berlin, 2003
Bendixen, Peter: Grundfragen des Managements kultureller Einrichtungen. In: Fuchs, Max (Hrsg.): Zur Theorie des Kulturmanagements. Ein Blick über Grenzen. Dokumentation des gleichnamigen Symposiums, das am 6. und 7. April 1992 in der Akademie Remscheid stattgefunden hat, Rolland, Remscheid, 1993, Seite 73–88
Bergsdorf, Wolfgang: Im Spannungsfeld zwischen Wissenschaft und Öffentlichkeit. Die Informationsgesellschaft und ihr wachsender Ethikbedarf. In: Musikforum, Band 38 (2002), Heft 96, Seite 6–9
Bonß, Wolfgang/Honneth, Axel (Hrsg.): Sozialforschung als Kritik. Zum sozialwissenschaftlichen Potential der kritischen Theorie, Suhrkamp, Frankfurt am Main, 1982
Deutscher Bundestag: Schlussbericht der Enquete-Kommission „Kultur in Deutschland", Drucksache 16/7000, 16. Wahlperiode, Berlin, 2007
van Eimeren, Birgit/Frees, Beate: Internetverbreitung. Größter Zuwachs bei Silver-Surfern. Ergebnisse der ARD/ZDF-Onlinestudie 2008. In: Media Perspektiven, Nr. 7, Seite 330–344
Giordano, Ralph: Die zweite Schuld oder von der Last Deutscher zu sein, Kiepenheuer & Witsch, Köln, 2000
Hauskeller, Michael: Was ist Kunst? Positionen der Ästhetik von Platon bis Danto, Beck, München, 9. Aufl. 2008
Heinze, Thomas: Kultursponsoring, Museumsmarketing, Kulturtourismus. Ein Leitfaden für Kulturmanager, Westdeutscher Verlag, Wiesbaden, 2002
Horkheimer, Max/Adorno, Theodor W.: Dialektik der Aufklärung. Philosophische Fragmente, Fischer, Frankfurt am Main, 1969

Klein, Armin (Hrsg.): Kompendium Kulturmanagement. Handbuch für Studium und Praxis, Franz Vahlen, München, 2. Aufl. 2008
Knigge, Volkhard: Statt eines Nachworts: Abschied der Erinnerung. Anmerkungen zum notwendigen Wandel der Gedenkkultur in Deutschland. In: Knigge, Volkhard/Frei, Norbert (Hrsg.): Verbrechen erinnern. Die Auseinandersetzung mit Holocaust und Völkermord, Beck, München, 2002, Seite 423–440
Knigge, Volkhard: Zur Zukunft der Erinnerung. In: Aus Politik und Zeitgeschichte, 25-26/2010, Seite 10–16
Kübler, Harlich: Zum Kulturbegriff Theodor W. Adornos, Pädagogische Hochschule Ruhr Dissertation, Dortmund, 1977
Levy, Daniel/Sznaider, Natan: Erinnerung im globalen Zeitalter. Der Holocaust, Suhrkamp, Frankfurt am Main, 2001
Lüddemann, Stefan: Vom Richteramt zur Evaluationsagentur. Kunstkritik als Kommunikation. Bestandsaufnahme und Perspektiven. Dissertation, FernUniversität Hagen, 2003
Lyotard, Jean-François: Das Erhabene und die Avantgarde. In: Le Rider, Jacques/Raulet, Gérard (Hrsg.): Verabschiedung der (Post-)Moderne?, Narr, Tübingen, 1987, Seite 251–269
Marchal, Peter (Hrsg.): Ästhetik und Kommunikation heute. Beiträge zu einem Studienfach und seinen Teilbereichen, Univ.-GH, Siegen, 1998
Müller-Bachmann, Eckart: Jugendkulturen revisited. Musik- und stilbezogene Vergemeinschaftungsformen (Post-)Adoleszenter im Modernisierungskontext (= Jugendsoziologie, Band 3), Lit Verl., Münster, 2002
Rager, Günther/Sehl, Annika: Chats, Videos und Communities. Wie Jugendliche das Internet nutzen, Friedrich-Ebert-Stiftung, Berlin, 2008
Reichel, Peter: Vergangenheitsbewältigung in Deutschland. Die Auseinandersetzung mit der NS-Diktatur von 1945 bis heute, Beck, München, 2001
Schmucker, Joseph F.: Adorno – Logik des Zerfalls, Frommann-Holzboog, Stuttgart-Bad Cannstatt, 1977
Soeffner, Hans-Georg: Kultur und Alltag. Studienbrief der FernUniversität Hagen, 1990
Terkessidis, Mark: Der lange Abschied von der Fremdheit. Kulturelle Globalisierung und Migration. In: Aus Politik und Zeitgeschichte, 12/2002, Seite 31–38
Wagner, Bernd: Kulturelle Globalisierung. Von Goethes „Weltliteratur" zu den weltweiten Teletubbies. In: Aus Politik und Zeitgeschichte 12/2002, Seite 10–18
Welsch, Wolfgang: Transkulturalität. Zur veränderten Verfassung heutiger Kulturen. In: Wissenschaftszentrum Nordrhein-Westfalen: Das Magazin, 3/1994, Seite 10–13
Welzer, Harald/Moller, Sabine/Tschuggnall, Karoline: „Opa war kein Nazi". Nationalsozialismus und Holocaust im Familiengedächtnis, Fischer, Frankfurt am Main, 2002
Wiggershaus, Rolf: Die Frankfurter Schule. Geschichte, theoretische Entwicklung, politische Bedeutung, Hanser, München, 1986
Wiggershaus, Rolf: Theodor W. Adorno, Beck, München, 1987

Kultur und Publikum 8

Die Zeit, in der beispielsweise eine Ausstellung als besonders niveauvoll und innovativ galt, wenn sie eine möglichst geringe öffentliche Resonanz erzielte, liegt noch nicht lange zurück. Alles, was ein breiteres Publikum ansprach, stand im Verdacht, nur den Massengeschmack zu bedienen. In den letzten Jahren kehrten spektakuläre Ausstellungsprojekte den Trend um: Ausstellungen, vor deren Eingängen sich lange Schlangen bildeten, gelten als die herausragenden Erfolge der Szene.

Die Deutsche Bibliotheksstatistik des Kompetenznetzwerks für Bibliotheken (KNB) weist für das Berichtsjahr 2013 8.124 öffentliche und wissenschaftliche Bibliotheken in Deutschland nach. Sie verfügten über einen Bestand von 369 Mio. Medien und registrierten 466 Mio. Entleihungen. Mehr als 10 Mio. aktive Benutzer suchten die Bibliotheken während des Jahres auf (http://www.hbz-nrw.de/dokumentencenter/produkte/dbs/aktuell/auswertungen/gesamt/gesamt_dt.pdf – Zugriff 14.10.2014).

Der Deutsche Bühnenverein berichtet, dass in der Spielzeit 2012/2013 rund 20,5 Mio. Zuschauer 65.797 Veranstaltungen in Theatern besuchten. Dafür standen in 128 Gemeinden 142 öffentliche Theater mit 825 Spielstätten und über 263.235 Plätzen bereit (http://www.buehnenverein.de/de/publikationen-und-statistiken/statistiken/theaterstatistik.html – Zugriff 14.10.2014).

Die Statistik des Instituts für Museumsforschung der Staatlichen Museen zu Berlin – Preußischer Kulturbesitz verzeichnet für das Jahr 2012 für die 4848 erfassten Museen 112.807.633 Besuche. Dazu kommen 6.594.244 Besuche in 305 Ausstellungshäusern. Im Vergleich zum Vorjahr stieg die Zahl der Museumsbesuche um 2,9 % an. Die Museen zeigten 8940 Sonderausstellungen. Die erfolgreichste dieser Sonderausstellungen war die Ausstellung „Gerhard Richter. Panorama", die sowohl in der Neuen Nationalgalerie in Berlin als auch im Centre Pompidou in Paris und in der Tate Modern in London präsentiert wurde. Allein am Berliner

Standort sahen zwischen Februar und Mai 2012 380.000 Besucher diese Hommage zum 80. Geburtstag des Künstlers (Staatliche Museen zu Berlin 2013, S. 3–7). Die Angebote der kulturellen Institutionen und Projekte stoßen damit beim Publikum auf eine breite Resonanz – zumindest auf den ersten Blick und zurzeit. Das Bemühen um das Publikum ist dennoch eine zentrale Aufgabe des Kulturmanagements. Nur vordergründig geht es dabei um die Erzielung der erforderlichen Einnahmen und die Legitimation der kulturellen Infrastruktur. Die Wahrnehmung durch eine möglichst breite Öffentlichkeit und ein möglichst zahlreiches Publikum ist in erster Linie ein konstitutives Element, das die Bemühungen der Kulturbetriebe im Sinne eines Modells, das Kultur als sinnstiftende Bedeutungsproduktion versteht, überhaupt erst zu Kultur macht. Darüber hinaus ist das Publikumsinteresse der entscheidende Maßstab des Kulturmanagements in Fragen des Qualitätsanspruchs und für den Erfolg des Bemühens der Kulturbetriebe um ihre Relevanz für die gesellschaftliche Diskussion und die Weiterentwicklung des demokratischen Gemeinwesens.

8.1 Audience Development

Eine konsequente Publikumsorientierung liegt nicht in einer Anbiederung oder im Rückzug auf ein gefälliges Programm. Sie nimmt vielmehr die Erkenntnis ernst, dass die Vermittlung zwischen den kulturellen Manifestationen und dem Publikum zumindest in der Regel nicht von selbst oder zufällig erfolgt, sondern auf beiden Seiten dazu geeignete Haltungen und Methoden erforderlich sind. Die Neugier auf Kultur muss geweckt werden in der Hoffnung, zunächst das Interesse und daraus eine Bindung des Publikums und im Idealfall eine dauerhafte Verbundenheit zu erreichen. Während diese Vermittlungsarbeit in früheren Gesellschaften zumindest in bestimmten Schichten ein integraler Bestandteil des allgemeinen Bildungs- und Erziehungsprozesses war, ist dies in der postmodernen Vielfalt keine Selbstverständlichkeit mehr. „Unsere multioptionale ‚Erlebnisgesellschaft' mit ihren ausdifferenzierten, weitestgehend übersättigten Kultur-, Entertainment- und Freizeitmärkten verlangt nach anspruchsvoll-kreativen, engagierten Modellen institutionalisierter kultureller Vermittlungsarbeit. Und das bedeutet mehr, als bloß eine flotte Werbekampagne, alibihafte pädagogische Einzelprojekte oder ankündigungsstarke PR zu betreiben" (Siebenhaar, Klaus, Vortrag zur Eröffnung des Zentrums für Audience Development (ZAD) am 5. Juni 2007; http://www.geisteswissenschaften.fu-berlin. de/v/zad/media/zad_eroeffnungsvortrag.pdf?1361067118 – Zugriff 22.12.2014).

8.1 Audience Development

> Öffentlich geförderte Kultureinrichtungen haben ihren gesellschaftlichen Mehrwert, ihren ‚Public Value', heute mehr denn je unter Beweis zu stellen, indem sie ihren kulturellen Auftrag gegenüber möglichst Vielen aus möglichst unterschiedlichen sozialen Milieus auf hohem künstlerischen und kulturvermittelnden Niveau erfüllen. Dazu müssen sie die institutionellen Voraussetzungen schaffen, von der künstlerischen Spitze bis zur bodenständigen Servicestation beim Einlass oder an der Kasse. Sie sind gehalten, innerhalb ihres Finanzbudgets und Personaltableaus die Ressourcen einer besucherorientierten Auftragserfüllung bereitzustellen. Gleichberechtigt rücken also neben die ästhetisch-künstlerische Deutungsmacht von Theatern, Museen oder Konzerthäusern die Ernsthaftigkeit und Professionalität ihrer Vermittlungsleistungen. Das erwartet, darauf baut heute die geldgebende Öffentlichkeit. (Siebenhaar 2009, S. 7)

Der Grundsatz „Langeweile verdummt, Kurzweil klärt auf" (Benjamin 1980, S. 561) weist Kultureinrichtungen die Rolle eines Mediums zu, das es versteht, „mit Mitteln der Ästhetik und der Sinnlichkeit zu historischer Neugier zu animieren und Problembewusstsein über ‚Aha-Effekte' zu provozieren."

Besucherorientierung sollte deshalb gleichberechtigt neben der Orientierung an Standards der Fachwelt stehen. Ein modernes, besucherorientiertes Marketing muss sich „nicht notwendigerweise auf Geld konzentrieren", sondern kann... bei den Leuten auch um deren Zeit, Aufmerksamkeit, Einstellungen etc. werben" (Schuck-Wersig und Wersig 1994, S. 143).

Dazu gehört in erster Linie, dass jede Kultureinrichtung eine eindeutige Positionierung findet, die sich an der Zielgruppe, an den eigenen Spezifika und an der Konkurrenz orientiert. Das Angebot muss in den Augen des Publikums so attraktiv sein und gegenüber anderen Angeboten so abgegrenzt werden, dass es den konkurrierenden Alternativen vorgezogen wird. Dazu müssen sich Kulturbetriebe – neben der kulturpolitisch vorgegebenen Ausrichtung als Bildungsanbieter – als Dienstleistungsanbieter für Kulturbesucher begreifen, die neben der Kulturvermittlung Freizeitbedürfnisse befriedigen. Diese intendierte Freizeitbildung zeichnet sich durch eine Verknüpfung von typischen Freizeitmotiven wie Unterhaltung, Entspannung oder Geselligkeit mit typischen Bildungsmotiven wie Erweiterung des eigenen Wissens und des eigenen Horizontes aus (Terlutter 2000).

Der Begriff „Audience Development" wurde Mitte der 1990er Jahre in die angloamerikanische Theorie und Praxis des Kulturmanagements als Bezeichnung für die strategische Entwicklung des Publikums in Kultureinrichtungen eingeführt. Welchen Stellenwert die diesbezüglichen Aktivitäten insbesondere in den USA inzwischen einnehmen, wird daraus ersichtlich, dass die dortigen Kultureinrichtungen dafür einen wesentlichen Teil ihres Budgets und ihrer Personalkapazitäten einsetzen (z. B. die Brooklyn Academy of Music etwa 25–30 % des operativen Budgets und fast ein Drittel des festen Personals).

Audience Development wird umschrieben „as an umbrella term to encompass all aspects of promotion, publicity, marketing, public relations, communications and educational programs – including not only programmatic but also marketing, organizational development and institutional strategies" (Morison und Dalgleish 1992, S. 7).

Für das Arts Council England, eine öffentliche Agentur, die in England mit der Umsetzung der auf nationalstaatlicher Ebene festgelegten kulturpolitischen Leitlinien beauftragt ist, basiert Audience Development „on the same principles as marketing, but it is about increasing the range of audiences not just increasing the numbers of attendees". Das Arts Council beschreibt das Audience Development als „activity which is undertaken specifically to meet the needs of existing and potential audiences and to help arts organisations to develop ongoing relationships with audiences. It can include aspects of marketing, commissioning, programming, education, customer care and distribution" (http://www.artscouncil.org.uk/media/uploads/pdf/gfta_info_sheets_nov_2012/Audience_development_and_marketing.pdf – Zugriff 22.12.2014).

Die im Deutschen zuweilen als scheinbare Synonyme verwendeten Begriffe wie Kulturvermittlung, Besucherentwicklung, Benutzerbindung und Publikumsorientierung beschreiben zwar Bestandteile des Audience Developments, jedoch nicht die Gesamtheit seiner Aspekte.

Audience Development als Forschungsgegenstand und als Handlungsfeld umfasst alle Bereiche eines strategischen Publikumsmanagements:

- die Aufgabenstellungen eines nachfrageorientierten Kulturmanagements, das Kulturvermittlung als Kernaufgabe und wichtiges Ziel von kulturellen Institutionen und Projekten ansieht
- dessen konzeptionelle und organisatorische Voraussetzungen (z. B. Kulturmarkt- und Besucherforschung, Ressourceneinsatz, organisatorische Strukturen) zur Gewinnung, Bindung und Weiterentwicklung des Publikums der Gegenwart und der Zukunft
- Fragen zukunftsweisender Kulturvermittlungsstrategien in den Bereichen des Beziehungsmarketings und der ästhetischen Bildung

Dabei bleibt Audience Development aber ein unscharfer Begriff, der nur einen Rahmen beschreibt, innerhalb dessen die jeweils gebotenen Schwerpunkte der Vermittlungsarbeit gesetzt und die jeweils spezifischen Anstrengungen jedes Kulturbetriebes definiert werden müssen. „Jeder darf bei der Veranschaulichung und praktischen Ausgestaltung von Audience Development nach seiner Façon selig werden. Verbindlich für alle ist nur die Haltung, die Einstellung und der Anspruch, sich

8.1 Audience Development

dem Publikum bzw. seinen Publika emotionalisierend, aufklärend, unterhaltend, identifizierend, ernstnehmend wie spielerisch verführend, werbend und bindend, das heißt: auf hohem Niveau mit konzertiertem Einsatz aller Mittel zuzuwenden. Es braucht intelligente Organisationen, denen vernetztes Denken und Handeln, eine abteilungsübergreifende strategisch-operative Praxis, selbstverständlich ist" (Siebenhaar 2009, S. 9).

Diese Haltung des Audience Developments bedeutet in ihrem Kern das radikale Umdenken von einer überkommenen Orientierung auf ein Angebot, das die Kultureinrichtungen selbst für qualitätsvoll und interessant halten und von dem sie – oft genug unreflektiert – annehmen, dass das Publikum selbstverständlich ebenso denkt, hin zu einer differenzierten Nachfragepolitik. Diese Nachfragepolitik gewinnt das wichtigste Entscheidungskriterium für die Konzeption, die Planung, das Programm und dessen Vermittlung aus der Untersuchung und Beantwortung der Frage, welche Themen und Angebote für das vorhandene, das potenzielle und das noch fern stehende Publikum mit seinen jeweils unterschiedlichen Bedürfnissen und Erwartungen relevant sind.

Alle Bereiche der eigenen Arbeit aus der Perspektive des Publikums zu sehen, die immer noch weit verbreitete sozial selektive Kulturnutzung dadurch zu beenden und die Partizipation möglichst vieler Menschen zu ermöglichen, ist damit das oberste Ziel des Audience Developments. Die Begründer der Disziplin formulierten diese Ausrichtung des Audience Developments so poetisch wie eingängig: „the objective of audience development is to create a love affair between people and art" (Morison und Dalgleish 1992, S. 66).

Ein wichtiges Element der Nachfrageorientierung ist die Identifikation bisher noch nicht ausgeschöpfter geographisch, ethnisch, milieuspezifisch oder demographisch definierter Interessengruppen und deren gezielte Ansprache. Dies setzt eine kontinuierliche Erforschung und Beobachtung des für die jeweilige Einrichtung spezifischen Marktes und des Wettbewerbsumfeldes, die Prüfung strategischer Kooperationen mit externen Partnern sowie das Nachdenken über den Einsatz von Werkzeugen zur Reduzierung praktischer Schwellen wie beispielsweise Gutscheinsysteme für Kinder und Jugendliche voraus. Das Web 2.0 bietet sowohl für das Erkennen zusätzlicher Publikumsschichten als auch für die Kommunikation mit ihnen vielfache Möglichkeiten.

Die in Deutschland von der öffentlichen Hand aufgebrachte Kulturförderung von rund acht Mrd. Euro jährlich wird, obwohl sie aus den Mitteln der Steuerzahler finanziert wird, weitgehend ohne den Einfluss des realen Publikums und erst recht ohne Berücksichtigung der Interessen des nur potenziellen Publikums verteilt. Eine Evaluation der Erfolge und Misserfolge der Produktionen der Kulturbetriebe beim Publikum erfolgt nur ansatzweise, sodass sie größtenteils den Kräften des Marktes entzogen und allein aufgrund ihrer Existenz und ohne Rücksicht auf ihre Nachfrage als unterstützenswert angesehen werden. Für ein konsequentes Audience Development scheint unter diesen Umständen für viele Institutionen und Projekte kein Anlass zu bestehen, zumal vor allem das klassische Bildungsbürgertum als Zielgruppe in den Blick genommen wird, das sich gerade dadurch auszeichnet und abgrenzt, dass es dieser Vermittlungsarbeit nicht bedarf.

Schon aus Gründen der Verteilungsgerechtigkeit angesichts knapper werdender Mittel, aber auch zur Erreichung der mit der Kulturförderung intendierten gesellschaftlichen Wirkungen werden auch die öffentlichen Zuwendungsgeber nicht umhinkommen, die geförderten Projekte und Institutionen in Zukunft vermehrt an den Kriterien und Erfolgsparameter des Audience Developments zu messen. Eine Evaluierung im Hinblick auf die Bemühungen der Kultureinrichtungen um die Verbreiterung ihres Publikums und die dabei erzielten Erfolge könnte etwa die folgenden Aspekte einbeziehen:

- Erleichterung des Zugangs zu einem vielseitigen kulturellen Leben für alle Menschen (z. B. barrierefreie Zugänge zu allen Veranstaltungsorten)
- Sicherstellung, dass alle Menschen ein Kulturangebot vorfinden, das ihren jeweiligen spezifischen Interessen und Fähigkeiten gerecht wird
- Intensivierung des Beitrags der Kulturbetriebe zu einer lebendigen demokratischen Gesellschaft
- Verbesserung der Quantität und der Qualität der Angebote der kultureller Bildung und der Kulturvermittlung (z. B. Steigerung der Anzahl der Schulkinder, die die Arbeit von Künstlern aus eigenem Erleben kennen)
- Ausschöpfung des Bildungspotenzials der Arbeit der Kulturbetriebe (z. B. Kinder als Publikum oder zumindest als Interessenten gewinnen, bevor sich die Gewohnheiten des Medienkonsums verselbständigt haben)
- Erhöhung des Engagements der Kulturbetriebe in der Auseinandersetzung mit sozialen Ungleichheiten und dem Ausschluss einzelner Individuen oder Gruppen von der Partizipation an der Gesellschaft (z. B. Steigerung der Anzahl der Menschen aus ethnischen und kulturellen Minderheiten, die die Angebote der Kultureinrichtungen wahrnehmen)

Sowohl die Situation auf der Seite des Angebots als auch die auf der Seite der Nachfrage lassen ein stringentes Audience Development in den nächsten Jahren noch wichtiger werden.

Einerseits ist der Umfang des Medienkonsums, der in den nächsten Jahren durch zusätzliche Möglichkeiten der mobilen Nutzung und eine weitere Verbreiterung des Angebots noch zunehmen wird, eine wichtige Konkurrenz für die Ange-

8.1 Audience Development

bote der kulturellen Institutionen und Projekte. Allein die durchschnittliche tägliche Nutzungsdauer des Internets stieg in Deutschland in den Jahren von 2000 bis 2014 von 17 auf 111 min an, die durchschnittliche tägliche Fernsehdauer betrug in Deutschland im Jahr 2013 221 min (http://de.statista.com/themen/101/medien/ – Zugriff 22.10.2014). Darüber hinaus befinden sich die Angebote kultureller Institutionen und Projekte in einem sich verschärfenden Wettbewerb mit den Unternehmen der oftmals international agierenden Kultur- und Kreativwirtschaft, die vielfältige Kultur-, Bildungs-, Unterhaltungs- und Freizeiterlebnisse anbieten und grundsätzlich auf dasselbe Publikum und dessen begrenztes zeitliches und finanzielles Budget abzielen. Um in diesem Wettbewerb bestehen zu können, müssen die kulturellen Institutionen und Projekte eine in jeder Beziehung konkurrenzfähige Attraktivität ihrer Angebote sicherstellen.

Neben der zunehmenden Pluralität des Angebots ergeben sich aus den gegenwärtigen gesellschaftlichen Strukturen auch auf der Nachfrageseite wichtige Herausforderungen für die Kultureinrichtungen, die ein zielgruppengerechtes Audience Development erforderlich machen. Dies gilt insbesondere für die soziale Heterogenität der Gesellschaft im Allgemeinen und für die Migrationsgesellschaft im Besonderen.

Eine Untersuchung der Freien Universität Berlin von 2009 zeigt, dass bereits mehr als erste Ansätze der Öffnung von Kulturbetrieben für Migranten festzustellen sind: Von den befragten Einrichtungen befassen sich insgesamt 55,2 % mit der Publikumsschicht der Migranten, weitere 15,5 % haben dies für die Zukunft vor. Im Bereich Theater, Oper, Orchester berücksichtigen 57,4 % der Institutionen die Thematik, 9,6 % planen dazu Aktivitäten, unter den Museen realisieren 54,1 % Angebote für Migranten, 18,4 % wollen dies in Zukunft tun.

Naturgemäß ist der Grad der Beschäftigung mit dem Thema dort, wo viele Migranten leben, besonders hoch: Kulturbetriebe mit einem Ausländeranteil zwischen 10 und 15 % in ihrem Einzugsgebiet arbeiten zu 76,2 % mit Migranten, während Einrichtungen, in deren Umgebung weniger als 5 % Ausländer leben, die Thematik nur zu 34,7 % aufgreifen (Freie Universität Berlin 2009, S. 16 f.). Viele Kulturinstitutionen sind sich demnach bewusst, dass sie einerseits einen Beitrag zu den mit der Migrationsgesellschaft im Zusammenhang stehenden Fragen leisten müssen, wenn sie ihrem gesellschaftlichen Auftrag gerecht werden wollen, gleichzeitig damit aber auch eine neue Zielgruppe für sich erschließen können.

Immerhin 59,4 % der auf diesem Gebiet aktiven Institutionen geben an, ihre für die Gewinnung von Migranten als Publikumsschicht individuell gesetzten Ziele zumindest in etwa zu erreichen. Diese Quote verweist sowohl auf Erfolge als auch darauf, dass dabei Neuland betreten wird und die eingesetzten Methoden und Angebote noch evaluiert und weiterentwickelt werden müssen.

Um die Angebote der kulturellen Institutionen und Projekte für möglichst viele Menschen zugänglich zu machen, sollten die finanziellen Hürden grundsätzlich so gering wie möglich gehalten werden. Allerdings haben verschiedene einschlägige Projekte gezeigt, dass eine Verbilligung des Angebots zwar das Publikum quantitativ ansteigen lässt, aber – zumindest wenn dies die einzige Maßnahme bleibt – nicht zu dessen Verbreiterung beiträgt. So hat der in Großbritannien und Skandinavien vielerorts eingeführte freie Museumseintritt zu einer Erhöhung der Besucherzahlen geführt, nicht aber zur Erschließung neuer Besucherschichten. Es sind lediglich diejenigen, die schon vorher Museumsgäste waren, angesichts des freien Eintritts noch häufiger gekommen (Mattl 2010).

Die 2007 in Trier gezeigte Landesausstellung „Konstantin der Große" machte darüber hinaus deutlich, dass auch mit sehr hochwertigen Angeboten zwar ein beachtlicher Publikumserfolg erreicht werden kann, aber ebenfalls nur in geringem Umfang neue Besucherschichten erschlossen werden.

Über die Hälfte der Menschen, die die Ausstellung besuchten, gehörten zu einem Publikum, das ohnehin häufig (mehr als achtmal im Jahr) Kulturveranstaltungen aufsucht. Damit zog auch diese sehr aufwendige und attraktive Veranstaltung in erster Linie diejenigen an, die kulturellen Angeboten ohnehin aufgeschlossen gegenüberstehen. Nur rund 5 % der Besucher gaben an, selten (ein- bis zweimal im Jahr) zu einer Kulturveranstaltung zu gehen (Universität Trier 2008, S. 17).

Auch die Beantwortung der Frage nach den Motiven für den Ausstellungsbesuch belegt, dass vorwiegend Personen angesprochen wurden, die bereits ein ausgeprägtes Kulturinteresse hatten. Von jeweils über 50 % der Befragten wurde auf ein allgemeines Kulturinteresse, auf das Interesse an der Römerzeit und auf das Interesse an der Person Konstantins als römischer Kaiser verwiesen. Immerhin kamen aber auch gut zehn Prozent der Besucher „aus reiner Neugier" (Universität Trier 2008, S. 21).

Mit einer Steigerung der Attraktivität und Qualität bekannter Formen des kulturellen Angebots sowie einer Senkung der ökonomischen Hürden wird demnach zumindest größtenteils nur der Effekt erzielt, dass diejenigen, die sich bereits für Kultur interessieren, noch stärker aktiviert werden. Um neue Publikumsschichten zu erreichen, müssen deshalb auch Wege jenseits der herkömmlichen Veranstaltungsformate und der erprobten Marketingmethoden beschritten werden. Mögliche Strategien sind dabei insbesondere (Siebenhaar 2009, S. 29–33):

- Aufmerksamkeitsstrategie: Kulturbetriebe müssen Strategien entwickeln, die es ihnen ermöglichen, in der Nachrichtenfülle der Informationsgesellschaft aufzufallen und ein positives Image zu entwickeln.

8.1 Audience Development

- Markenstrategie: Der Aufbau einer Marke bindet nicht nur das Publikum an die Einrichtung. Die Marke wird auch von denjenigen, die die Einrichtung nicht besuchen, wahrgenommen und kann die Neugierde auf einen Besuch wecken.
- Verbundenheitsstrategie: In Zeiten, in denen sich feste Bindungen an bestimmte Publikumsschichten wie beispielsweise an ein traditionelles Bildungsbürgertum auflösen, ist es für Kultureinrichtungen besonders wichtig, langfristige Beziehungen zu ihren Zielgruppen aufzubauen. Sie müssen sich dafür auf einen dialogischen Prozess einlassen, der kontinuierlich gepflegt werden sollte.
- Servicestrategie: Die Schaffung guter Rahmenbedingungen ist eine unerlässliche Voraussetzung für die Zufriedenheit der Nutzer und damit deren Neigung, einen Besuch zu wiederholen und andere dazu zu animieren.
- Eventstrategie: Gemeinschaftsstiftende Kulturerlebnisse wie beispielsweise Museumsnächte und Konzerte im öffentlichen Raum erfreuen sich einer großen Popularität. Für deren längerfristigen Erfolg ist es jedoch unerlässlich, dass im Rahmen derartiger Events Erlebnismöglichkeiten bestehen, die es sonst nicht gibt. Offen bleibt allerdings häufig, ob mit derartigen Veranstaltungen auch Besucher der alltäglichen Aktivitäten der Kulturbetriebe gewonnen werden können.
- Erreichungsstrategie: Manche Gruppen von Menschen, die Kultureinrichtungen nicht nutzen, können nur erreicht werden, wenn sie an den Orten, an denen sie sich gewöhnlich aufhalten, von den Kultureinrichtungen aufgesucht werden (z. B. Präsentation von ausgewählten Objekten und Kurzprogrammen in Jugendzentren, Vorstellung klassischer Musik in Clubs).
- Direkte Vermittlungsstrategie: Die Auseinandersetzung mit Kultur bedarf attraktiver Formen der Vermittlung und möglichst mühelos zu realisierender Gelegenheiten zu einer – zumindest ersten – Kommunikation. Ein vielversprechender Weg kann in diesem Zusammenhang beispielsweise darin bestehen, dass Cafés und Restaurants in Kultureinrichtungen Nicht-Besuchern nicht nur zugänglich gemacht, sondern auch zur Gewinnung eines neuen Publikums genutzt werden. Ein Modell dabei ist, den Gästen mit der Rechnung eine kostenlose Eintrittskarte für einen sofortigen Kurzbesuch zu überreichen. Es ist davon auszugehen, dass viele, die einen Museumsbesuch eigentlich nicht geplant hatten, diese Gelegenheit nutzen und damit zu einem ausführlicheren Besuch als zahlende Besucher bei einer anderen Gelegenheit angeregt werden.

8.2 Demographischer Wandel

Bei der zu erwartenden Fortsetzung der aktuellen demographischen Entwicklung werden im Jahr 2030 in Deutschland voraussichtlich nur noch rund 77 Mio. Menschen leben. Dies entspricht einem Rückgang der Einwohnerzahl gegenüber dem Jahr 2008 um fast fünf Mio. Personen (−5,7 %). Dieser Rückgang der Einwohnerzahl geht einher mit einer deutlichen strukturellen Veränderung der Zusammensetzung der Bevölkerung. Die Bevölkerungsschrumpfung zeigt sich am deutlichsten in der Gruppe der unter 20-Jährigen: Im Jahr 2030 werden 17 % weniger Kinder und Jugendliche in Deutschland leben als 2012. Statt 15,6 Mio. wird es nur noch 12,9 Mio. unter 20-Jährige geben. Die Zahl der Personen im erwerbsfähigen Alter – derzeit üblicherweise zwischen 20 und 65 Jahren – wird um ca. 15 % beziehungsweise 7,5 Mio. Menschen zurückgehen. Die Altersgruppe der 65-Jährigen und Älteren wird hingegen um ein Drittel (33 %) von 16,7 Mio. im Jahr 2008 auf 22,3 Mio. Personen im Jahr 2030 ansteigen (Statistische Ämter des Bundes und der Länder 2011, S. 8).

Der Anteil der Bevölkerung unter 20 Jahren wird sich von 43 % im Jahr 1871 bis zum Jahr 2050 auf 15 % reduzieren, während im selben Zeitraum der Anteil der Menschen mit über 65 Jahren von 5 auf 33 % und der der Menschen mit über 80 Jahren von 0 auf 15 % ansteigen wird (Bundesinstitut für Bevölkerungsforschung 2008, S. 28).

Gleichzeitig ist der Altersdurchschnitt bei den Menschen mit Migrationshintergrund deutlich niedriger als bei den Menschen ohne Migrationshintergrund. Dies führt dazu, dass der Migrantenanteil auch bei der allgemein angenommenen etwa gleichbleibenden Zuwanderungsbewegung ansteigen wird.

Diese Faktoren führen dazu, dass der absehbare demographische Wandel häufig mit den Schlagworten, die Deutschen werden „weniger, älter und bunter", zusammengefasst wird. Dabei sind demographische Entwicklungen kein neues Phänomen. Sie finden vielmehr schon immer und kontinuierlich statt. Allerdings zeichnen sich die derzeitigen Trends durch eine besonders hohe Geschwindigkeit und eine außerordentliche quantitative Dimension aus.

Die Folgen der prognostizierten demographischen Entwicklung und viele der durch das Kulturmanagement initiierten und realisierten Prozesse stehen insbesondere im Bereich der Hochkultur in einer engen Wechselwirkung zueinander. Die Kultureinrichtungen sollten die Herausforderungen des demographischen Wandels deshalb aktiv aufgreifen und als Chance verstehen. „Kulturschaffende sowie öffentliche und private Kultureinrichtungen sind vom demografischen Wandel betroffen. Er berührt ihre Zuschauer und Zuhörer, Käufer und Kritiker, Teilnehmer und Nachfrager sowie Akteure und Rezipienten in ihren Interessen und

8.2 Demographischer Wandel

ihrem Geschmack, ihrer körperlichen Leistungsfähigkeit (zum Beispiel Mobilität) und ihren finanziellen Möglichkeiten, Kulturangebote wahrzunehmen, und in ihrer Anzahl. Damit stehen alle bisherigen Erfahrungswerte des Kulturbetriebes auf dem Prüfstand. Das schließt alle Inhalte, Organisationsformen, Finanzierungs- und Beteiligungsmöglichkeiten von bzw. an Kulturangeboten ein" (Deutscher Bundestag 2007, S. 222).

Der demographische Wandel wird die schon bestehenden Herausforderungen der Kulturfinanzierung weiter verstärken. Eine sinkende Gesamtbevölkerung führt im Grundsatz zu rückläufigen Besucherzahlen und damit niedrigeren Einnahmen der Kultureinrichtungen. Außerdem wird aufgrund der veränderten Altersstruktur ein geringerer Anteil der Bevölkerung im Erwerbsleben stehen und Steuern zahlen. Das rückläufige Steueraufkommen wird auch Auswirkungen auf die Kulturfinanzierung der öffentlichen Hand haben. Um bei schrumpfenden Budgets die Qualität des kulturellen Angebots zumindest beibehalten zu können, werden signifikante Steigerungen der Effizienz der Arbeit der kulturellen Institutionen und Projekte beispielsweise durch vermehrte Kooperationen und die Bündelung sowie die Differenzierung von Angeboten umgänglich sein. Gleichzeitig wird auch geprüft werden müssen, ob die Aufrechterhaltung der vorhandenen dichten kulturellen Infrastruktur in den kommenden Jahren und Jahrzehnten überall sinnvoll und finanzierbar ist. In einer Kulturlandschaft, die über Jahrzehnte von der Forderung nach Wachstum und deren weitgehender Realisierung geprägt war, wird es nicht einfach sein, diese Diskussionen ohne emotionale und ideologische Barrieren und mit der unerlässlichen regionalen Differenzierung zu führen. Dabei wird auch die Aufteilung der Lasten zwischen den Städten, die die Kultureinrichtungen unterhalten, und dem jeweils mitnutzenden Umland neu zu vereinbaren sein, um auch außerhalb der großen Städte zumindest eine kulturelle Grundversorgung sicherstellen zu können.

Das Phänomen der sinkenden Bevölkerungszahl sollte die kulturellen Institutionen und Projekte auch zu einem Überdenken ihrer Strategien auf dem kleiner werdenden Markt anregen (vgl. Tab. 8.1).

Im Rahmen der Strategie der Marktdurchdringung konzentriert sich ein Kulturbetrieb darauf, die bedienten Märkte und deren Zielgruppen mit seinen Angeboten

Tab. 8.1 Marktfeldstrategien. (Quelle: Hausmann und Körner 2009, S. 143–145)

		Märkte	
		Gegenwärtig	Künftig
Dienstleistungen	*Gegenwärtig*	Marktdurchdringung	Marktentwicklung
	Künftig	Dienstleistungsentwicklung	Diversifikation

möglichst vollständig zu versorgen und auf diesem Weg möglichst viel Nachfrage zu generieren (z. B. Erhöhung der Besuchsfrequenz der eigenen Kunden und deren Abwerbung von den Angeboten anderer Kultur- und Freizeitanbieter). Demgegenüber wird mit einer Marktentwicklungsstrategie angestrebt, für die bereits angebotenen Leistungen einen oder mehrere neue Märkte aufzubauen. Dabei können neue Verwendungszwecke für vorhandene Produkte gefunden werden (z. B. Vermietung der Räume der Kultureinrichtung als repräsentative Orte für Veranstaltungen) oder neue Besuchergruppen (z. B. durch Konzerte am Nachmittag) erschlossen werden. Die Dienstleistungsentwicklung zielt darauf ab, für das bestehende Publikum neue Leistungen zu entwickeln, die die Besucher enger an das Haus binden (z. B. mehr und bequemere Sitzgelegenheiten für ältere Menschen). Mit der Diversifikationsstrategie werden neue Dienstleistungen für neue Märkte und neue Zielgruppen erarbeitet. So können beispielsweise Kultureinrichtungen ihre im Bereich des Einsatzes ästhetischer Mittel zur Kommunikation gesammelten Kenntnisse und Erfahrungen in den Markt der Beratung sowohl von Unternehmen als auch von Akteuren des sozialen Bereichs einbringen.

Wenn der Anteil der Kinder und Jugendlichen an der Bevölkerung abnimmt und jener der älteren Menschen deutlich ansteigt, wird dies tiefgreifende Konsequenzen für die Nachfrage nach kulturellen Angeboten haben, da in jeder Lebensphase die Interessen für die Kulturnutzung unterschiedlich ausgeprägt sind. Für die Kultureinrichtungen wird sich daraus ein schwieriges Spannungsfeld entwickeln, weil sie einerseits der großen und wichtigen Zielgruppe der älteren Menschen gerecht werden und deren Potenzial ausschöpfen und andererseits das heranwachsende Publikum der vergleichsweise wenigen Kinder und Jugendlichen mit spezifischen Angeboten ansprechen und für die Zukunft gewinnen müssen.

Gleichzeitig ist der Anstieg des Altersdurchschnitts der deutschen Bevölkerung für die Nutzung kultureller Angebote auch eine positive Prognose, da in der Phase nach dem Ende des Erwerbslebens kulturelle Aktivitäten die größte Rolle im Lebensverlauf spielen und der Anteil der an Kultur interessierten Menschen in der Gruppe der über 50-Jährigen mit rund einem Drittel am höchsten ist. Neben der erforderlichen Zeit verfügt diese Bevölkerungsgruppe auch über eine überdurchschnittliche Kaufkraft.

Die Besucher der 2007 in Trier gezeigten Landesausstellung „Konstantin der Große" waren im Durchschnitt 54,5 Jahre alt. Der Anteil der über 66-Jährigen betrug bei den Ausstellungsbesuchern 26 % gegenüber 18 % bei der damaligen deutschen Bevölkerung. Entsprechend dieser Altersstruktur waren Rentner und Pensionäre die am häufigsten vertretene Berufsgruppe. Dass das Angebot die Interessen der älteren Menschen besonders widerspiegelte, belegen auch die Zufriedenheitswerte: Bei den über 49-Jährigen lag der Mittelwert bei 1,5, bei den 19- bis 35-Jährigen nur bei 1,7 (Universität Trier 2008, S. 9, 26).

8.2 Demographischer Wandel

Neuere Untersuchungen weisen allerdings für verschiedene kulturelle Sektoren tendenziell übereinstimmend darauf hin, dass die Annahme, das wichtigste und treueste Publikum der Kultureinrichtungen werde vor allem im Bereich der Hochkultur in den nächsten Jahren und Jahrzehnten mit der ansteigenden Zahl der älteren Menschen von selbst und besonders zahlreich nachwachsen, nicht zutreffen wird. Die nicht mehr klassisch bildungsbürgerlich geprägte Generation wird auch mit höherem Lebensalter nicht die Gewohnheiten ihrer Elterngeneration annehmen, sondern ihrer eigenen kulturellen Sozialisation, die eher im Bereich der Popkultur und der Soziokultur liegt und von Grenzüberschreitungen und Wechseln der Genres gekennzeichnet ist, treu bleiben. Eine an der Zeppelin University in Konstanz erstellte Studie belegt, dass diese Entwicklung auf den klassischen Opern- und Konzertbetrieb die Existenz bedrohende Auswirkungen haben (Tröndle 2009) wird. Für den Bereich der Museen wird im Zusammenhang mit den Veränderungen der Generationenstruktur zwar nicht mit gleichermaßen radikalen, aber doch nachhaltigen Effekten gerechnet (Reuband 2010).

Allerdings gefährden diese Entwicklungen nicht nur traditionelle Kulturformen, sie stärken auch alternative Angebote, die eher im Bereich eines kommunikativen und beteiligungsorientierten Konzeptes liegen. Für eine Kulturlandschaft, die an der Gestaltung der Gesellschaft mitwirken will, kann dies tendenziell von Vorteil sein. Im Bereich der Wirtschaft wurden die Chancen, die sich aus der Veränderung der Altersstruktur der Bevölkerung ergeben, längst erkannt und zu gewinnbringenden Konzepten weiterentwickelt. So gründete beispielsweise die Landesregierung Nordrhein-Westfalen eine – allerdings schon nach wenigen Jahren zumindest in dieser Form nicht mehr weitergeführte – Initiative „Seniorenwirtschaft". Es wurde davon ausgegangen, dass ein aktiver Umgang mit den Bedürfnissen und Interessen der Älteren in den nächsten beiden Jahrzehnten bis zu 100.000 neue Arbeitsplätze schaffen könne. Damit wäre dieser Sektor der Wirtschaftsbereich mit dem größten Wachstumspotenzial (www.seniorenwirt.de – Zugriff 28.10.2014).

Die Umkehrung der Alterspyramide erweitert angesichts der größeren zeitlichen Unabhängigkeit der älteren Menschen und deren zunehmender Mobilität auch die Möglichkeiten der kulturellen Institutionen und Projekte zur Gewinnung ehrenamtlich engagierter Menschen.

Um die Kenntnisse und Fähigkeiten dieser Personen optimal einbinden zu können, werden die Kulturbetriebe ihre diesbezüglichen Rahmenbedingungen in den nächsten Jahren weiterentwickeln und verbessern müssen. Wenn dieser Prozess gelingt, können ältere Menschen durch ihr freiwilliges Engagement nicht nur dazu beitragen, beispielsweise im Aufsichtsdienst, als Führungspersonal oder im Museums- und Theatershop das Angebot auch unter erschwerten ökonomischen Verhältnissen aufrechtzuerhalten. Die Gelegenheit zur ehrenamtlichen Mitwirkung wird darüber hinaus auch für die Betroffenen eine Möglichkeit sein, ihr Wissen und ihre Erfahrung in die Gestaltung kultureller und gesellschaftlicher Prozesse einzubringen.

Die Auswirkungen der „bunter" werdenden Gesellschaft werden innerhalb Deutschlands sehr unterschiedlich sein. Der Anteil der Menschen mit Migrationshintergrund – die ihrerseits eine sehr heterogene Bevölkerungsgruppe darstellen – wird aber insbesondere in den Metropolen und den sie umgebenden Regionen wesentlich ansteigen.

Für die Arbeit der kulturellen Institutionen und Projekte ergibt sich daraus einerseits der gesellschaftliche Auftrag, bei der Integration dieser Menschen in die Gesellschaft mitzuwirken. Andererseits wird die Chance auf die Gewinnung einer zusätzlichen und sehr vielfältigen Publikumsschicht, die sowohl ein großes Marktpotenzial als auch die Möglichkeit der Einwerbung von Mitteln aus anderen gesellschaftlichen Bereichen mitbringt, eröffnet.

Außerdem umfasst der Aspekt der Migration auch die Abwanderung von Arbeitskräften aus Deutschland. Zu Recht weisen Kultureinrichtungen in diesem Zusammenhang immer wieder auf ihre Bedeutung als so genannte weiche Standortfaktoren bei der Entscheidung über Unternehmensansiedlungen sowie der Gewinnung und Bindung von Fachkräften hin. Vor dem Hintergrund des demographischen Wandels und des mit ihm verbundenen zu erwartenden verschärften Wettbewerbs um Fachkräfte wird diese Argumentation noch erheblich an Bedeutung gewinnen. Neben einer gezielten Bildungs-, Wissenschafts- und Forschungspolitik kann der kulturelle Sektor einen Beitrag zur Sicherung des Fachkräftepotenzials und zur Unterstützung der dafür erforderlichen Prozesse leisten.

Auch darüber hinaus ist in Gegenden, die von einer starken Abwanderung geprägt sind, eine funktionierende kulturelle Infrastruktur eines der wenigen Instrumente, mit denen die öffentliche Hand dieser Tendenz entgegenwirken kann. Eng damit verbunden ist der Beitrag der kulturellen Institutionen und Projekte zum sozialen Klima einer Region und damit auch zu einer präventiven Sozialpolitik.

Zur Bewältigung der Folgen des demographischen Wandels muss jede Kultureinrichtung die ihren spezifischen Herausforderungen gerecht werdenden Wege finden. Dennoch lassen sich einige allgemeine Erfolgsfaktoren benennen, die überall in die diesbezüglichen Überlegungen einbezogen werden sollten (Hausmann und Körner 2009, S. 44–46, 67 f.):

- Kooperation: Der demographische Wandel ist ein Thema, das alle Bereiche der Gesellschaft betrifft. Die kulturellen Institutionen und Projekte können einen wichtigen Beitrag zur Diskussion der damit verbunden Entwicklungen leisten. Eine nachhaltige Wirkung kann jedoch nur erreicht werden, wenn Partner aus

8.2 Demographischer Wandel

verschiedenen Sektoren der Gesellschaft – beispielsweise neben dem kulturellen aus dem sozialen Sektor und aus dem Bildungswesen – zusammenarbeiten und gemeinsam Konzepte entwickeln sowie ihre Ressourcen bündeln. Die dabei entstehenden Partnerschaften können für die Kultureinrichtungen auch bei der Bewältigung anderer Aufgaben hilfreich sein.

- Grundversorgung und Nischenangebot: Aufgrund des demographischen Wandels stellt sich mit verstärkter Aktualität die Frage, ob flächendeckend eine umfassende kulturelle Infrastruktur wie beispielsweise mehrspartige Theater vorgehalten werden kann und soll. Die Alternative besteht in einem überregionalen Konzept, das den einzelnen Partnern jeweils unterschiedliche Schwerpunkte zuteilt, die sie für den gesamten Planungsraum anbieten (z. B. kann ein Theater an allen Spielorten einer Region das Sprechtheater, ein anderes das Musiktheater anbieten). Derartigen Absprachen steht jedoch vielerorts die Befürchtung entgegen, dass die einzelnen Einrichtungen damit ihre lokale Verankerung und infolgedessen die ideelle und finanzielle Unterstützung der örtlichen Bevölkerung verlieren.
- Kontinuität und Flexibilität: Demographischen Veränderungen liegen langfristige Entwicklungen zugrunde. Kulturelle Institutionen und Projekte können deshalb den Folgen der demographischen Wandels nicht durch kurzfristige Einzelmaßnahmen, sondern nur durch eine kontinuierliche Berücksichtigung des Themas in ihrer Arbeit gerecht werden. Dies bedeutet jedoch nicht, dass dazu zusätzliche Strukturen aufgebaut werden müssen. Mehr Erfolg versprechen flexible Projekte und Angebote, bei denen Kultureinrichtungen mit anderen gesellschaftlichen Bereichen kooperieren. Öffentliche wie private Fördermittelgeber sollten deshalb die Unterstützung einschlägiger Vorhaben zu einem ihrer Schwerpunkte machen.
- Aktive Kulturteilhabe und kulturelle Breitenarbeit: Die Nutzer der Kultureinrichtungen entwickeln sich auch durch den Einfluss des demographischen Wandels immer mehr von einem relativ homogenen zu einem vielfach differenzierten Publikum. Die Kulturbetriebe müssen darauf mit individualisierten Formen der Ansprache und der Bindung der Besucher reagieren. Darüber hinaus steigt das Interesse an Ansätzen, die das Bedürfnis der Menschen nach aktiver Teilhabe aufgreifen und sie anregen und qualifizieren, selbst kulturell aktiv zu werden. „Freizeitforscher sprechen bereits von einer Erschöpfung des erlebnisorientierten Kulturkonsums und prognostizieren die Entstehung einer ‚Sinngesellschaft', in der kulturelle Beteiligung nicht mehr nur als ‚gute Unterhaltung' gefragt ist, sondern als Tätigsein und als mentale Notwendigkeit, um in der Zukunft zurechtzukommen" (Hausmann und Körner 2009, S. 67).

- Kulturmarketing und Kulturforschung: Die empirischen Kenntnisse über die kulturelle Teilhabe einzelner Publikumsschichten wie beispielsweise älterer Menschen und deren kulturelle Interessen müssen verbreitert und in Modellvorhaben exemplarisch in die Praxis übertragen werden, insbesondere auch, um darauf ein gezieltes Kulturmarketing aufbauen zu können.

8.3 Kulturelle Bildung und lebenslanges Lernen

Ziel der kulturellen Bildung ist die Befähigung zur aktiven Teilnahme an allen Lebensbereichen und Entscheidungsprozessen der Gesellschaft im Allgemeinen und am künstlerisch kulturellen Geschehen im Besonderen. Kulturelle Bildung ist damit ein konstitutiver Bestandteil der allgemeinen Bildung. Sie zählt zu den Voraussetzungen für ein erfolgreiches und selbstverantwortlich gestaltetes Leben in seiner individuellen wie in seiner gesellschaftlichen Ausprägung. Dazu gehören Sachwissen, praktische Handlungskompetenzen, emotionale Kompetenzen und die Fähigkeit zur Selbstreflexion. Dabei ist die kulturelle Bildung wie jede Art von Bildung kein unpersönlich definiertes, sondern ein relativ zu den lebensweltlichen Bezügen des jeweiligen Menschen zu bestimmendes Phänomen, das nie abgeschlossen sein kann, weil sich die Lebenslagen und damit die Bezugsgrößen im Laufe des Lebens ständig verändern. Bildung ist deshalb eine das gesamte Leben begleitende Aufgabe und Chance. „Kulturelle Bildung (andere Bezeichnungen sind musische bzw. musisch kulturelle oder auch ästhetische bzw. ästhetisch kulturelle Bildung) bezeichnet den Lern- und Auseinandersetzungsprozess des Menschen mit sich, seiner Umwelt und der Gesellschaft im Medium der Künste und ihrer Hervorbringungen. Im Ergebnis bedeutet kulturelle Bildung die Fähigkeit zur erfolgreichen Teilhabe an kulturbezogener Kommunikation mit positiven Folgen für die gesellschaftliche Teilhabe insgesamt. Kulturelle Bildung ist integrales, notwendiges Element von Allgemeinbildung" (Ermert 2009, S. 2). Dabei kann der Begriff der kulturellen Bildung sowohl den abstrakten Bildungsprozess als auch einzelne konkrete Maßnahmen bezeichnen. Er bezieht sich grundsätzlich auf alle künstlerisch-ästhetischen Genres.

Bildung als Prozess hat vor allem drei Funktionen:

- Vorbereitung auf die Berufstätigkeit und berufliche Weiterbildung
- Ermöglichung politischer und gesellschaftlicher Teilhabe
- Ausbildung und Reflexion der Persönlichkeit

Diese Funktionen haben im Kanon der formalen Bildungsgänge ein sehr unterschiedliches Gewicht. Der Schwerpunkt liegt in der von der Marktwirtschaft ge-

8.3 Kulturelle Bildung und lebenslanges Lernen

prägten Gesellschaft auf der beruflichen Aus- und Weiterbildung und damit auf der unmittelbaren ökonomischen Verwertbarkeit von Bildungsinhalten. Bereiche der Bildung, die nicht mit dieser Zielsetzung vermittelt oder in den dafür vorgesehenen Kontext eingefügt werden können, erfahren eine deutlich geringere gesellschaftliche Wertschätzung.

Gleichzeitig ist Kreativität in vielen beruflichen Tätigkeitsfeldern eine wichtige Schlüsselqualifikation. Da sie in den traditionellen Curricula von der Schule und Hochschule über die Berufsbildung bis zur Weiterbildung aber nur unzureichend vermittelt und Kreativität gleichzeitig bei Künstlern und Kulturvermittlern als selbstverständliche Grundkompetenz vorausgesetzt wird, erhoffen sich viele gesellschaftliche Bereiche von der Begegnung mit kulturellen Ausdrucksmöglichkeiten und dem Diskurs über kulturelle Themen einen erfolgreichen Transfer von Kreativität sowie Wahrnehmungs- und Kommunikationsfähigkeit auf ihre genuinen Interessensgebiete. Kulturelle Bildung wird deshalb in der gesellschaftlichen Argumentation oft weniger in ihrer eigentlichen Bedeutung für die Persönlichkeitsentwicklung und die gesellschaftliche Teilhabe des kulturell gebildeten, emanzipierten Individuums wahrgenommen als vielmehr in ihrer indirekten Bedeutung für angenommene arbeitsmarktgängige Qualifikationen, für Integrationsleistungen, für medienpädagogische Kompetenzen und für den expandierenden Sektor der Kultur- und Kreativwirtschaft.

Kulturelle Bildung umfasst jedoch mindestens drei gleichberechtigte Aspekte:

- sie dient dem Individuum zur Persönlichkeitsentwicklung
- sie hat eine soziale Funktion
- sie ist ein Wirtschaftsfaktor

Es ist deshalb eine wichtige Aufgabe der kulturellen Institutionen und Projekte, dafür Sorge zu tragen, dass kulturelle Bildung in ihrer gesamten Breite angemessen wahrgenommen und allen Menschen ungeachtet der jeweiligen beruflichen Relevanz der Zugang zu kultureller Bildung ermöglicht wird. Dies gilt für alle Lebensphasen vom Kleinkind bis ins hohe Alter.

Wie alle Bildungsprozesse findet auch die kulturelle Bildung formal, nichtformal und informell, in einschlägigen Institutionen und außerhalb dieser Institutionen – im öffentlichen wie im privaten Bereich – statt. Sowohl der Elementarbereich (Kindergärten und Kindertagesstätten) als auch das allgemeinbildende Schulsystem befassen sich in verschiedenen Formen mit der kulturellen Bildung. Dabei sind die schulischen Aktivitäten zumindest als Anstoß zu einer jeweils individuellen kulturellen Bildung besonders wichtig, weil die Schule die einzige Einrichtung ist, die alle Kinder und Jugendlichen erreicht und mit deren Besuch – im

Gegensatz zu vielen anderen Angeboten der kulturellen Bildung – keine finanziellen Hürden verbunden sind. Mit der Ausweitung der Ganztagsschule wird der kulturellen Bildung in den Schulen ein noch breiterer Raum gegeben, der zugleich für die Kultureinrichtungen Möglichkeiten zur Kooperation und zur Gewinnung neuer Publikumsschichten bietet. Darüber hinaus vermitteln auch viele außerschulische Bildungsstätten (z. B. Kunstschulen, Musikschulen, soziokulturelle Einrichtungen, Kulturvereine) sowie die Volkshochschulen kulturelle Bildung. Die Kulturbetriebe selbst haben das Thema der kulturellen Bildung jedoch, obwohl sie mit ihrer Arbeit implizit täglich dazu beitragen, als explizite Aufgabe noch zu wenig in den Blick genommen.

Kulturelle Institutionen und Projekte sollten diesem Thema künftig eine verstärkte Aufmerksamkeit widmen, weil es im Allgemeinen ihre genuinen Interessen betrifft und ihnen im Speziellen wichtige Chancen eröffnet, denn nur mit einer konsequenten kulturellen Bildung können Kulturbetriebe die Nachfrage der Zukunft für ihre Angebote generieren. Nur wenn Kindern und Jugendlichen Gelegenheiten geboten werden, so früh wie möglich eigene künstlerische Interessen und Stärken zu entdecken und auszubilden sowie kulturelle Prozesse zu reflektieren, werden die jeweils nächsten Generationen die Kultureinrichtungen besuchen oder zumindest bereit sein, die Kulturlandschaft als Steuerzahler mitzufinanzieren.

Ungeachtet der vorhandenen Infrastruktur hat die kulturelle Bildung als reflektierte Praxis in Deutschland noch nicht das Niveau ihrer theoretischen Anerkennung erreicht. „Dennoch klaffen Sonntagsreden und Alltagshandeln dabei fast nirgendwo so eklatant auseinander wie in der kulturellen Bildung. Führende Akteure aus allen Gesellschaftsbereichen zögern nicht, sich immer wieder zu der Bedeutung der kulturellen Bildung für den Einzelnen und die Gesellschaft insgesamt zu bekennen, konkrete Folgen für die Praxis der kulturellen Bildung bleiben hingegen immer noch zu häufig aus. Es besteht ein Missverhältnis von Theorie und Praxis" (Deutscher Bundestag 2007, S. 377). Der Grund dafür liegt vor allem darin, dass die kulturelle Bildung mit der Kultur und der Bildung zwei im öffentlichen Leben oft weit auseinander liegende Bereiche zu einem System verbinden muss. Dem stehen sowohl die rigide Abgrenzung der Zuständigkeiten auf kommunaler Ebene sowie auf der Bundes- und der Landesebene entgegen als auch die Probleme der alltäglichen Kooperation der Institutionen und deren unterschiedliche Arbeitsweisen. Das Schulfach Darstellendes Spiel und die Theaterpädagogik, die Kunsterziehung und die kuratorische Museumsarbeit haben oft noch zu wenig miteinander zu tun. Den Aufbau dieser Strukturen der Kulturvermittlung sollte das Kulturmanagement als zukunftsweisendes Tätigkeitsfeld initiieren.

Dabei werden insbesondere die folgenden Entwicklungen zu thematisieren sein (Mandel 2008, S. 58–60):

8.3 Kulturelle Bildung und lebenslanges Lernen

- Ökonomisierung des Kultursektors: Die insbesondere durch die Förderpolitik der Europäischen Union forcierte Entwicklung des unternehmerischen Kultursektors und die absehbare Reduzierung öffentlicher Fördermittel sowie die Veränderung der Strukturen des Publikums und die Konkurrenzsituation auf dem Freizeitmarkt werden den Wettbewerbscharakter der Arbeit der kulturellen Institutionen und Projekte verstärken. Dieses Phänomen wird auch signifikante Auswirkungen auf die Wichtigkeit der Kulturvermittlung und die Qualifikation der damit betrauten Personen haben müssen.
- Kulturalisierung der Ökonomie: Der unternehmerische Bereich der Gesellschaft adaptiert und integriert zunehmend ästhetische und kulturelle Elemente als Gestaltungsfaktoren seiner Produkte und als Medien seiner Kommunikation. Kultur gewinnt damit einerseits einen zusätzlichen gesellschaftlichen Stellenwert, andererseits wird sie aber auch für kulturfremde Zusammenhänge instrumentalisiert. Kultureinrichtungen können in diesen Diskurs durch die Vermittlung kultureller Bildung eine wichtige kritische Sichtweise einführen. Der Einflussbereich der Kultur kann sich damit weit über ihren unmittelbaren Tätigkeitsbereich hinaus ausdehnen.
- Kultur als gesellschaftlicher Integrationsfaktor: Angesichts der Vielfalt der gegenwärtigen Gesellschaftsstrukturen muss die Herausforderung bewältigt werden, mit bestehenden kulturellen Unterschieden produktiv umzugehen und Kultur als integrierenden Faktor zu nutzen. Daraus ergibt sich die Aufgabe, kulturelle Ausdrucksformen für die Kommunikation zwischen verschiedenen gesellschaftlichen Gruppen einzusetzen. Kulturelle Bildung ist eine Voraussetzung dafür, dass dieser Prozess gelingen kann.

Zu den Pionieren der kulturellen Bildung zählte die Initiative „Kinder zum Olymp!" der Kulturstiftung der Länder und der Deutsche Bank Stiftung, die unter der Schirmherrschaft des Bundespräsidenten in Zusammenarbeit mit den Kulturressorts der Länder, dem Max-Planck-Institut für Bildungsforschung sowie der Bundeszentrale für politische Bildung seit 2004 durchgeführt wird. Sie fördert Ideen zur Realisierung einer Begegnung von Kindern und Jugendlichen mit kulturellen Einrichtungen und Künstlern. Im Mittelpunkt stehen dabei Konzepte der Kooperation zwischen Kultur und Schule und der Aufbau von Netzwerken zur kulturellen Bildung. Ausgangspunkt der Initiative war die Erfahrung, dass Kinder und Jugendliche oft kaum eine Chance haben, Kunst und Kultur kennen zu lernen. Das Projekt will deshalb Kinder und Jugendliche für die Vielfalt der Kultur begeistern, ihre Kreativität und Fantasie fördern und Kunst und Kultur im Leben von Kindern und Jugendlichen verankern. Darüber hinaus nimmt das Projekt in seiner Zielstellung auf Erkenntnisse der Entwicklungspsychologie Bezug, die die Notwendigkeit ästhetischer Bildung für die Entwicklung von Kindern und Jugendlichen belegen und die besonderen Aufnahmekapazitäten gerade im frühesten Kindes- und Jugendalter nachweisen.

Zu dem alljährlichen Wettbewerb „Kinder zum Olymp!" wird deutschlandweit und für alle kulturellen Sparten aufgerufen. Eine Datenbank „Praxisbeispiele" (www.kinderzumolymp.de – Zugriff 18.02.2015) verzeichnet inzwischen fast 3300 Projektbeschreibungen von Preisträgern und Endrundenteilnehmern als Anregung für die eigene Beschäftigung mit dem Thema.

Die Notwendigkeit lebenslangen Lernens als formales, nichtformales und informelles Lernen aufgrund der Anforderungen der postmodernen Informationsgesellschaft ist allgemein anerkannt. Dennoch ist die Teilnahme an dem Prozess des lebenslangen Lernens zumindest in Deutschland noch in starkem Maße vom Bildungsmilieu und der familiären Prägung mitbestimmt und die Chance zur gesellschaftlichen Teilhabe damit in der Praxis noch ungleich verteilt.

Bisherige Evaluationen zeigen, dass vor allem diejenigen Menschen die Möglichkeiten des lebenslangen Lernens in Anspruch nehmen, die in ihrer Biographie und in ihrer Sozialisation bereits die Erfahrung gemacht haben, dass sie Bildungsprozesse bewältigen und daraus Vorteile ziehen können. Daraus wird das Defizit deutlich, dass die damit befassten gesellschaftlichen Strukturen zwar vielfältige Angebote des lebenslangen Lernens geschaffen haben, es jedoch kaum Orte gibt, an denen alle Menschen dem bisher Unbekannten, das ihre Neugierde wecken kann, begegnen können. Kulturelle Institutionen und Projekte werden nur in Ausnahmefällen einzelne Maßnahmen des lebenslangen Lernens selbst realisieren können, sie sind jedoch dafür prädestiniert, Menschen mit Themen, die ihnen noch nicht vertraut sind, zu konfrontieren und ihnen damit einen Anstoß zu geben, sich näher mit der jeweiligen Thematik zu befassen. Kunstausstellungen können beispielsweise nicht nur die Lust wecken, mehr über die jeweilige Kunstgattung, die Epoche oder den Künstler zu erfahren, sie können auch zu Reisen, zum Sprachenstudium und zur Interaktion mit Gleichgesinnten anregen. Kultureinrichtungen können damit vielfältige Anlässe bieten zur individuellen Weiterentwicklung und zur Wahrnehmung der Chancen der gesellschaftlichen Partizipation.

„Lebenslanges Lernen ist nicht mehr bloß ein Aspekt von Bildung und Berufsbildung, vielmehr muss es zum Grundprinzip werden, an dem sich Angebot und Nachfrage in sämtlichen Lernkontexten ausrichten. Im kommenden Jahrzehnt müssen wir diese Vision verwirklichen. Alle in Europa lebenden Menschen – ohne Ausnahme – sollten gleiche Chancen haben, um sich an die Anforderungen des sozialen und wirtschaftlichen Wandels anzupassen und aktiv an der Gestaltung von Europas Zukunft mitzuwirken" (Kommission der Europäischen Gemeinschaften 2000, S. 3). Obwohl auf europäischer Ebene damit deutlich zum Ausdruck ge-

8.3 Kulturelle Bildung und lebenslanges Lernen

bracht wurde, dass das lebenslange Lernen mehr als eine arbeitsmarkt- und berufsbezogene Bildung sein muss, wird dieser Aspekt in der Praxis immer noch fast ausschließlich in den Mittelpunkt gestellt. Die sonstigen aktuellen gesellschaftlichen Herausforderungen kommen bisher kaum in den Blick. Bildung im Umfeld der Kultureinrichtungen kann dagegen entscheidend zur Entwicklung von Kompetenzen in der Breite der Bevölkerung beitragen, die für die Bewältigung der Aufgabenstellungen in der pluralen Gesellschaft mit ihren sich kontinuierlich vielfach verändernden Kontexten auch jenseits der Arbeitswelt erforderlich sind. „Sie fördert Schlüsselkompetenzen wie zum Beispiel Kreativität, Flexibilität, Kommunikationsfähigkeit und Innovationsfähigkeit, also Fähigkeiten, die zum einen Lern- und Problemlösungsstrategien ermöglichen, aber auch unter der Perspektive der sozialen und ökonomischen Entwicklung eines Landes unverzichtbar sind" (Deutscher Bundestag 2007, S. 400).

Lebenslanges Lernen muss deshalb neben einer kontinuierlichen beruflichen Qualifikation in Zukunft vermehrt auch Antworten auf die Frage finden, wie Menschen dazu befähigt werden können,

- die gesellschaftlichen Veränderungsprozesse zu meistern, den Alltag auch jenseits von Arbeitsprozessen zu bewältigen und ihre Persönlichkeit weiterzuentwickeln,
- Kompetenzen aufzubauen, die das soziale Miteinander – auch in Anbetracht der Migrationsgesellschaft, der Informationsgesellschaft und des demographischen Wandels – ermöglichen,
- an der Entwicklung einer sozialen Gesellschaft mitzuwirken, die Bildung als langfristiges – und nicht als kurzfristig gewinnbringend vermarktbares – Gut schätzt.

In die Beantwortung dieser Fragen können Kultureinrichtungen wichtige Kompetenzen und Anstöße einbringen.

Vor allem unter dem Aspekt der älter werdenden Gesellschaft werden auch die Phänomene des demographischen Wandels Auswirkungen auf das Thema des lebenslangen Lernens haben.

Die künftig zahlreicheren älteren Menschen verfügen nicht nur über die Zeit und die finanziellen Mittel, in dieser Lebensphase neuen und im bisherigen Leben vernachlässigten Interessen nachzugehen. Sie sind auch von dem Postulat der beruflichen Verwertbarkeit neu erworbenen Wissens befreit und können deshalb selbstbestimmt aus der Vielfalt des Bildungsangebotes auswählen. Bildung in kulturellen Themenbereichen kann dann sowohl ein Mittel zur Gestaltung der gewonnenen Lebenszeit als auch ein Ausdruck eines neuen Lebensentwurfes sein.

An den 6,39 Mio. Kursbelegungen der Volkshochschulen hatte bereits 2011 die Altersgruppe der über 50-Jährigen einen Anteil von 39 % (http://www.bpb.de/ nachschlagen/zahlen-und-fakten/soziale-situation-in-deutschland/61675/volkshochschulen-vhs – Zugriff 02.11.2014). Das Nachfrageverhalten dieser Personengruppe ist in den Volkshochschulen das einzige seit Jahrzehnten ansteigende.

Lebenslanges Lernen impliziert aber auch, dass sich Lebenserfahrung nicht mehr kontinuierlich, linear und größtenteils unbewusst und ungesteuert aufbaut, sondern durch immer kürzere Aktualitätszyklen des Wissens und der Methoden abgelöst wird. Dies führt dazu, dass Bildung im Alter nicht mehr einseitig die Weitergabe der gewonnenen Erfahrung von den Älteren an die Jüngeren, sondern ein dialogischer Prozess ist. „Kultur ist zudem ein gutes Vehikel, um Generationen zusammenzubringen und das Lernen miteinander und voneinander anzuregen. In intergenerationellen Projekten können Ältere einen wichtigen gesellschaftlichen Beitrag leisten, indem sie ihr kulturelles Gedächtnis weitertragen, anderen vermitteln oder mit den jüngeren Generationen reflektieren" (Hausmann und Körner 2009, S. 181).

8.4 Story telling und Aura

In einer höchst heterogenen Gesellschaft, die nicht mehr von linearen Wahrnehmungen, sondern von ständig wechselnden konkurrierenden und sich gegenseitig segmentierenden und relativierenden Eindrücken geprägt ist, zählen die öffentliche und die individuelle Aufmerksamkeit zu den wichtigsten und am meisten umkämpften Gütern. Am Beginn des 21. Jahrhunderts haben die so genannten Neuen Medien endgültig zu einem Zersplittern und zu einer Neuorientierung der Aufmerksamkeit geführt und dafür gesorgt, dass „unser Leben ein Patchwork" (Crary 2002, S. 19) ist.

Dieser in allen Bereichen der Gesellschaft ausgetragenen Konkurrenz um die Aufmerksamkeit des Publikums können sich die kulturellen Institutionen und Projekte mit zwei spezifischen Argumenten stellen.

Der Konsument will nicht einfach Milch kaufen. Er will Milch aus einer bestimmten Region, von einem Bauernhof seines Vertrauens, von einer bestimmten Herde, am liebsten von einer bestimmten Kuh. Dieses Phänomen des Story telling beschreibt ein wichtiges Spezifikum unserer gesellschaftlichen Strukturen.

Story telling ist eine Methode, mit der explizites und implizites Wissen in Form einer sprachlichen Metapher oder eines visuellen Bildes weitergegeben und durch Zuhören oder Zusehen aufgenommen wird. Eine lebendig erzählte Geschichte gewinnt die Aufmerksamkeit und die Konzentration anderer Menschen schneller als

8.4 Story telling und Aura

eine nüchterne Erläuterung. Die Zuhörer oder Zuschauer werden in die erzählte Geschichte eingebunden, wodurch sie den Gehalt der Geschichte besser verstehen können und zum eigenständigen Mitdenken angeregt werden. Sie versuchen, den Handlungsablauf nachzuvollziehen und dessen Sinn zu erfassen. Das zu vermittelnde Wissen wird durch Story telling leichter angenommen und die Kluft zwischen Wissen und Handeln wird verringert. Die Geschichten helfen, die Komplexität zu strukturieren, sie befriedigen die Frage nach dem Warum, füllen Fakten mit Leben und haben zumeist eine offensichtliche Botschaft, die den Kern der Geschichte bildet.

Story telling wird neben der Werbung und der Unterhaltung unter anderem auch in allen Bereichen der Bildung, im Wissensmanagement, in der Unternehmenskommunikation und als Methode zur Problemlösung sowie in der Psychotherapie eingesetzt.

Vor diesem Hintergrund müssen auch kulturelle Institutionen und Projekte ihr jeweiliges Programm spezifizieren und nicht mehr nur Angebote zur Verfügung stellen, sondern diese in einen Zusammenhang stellen und in einem attraktiven Kontext präsentieren. Während sich die Kommunikationsstrategen im kommerziellen Bereich mit mehr oder minder überzeugenden Ergebnissen und oft mit Hilfe prominenter Gesichter die Stories zu ihren Produkten nachträglich konstruieren müssen, bringen die Themen und Objekte der Kultureinrichtungen ihre Geschichten jedoch selbst mit. Kulturmanagement sollte diese Chance im gesellschaftlichen Wettbewerb für die kulturellen Institutionen und Projekte nutzbar machen. Kulturelle Manifestationen transportieren viele Bedeutungsebenen und erzählen fast immer mindestens zwei Geschichten: die implizite Geschichte, die mit den Mitteln der ästhetischen Kommunikation zum Ausdruck gebracht wird, und die eigene Geschichte des Objektes (z. B. Fundgeschichte, Provenienzgeschichte, Geschichte der Umwidmung vom Kult- zum Kunstgegenstand, Geschichte der Rezeption, Sozialgeschichte der Uraufführung). Beide Geschichten werden nicht wie bei einem methodisch eingesetzten Story telling in einem komplexen Prozess gesammelt oder erfunden, sie sind bereits untrennbar mit dem jeweiligen Objekt verbunden und müssen in ihrer Authentizität nur noch aufbereitet und kommuniziert werden.

Kulturbetriebe können als „content provider" auf den realen wie auf den virtuellen Plattformen eine Alternative zu einem Wettbewerb um die Aufmerksamkeit bieten, der kaum über die Inhalte, sondern über die Verpackung in positive Assoziationen weckende Worte und Bilder geführt wird. Sie können damit Foren der Begegnung schaffen, Dialoge führen und Trends erkennbar machen. Kultur ist dann vor allem ein Gegenentwurf, der die zumeist vermittelte Wirklichkeit der mediatisierten Gesellschaft mit dem Originalitätsbegriff konfrontiert.

Darüber hinaus gewinnen die von den Kulturobjekten erzählten Geschichten häufig eine besondere Attraktivität durch die Fokussierung auf eine Person – wie auch bei der 2007 in Trier gezeigten Landesausstellung „Konstantin der Große". „Die Präsentation der Exponate ermöglichte mit der Personalisierung Ansätze von Story telling, einem weiteren Erfolgsfaktor für kulturtouristische Angebote. Gleichzeitig verfügt die Person Konstantin über einen sehr hohen Bekanntheitsgrad und kann sowohl als schillernde historische Persönlichkeit als auch aufgrund ihrer Rolle für die Entwicklung des Christentums unterschiedlichste Zielgruppen ansprechen" (Universität Trier 2008, S. 6).

Alle Menschen tragen Vorstellungen von Orten im Kopf, an denen sie noch niemals waren. Sie kennen sie aufgrund von Texten und Bildern, sie haben sie kennen gelernt mit Hilfe von Reportagen und literarischen Berichten, mit Hilfe von Film und Fernsehen, mit Hilfe der CD, der DVD und des Internets. Alle diese Wahrnehmungen sind aber Wahrnehmungen aus zweiter Hand, vermittelt durch die traditionellen und durch die so genannten Neuen Medien.

Diese vermittelten Wahrnehmungen ermöglichen wichtige Erweiterungen des Horizonts, sie sind eine große Chance für die individuelle Lebensqualität, aber auch für die Bewältigung der großen gesellschaftlichen Aufgaben wie der Entwicklung zu mehr Demokratie und Gerechtigkeit. Gleichzeitig sind diese vermittelten Wahrnehmungen aber auch immer die Wahrnehmungen einer inszenierten Wirklichkeit, einer Präsentation, die fast immer ebenso gut eine ganz andere sein könnte. In den meisten Fällen ist die Richtigkeit der vermittelten Informationen für die Mehrheit der Menschen nicht oder erst zu einem späteren Zeitpunkt, wenn sie beispielsweise selbst von der Thematik betroffen sind, nachprüfbar.

Kulturelle Manifestationen sind die Ware, die Kulturbetriebe als Alternativprogramm auf diesem Markt des gesellschaftlichen Diskurses anbieten können. Kulturelle Institutionen und Projekte ermöglichen eigene ästhetische Erfahrungen, sie sind Gelegenheiten der Wahrnehmung aus erster Hand, Plätze der individuellen Übung im Hören, im Sehen, im Fühlen und im Riechen.

Walter Benjamin (1892–1940) führte in seinem Essay „Das Kunstwerk im Zeitalter seiner technischen Reproduzierbarkeit" den Begriff der Aura ein und wies darauf hin, dass der Verlust dieser Aura für die Moderne symptomatisch ist und weit über den Bereich der Kunst hinausweist. Die „Aura" bezeichnet bei Benjamin das Zusammentreffen eines Objektes mit einer bestimmten Umgebung und einer definierten Funktion innerhalb einer bestimmten Tradition und ist deshalb zu keiner anderen Zeit und an keinem anderen Ort wiederholbar. Sie lässt sich nicht reproduzieren, nicht vervielfältigen und nicht aktualisieren. „Noch bei der höchstvollendeten Reproduktion fällt eines aus: das Hier und Jetzt des Kunstwerks – sein einmaliges Dasein an dem Orte, an dem es sich befindet. An diesem einmaligen

8.4 Story telling und Aura

Dasein aber und an nichts sonst vollzog sich die Geschichte, der es im Laufe seines Bestehens unterworfen gewesen ist. Dahin rechnen sowohl die Veränderungen, die es im Laufe der Zeit in seiner physischen Struktur erlitten hat, wie die wechselnden Besitzverhältnisse, in die es eingetreten sein mag" (Benjamin 1963, S. 11 f.). Die Aura gibt dem Publikum die Gelegenheit, eine Botschaft umfassend und in einer nicht wiederholbaren Weise aufzunehmen. Je nach der persönlichen Vorprägung und nach der persönlichen Interessenlage fällt diese Rezeption unterschiedlich aus, aber die Erfahrung zeigt, dass die Aura kaum einen Besucher unberührt lässt. Ein Konzert- oder Theaterabend ist wegen des Phänomens der Aura ein anderes Erlebnis als das Hören eines Konzertes von einer CD oder das Ansehen einer Theateraufführung von einer DVD, die Begegnung mit einem Kunstwerk bleibt ungeachtet technischer Perfektion eine andere Erfahrung als die Auseinandersetzung mit einer Reproduktion.

In diesem Zusammenhang konstatierte Benjamin, dass der „Sinn fürs Gleichartige" gewachsen sei (Benjamin 1963, S. 19). Das Wiedererkennen und Zuordnen tritt an die Stelle der Reflexion von Problemzusammenhängen: Beispielsweise werden klassische Werke wie die Nofretete-Büste oder Tut-Ench-Amuns Goldmaske als solche identifiziert, ob sie nun einen Buchumschlag zieren oder auf einer Postkarte abgebildet sind. Die Anschauung im Sinne von gründlichem Hinsehen, um ein Werk genauer kennen zu lernen, also über seine oberflächliche Erscheinung hinaus zu verstehen, entfällt, da das bloße Wiedererkennen bereits hinreichende Bildung signalisiert. Für das Denken gilt bei diesem Beispiel, auf die Möglichkeit einer genaueren Bestimmung zu verzichten, also nicht zu reflektieren, welche Implikationen (z. B. Kulturraub) dem Werk anhaften. Ein weiterer Aspekt, der von Benjamin thematisiert wird, ist der Appell an den Wunsch, einen Gegenstand zu besitzen, der von den Reproduktionen (beispielsweise preisgünstigen Kunstdrucken) ausgeht. Besonders Kunstwerke verlangen nicht mehr eine intensive Betrachtung, wenn man sie sich einprägen möchte, da sie mit nach Hause genommen werden können. So kann die Betrachtung auf später verschoben werden. Sie entfällt aber wahrscheinlich in den meisten Fällen ganz, wenn das Werk in seiner reproduzierten Form dauernd zugegen ist.

Diese Phänomene sind als Folgen des Verfalls der Aura infolge der Reproduzierbarkeit von Kunstwerken zu interpretieren. Zu beobachten sind gegenwärtig darüber hinaus Entwicklungen, die Anlass geben, Benjamins Ausführungen zu ergänzen und zu differenzieren.

„Die Inszenierung von Kultur zielt wieder auf eine vom neuen Kulturvolk erlebte Aura, eine einmalige Erscheinung einer Ferne, so nah sie sein mag" (Kamper et al. 1987, S. 58). Allerdings muss man heute eher von einer „Simulation der Aura" durch die Kulturpolitik und die Kulturproduktion sprechen. Charakteristisch für unsere „Kulturgesellschaft" ist das Phänomen, dass die „Aura von den Objekten verschwindet und in das Erleben hinüberwechselt" (Kamper et al. 1987, S. 61). Auf den Zerfall der Aura antworten Kulturpolitik und Kulturproduktion mit einer „Reauratisierung" von Mitteln und Orten, „in denen die profan gewordenen Gegenstände gezeigt werden. Damit treten die Ausstellungen immer mehr jenen Künsten zur Seite, die den Gegenpol eines Ausstellungsrealismus markieren: Theater, Oper, Film" (Kamper et al. 1987, S. 63).

Der Begründer der Ästhetik als eigenständiger philosophischer Disziplin, Alexander Gottlieb Baumgarten (1714–1762), postulierte in Weiterentwicklung der rationalistischen Philosophie seines Lehrers Christian Wolff (1679–1754), dass die Ästhetik als individuelle Wahrnehmung mit den eigenen Sinnen als weiteres Erkenntnisvermögen neben der Logik, die Baumgarten als „ihre ältere Schwester" bezeichnete, stehen müsse (Hoppe 2007). Die logische Erkenntnis müsse zwingend durch die ästhetische erweitert werden, damit ein Gegenstand vollständig erfasst werden kann. Baumgarten half damit nicht nur Friedrich Schiller aus dessen tiefer Enttäuschung über den unglücklichen Verlauf des rationalistischen Experimentes der Französischen Revolution, sondern leistete auch einen bleibenden Beitrag zum modernen Menschenbild, der durch die jüngeren Disziplinen der Pädagogik und der Psychologie nachdrücklich bestätigt wird: Nur wer die logische und die ästhetische Form der Erkenntnis nutzt, kann als Individuum zu einem umfassend gebildeten Menschen und zu einer facettenreichen Persönlichkeit werden.

Wenn Ästhetik und Logik Schwestern sind, kann es auch keine grundsätzliche Diskrepanz geben zwischen ästhetischem Niveau und Breitenwirksamkeit. Populär anbiedernde Gestaltung verbietet sich als Strategie der Kulturvermittlung ebenso wie Wissenschaft mit halbem Anspruch. Im Wettbewerb um die Aufmerksamkeit bestehen können kulturelle Inhalte und deren Vermittlungsstrukturen aber nur, wenn sie ihrem Publikum ein konkurrenzfähiges Maß an Attraktivität bieten. Für die Gewinnung eines breiteren Publikums ist es unverzichtbar, dass die Inhalte und die Formen der Vermittlung auch berechtigten Ansprüchen an die intellektuelle und an die physische Zugänglichkeit genügen. Dies bedeutet nicht, dass sie zum Bestandteil einer allgemeinen Fun- und Event-Kultur werden sollen, sondern dass sie zumindest in dem erforderlichen Mindestmaß nicht langweilig und unbequem sind, um ihre Zielgruppe überhaupt erreichen und deren Konzentration hinreichend lange binden zu können.

Literatur

Benjamin, Walter: Das Kunstwerk im Zeitalter seiner technischen Reproduzierbarkeit. Drei Studien zur Kunstsoziologie (= Edition Suhrkamp, 28), Suhrkamp, Frankfurt am Main, 1963

Benjamin, Walter: Bekränzter Eingang. In: Ders.: Gesammelte Schriften, Suhrkamp, Frankfurt am Main, 1980, Werkausgabe Band 11, Seite 557–561

Bundesinstitut für Bevölkerungsforschung in Zusammenarbeit mit dem Statistischen Bundesamt (Hrsg.): Bevölkerung. Daten, Fakten, Trends zum demographischen Wandel in Deutschland, Wiesbaden, 2008

Crary, Jonathan: Aufmerksamkeit. Wahrnehmung und moderne Kultur, Suhrkamp, Frankfurt am Main, 2002

Deutscher Bundestag: Schlussbericht der Enquete-Kommission „Kultur in Deutschland", Drucksache 16/7000, 16. Wahlperiode, Berlin, 2007

Ermert, Karl: Was ist kulturelle Bildung?, 2009, elektronischer Artikel, http://www.bpb.de/themen/JUB24B,0,Was_ist_kulturelle_Bildung.html – Zugriff 18.02.2015

Freie Universität Berlin, Fachbereich Philosophie und Geisteswissenschaften (WE 8), Institut für Kultur- und Medienmanagement, Zentrum für Audience Development (ZAD): Migranten als Publikum in öffentlichen deutschen Kulturinstitutionen. Der aktuelle Status Quo aus Sicht der Angebotsseite, Berlin, 2009

Hausmann, Andrea/Körner, Jana (Hrsg.): Demografischer Wandel und Kultur. Veränderungen im Kulturangebot und der Kulturnachfrage, Verlag für Sozialwissenschaften, Wiesbaden, 2009

Hoppe, Bernhard M.: Orte der Erinnerung im Spannungsfeld zwischen gesellschaftlicher Verantwortung und wissenschaftlichem Anspruch. In: Kühberger, Christoph/Lübke, Christian/Terberger, Thomas (Hrsg.): Wahre Geschichte – Geschichte als Ware. Die Verantwortung der historischen Forschung für Wissenschaft und Gesellschaft. Beiträge einer Internationalen Tagung vom 12. bis 14. Januar 2006 im Alfried Krupp Wissenschaftskolleg Greifswald, VML, Leidorf, Rahden/Westf., 2007, Seite 139–153

Kamper, Dietmar/Knödler-Bunte, Eberhard/Plessen, Marie-Louise/Wulf, Christoph: Tendenzen der Kulturgesellschaft. Eine Diskussion. In: Ästhetik und Kommunikation, Heft 67/68: Kulturgesellschaft. Inszenierte Ereignisse, Berlin 1987, Seite 55–74

Kommission der Europäischen Gemeinschaften (Hrsg.): Arbeitsdokument der Kommissionsdienststellen. Memorandum über Lebenslanges Lernen – SEK (2000) 1832, Brüssel, 2000

Mandel, Birgit (Hrsg.): Audience development, Kulturmanagement, kulturelle Bildung. Konzeptionen und Handlungsfelder der Kulturvermittlung (= Schriftenreihe: Kulturelle Bildung, 5), Kopaed, München, 2008

Mattl, Ulla-Alexandra: Gratis ins Museum? Wer sich am meisten darüber freut und freuen sollte. In: KM. Das Monatsmagazin von Kulturmanagement Network Nr. 41, März 2010, Seite 36 f.

Morison, Bradley G./Dalgleish, Julie Gordon: Waiting in the wings. A larger audience for the arts and how to develop it, ACA Books, New York, 1992

Reuband, Karl-Heinz: Sinkende Nachfrage als Determinante zukünftiger Museumskrisen? Der Einfluss von Alter und Bildung auf den Museumsbesuch und kulturelle Interessen. In: KM. Das Monatsmagazin von Kulturmanagement Network Nr. 41, März 2010, Seite 21–28

Schuck-Wersig, Petra/Wersig, Gernot: Museumsmarketing. Grundfragen und Thesen. In: Wiese, Giesela/Wiese, Rolf (Hrsg.): Museumsmanagement. Eine Antwort auf schwindende Finanzmittel?, Freilichtmuseum am Kiekeberg, Ehestorf, 1994, Seite 143–150

Siebenhaar, Klaus (Hrsg.): Audience Development oder die Kunst, neues Publikum zu gewinnen, B & S Siebenhaar, Berlin, 2009

Staatliche Museen zu Berlin – Preußischer Kulturbesitz/Institut für Museumsforschung (Hrsg.): Statistische Gesamterhebung an den Museen der Bundesrepublik Deutschland für das Jahr 2012. Heft 67, Berlin, 2013

Statistische Ämter des Bundes und der Länder (Hrsg.): Demografischer Wandel in Deutschland, Heft 1, Bevölkerungs- und Haushaltsentwicklung im Bund und in den Ländern, Wiesbaden, 2011

Terlutter, Ralf: Lebensstilorientiertes Kulturmarketing. Besucherorientierung bei Ausstellungen und Museen, Deutscher Universitätsverlag, Wiesbaden, 2000

Tröndle, Martin (Hrsg.): Das Konzert. Neue Aufführungskonzepte für eine klassische Form, transcript, Bielefeld, 2009

Universität Trier: Wirtschaftliche Effekte der Konstantin-Ausstellung 2007 für die Region Trier, Endbericht für das Ministerium für Bildung, Wissenschaft, Jugend und Kultur Rheinland-Pfalz sowie die Initiative Region Trier e. V. (IRT) erstellt durch die Arbeitsgemeinschaft Europäisches Tourismus Institut an der Universität Trier GmbH (ETI) und Freizeit- und Tourismusgeographie der Universität Trier (FTG), Trier, 2008

Hinweise auf weitere Literatur

Assmann, Aleida/Harth, Dietrich (Hrsg.): Kultur als Lebenswelt und Monument, Fischer, Frankfurt am Main, 1991
Baecker, Dirk: Organisation und Management. Aufsätze, Suhrkamp, Frankfurt am Main, 2. Aufl. 2003
Baecker, Dirk: Beobachter unter sich. Eine Kulturtheorie, Suhrkamp, Berlin, 2013
Bekmeier-Feuerhahn, Sigrid/Ober-Heilig, Nadine/Brinker, Henry C.: Kulturmarketing. Theorien, Strategien und Gestaltungsinstrumente, Schäffer-Poeschel, Stuttgart, 2014
Bellion, Tom: Exportgut Kultur. Aktuelle Situation und Perspektiven der populären Musik, Verlag für Sozialwissenschaften, Wiesbaden, 2013
Bendixen, Peter: Einführung in die Kultur- und Kunstökonomie, Westdeutscher Verlag, Opladen, 1998
Birnkraut, Gesa: Evaluation im Kulturbetrieb, Verlag für Sozialwissenschaften, Wiesbaden, 2011
Böhme, Katrin/Peter, Ulrike: Die Ausstellung als Marke. Erfolgreiches Projektmanagement in Marketing und PR in Kulturbetrieben, Verlag für Sozialwissenschaften, Wiesbaden, 2014
Borgards, Roland (Hrsg.): Texte zur Kulturtheorie und Kulturwissenschaft, Reclam, Stuttgart, 2010
Braun, Eckhard: Prinzipien öffentlicher Kunstförderung in Deutschland. Neutralität – Achtung von Autonomie und Pluralität – Subsidiarität – Gemeinwohlorientierung – Standards in Verfahren, Planung und Organisation, Klartext-Verlag, Essen, 2013
Bruhn, Manfred: Sponsoring. Systematische Planung und integrativer Einsatz, Gabler, Wiesbaden, 4. Aufl. 2003
Bundesministerium für Bildung und Forschung (Hrsg.): Stärken entfalten durch kulturelle Bildung! Programm, Projekte, Akteure, Berlin, 2014
Burke, Peter: Die Explosion des Wissens. Von der Encyclopédie bis Wikipedia, Wagenbach, Berlin, 2014
Crary, Jonathan: 24/7. Schlaflos im Spätkapitalismus, Wagenbach, Berlin, 2014

Czech, Alfred (Hrsg.): Museumspädagogik. Ein Handbuch. Grundlagen und Hilfen für die Praxis, Wochenschau-Verlag, Schwalbach, 2014

Deutscher Museumsbund e. V./Eissenhauer, Michael/Universität Hildesheim/Ritter, Dorothea: Museen und Lebenslanges Lernen. Ein europäisches Handbuch, Deutscher Museumsbund, Berlin, 2010

Frohne, Julia/Norwidat-Altmann, Brigitte/Scheytt, Oliver: Kultursponsoring. Leitfaden für kreative Allianzen, Verlag für Sozialwissenschaften, Wiesbaden, 2015

Fuchs, Max: Kulturpolitik, Verlag für Sozialwissenschaften, Wiesbaden, 2007

Gerlach-March, Rita: Kulturfinanzierung, Verlag für Sozialwissenschaften, Wiesbaden, 2010

Glogner-Pilz, Patrick/Föhl, Patrick Sinclair (Hrsg.): Das Kulturpublikum. Fragestellungen und Befunde der empirischen Forschung, Verlag für Sozialwissenschaften, Wiesbaden, 2. Aufl. 2011

Günter, Bernd/Hausmann, Andrea: Kulturmarketing, Verlag für Sozialwissenschaften, Wiesbaden, 2. Aufl. 2012

Habit, Daniel: Die Inszenierung Europas? Kulturhauptstädte zwischen EU-Europäisierung, Cultural Governance und lokalen Eigenlogiken, Waxmann, Münster, 2011

Hadamer, Armin Werner: Mimetischer Zauber. Die englischsprachige Rezeption deutscher Lieder in den USA 1830–1880, Waxmann, Münster, 2008

Haltern, Nina Johanna: Jenseits des konventionellen Kultursponsorings. Chancen alternativer Kooperationen zwischen Unternehmen und Kulturorganisationen, Transcript, Bielefeld, 2014

Hammer, Veronika (Hrsg.): Kulturvermittlung. Inspirationen und Reflexionen zur kulturellen Bildung bei Kindern und Jugendlichen, Beltz Juventa, Weinheim, 2014

Hampel, Annika: Der Museumsshop als Schnittstelle von Konsum und Kultur. Kommerzialisierung der Kultur oder Kulturalisierung des Konsums?, Diplomica-Verlag, Hamburg, 2010

Haselbach, Dieter/Klein, Armin/Knüsel, Pius/Opitz, Stephan: Der Kulturinfarkt. Von allem zu viel und überall das Gleiche. Eine Polemik über Kulturpolitik, Kulturstaat, Kultursubvention, Knaus, München, 2012

Hauke, Petra (Hrsg.): „Challenge accepted!" Bibliotheken stellen sich der Herausforderung des demografischen Wandels. Positionen – Strategien – Modelle & Projekte, Bock + Herchen, Bad Honnef, 2014

Hausmann, Andrea: Kunst- und Kulturmanagement. Kompaktwissen für Studium und Praxis, Verlag für Sozialwissenschaften, Wiesbaden, 2011

Heinrichs, Werner: Der Kulturbetrieb. Bildende Kunst, Musik, Literatur, Theater, Film, Transcript, Bielefeld, 2006

Heinze, Thomas/Lewinski-Reuter, Verena/Steimle, Kerstin (Hrsg.): Innovation durch Kommunikation. Kommunikation als Innovationsfaktor für Organisationen, Verlag für Sozialwissenschaften, Wiesbaden, 2009

Hennefeld, Vera/Stockmann, Reinhard (Hrsg.): Evaluation in Kultur und Kulturpolitik. Eine Bestandsaufnahme, Waxmann, Münster, 2013

Henze, Raphaela (Hrsg.): Kultur und Management. Eine Annäherung, Verlag für Sozialwissenschaften, Wiesbaden, 2. Aufl. 2014

Hermsen, Thomas: Kunstförderung zwischen Passion und Kommerz. Vom bürgerlichen Mäzen zum Sponsor der Moderne, Campus-Verlag, Frankfurt am Main, 1997

Jeanneney, Jean-Noël: Googles Herausforderung. Für eine europäische Bibliothek, Wagenbach, Berlin, 2006
John, Hartmut (Hrsg.): Museen und Tourismus. Wie man Tourismusmarketing wirkungsvoll in die Museumsarbeit integriert. Ein Handbuch, Transcript, Bielefeld, 2010
Klein, Armin: Besucherbindung im Kulturbetrieb. Ein Handbuch, Verlag für Sozialwissenschaften, Wiesbaden, 2. Aufl. 2008
Klein, Armin: Kulturpolitik. Eine Einführung, Verlag für Sozialwissenschaften, Wiesbaden, 3. Aufl. 2009
Klein, Armin: Projektmanagement für Kulturmanager, Verlag für Sozialwissenschaften, Wiesbaden, 4. Aufl. 2010
Klein, Armin: Kulturmarketing. Das Marketingkonzept für Kulturbetriebe, Deutscher Taschenbuch-Verlag, München, 3. Aufl. 2011
Knott, Johanna: Kultur – Wirtschaft – Kreativität. Kultur- und Kreativwirtschaft in Nordrhein-Westfalen und Creative Industrie in den Niederlanden, Waxmann, Münster, 2011
Koch, Klaus Georg: Innovation in Kulturorganisationen. Die Entfaltung unternehmerischen Handelns und die Kunst des Überlebens, Transcript, Bielefeld, 2014
Lewinski-Reuter, Verena/Lüddemann, Stefan (Hrsg.): Glossar Kulturmanagement, Verlag für Sozialwissenschaften, Wiesbaden, 2011
Lüddemann, Stefan: Mit Kunst kommunizieren. Theorien, Strategien, Fallbeispiele, Verlag für Sozialwissenschaften, Wiesbaden, 2007
Luhmann, Niklas: Soziale Systeme. Grundriß einer allgemeinen Theorie, Suhrkamp, Frankfurt am Main, 5. Aufl. 1994
Luhmann, Niklas: Die Gesellschaft der Gesellschaft, Suhrkamp, Frankfurt am Main, 1997
Luhmann, Niklas: Organisation und Entscheidung, Westdeutscher Verlag, Opladen, 2000
Lutz, Markus: Besuchermanagement im Kulturbetrieb. Eine Einführung, Verlag für Sozialwissenschaften, Wiesbaden, 2012
Mandel, Birgit (Hrsg.): Kulturvermittlung. Zwischen kultureller Bildung und Kulturmarketing. Eine Profession mit Zukunft, Transcript, Bielefeld, 2005
Mandel, Birgit: PR für Kunst und Kultur. Handbuch für Theorie und Praxis, Transcript, Bielefeld, 2. Aufl. 2009
Mandel, Birgit/Redlberger, Melanie: Interkulturelles Audience Development. Zukunftsstrategien für öffentlich geförderte Kultureinrichtungen, Transcript, Bielefeld, 2013
Mandel, Birgit/Renz, Thomas: Mind the gap? Zugangsbarrieren zu kulturellen Angeboten und ein kritischer Diskurs über Konzeptionen niedrigschwelliger Kulturvermittlung, Elektronische Ressource, Universitätsbibliothek Hildesheim, Hildesheim, 2014
Moebius, Stephan/Albrecht, Clemens (Hrsg.): Kultur-Soziologie. Klassische Texte der neueren deutschen Kultursoziologie, Verlag für Sozialwissenschaften, Wiesbaden, 2014
Müller-Funk, Wolfgang: Kulturtheorie. Einführung in Schlüsseltexte der Kulturwissenschaften, Francke, Tübingen, 2. Aufl. 2010
Muttenthaler, Roswitha/Wonisch, Regina: Gesten des Zeigens. Zur Repräsentation von gender und race in Ausstellungen, Transcript, Bielefeld, 2006
Nida-Rümelin, Julian: Humanismus als Leitkultur. Ein Perspektivenwechsel, Beck, München, 2006
Nohr, Rolf F.: Die Natürlichkeit des Spielens. Vom Verschwinden des Gemachten im Computerspiel, Lit, Münster, 2008
Opaschowski, Horst W.: Deutschland 2030. Wie wir in Zukunft leben, Gütersloher Verlags-Haus, Gütersloh, 2008

Porombka, Stephan/Schmundt, Hilmar (Hrsg.): Böse Orte. Stätten nationalsozialistischer Selbstdarstellung – heute, Claassen, Berlin, 2005

Postman, Neil: Wir amüsieren uns zu Tode. Urteilsbildung im Zeitalter der Unterhaltungsindustrie, Fischer, Frankfurt am Main, 6. Aufl. 1987

Rauhe, Hermann/Demmer, Christine (Hrsg.): Kulturmanagement. Theorie und Praxis einer professionellen Kunst, de Gruyter, Berlin, 1997

Reich, Mathias Peter: Kultur- und Kreativwirtschaft in Deutschland. Hype oder Zukunftschance der Stadtentwicklung?, Verlag für Sozialwissenschaften, Wiesbaden, 2013

Ritzer, George: Die McDonaldisierung der Gesellschaft, UVK-Verlags-Gesellschaft, Konstanz, 4. Aufl. 2006

Ruppert, Wolfgang: Der moderne Künstler. Zur Sozial- und Kulturgeschichte der kreativen Individualität in der kulturellen Moderne im 19. und 20. Jahrhundert, Suhrkamp, Frankfurt am Main, 2. Aufl. 2000

Rüsen, Jörn (Hrsg.): Die Unruhe der Kultur. Potentiale des Utopischen, Velbrück Wissenschaft, Weilerswist, 2004

Salié, Olaf/Conzen, Friedrich G. (Hrsg.): Corporate collections, Deutsche-Standards-Edition, Köln, 2012

Schäfers, Eduard: Die Kulturgesellschaft. Grundstrukturen der Weltgesellschaft der Zukunft, Cuvillier, Göttingen, 2011

Scheuerer, Stefan: Schlüsselqualifikation kulturelle Bildung? Ein Handlungsmodell ästhetischer Erziehung als Beitrag zur Praxis ästhetisch-kultureller Bildung zwischen Persönlichkeitsentwicklung und Qualifikationsbedarf, Logos, Berlin, 2003

Scheytt, Oliver: Kommunales Kulturrecht. Kultureinrichtungen, Kulturförderung und Kulturveranstaltungen, Beck, München, 2005

Scheytt, Oliver: Kulturstaat Deutschland. Plädoyer für eine aktivierende Kulturpolitik, Transcript, Bielefeld, 2008

Schmale, Wolfgang: Geschichte und Zukunft der europäischen Identität, Bundeszentrale für Politische Bildung, Bonn, 2010

Schneidewind, Petra: Controlling im Kulturmanagement. Eine Einführung, Verlag für Sozialwissenschaften, Wiesbaden, 2013

Steinecke, Albrecht: Kulturtourismus. Marktstrukturen, Fallstudien, Perspektiven, Oldenbourg, München, 2007

Steinecke, Albrecht: Management und Marketing im Kulturtourismus. Basiswissen – Praxisbeispiele – Checklisten, Verlag für Sozialwissenschaften, Wiesbaden, 2013

Tröndle, Martin: Entscheiden im Kulturbetrieb. Integriertes Kunst- und Kulturmanagement, Ott, Bern, 2006

Tyradellis, Daniel: Müde Museen oder: wie Ausstellungen unser Denken verändern könnten, Edition Körber-Stiftung, Hamburg, 2014

Wolfram, Gernot (Hrsg.): Kulturmanagement und europäische Kulturarbeit. Tendenzen – Förderungen – Innovationen. Leitfaden für ein neues Praxisfeld, Transcript, Bielefeld, 2012

Zimmermann, Olaf/Schulz, Gabriele/Ernst, Stefanie: Zukunft Kulturwirtschaft. Zwischen Künstlertum und Kreativwirtschaft, Klartext, Essen, 2009

Zulauf, Jochen: Aktivierendes Kulturmanagement. Handbuch Organisationsentwicklung und Qualitätsmanagement für Kulturbetriebe, Transcript, Bielefeld, 2012

The manufacturer's authorised representative in the EU is Springer Nature Customer Service Centre GmbH, Europaplatz 3, 69115 Heidelberg, Germany. If you have any concerns regarding our products, please contact ProductSafety@springernature.com

Printed and bound by CPI Group (UK) Ltd, Croydon, CR0 4YY
25/03/2026
02078188-0006